우리는 어떻게 중독되는가

| 중독에 대한 과학적 관찰 |

Robert West · Jamie Brown 공저 | **김성희** 역

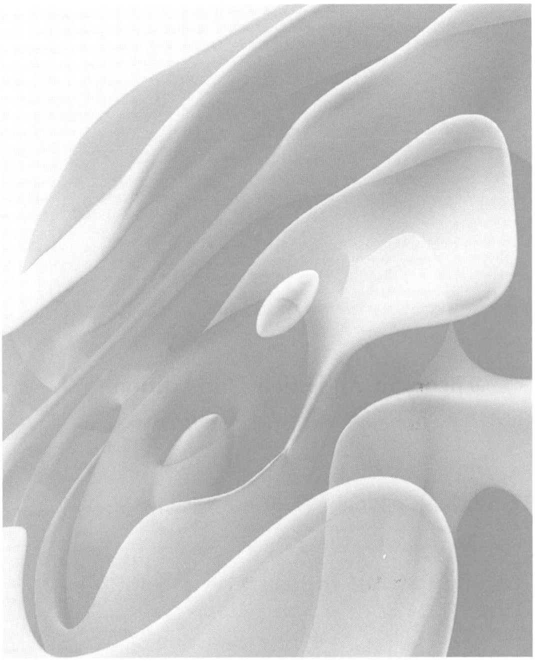

THEORY OF ADDICTION (2nd ed.)

학지사

Theory of Addiction, 2nd Edition
by Robert West and Jamie Brown

역자 서문

잠자는 자여 깨어서 죽은 자들 가운데서 일어나라!

(Wake up, O sleeper, rise from the dead!)

– 에베소서 5:14에서 발췌

이 은유는 중독에 대해서 매우 시의적절합니다.
중독으로 망가진 (또는 무너질 수 있는) 마음의 정원을 가꾸기를 꿈꾸는
정원사들(스페셜리스트, 제너럴리스트, 중독에 대해 잘 알고 싶은 누구나)에게
이 책은 중독에 대한
입체적 관점,
실제와 이론의 종합,
새로운 접근 방식,
예방과 치유 및 생리 · 심리 · 사회 · 의학적 대처 전략,
나아가 자신의 생각과 삶의 방식을
돌아보는 길을
통찰하게 해 줄 것입니다.

서문

『중독 이론Theory of Addiction』 초판에서는 우리가 '중독addiction'이라고 부르는 다양한 현상을 설명하기 위해 주요 이론적 접근을 요약하고, 거기에서 가장 핵심적인 특징을 포착하여 포괄적인 이론으로 종합해 보았다. 이 책은 중독의 특징인 의식적인 선택, 강력한 욕구와 충동, 자기통제 시도와 실패 등을 설명할 수 있는 단일 모형이 있어야 하겠다는 필요성에서 탄생하였다. 정신적 및 육체적 불편 해소뿐만 아니라 쾌락 추구라는 아이디어도 가져와야 했고, 중독에 취약한 사람이 있으며, 많은 중독자가 도움받지 않고도 언제, 어떤 이유로 '회복'되는지 그리고 일부 개입이 일부 중독자에게 왜 도움이 되는지도 설명할 필요가 있었다. 가격 상승, 이용 가능성 감소와 같은 인구집단 수준의 개입이 중독의 유병률에 영향을 미칠 수 있는 이유와 일부 의약품이 중독 행동에 어떠한 작용도 제공하지 않는 것처럼 보이면서도 중독자의 회복에 도움이 되는 이유를 설명할 필요가 있었다.

한편, 중독의 핵심에 동기(동기유발)가 자리하고 있다는 점을 감안하면 중독에 대한 이론은 동기 이론을 기반으로 구축되어야 하는데, 이를 위해서는 동기를 합성한 모형을 만들어야 했다. 그래서 이론의 초안은 가능한 한 간결하면서도 모든 범위에서 수집된 '중요한 관찰'을 충분히 설명하는 것을 목표로 구성되었다. 우리가 목표한 것은 중독을 단지 설명하는 것에 그치지 않고 중독과 싸우기 위해 어떻게 더 효과적으로 개입할 수 있는지에 대한 가설을 세우는 것이었다. 우리는 이 이론이 관찰하는 것마다 그 결과에 대해 설명해 주고 개입을 설계할 때 더 유용하게 활용되도록 계속 발전시키려 했다.

초판이 출간된 이후로 새로운 연구 결과가 축적되고 이론을 알리며 경험을 쌓게 되면서, 이를 반영하여 6년 만에 책을 개정하게 되었다. 주요 개정 사항은 다음과 같다.

1. 중독에 대한 정의와 개념화 업데이트
2. 문헌에 있는 이론에 대한 설명 업데이트
3. 중독 이론과 모형에 대한 기능적 분류 제공
4. 중독 이론과 관계된 핵심 개념에 대한 설명 제공
5. 명확성을 높이고 새로운 관찰을 고려하여 중독 종합이론(PRIME 이론)에 대한 설명 업데이트
6. 새로운 증거에 비추어 PRIME 이론 평가
7. 능력과 기회를 통합하는 보다 일반적인 행동이론의 맥락에서 PRIME 이론의 동기 설정

이 이론은 여전히 '진행형'이다. 부족한 부분을 채워 넣고, 가정을 실험하고, 개입을 설계할 때 이 이론이 어느 정도 일조할 수 있는지 검토하려면 해야 할 일이 많다.

차례

제2장 정의, 이론 및 관찰 31

제1장

도입: 중독의 본원을 찾아서

INTRODUCTION: JOURNEY TO THE CENTRE OF ADDICTION

이 책은 **중독**addiction의 근원과 해법을 찾아가는 여정을 그려 간다. 중독을 가장 단순하면서도 상식적으로 설명하는 이론에서 출발하여 여정의 끝에서는 중독을 종합적으로 설명하는 이론을 만나게 될 것이다. 이 이론은 중독이 어떻게 발달하는지, 누가 중독되는지, 무엇에 중독되는지, 그리고 중독자 중 일부는 어떻게 회복되는지를 증거 자료를 가지고 이야기해 준다. 그 길을 따라 이론의 연속선상에서 탐구해 가다 보면 현재까지의 증거를 고려하기 위해 이론이 어떻게 확장 또는 변경되어야 하는지 알게 된다. 여정의 목표는 포괄적이면서도 간결하고 일관성이 있으며 무엇보다도 유용한 이론에 도달하는 것이며, 또한 세계적인 골칫거리인 중독을 해결할 연구를 활성화하고 이와 씨름하는 임상가와 정책입안자들이 더 나은 방법을 마련하도록 이끌어 주는 것이다. 이 여정은 마침표가 없다. 새로운 증거가 나타나고 그 증거를 설명할 더 좋은 방법이 나타나면 이론을 업데이트해야 하기 때문이다.

여정의 시작

많은 이론에 비해 더딘 진전

중독 분야에는 이론이 없는 게 아니다. 심리학 이론을 비롯하여 생물학 이론, 사회학 이론, 경제 이론, 생체심리사회biopsychosocial 이론 등 다양한 이론이 있고, 거의 모든 이론이 중독 현상의 중요한 요인을 잡아내고 있다. 문제는 각각의 이론이 중독 문제의 일부를 설명해 주는 아이디어를 갖고 있지만, 이전에 다른 이론에서 다루었던 특징은 설명하지 못하고 만들어진 것 같다는 데 있다. 이론들은 중독을 특정 관점에서 바라보고 당장 눈에 보이는 현상에만 집중하며 다른 관점에서 볼 수 있는 주요 특징은 등한시한다. 이것은 기존의 이론을 토대로 새로운 이론적 원리를 진척시키는 '점진적 과학incremental science'으로 중독이 발전하는 데 악영향을 끼치고,

데이터를 해명하지 못하는 분야를 바로잡지 못하게 하며, 중독을 탐구하는 새로운 길을 독창적으로 열어 가는 데 방해가 된다.

이론과 관찰

이 문제 가운데 한 가지는 중독 연구 분야에 맞지 않는 과학 모델을 채택한 데 있는 것 같다. 행동과학에서는 자연과학의 패러다임으로부터 행동을 이해하기 위한 방법론을 발전시켜 왔는데, 불행하게도 그러한 패러다임이 항상 잘 먹힌 것은 아니었다. 일반적인 패러다임에서는 증거를 확보하는 주요한 출처로 설문 조사, 실험, 반구조화된 면담 등과 같은 공식적인 연구를 활용하며, 자연 서식지에서 관찰되는 동물의 행동을 비롯해 우리가 사는 곳에서 관찰되는 행동은 '일화적 증거 anecdotal evidence'로 간주한다. 이것이 내포한 문제는 사람들이 많이 하는 행동이나 전혀 하지 않는 행동에 대해 소위 우리가 **'중요한 관찰'**이라 부르는 것을 설문 조사에서의 백분율, 집단 간 '유의한 차이', 및 변인 간 '상관관계'보다 덜 중요하게 여기는 데 있다. 많은 경우 현실성이 떨어지는 실험실 상황에서 다소 하찮은 행동을 하거나, 설문지 또는 면담에서 사람들이 보이는 태도, 신념 및 행동을 액면 그대로 받아들인다. 이로 인해 진짜 중요한 문제에 대해 실제 행동이나 생각, 느낌을 틀리게 보여 주는 경우가 많고, 응답 또한 일반 세상에서 일어나는 일을 어슴푸레 막연히 나타낼지언정 거의 관련이 없는 경우가 너무 많다.

그렇다고 해서 공식적인 연구가 기술description과 가설hypothesis 생성 및 검증testing에 중요하지 않다는 말은 아니다. 다만 행동을 설명explanation하고자 할 때 자연적인 상황에서 세심하게 관찰하는 법과 조사하는 일의 가치를 간과하지 않는 것이 중요하다. 간단한 실례로 이를 명확히 보여 줄 수 있다. 사람들은 음악을 듣거나 침대를 정리하거나 아스피린을 복용하더라도 거기에 중독되지 않는다. 음악을 듣는 일은 매우 즐거울 수 있고, 침대를 정리하는 일은 실리적이고, 아스피린을 복용하면 통증이 완화된다. 도박, 흡연, 음주는 중독성이 있는데, 이렇게 즐겁고 실리적이며 자기를 치료하는 행동은 왜 중독성이 없는지를 중독 이론은 설명할 수 있어야 한다. 우리가 알고 있는 한 음악을 듣거나 침대를 정돈하거나 아스피린을 복용하는 것이 중독성이 있는지 공식적으로 연구된 일은 없지만, 단순한 관찰로도 명쾌하게 답을 줄 수 있다.

종합이론의 필요성

이 책에서 발전시킨 이론은 기존 이론들이 제공하는 주요 통찰력을 갖다 넣을 수 있는 개념 틀을 제공하게 될 것인데, 축적된 지혜를 취합해 엮는다는 의미에서 종합이론이라 할 수 있다. 종합이론에서는 중독에 관해 설명할 수 있는 모든 것을 설명하려는 것은 아니지만, '중요한 관찰'을 설명해 가며 기존 이론을 연결할 수 있는 개념체계를 제공하고자 한다. 종합이론은 가능한 한 간결성parsimonious 원칙을 중시하여 꼭 필요한 경우에만 추가 요소를 받아들이고, 응집성coherence을 추구하여 아이디어는 서로 자연스럽게 연결되어 상관없는 주장의 나열에 불과해서는 안 된다.

이론 개발 지침

이 작업을 기획하면서 다음과 같은 닉 헤더(Heather, 1998)의 말을 염두에 두었는데, 이 말을 그대로 인용하는 것 외에는 더 좋은 방법이 없는 것 같다.

> 중독은 …… 이전에 약물 사용을 자제하기로 결심했음에도 불구하고 거듭해서 실패하는 상태로 가장 잘 정의할 수 있다. 이 정의는 의사결정, 양가감정, 갈등을 중독자의 행동과 경험의 중심되는 특징으로 보는 중독의 관점과 일치한다. 이를 바탕으로 중독을 설명하는 틀을 구성해 보면, (1) 신경 적응 단계, (2) 약물 갈망 단계, (3) "아크라시아(의지박약)akrasia" 또는 결심 실패 단계 등 3단계로 이루어진다 ……. 이 틀의 "단계 1이나 2"에서 사용된 설명 개념explanatory concepts은 상위 단계인 2나 3의 설명explanations으론 충분하다고 할 수 없는데, 단계 2와 3에서는 항상 전제조건으로 추가 결정요인이 요청된다. 특히 대부분의 기존 중독 이론이 충분히 갖추지 못하는 부분이 있는데 그것은 틀에서 가장 높은 3단계의 문제에 대처하지 못하고 있다는 점이다. (p. 3)

이 책에서 이해하는 중독은 단순한 약물 사용보다 더 넓은 범주를 다루긴 하지만, 기존 이론들이 단계 2와 3에 대한 설명이 불충분하다고 헤더 교수가 지적한 것은 우리가 보기에 잘 파악한 것 같다. 그래서 특정 중독성 약물이 특정 뇌 경로에 미치는 작용을 다루는 신경생리학적 모형은 중요하며 문제 치료에 도움이 되는 의약품을 설계하는 데 도움을 줄 수 있다. 그러나 신경생리학적 모형이 사회적 및 심리적 결정요인이나 실제 다른 뇌 메커니즘에 대한 중요한 관찰을 다루지 못하는 것이 명백한데도 이것이 중독 이론일지도 모른다고 생각하는 것은 어리석은 일이다.

우리는 또한 짐 오포드Jim Orford의 '**과도한 욕구 추구**(과도한 탐닉)Excessive Appetites' 모형(Orford 2001)과 같은 형태의 학술적이면서도 절충적인 해석이 이미 문헌에 나와 있다는 사실에 대해서도 잘 알고 있다. 새로운 이론은 오포드 교수의 연구를 기반으로 하면서도 헤더 교수의 충고에 세심한 주의를 기울이고자 한다.

심리학적 지향성

우리 저자들은 훈련된 심리학자이며 주된 연구는 담배 분야이다. 이 두 가지 특징 모두 어쩔 수 없이 우리의 접근방식과 활용 예제에 영향을 미칠 것이다. 이론가가 본인의 전공이 아닌 분야에서 설득력 있게 글을 쓰는 일은 어렵고(예: 신경약리학자나 경제학자가 심리학에 대해 글을 쓰는 것), 마찬가지로 연구자라도 본인의 전문이 아닌 중독 분야에 능통함을 보이는 일도 어려우며(예: 알코올 연구자가 담배에 대해 글을 쓰거나 담배 연구자가 코카인에 대해 글을 쓰는 것) 대부분은 그런 시도조차 하지 않는다. 하지만 우리마저 하지 않으면 중독이 무엇인지를 파악하지 못할 것이기 때문에 우리는 시도해야만 한다. 이 책의 초판 출간 이후, 우리는 다양한 유형의 중독을 연구하는 많은 동료와 아이디어를 나눌 기회가 있었는데 우리의 아이디어를 자신의 연구 분야에 제대로 반영할 수 있다고 생각한다는 사실에 크게 고무되었다.

여정의 끝

그렇게 이 책은 중독에 대한 가장 상식적이고 간단한 설명부터 필요한 만큼만 복잡한 설명으로 이어 가는 여정을 담고 있으며, 중간중간에 기존의 많은 이론을 참조하고 연관된 부분을 짚어 보는 것과 아울러 이에 대한 논평이 함께 들어가는 내러티브narrative를 만나게 된다.

이것은 단순한 요약이 아니다. 어쨌든 이 지면상에 모든 이론을 제대로 다룬다는 것은 불가능한데 그럼에도 어떤 이론은 전 분량을 터치하기도 한다. 이 책에서는 이론마다 가지고 있는 독특한 통찰이나 그로부터 도출할 수 있는 중요한 교훈을 끌어내려고 한다. 가능한 경우, 개발하는 이론은 중독에 대해서 잘 알고 있으면서도 전문가는 아닌 사람들의 머릿속에 이미 자리 잡은 개념을 사용하고, 심리학을 전공하지 않은 사람이라도 서로의 행동을 설명하고 예측하는 데 도움이 되는 단어를 사용한다. 그리고 불필요하게 새로운 용어를 만들어 내거나 기존 용어에 새로운 의미를 보충하고 싶은 함정은 피하고자 하였다.

이 책에서는 기존 이론을 검토할 때 독립된 글상자로 다루는 방법을 사용한다. 글상자마다 아주 간략하게 이론을 기술한 것도 있고, 훨씬 더 상세하게 고찰한 것도 있다. 이론을 상세하게 고찰한 것은 이론이 복잡하거나 중요해서가 아니라 포괄적인 중독 이론으로 발전시켜 나가는 데 필요한 교훈을 끌어내기 위한 것과 관계가 있다.

중독에 대한 기본 정의

중독을 정의하는 방법에는 여러 가지가 있는데, 이는 중독이라는 라벨을 붙일 수 있는 것들이 여러 가지로 많이 있다는 것을 뜻한다. 다음 장에서 이 문제를 상세하게 다루겠지만, 첫 단추를 잘 끼우기 위해 이 책에서는 중독이라는 용어를 다음과 같은 의미로 사용한다. 즉, 중독이란 어떤 행동을 하면 보상이 있다는 것을 알게 되어 의도치 않은 해를 끼칠 수 있음에도 그 보상 행동을 하고 싶은 동기가 강력하게 반복적으로 유발되는 그리고 그 행동의 결과로 얻게 되는 만성질환이다. 중독은 모 아니면 도라는 식의 문제가 아니라 정도의 문제이며, 그 심각성은 주관적인 충동감urge이나 갈망craving의 중증도, 해를 끼치는 행동의 빈도 또는 강도, 진지하게 활동을 제한하거나 중단하려는 노력의 실패 등을 통해 평가할 수 있다. 이러한 정의는 널리 사용되고 있는 중독에 대한 정의들과는 몇 가지 측면에서 다른데,

그 이유는 이 정의가 중독 분야에서 일하는 대부분의 사람들이 포착해야 할 현상을 좀 더 정확하게 포착하고 있고, 제외했으면 하는 대체로 비슷한 현상은 배제하고 있다고 생각하기 때문이다.

중독과 동기유발

중독의 핵심을 **동기유발**motivation에 둔다는 것은 어떤 중독 이론이든 동기 이론에 기반을 두어야 한다는 것인데, 그런 의미에서는 중독을 동기유발 장애로 생각하는 것이 말이 된다. 동기유발의 양상들은 잘 알려져 있지만, 놀랍게도 그것들을 통합한 진정한 종합이론은 없는 것 같다. 따라서 이 책은 그 이론을 하나 제공해 보려고 하는데, 이 이론이 중독이 아닌 연구 분야에서도 참고할 만한 가치가 있기를 기대한다. (역자 주: 'motivation'에는 일반적으로 '동기부여' 용어를 우선 부여할 수 있는데, 이 책에서는 중독의 이상 측면을 고려하여 '동기유발'을 기본으로 사용하고 문맥에 따라 '동기' '동기부여'로도 사용함)

베이스캠프 설정

지금까지 밝힌 목표를 달성하는 것은 결코 작은 일이 아니다. 더군다나 중독을 해석하는 방법에 관해 나름대로 일가견이 있는 연구자들로 구성된 전문 독자층을 확보하는 일은 훨씬 더 어렵다. 그럼에도 이 목표는 가치가 있어 보이며, 제시된 아이디어가 논리적이면서 새로운 통찰을 충분히 담고 있다면, 이 이론은 점진적인 과학 방식으로 중독 연구를 시작할 수 있는 기반을 제공할 수 있을 것이다. 이 이론의 체계 내에서 증거와 모순되는 부분은 새롭고 더 좋은 내용으로 대체하거나, 이론에서 설명하는 모든 사항을 풀어 줄 더 일관되고 간결한 해석방법을 찾아내거나, 이론의 체계 안에 새로운 이론을 추가할 수 있다. 이것이 바로 『**중독 이론**Theory of Addiction』 초판에서 제시한 초안에서 달성하려고 했던 것이며, 그 발전 과정을 계속 이어 가 이번 개정판이 나오게 되었다.

여정의 줄거리

이 책에 실린 많은 아이디어는 상당히 참신해서 받아들이는 데 시간이 좀 걸릴 수 있다. 그래서 이해를 돕기 위해 몇 가지 팁을 다음에 제공한다.

- 이 책에서는 종합적인 중독 이론 초안을 전개한다. 보상과 처벌을 통한 학습과 연합학습, 강박감과 욕망, 자기통제력 발휘, 신념, 의사결정, 계획 등 중독의 기저를 이루고 있는 메커니즘을 끌어들여 하나의 시스템으로 종합한다.

  이 이론은 종합적 동기유발 이론에 기반을 두고 있다. 단순한 반사적인 반응부터 평가와 계획을 통해 행동에 나서는 일에 이르기까지, 그 사이에 충동과 억제력, 욕망, 동인drive 및 정서 상태가 관여하는 다양한 기간과 단계를 거치는 복잡한 인과 경로를 통해 순간순간 행위action를 통제하는 데 초점을 맞춘다. 이 이론에서는 어떤 요인이든 행동behaviour에 영향을 미치려면 그 당시 작동하는 충동과 억제력을 거치지 않으면 안 된다는 사실을 강조한다.

- 이 책에서는 뇌의 기능이 본질적으로 불안정하게 진화했다고 주장한다. 그래서 동기유발 시스템은 본래부터 불안정성을 지닌 '전자식 비행 제어fly-by-wire' 항공기와 같아서 '정도', 즉 항공기로 비유하면 불안정한 대기 환경 속에서도 직진성을 유지하기 위해 끊임없이 균형 인풋balancing input이 필요하다고 말한다. 동기유발 시스템은 우리에게 쉽게 적응하게 해 주고 창의적으로 만들어 준다는 장점이 있는 반면에, 정신 과정mental process을 안정시키는 장치와 기술 등 균형 잡힌 인풋이 없으면 부적응적인 사고 과정과 행동 패턴도 손쉽게 발달시킬 수 있는 단점도 있다.

- 이러한 활동 패턴은 와딩턴(Waddington 1977)이 배아 발달과정을 설명하기 위해 제안한 '후성유전학적 지형(후성풍경학적 풍경)epigenetic landscape' 개념과 날씨 변화와 같이 수학적 모델링 시스템을 사용하는 혼돈 이론(카오스 이론)chaos theory 관점에서 이해될 수 있다고 이 책은 주장한다. 카오스 이론에서 시스템은 특정 상태로 빠져들 수 있지만(이런 예로 '로렌즈 끌개Lorenz attractors'가 있다), 여전히 겉으로는 보기에는 예측이 불가능하게 심지어 무작위로 일어나는 것 같지만 다른 상태로 전환이 일어날 수 있고 또 상태들 사이를 넘나들 수 있다.

- 이 책에서는 중독은 특정한 힘이 건강치 못하게 지배하는 상태로 관련 **동기유발 시스템**을 이끌어 가는 균형 인풋이 부족하여 취약한 개인에게 발생한다고 주장한다.

- 이 책은 '중독'이라고 부르는 동기유발 장애가 다양한 원인으로 인해 발생할 수 있다는 사실을 인정한다. 중독은 매우 다양한 병리기전(알코올 의존 증후군alcohol dependence syndrome)과 같은 여러 가지 **증후군**과 관련이 있다고 생각한다. 이러한 병리는 지나치게 강하게 느끼는 충동, 변태적인 동인, 비정상적인 감정 상태 또는 보통과는 다른 억제 또는 자제 수단이 다양하게 조합된 장애임을 뜻한다.

  병리는 때때로 중독 행동과 전혀 무관하게 개인에게 존재한다. 때로는 중독 행동이나 약물의 효과에 대한 개인의 민감성이 원인이 되기도 한다. 또 때로는 대부분의 '정상적인' 개인도 굴복할 수밖에 없는 불건전한 환경이 있다.

  종종 병리는 **중독 그 자체**를 넘어(앞서 언급한 알코올 의존 증후군에서와 같이) 고전적인 증상을 수반하는 증후군으로 나타나기도 한다. 그러나 이러한 병리는 다양한 유형의 중독 행동에서 종종 환경적 조건과 상호작용하여 자주하는 낮은 강도의 중독 행동부터 비교적 드문 탐닉 행동bingeing까지 정말 다양하게 증상을 발현시킨다. 같은 약물을 사용하더라도 사회적, 환경적 조건에 따라 다른 패턴의 중독 행동을 유발할 수 있다.

- 이 책에서는 **중독**에 대한 진단 개념을 바꿀 것을 제안한다. 사정(평가)assessment은 행동의 토대가 되는 동기유발력이 지배하는 정도에 대해 증거를 수집하는 데 집중해야 한다고 주장한다. 이것은 중독의 '강도strength'를 말하는 것으로, 중독으로 인한 해로움의 정도와 관련된 '심각도severity'와 개념적으로 구별할 필요가 있다는 것이다. 미국정신의학회American Psychiatric Association에서 발행한 **『정신질환 진단 및 통계 편람 5판』**(American Psychiatric Association's Diagnostic and Statistical Manual V: DSM-5)에서는 특정 문화권에서 이 두 가지가 매우 높은 상관관계를 보인다는 이유로 둘을 합치자는 움직임이 있는데, 이는 중독성 장애로 인해 피해를 유발하는 문화적 요인을 무시하게 만드는 것이다. 예를 들어, 사회가 엑스터시 복용과 같은 행동을 매우 엄격하게 처벌한다면, 강도는 취하지 않고 심각도만 부각시킬 수 있다. 임상 의사가 중독을 진단한 후 다음에 진행할 단계는 병리의 포

인트는 무엇이고 중독 행동의 병적인 측면은 어떻게 되는지, 그리고 이에 근거하여 단기 및 중기적 치료 가망성이 무엇인지를 파악하는 것이다. 이를 통해 근본적인 병리로 다루어 치료할 것인지, 아니면 단순히 증상(중독 행동)을 억제하는 데 중점을 둘지 결정하게 될 것이다.

나아가 근본적인 병리로 취급하는 경우, 지속적인 효과로 이어질 급성기 치료 에피소드의 전망은 어떤가? 장기간에 걸쳐 치료하는 것이 필요할까? 아니면 필요에 따라 치료 에피소드를 반복하는 것이 가장 좋은 모델일까? 대증요법 symptomatic treatment은 구속 수단을 강화해서 행동에 나서고 싶은 충동의 발현을 최소화하기 위해 임시적으로 정당하다는 사유를 찾아 활용하는 치료법이고, 근원적인 병리 치료는 탈이 난 동기유발 시스템을 고치거나 영구히 정상 상태로 만들어 주는 약리학적 및 심리적 개입을 포함한다.

- 이 책에서는 중독 행동을 예방하거나 통제하기 위해 동기유발 시스템(충동, 욕망, 평가 및 계획) 전체를 고려할 수 있는 인구집단 수준의 개입population-level interventions을 개발하는 접근법을 제안한다. 마찬가지로 중요한 것은 현재 진행 중인 활동이든 활동을 계획 중인 상황이든 개인에게 작용하는 영향력을 계산하여 개입이 이루어져야 한다는 것이다.
- 이 책에서는 현재 사용되는 이론 개발과 검증에 대한 접근법이 '점진적 과학'에는 좋지 않고, 공통점이 많은데도 다른 틀, 다른 표현을 사용하여 구성했거나 당면한 문제의 한 측면에만 초점을 맞추고 다른 중요한 측면은 다루지 못하는 수많은 이론이 난무하게 만든다고 주장한다. 게다가 상관계수나 회귀 분석과 같이 이론을 검증하는 데 사용하는 방법들도 그 일을 할 수 없는 경우가 많다고 말한다. 또한 반례를 찾아봐야 하는 것은 진정한 반례가 하나라도 있으면 이론이 잘못된 게 틀림없다는 것을 뜻하므로 개선점을 찾게 만든다.
- 이번 제2판은 2006년 초판에서 시작한 중독에 대한 점진적인 과학을 구축하는 과정을 계속해서 이어 가며 새로운 이론적 아이디어를 담아내고 있다. 제안된 이론은 어떤 면은 더 잘 설명하겠지만 이전 이론에서 적절하게 설명했던 관찰들은 다루지 못하는 새로운 통찰에 주목하기보다는, 공유할 수 있는 통합적인 틀 안에서 중독 행동을 설명하고 예측하는 일을 더 잘해 낼 것으로 생각되며,

또한 이 이론과 그 적용 가능성을 더 잘 설명하고 더 잘 서술하는 방식도 모색하고 있다.

간추린 중독 종합이론

일단 시작을 위해 다음 단락들에서는 이론이 제시하는 몇 가지 진술을 강조하여 요약한다. 약간씩 반복이 있는 것은 의도적인데, 아이디어가 다양한 맥락에서 여러 번 다뤄지면 이해되는 경우가 많기 때문이다. 이제부터가 시작이다.

중독이란

중독은 다양한 병리에서 발생할 수 있으며 그 강도와 심각도와 드러나는 증상은 다양한 편이다. 중독은 특정 활동에 비정상적이고 해를 끼칠 정도로 높은 우선순위를 부여하는 **만성 동기유발 시스템 상태**로 볼 수 있다(다음 절 참조).

중독의 기저에 깔려 있는 병리에는 다음의 3가지 기본 유형이 있다.

- 중독성 활동이 직접 원인이 아닌 동기유발 시스템의 이상 징후abnormalities(예: 만성 불안, 우울증, 낮은 자존감, 빈약한 충동 조절 등과 관련된 경우)
- 중독성 활동이 동기유발 시스템의 민감성에 작용하여 생긴 동기유발 시스템의 이상 징후 (예: 각성제 효과에 대한 과민반응, 내성tolerance과 금단 증상withdrawal symptoms, 행동의 사회적 기대효과로 말미암는 기분장애mood disturbance)
- 어쩔 수 없이 작용하는 병리적 환경이 있는데도 이에 대처할 준비가 되어 있지 않은 정상적인 동기유발 시스템(예: 때때로 접하는 대중의 우상들, 특정 사회적 관계 및 만성적으로 비참한 상황에 놓인 사람들의 생활방식)

대부분의 경우, 근본적인 병리에는 이들 중 하나 이상이 상호작용하는 경우가 많다.

'동기유발 시스템'

동기유발 시스템은 우리가 하는 행위에 활력을 불어넣고 방향을 지시하는 일련의 뇌의 작용들로, 다음과 같이 상호작용하는 5가지의 하위체계로 구성된다. (1) 반응을 생성하여 나타내는 반응 하위체계, (2) 충동을 일으키고, 충동을 억제하여 반영하는 충동-억제 하위체계, (3) 원함wants과 필요needs를 일으켜 반영하는 동기 하위체계, (4) 좋고 나쁜 것에 관한 신념을 생성하여 반영하는 평가 하위체계, (5) 자의식적self-conscious 의도를 생성하여 반영하는 계획 하위체계이다.

동기는 충동 및 억제를 통해서만 행동에 영향을 줄 수 있고, 평가는 동기를 통해서만 행동에 영향을 줄 수 있으며, 계획은 동기와 평가에 작용한다.

충동, 동기 및 계획

단순한 반사 반응은 제쳐 두고라도, 개인은 그 순간에 때맞춰 일어나는 충동 및 억제력에 따라서만 행동하게 되는데, 이러한 일은 자극을 받거나 정보가 들어오면 그리고 그 순간에 부여되는 동기로 인해 발생한다. 따라서 동기는 충동과 억제를 거쳐 행동에 영향을 미치며, 또한 평가에 따라 유발되는 특성이 있다. 계획은 주로 평가를 통해 행동하는 데 영향을 미친다고 생각하지만, 욕망에 따라 곧바로 행동하게 작용할 수도 있다.

동기유발 시스템은 행동에 미치는 영향력 측면과 욕망 및 충동감이 평가 및 계획보다 우선된다는 점에서 당면한 환경에 (가장 중요하진 않더라도) 애초부터 우선성을 부여하는 방식으로 구조화된다.

동기와 충동은 외부 자극과 동인(예: 배고픔), 보편적 정서 상태(예: 행복, 슬픔, 흥분), 대상적 정서 상태(예: 좋아함, 싫어함) 간의 상호작용에서 비롯된다. 유발된 동기의 강도는 관련된 정서와 동인의 강도에 따라 다르며, 동기의 방향도 동인의 성격과 긍정 또는 부정 정서에 따라 달라진다.

연상작용을 통한 학습

동기유발 시스템 내에서 특정 연관성이 발생하여 반복되면 촉진적 관계가 형성되어 한 요소가 발생하면 다른 요소가 더 쉽게 떠올려지게 된다. 이것이 바로 연합학습associative learning이다.

자극-자극 연합은 '파블로프식(고전적) 조건형성 조건화Pavlovian(classical) conditioning'의 기초가 되고, 자극-반응-결과(보상 또는 처벌) 연합은 소위 '도구적(조작적) 학습instrumental(operant) learning'을 뒷받침한다. 연합학습은 창의적 사고, 명제 학습propositional learning, 습관, 기술skill을 뒷받침하는 뇌의 보편적인 속성인데, 고전적 및 조작적 학습을 생각해 낸 것은 정신 활동 사이에 일어날 수 있는 아주 다양한 유형의 연합을 보여 주는 두 가지 예이다.

이러한 관점에서 습관habit이라는 용어는 자극-충동 또는 자극-억제 학습을 통해 생긴 자동성automaticity이라는 중요한 요소를 수반하는 모든 활동을 나타낸다.

불안정한 마음

중독의 기저에 흐르는 병리는 인간의 마음(정신)과 이에 영향을 주는 생리 체계가 본질적으로 불안정하게 진화했기 때문에 생기는 것으로, 원치 않는 방향으로 향하는 것을 막기 위해서는 일정한 균형 잡힌 인풋이 필요하다. 이러한 불안정성 때문에 인간은 주변에서 일어나는 일들에 매우 민첩하게 대응하고 창의적이며 적응력이 뛰어나게 되지만, 균형 잡힌 입력이 없으면 부적응적인 방식으로 사고하고 행동하는 패턴으로 내몰리는 성향을 띠게 되는 대가를 치른다.

이를 시각적으로 나타내는 유용한 방법이 와딩턴Waddington의 '후성유전학적 지형'으로, 유기체의 상태를 등고선으로 높낮이를 나타낸 계곡과 평원이 있는 지형을 따라 굴러 내려가는 공으로 묘사한다. 계곡이 갈리는 분기점에서는 작은 환경의 힘이라도 공을 한쪽 골짜기 또는 다른 골짜기로 내려가게 할 수 있다. 중독은 특히 깊은 계곡을 나타내는데, 그 계곡에서 벗어나기 위해서는 매우 강력하고 지속적인 인풋(노력)이 필요할 것이다.

원론적으로, 이러한 접근방식은 '혼돈 이론'의 수학적 개념을 사용하여 모형화할 수 있다. (날씨와 같은) '혼돈계chaotic systems'는 독특한 패턴을 보여 주는데, 예측할 수 없는 상태 전환으로 점철되면서도 중단기적으로 안정성이 확보된 기간이 있고, 또는 겉보기에는 작은 사건으로 인해 극심하게 불안정한 기간도 있다. 그래서 두 시스템이 따르는 경로가 출발점에서의 아주 작은 차이로 인해 현저하게 달라질 수 있는데, 어떤 경우에는 시스템이 현실적인 조건에서 벗어나지 못하고 특정 상태에 고정될 수 있지만, 또 다른 경우에는 이러한 패턴이 나타나지 않고 갑자기 상태가 전환될 수 있다.

동기유발 시스템은 이러한 카오스적chaotic 적응 모형에 들어맞는 것으로 보이며, 중독은 이러한 시스템의 독특한 형태의 활동에 해당한다. 대부분의 사람은 많은 경우에 동기유발 시스템의 견제와 균형을 통해 한 가지 동기유발력이 장기간 지배하지 못하게 막는다. 그러나 일부 상황(시스템에 이미 이상이 생겼거나, 버릇이 되어버린 일련의 행위 때문에 또는 특정 부분 주위의 부추김으로 시스템이 중독에 빠지기 쉽게 변화된 상태)으로 인해 인풋을 투입해도 해당 시스템이 충분히 균형을 이루지 못하는 상태가 되고, 소정의 동기유발력이 지배력 경쟁에서 제대로 균형을 확보하지 못하게 되어서 중독 상태에 '매력을 느끼게' 되는 것이다.

이 책은 학술적 에세이이다. 최선을 다해 최대한 아이디어를 전달하려고 했는데, 각 장은 그 자체로 한 권의 책이 될 수 있음에도 해당 수준의 세부 사항은 실으려 하지 않았다. 대신에 중독 이론에 대해 좀 더 폭넓은 관점을 제시하고자 했는데, 그 주제를 제대로 다루었기를 기대한다. 비록 책에 있는 모든 내용에 동의하지 않더라도 이 책이 여러분에게 자극제가 되기를 바란다.

참고문헌

Heather, N. (1998) A conceptual framework for explaining drug addiction. *J Psychophar-macol 12*(1): 3-7.

Orford, J. (2001) Addiction as excessive appetite. *Addiction 96*(1): 15-31.

Waddington, C. (1977) *Tools for Thought: How to Understand and Apply the Latest Scientific Techniques of Problem Solving*, Basic Books, New York.

제2장

정의, 이론 및 관찰

DEFINITION, THEORY AND OBSERVATION

이 장에서는 사회과학과 행동과학에서 다루는 정의 문제에 대해 논의하고 현재 사용되고 있는 용어를 바탕으로 중독에 대한 정의를 발전시킨다. 그런 다음 무엇이 좋은 이론을 만드는지 살펴보고, 중독 이론이 수용해야 하는 몇 가지 '중요한 관찰'을 요약하며 마무리한다.

중독 정의(중독은 불편한 진실이 아니다)

이 절에서는 중독의 정의와 관련 개념에 대한 문제를 살펴본다. 중독에 대한 대부분의 주요 정의에 담긴 의도를 수용하되, 이러한 의도를 바르게 전달하기 위해 어떤 한 문구를 선택하여 추천한다.

정의란 무엇인가

우리는 서로 다른 '실체entity'(사물, 물질, 상황, 사건 또는 속성) 간에 유사점을 발견하면 이를 하나의 범주category로 간주하고 비슷하게 취급할 수 있도록 라벨을 붙인다. 그런 다음, 언제 라벨을 적용해야 하는지 알 수 있도록 라벨을 붙이는 실체의 범주별 특징을 묘사한다. 그렇게 서술하는 것이 정의이다.

가구와 같은 구체적인 사물이나 코끼리와 같은 대형 포유류라 하더라도 모든 상황을 커버할 수 있을 정도로 정확하게 정의한다는 것은 의외로 어렵다. 예를 들어, 코끼리가 어떤 동물인지 우리 모두 알고 있듯이 코끼리는 두꺼운 가죽과 큰 귀, 긴 코를 가진 네발 달린 대형 동물이다. 하지만 이러한 특징이 코끼리를 정의하는 절대적인 요소일까? 그럴 수는 없는 것이, 예를 들어 다리가 세 개로 태어났거나 아주 끔찍한 벌목 사고로 코가 절단된 코끼리라면 어떨까? 현대 과학의 도움을 받으면 코끼리의 DNA로 코끼리를 정의할 수는 있겠지만, 대부분 경우 이는 비현실적이고 또 할 필요가 없는 일이다. 그래서 실제로는 코끼리의 생김새를 따라 판단하고 예외도 허용하므로, 비록 다리가 세 개뿐인 코끼리라 할지라도 코끼리를 보면 일반적으로 코끼리임을 아는 것이다.

그렇다면 중독은 어떨까? 중독은 사랑이나 공정성처럼 추상적인 개념이다. 예를 들어, 의자나 코끼리처럼 객관적인 실체나 경계가 없다. 또한 중독은 사회적으로 정의되는 개념이기 때문에 우리가 지지하고 싶은 라벨이 무엇인지를 두고 정당하게 다른 의견을 낼 수 있다. 그래서 어떤 정의가 명백히 옳고 어떤 정의가 틀렸다고 말할 수는 없으며, 단지 이게 더 유용하다거나 또는 '전문가들'이 일반적으로 동의하는 것이라고 말할 수는 있다. 이러한 상황에도 불구하고, '중독'은 행동과학과 임상과학에서는 중요한 개념이다. 미국 국립 의학도서관 데이터베이스에 따르면, 1914년 이후로 약 4만 편의 학술 기사의 제목이나 초록에서 중독 단어가 발견된다.

중독에 대한 정의의 변화

옥스포드 영어사전에 따르면, '중독'이라는 용어는 로마법까지 거슬러 올라가는데, 거기서 중독은 '일반적으로 사법적 결정에 따라 사람이나 재산을 개인에게 공식적으로 인도하는 것'을 의미했다. 이것은 통제권 포기라는 개념을 떠올리게 하지만, 현대적 의미로 처음 사용된 것은 훨씬 뒤인 18세기 초로, "그 의사는 …… 술에 너무 심하게 중독되어 왕실에 무례한 태도를 보이게 되어 그것들에 대한 대가로 받던 총애를 박탈당했다."(옥스포드 영어사전)는 기록이 남아 있다. 중독이 새로운 현상은 아니라는 말이다. 고대 이집트 및 그리스 문헌에는 이 문제에 대한 그들의 이해를 명확하게 보여 주는 몇 가지 사례가 있다. 예를 들어, 디오도루스Diodorus와 플루타르크Plutarch는 "술로 인한 미친 행동은 많은 왕과 귀족을 파멸시킨 신체 질환"이라고 언급했다(American Association for the Study and Cure of Inebriety 1893).

19세기 말, 의사들은 중독을 과학적으로 연구하는 데 점점 더 관심을 가지기 시작했다. 1884년 지금의 영국 중독연구회Society for the Study of Addiction의 첫 번째 회의가 열렸는데 그들의 과학적 포부는 전문지식이 없는 사람들이 중독에 대해 이해하고 있는 것을 공식화하는 것이었다. 이 방향으로 초기에 노력한 일은 중독을 윤리적이나 영적인 문제라기보다 의학적 질병으로 규정하는 데 초점을 맞추는 것이었다. 이 중독연구회는 “중독은 뇌와 신경중추가 병든 상태로, 주류나 기타 마약이 주는 완화효과나 기분 전환 때문에 위험을 감수하고라도 이를 탐닉하고 싶은 거부할 수 없는 충동이 특징”이라고 정의했다(Kerr, 1884). 이렇게 정의한 목적은 중독을 도덕적 결함이라고 비난하기보다는 의학적 문제로 취급하도록 사회를 설득하는 일이 그 당시 시대에 급한 일이었기 때문이다.

지식이 축적됨에 따라 이 주제에 대한 정의는 권위 있는 텍스트로 계속 발전해 왔지만, 신체가 약물 사용에 생리적으로 적응하는 상태를 중독으로 보아야 하는가 하는 주제는 오랜 기간 동안 이전과 마찬가지로 남아 있었다. 왜냐하면 약물이 들어오지 않으면 생리적 기능장애가 일어나 고통받는 당사자에게는 불쾌해지거나 심지어 생명을 위협하는 ‘금단 증상’이 나타나기 때문이다. 중독자는 생리적 기능을 정상적으로 유지하기 위해 약물을 복용해야 하는 사람이었다.

많은 대중과 일부 연구자에게 이 중독의 개념은 여전히 주류를 이루고 있다. 이들에게는 헤로인heroin 중독자는 위경련과 콧물을 흘리며 떨고 있는 이미지로, 알코올 중독자는 손이 주체할 수 없이 떠는 이미지로 떠오른다. 어떤 면에서는 이 정의는 매력적인데, 사람들이 알거나 적어도 쉽게 발견할 수 있는 병인과 작용 메커니즘을 가진 생리적 문제를 지적하기 때문이다. 객관적으로 측정할 수 있고 어쩌면 치료할 수 있는 신체적 이상이 있는 것이다.

최근 몇 년 동안 상황은 상당히 달라졌다. 오늘날 ‘중독’이라는 용어가 적용되는 경향은 심각한 해를 끼치거나 일으킬 정도로 행동에 대한 통제력이 손상된 증후군이 핵심이라는 쪽이다. 폐해가 있다는 사실은 중요한데 그렇지 않으면 중독에 관심이 덜 가게 될 것이고, 또 분명 막대한 공적 자금을 연구 · 예방 · 치료에 투입할 가치를 느끼지 못할 것이기 때문이다. 중독된 개인은 통제력이 손상되어 있어 관계하고 있는 활동에 나서야 한다는 강박을 느끼거나, 지나치게 보일 정도로 그 활동에 삶의 우선순위를 맞춘다. 항상 그런 것은 아니지만 많은 경우, 중독된 개인은 해당 활동에 참여하지 않겠다고 진심 어린 의사를 피력하지만, 절제하는 것을 견디지 못한다.

이렇게 구성한 정의에서 중독은 단순히 통제력에만 관계되는 것은 아니고, 이질적인 증상들을 모은 증후군도 포함한다. 이 증후군 및 관련 진단 기준은 에드워즈와 그로스(Edwards and Gross 1976)가 제시한 알코올 의존 증후군을 기초로 정의하였기 때문에, 더 나중에 나왔어도 금단 증상, 갈망, 내성(반복 사용으로 인한 약물 효과 감소)이 여전히 포함되어 있다.

중독에 대한 개념이 바뀐 이유는 금단 증상 자체가 사회적으로 거의 위협이 되지 않고, 분명히 주된 문제는 아니기 때문이다. 금단 증상으로 불쾌하거나 위해를 가할 것 같더라도 지속 기간은 한정되어 있고 치료도 가능하다. 대조적으로, 강박적으로 약물을 복용하거나 특정 행동을 하는 것은 장기간 고통받는 당사자와 다른 사람들의 안녕에 위협을 가하는 매우 심각한 행위이며, 실제적이면서도 윤리적인 개입으로 해결하기가 매우 어렵다. 따라서 더 많은 관심을 기울여야 할 문제이다.

중독에 대한 정의에서 달라지는 추세

일부 연구자들은 중독을 약물을 복용하는 행동으로만 정의하기도 하지만, 도박과 같은 다른 활동으로 확대해야 할 강력한 이유가 있다. 일부 연구자들은 인터넷 사용, 기호식품 소비, 구매 행동 그리고 성행위까지 중독의 정의를 확장해야 한다고 주장하기도 한다(Padwa and Cunningham 2010). 그러나 약물 사용 이외의 행동까지 정의에 포함하는 것은 문제가 될 소지가 있다. 한편, 중독과, 반면에 불수의적으로 나타나는 틱tic이나 강박 장애obsessive compulsive disorder와 구별하는 일은 사소한 문제가 아니다. 그 해법의 일부는 '보상이 따르는rewarding' 용어를 정의에 포함하고 행동은 경험의 결과로 습득되어야 한다는 점을 인정하면 될 것 같다. 따라서 중독은 **'보상이 따르지만 행동에 대한 통제력 손상이 핵심인 증후군으로, 해당 행동에 나선 결과 후천적으로 습득된 것'**으로 정의할 수 있다.

중독과 의존

보상은 있지만 해로운 행동을 하도록 반복적으로 강력하게 동기를 유발하는 중독과 의도치 않은 금단 증상을 예방하기 위해 약물을 복용해야 하는 약물에 대한 생리적 적응 상태인 '**신체적 의존**physical dependence'을 구별하는 것이 도움이 될 것이다. 어떤 이유에서든 간에 개인이 뭔가가 '필요하다'고 느끼는 상태를 지칭하기 위해

'심리적 의존psychological dependence'을 얘기할 수도 있다. 그러나 중독과 의존은 종종 같은 의미로 사용되며, 이러한 용어의 정의와 구별에 대한 충분한 합의가 이루어져 보편적으로 받아들일 수 있는 용어로 귀착될 가능성은 거의 없다. 대신, 정치적 또는 사회적 고려에 따라 서로 다른 용어가 사용되는 상황이 지속될 것 같다.

미국정신의학회APA가 DSM-III(역자 주: 『정신질환 진단 및 통계 편람 제3판』) 진단 기준을 제정하고 있었던 1980년대에는, 어떤 라벨을 사용해야 하는지에 대해 위원회 위원들 사이에 의견 차이가 있었다(O'Brien et al. 2006). '중독'을 지지하는 사람들은 이 라벨이 약물 복용의 강박성을 전달하고 있고, 향정신성 약물일 수도 아닐 수도 있는 특정 약제를 남용해서 생기는 '정상적인' 신체적 의존 증상과 구별된다고 생각했던 반면, '의존'을 선호한 사람들은 이 라벨이 낙인찍기가 덜하고 니코틴nicotine과 알코올을 포함한 모든 약물에 더 쉽게 적용될 수 있다고 생각했다. APA는 최종 회의에서 단 한 표 차이로 '의존' 용어를 택하게 되었고, 유사한 이유로 1964년 '중독'이란 용어를 '의존'으로 대체한 세계보건기구WHO의 발자취를 따랐다.

오늘날로 건너뛰어서, 2013년에 출판되는 DSM-5에서는 '의존'을 '중독'(또는 적어도 '중독 장애')으로 대체할 것으로 보인다(역자 주: DSM-5는 최종적으로 '물질 관련 및 중독 장애'로 확정). 이러한 변화는 진단 기준을 근본적으로 재구성한 것이 아니라, 환자가 지난 1년 동안 경험해야 하는 적격 증상의 수를 3개에서 2개로 줄이고, 갈망과 문제적 또는 유해한 사용 사례들을 더 포함하도록 증상 목록을 확장한 것 외에는 거의 변화가 없다(www.dsm5.org 및 〈표 2-3〉에 제시된 DSM-IV 진단 기준 참조). 대신, '중독'으로 낙인이 찍힌 피해 사례가 일부 의사들의 태도로 인해 가려져 왔다는 위원회의 소신이 결정적인 역할을 했는데, 이런 의사들은 임상적 상관관계를 우려해 내성과 금단의 징후를 드러내는 환자에게 적절한 약제 처방하기가 못마땅하다는 태도를 보였다. 이러한 변화를 지금은 '중대한 실수'로 치부하는 원래의 결정에 관여했던 사람들을 비롯하여 많은 사람이 이러한 변화를 환영하고 있다(O'Brien et al. 2006). 물론 모든 사람이 동의하는 것은 아니다(Erickson and Wilcox 2006).

흥미롭게도, 우리는 일반적으로 중독에 따라 서로 다른 용어를 사용하는 경향이 있어서, 헤로인의 경우 '헤로인 의존'이 아니라 '헤로인 중독'을, 알코올의 경우는 '알코올 중독'이 아니라 '알코올 의존'을 사용한다. 벤조디아제핀benzodiazepine의 경우

'중독'보다는 '의존'으로 표현하는 경향이고, 니코틴과 각성제의 경우는 어느 용어를 사용하든지 똑같이 편안하게 느낀다. 다소 터무니없다 하는 느낌이 드는 문체를 쓴다는 소릴 들을지 모르겠지만, 이 책에서는 '중독'이라는 용어를 사용할 때 보상이 있지만 해로운 행동을 하도록 반복적으로 강력하게 동기를 유발하는 것이 핵심인 증후군을 지칭할 것이며, 의존 용어는 대부분 피하려고 노력할 것이다. 그런데 언어 사용은 때때로 근본적인 개념을 얼마나 잘 일치시키고 정리할 수 있는지 실마리를 풀어 주므로, '의존'과 '중독'이라는 용어를 여러 다른 약물에 다르게 적용할 때 문제의 현상을 다르게 보여 주는지는 눈여겨볼 만하다.

중독과 신체적 · 물질적 중독

신체적 · 물질적 중독을 보여야 중독이라는 입장은 진정코 더 이상 지지받지 못한다(Robinson and Pritchard 1992). 사실, 당시에도 이러한 입장은 증거와 상반되는 것처럼 보여서 치열한 논쟁을 불러일으켰다(West 1992; Huges 1993). 그런 논쟁은 진실을 찾기 위해서가 아니라 정의와 라벨이 사회적, 정치적 및 상업적으로 광범위하게 영향을 미칠 수 있다는 사실을 알아차렸기 때문에 벌어진 일이다. 그래서 1990년대에 담배 회사들은 니코틴을 중독성 물질로 인정하지 않는 것이 중요했고, 신체적 · 물질적 중독을 정의에 포함시킴으로써 이런 주장을 펼칠 수 있었다.

신체적 · 물질적 중독 관점을 지지하는 사람들은 니코틴은 중독성이 없기 때문에 '흡연이 좋아서' 흡연자가 폐암에 걸릴 위험을 무릅쓰고 흡연을 선택한다고 주장했다. 이렇게 되면 자살 알약suicide pill을 제외하고는 제조사가 의도한 대로 정확하게 사용할 경우 사용자에게 치명적인 세계에서 유일한 제품을 홍보하고 판매하는 담배업계에 대한 비난을 완화할 수 있다.

물론 개개인이나 전문가 그룹은 각자의 필요에 맞는 방식으로 자유롭게 중독을 정의할 수 있다. 일부 심리학자들은 의사결정과 선택의 역할을 강조하는 심리학적 정의에 거부감이 없을 것이고, 반면에 행동약리학자들pharmacologists은 학습 메커니즘과 뇌 경로를 강조하는 정의를 더 편하게 느낄 수 있다.

자신이 흡연을 조절하고 있다고 느껴야 하는 흡연자들은 흡연을 제외한 개념으로 중독을 생각하는 것을 선호할 것이고, 반면에 여러 번 금연을 시도했다가 실패

함에도 부담을 느끼지 않는 흡연자들에게는 흡연을 포함하는 쪽에 끌릴지도 모른다. 그러나 어떤 시점이 되면 특정 정의가 연구나 임상 실제 및 정책에 도움이 된다는 데 동의할 필요가 있으며, 이런 일은 바로 에드워즈와 그로스가 개념화한 알코올 중독 증후군을 채택할 때 그랬다.

일상생활에서 사용하는 '중독'

비전문가들이 중독을 어떻게 생각하는지 알아보는 것은 흥미로운 일이다. 중독이나 행동 연구 분야에서 정식으로 기초 지식을 쌓은 적은 없지만 사려 깊고 지적인 사람들 몇 명에게 중독이 무엇이라고 생각하는지 물어보았다. 다음은 각자의 답변이다.

> NB(알코올 의존을 다룬 뮤지컬 작곡가): "중독은 다른 많은 것이 있겠지만 아마도 중독자 수만큼이나 많을 겁니다 …… 1. 실제든 상상이든 무언가 부족하다고 감지되는 것을 채우려는 끊임없는 시도로 볼 수 있고, 2. 실제 느끼는 것을 절대로 말하지 않기 마련인데 …… 결과적으로 신체적, 정서적, 화학적(약물) 의존이 있는 상태, 또는 그 시작일 수도 있죠."

> CW(공연 프로듀서 겸 매니저): "중독은 어떤 개입 없이는 멈출 수 없는 것입니다. 하긴 숨 쉬는 것이나 강박행동도 마찬가지지만 …… 중독을 합리화할 타당한 이유는 없는 것 같고, 중독 자체가 계속해서 '중독에 빠지게 한다'는 느낌(그리고 중독이 '나쁘다'는 판단을 내리는 경우)은 있습니다. 중독과 강박이 혼동되지 않나요? 차이가 있는 것 같긴 한데, 중독은 순전히 약물과 관계된 것이고 다른 건 모두 강박행동인가요? 우리는 보통 중독이 심적/약물적 성분으로 인해 발생한다고 알고 있지만, 동시에 중독자들이 자신의 중독을 중독 그 자체인 것처럼 정당화하려고 한다는 것도 잘 알고 있습니다. 흔히 사용되는 '신체적 중독성', '심리적 중독성', '중독적인 성격'과 같은 용어는 중독에도 여러 종류가 있을 뿐만 아니라 중독을 대하는 다양한 태도가 있음을 시사해 줍니다. 그걸로 당신에게 '괜찮다' 또는 '나쁘다'라는 판단을 내리기 어렵습니다. 그래

서 무슨 말을 하려는 거냐면, 중독은 (생존과 관련이 없어) 하지 않아도 되는 것이지만, (도움/고통/노력 없이는) 스스로 멈출 수 없고, (중독 자체가 목표가 되어) 어느 정도는 스스로 강화하는 자기 영속화 과정을 나타내는 것이라 봅니다. (철학자라면 뭐라고 말했을까 궁금하던 참에) 어느 철학 강좌가 떠올랐다. 이 강좌에서는 정당화된 참된 믿음이 지식이라는 명제를 가지고, (반례를 피하기 위해) 믿음이 정당화되고 참이 되는 상황과 중독과 관련이 있는 고대 그리스의 아크라시아(의지박약, 또는 자신에게 최선의 행동이 무엇인지 알면서 이에 반한 행동, 덜 '좋은' 행동을 선택하는 것) 개념을 연결하여 다루었습니다(아크라시아를 보여 주는 일례를 분석해 보면 아크라시아가 존재하지 않는다는 것을 바로 알게 되는데, 이를 가지고 생각하면 중독은 더 이상 비합리적인 행동이 아니며, 의지가 약해서 하는 것이 아니라 무지에서 비롯되었다는 것을 뜻하기 때문입니다. 과연 그렇긴 할까요?). 어쩌면 우리는 중독자들을 이해한다면서, 그들의 중독을 정당화하면서 그들에게 몹쓸 짓을 하는 건 아닐까요? 차라리 그들에게 알게 해 주는 것이……."

CC(은퇴한 간호사): "중독은 특정 방향으로 튀는 강박행동으로 당신에게 쾌락을 선사하죠. 중독에 빠지기 쉬운 사람은 한 가지 중독에서 벗어나면 또 다른 것에 중독될 것이에요. 이는 유전적 취약성(감수성) 때문이죠. 중독을 해결하는 방법은 중독자로 덜 해로운 것으로 갈아타게 하고는 이에 대해 보상을 해주거나 그 자리를 메꾸도록 더 강력한 동기를 부여하는 겁니다."

CD(작가 겸 배우): "나에게 중독이란 안도감을 안겨 주는 것, 없을 때만 티가 나죠. 머릿속엔 불안한 느낌. 아무 말도, 아무 일도, 아무 생각도 할 수 없고, 그저 '값싼 궐련 한 개비만 있으면' 하는 생각뿐. 이 밖의 아무것도 끝내주는 건 없을 건데, 이것도 시원치 않아요. 이게 기대보다 못하기는 해도 이런 상황에선 상책이긴 하죠. 그래서 여전히 '다음번엔 효과를 볼 거라' 생각하고 있습니다. 30분마다 피우는 담배 한 개비는 따분하고 고달픈 생활을 안아 주는 것과 같아요. 대안은 끊임없이 징징대는 것인데, 누가 그것을 들어주려 하나요? 그래서 담배를 피우고 피우고 또 피웁니다. 그래도 치료제보다는 저렴한 편이지요."

이렇게 즉흥적으로 응답한 비전문가의 견해가 현재의 전문적인 어구로 표현되기까지 다루었던 논의 내용 중 많은 부분을 정확히 담고 있다는 것이 참으로 놀랍다.

일반적으로 사용되는 공식적인 정의

〈표 2-1〉은 일반적으로 사용되는 중독/의존에 관한 다양한 정의를 보여 주면서 각 정의가 포함 또는 배제해야 할 행동이 있다면 어느 범위까지, 어떤 방식으로 채우고 또 거르는지에 대해 논평한다.

표 2-1 중독/의존에 대해 흔히 사용되는 정의

정의(출처)	논평
중독은 대뇌의 보상, 동기, 기억 및 이들과 관련된 회로의 일차적 만성질환이다. 이러한 회로의 기능장애는 특유의 생물학적, 심리적, 사회적 및 영적 징후를 드러내는데, 물질 사용뿐만 아니라 그 외 다른 행동을 통해 보상이나 위안을 추구하는 개인에게 나타난다. 중독의 특징으로는 행동 통제에 장애, 갈망, 지속적인 절제 불능, 자기의 행동 및 대인관계에 심각한 문제가 있다는 인식의 약화를 들 수 있다. 다른 만성질환과 마찬가지로, 중독도 재발relapse과 관해remission의 주기를 반복할 수 있다. 치료나 회복 활동에 참여하지 않으면, 중독은 계속 나빠지는 진행성 질환이므로 장애나 조기사망으로 이어질 수 있다. (American Society of Addiction Medicine)	이 정의는 중독을 뇌 질환으로 간주하여 치료가 필요하다는 것을 시사한다. 이는 환경적 및 사회적 영향력이 작용한다는 사실, 중독이 연속성을 가지고 있으며, 그리고 많은 사람이 치료 없이도 '회복'한다는 사실을 무시한다.
습관성 물질에 대해 강박적으로 일어나는 생리적, 심리적 욕구 또는 무언가에 습관적으로나 강박적으로 몰두하거나 관여하는 상태 (The American Heritage Dictionary, 4th edn)	폭넓게 정의하고 있지만, 해석의 부담을 '강박', '욕구', '습관'과 같은 말로 전가하고 있다.
약물이나 알코올과 같은 습관성 물질에 대한 신체적 또는 심리적 욕구. 신체적 중독의 경우, 섭취하는 물질에 신체가 적응하여 원래 소량으로 경험한 효과를 재현하기 위해서는 점점 더 많은 양을 필요로 한다. 또한 도박과 같은 활동에 습관적 또는 강박적으로 관여하는 것을 말한다. (The American Heritage Science Dictionary)	앞의 논평과 같지만, '신체적' 중독에 대해 명확한 정의를 제공한다. 신체적 중독은 현재 해석되는 중독 문제의 일부에 불과하다.

정의(출처)	논평
어떤 습관에 비정상적으로 의존하고 있는 상태, 특히 마약류 의약품에 강박적인 의존성을 보인다. (Collins English Dictionary)	해석의 부담을 '비정상'과 '강박'으로 전가하고 있다.
중독이란 특정 행동이나 물질에 대한 지속적이고 강박적인 의존을 말한다. 이 용어는 물질 남용에 대해서는 의존이란 단어로 부분적으로 대체되었지만, 기분에 영향을 주는 행동이나 활동을 포함하도록 확장되었다. 일부 연구자들은 두 가지 유형의 중독, 즉 물질 중독(예: 알코올 중독, 약물 남용, 흡연)과 과정 중독(예: 도박, 소비, 쇼핑, 섭식, 성행위)으로 구분하기도 한다. 여러 종류의 약물을 남용하는 사람들처럼 많은 중독자가 하나 이상의 물질이나 과정에 중독되어 있다는 인식이 확산되고 있다. (Gale Encyclopaedia of Medicine)	지속성의 개념을 가져오긴 했지만, 해석의 부담을 '강박'과 '의존'으로 전가하고 있다.
화학 물질, 습관 또는 관행에 강박적으로 의존하는 것을 말하며 통제할 수 없고, 수단을 손에 넣거나 사용을 중단하는 경우 심각한 정서적, 정신적 또는 생리적 반응을 일으킬 수 있는 지경에 이른다. (Mosby's Medical Dictionary 8th edn)	'통제 불가능'이라는 용어의 사용은 개인이 (적어도 당분간은) 행동을 통제하기 위해 안간힘을 쓰며 성공한 사례를 배제한다.
(물질 의존) 반복되는 부정적 결과에도 불구하고 특정 물질에 집착하고 강박적으로 사용하는 것. 그래서 중독은 종종 통제력 상실과 내성 증가를 수반하며, 중독과 관련된 생물학적 소인predisposition이 존재할 수 있다. (1) 특정 물질에 생리적, 신체적 또는 심리적으로 의존하는 상태, 또는 강박적인 사용 패턴을 나타내는 경우. 내성, 갈망, 및 물질의 섭취를 줄이거나 중단할 때 나타나는 금단 증후군이 특징. 가장 흔한 중독은 알코올, 카페인, 코카인cocaine, 헤로인, 마리화나marijuana, 니코틴, 암페타민amphetamine이 있는데, 담배업계에서는 니코틴의 중독 속성이 입증되지 않았다고 주장한다. (2) 오피오이드opioid 복용과 관련된 장애로, 통제력 상실, 강박적 사용, 그리고 사회적, 신체적, 심리적, 직업적 또는 경제적 악영향에도 불구하고 계속 사용하는 경우 (3) 유전적 및 환경적 영향과 밀접한 관계가 있는 신경행동증후군neurobehavioural syndrome. 이것은 정신적 효과를 얻기 위해 심리적으로 물질 사용에 의존하게 되는 것으로, 해로움에도 불구하고 강박적으로 사용하는 것이 특징. (McGraw-Hill Concise Dictionary of Modern Medicine)	물질 사용과 관련된 내용만 다루고 있으며, 일반적이긴 하지만 항상 나타나지 않는 특징들도 설명되어 있다.

정의(출처)	논평
(물질 의존) 사용자(중독자라 지칭)가 주기적 또는 만성적으로 향정신성 약물이나 복수 개의 물질을 반복적으로 사용하고, 선호하는 물질(또는 복수 개의 물질)을 사용해야 한다는 강박을 드러내며, 자발적으로 물질 사용을 끊거나 바꾸는 것이 매우 어렵고, 그리고 거의 모든 수단을 동원하여 향정신성 약물을 구하려는 의지를 보인다. 전형적으로, 물질 사용을 내성이 두드러지고 일시적으로라도 중단하면 금단 증후군이 자주 발생한다. 중독자의 삶은 다른 모든 활동과 책임이 사실상 배제될 정도로 물질 사용에 지배될 수 있다. 또한 중독이라는 용어는 이러한 물질 사용이 개인뿐만 아니라 사회에도 해로운 영향을 미친다는 느낌을 전달한다. 이를 음주에 적용하면 알코올 중독alcoholism에 상응한다. 중독 용어는 오랫동안 이어져 내려오며 다양하게 사용되는 용어이다. 많은 사람은 중독을 약물의 약리적 효과에 근간을 두고 심신을 쇠약하게 만드는 장애이며 무자비하게 진행되는 별개의 질병 실체로 여긴다. 1920년대부터 1960년대까지는 중독과 덜 심각한 형태의 심리적 적응인 '습관화habituation'를 구분해 보려고 했었고, 1960년대에 들어서 WHO는 다양한 수위의 심각도를 둘 수 있는 의존(증)을 지지하며 중독과 습관화 두 용어를 모두 사용하지 말 것을 권고했다. 중독은 ICD-10에서 사용하는 진단 용어는 아니지만, 전문가나 일반 대중들이 매우 널리 사용하고 있다. (WHO Lexicon of Alcohol and Drug Terms)	물질 의존에 대한 상세한 설명과 더불어 항상 나타나지 않는 특징들도 설명되어 있다.
(물질 의존) 개인적으로 물질의 사용과 관련된 문제가 있음에도 불구하고 알코올이나 기타 약물을 계속 고집하는 경우, 물질 의존으로 진단할 수 있다. 강박적이고 반복적인 사용은 약물 효과에 대한 내성이 생기게 하고 사용을 줄이거나 중단할 때 금단 증상을 일으킬 수 있다. (DSM-IV)	해로운 영향에도 불구하고 계속 사용한다는 관념을 도입하고 있다.

출처: West(2013)에서 발췌

제대로 된 정의 도출

중독을 표현하는 단어 선택wording에 수정할 것이 추가로 두 가지가 더 있는데 이는 다들 사용할 때 의도하는 바를 제대로 전달하기 위해 필요하다. 전통적으로 중독을 공식화할 때 화두는 '조절 장애(통제력 상실)impaired control'이다. 이 표현은 중독 행동에 나서고자 하는 동인이 커져서 생긴 장애라기보다는 자제력이 약해서 생긴 장애라고 암시할 수 있는 위험이 있다. 이는 경험에만 의존해서 생기는 일로 중독 현상을 정의할 때 가장 피해야 할 사안이다. 게다가 장애를 유발하는 힘보다는 통제력 상실에 초점을 맞추면 (아직) 조절하려고 시도하지 않는데도 해를 끼칠 수 있는 중독의 가능성을 배제한다. 그래서 이 책에서는 다음과 같이 말하는 것을 선호한다.

> 중독은 의도와는 달리 상당한 해를 끼칠 가능성이 큰 행동이자 보상을 주는 행동을 하고 싶은 동기가 반복적으로 강력하게 유발되는 만성질환으로, 해당 행동에 관여한 결과 후천적으로 얻어진 것이다. 누군가는 이와 같은 강력한 동기가 반복 유발되는 것을 경험할 정도로 무언가에 중독되어 있다.

〈표 2-2〉는 이러한 정의에 따라 포함하거나 배제할 행동의 예를 보여 준다. 이론적으로는 어떤 행동도 해당될 수 있으며, 이는 해당 행동을 하는 사람들의 대다수가 중독되지 않았음에도 불구하고(예: 쇼핑, 섹스 등) 개인적으로 이러한 상태를 분명히 드러낸다면 남자건 여자건 중독된 것으로 볼 수 있는 가능성을 열어 준다. 또한 예전에는 중독 가능성이 거의 없던 행동 범주도 상황의 변화나 명확하게 행동으로 표출하는 것을 통해 심각한 중독 문제를 일으키게 될 가능성도 보게 한다. 이는 일부 형태의 인터넷 사용에서 일어날 수 있는 일로 생각해도 좋은데, 아니 이미 일어났을 수도 있겠다. [역자 주: 이것은 이 책의 편집 시점에서 인터넷 중독을 의미하는 설명일 것으로 볼 수 있는데, 현재는 DSM-5에 '인터넷 게임 장애Internet gaming disorder'가, ICD-11에는 '게임 장애gaming disorder'가 등재되어 있음]

표 2-2 중독 정의 테스트 사례

중독 정의 테스트 시나리오
● (아래의 문장을 붙여서) …… 사람은 중독자이다. - 점점 더 많은 양의 술을 마시고 싶은 욕구가 강력하게 일어나는 - 중단하려고 애썼음에도 불구하고 본인이 해롭다고 인정하는 행동을 계속해서 하는 - 해당 행동을 하고 싶은 욕구를 강하게 정기적으로 경험하는 - 4주 동안 담배를 피우지 않았지만 여전히 흡연 충동을 강하게 경험하는

중독 정의 테스트 시나리오
- 매일 담배를 피우지는 않지만, 완전히 금연 시도를 했어도 번번이 실패한 - 불안감을 덜기 위해 아침에 술을 마시는 - 헤로인 사용과 헤로인을 구매할 돈 마련이 자신의 삶을 지배하는 - 3개월 동안 술을 마시진 않았지만 여전히 술에 대한 갈망이 강한 - 매일 몇 시간씩 온라인 도박을 하고 그 비용을 충당하기 위해 도둑질을 하는 ● (아래의 문장을 붙여서) …… 사람은 중독자가 아니다. - 술을 마시고 싶은 동기를 강하게 느끼는데도 마시지 않는 - 일반적으로 당기는 상황에서도 해당 행동을 하고 싶은 욕구를 크게 느끼지 않는 - 순전히 만성 통증, 우울 또는 불안을 완화하기 위해서 매일 약을 복용하는 - 과도하게 손을 씻으려는 동기를 강하게 느끼는 - 다른 문제 행동은 없이 반사회적 인격장애, 투렛 증후군Tourette's syndrome, 폭식증 또는 강박 장애가 있는 - 쾌감을 느끼기 위해 향정신성 약물을 복용하지만, 약물을 구할 수 없을 때 약물을 복용하고 싶은 욕구가 강하게 들지 않는 - 활동을 통해 만족감을 얻고 그 혜택이 비용보다 크다고 자의적으로 판단을 해도 이러한 분석이 사회에서 대체로 공유되는 - 술을 많이 마시기도 하지만 술을 마시지 않고도 몇 달 동안 수월하게 지낼 수 있는 - 심하게 도박하더라도 심각한 해를 끼칠 정도는 아닌 - 다른 사람을 해치려는 동기가 강력한

출처: West(2013)에서 발췌

'갈망'은 어디에 속할까

중독의 개념을 두고 합의를 도출하는 데 어려움이 따른다면, '갈망'의 개념도 마찬가지이다. 평범한 사람들에겐 갈망은 비교적 솔직한 의미를 담고 있는데, 갈망은 무언가를 하고 싶다는 강한 열망에 대한 주관적 느낌을 말한다. 어떤 사람이 "나는 초콜릿을 갈망해."라고 말한다면(역자 주: 이 경우 우리 식으로 표현한다면 "초콜릿을 너무 먹고 싶어." 정도) 이를 듣는 사람은 그 사람이 초콜릿을 먹고 싶은 강한 욕구를 느끼고 있다는 것으로 알아듣는다. 그래서 '약한 갈망'이란 말은 어폐가 있다. 알코올을 갈망하는 사람은 종종 마른침을 삼키는 횟수가 늘어나고, 심장 박동수가 증가하며, 식은땀을 흘리는 등 온갖 행동을 보인다. 이들이 술 마실 생각에 너무 집착하는 것은 아마도 위스키 한잔을 크게 쭉 들이키는 데서 오는 쾌감과 기분 전환을 기대하기 때문일 것이다.

그래서 연구하는 사람들은 자연스럽게 이러한 특징 중 일부 또는 전부가 갈망을 정의하는 데 포함되어야 한다고 생각하게 된다. 하지만 꼭 그래야만 할까? 이와 같은 다른 이벤트가 따르는 경우 원래의 정의에 어떤 문제가 있나? 현상의 상관관계를 살펴보면 흥미롭다. 이런 다른 특징을 추가하는 과정을 거치다 보면 난처한 상황에 부닥치게 되는데, 우리가 갈망하는 것으로 여기고 싶은 모든 사람, 예를 들어 술이 꼭 필요하다고 절실하게 말하는 사람들이 이러한 징후를 전부 또는 일부만 보이는 건 아니기 때문이다. 설상가상으로, 다른 것에 대한 갈망은 각기 다른 방식으로 나타나기 때문에 사람들이 갈망하는 것마다 갈망의 개념이 쉽게 달라질 수 있다.

그래서 이 책에서 말하는 '갈망'은 강력한 행동 동기를 경험하는 것을 의미한다. 그 경험을 이야기할 때는 '충동감(강한 충동 욕구)', '욕망(욕구)', '갈망' 등의 단어를 사용하여 말할 수 있는데, 서로 다른 문화와 다양한 맥락에 따라 다른 행동을 가장 잘 측정하는 방법이 경험적 질문empirical question이다. 갈망이 중독의 핵심 요소라는 점에서 볼 때, 갈망을 측정하는 일이 중독의 강도를 측정하는 데도 도움이 될 수 있다. 이 내용은 책의 마지막 부분에서 다시 다루겠다.

중독 진단 및 측정

현재 널리 통용되는 중독의 정의는 임상 질환clinical disorder을 특징으로 하는데, 실제로는 동기유발 장애이다. 우리는 또한 이 질환이 만성적이며 많은 경우 삶을 위협한다는 것도 알고 있다. 대부분의 정신과적 장애 및 많은 신체적 장애와 마찬가지로 중독은 근본적인 병리보다는 일련의 증상을 참조해서 진단한다. 개인이 중독에 빠졌다고 단정할 수 있는 임상 검사나 정밀 촬영 검사 방법도 없고, 증상이 질병의 존재 여부를 판단하는 유일한 수단이다. 그러나 증상은 단지 표지marker일 뿐이며, 여러 가지 이유로 개인에 따라 어떤 증상은 나타나지만 다른 증상은 나타나지 않을 수도 있다.

일반적으로 사용되는 두 가지 주요 진단 기준이 있는데, 세계보건기구의 ICD-10과 미국정신의학회의 DSM-IV가 있다. 〈표 2-3〉은 두 진단 기준이 서로 어떻게 비교되는지 보여 준다.

표 2-3 중독 진단 기준

정신질환 진단 및 통계 편람 제4판 (APA 1995)
임상적으로 중요한 장애나 고통을 일으키는 부적응적 물질 사용 약물 복용 양상을 보여주고, 12개월 내 어느 때든 다음의 항목 중 3개(또는 그 이상)가 나타날 경우: 1. 종종 의도한 것보다 더 많은 양을 또는 더 오랜 기간 사용 2. 사용을 줄이거나 조절하려는 지속적인 욕구가 있거나, 노력에도 실패 3. 물질을 구하거나(예: 여러 명의 의사를 찾아 전전하거나 먼 곳까지 운전), 사용하거나 (예: 줄담배 피우기), 그 효과로부터 회복하는 데 필요한 활동에 많은 시간을 허비 4. 물질 남용으로 인해 중요한 사회적, 직업적 또는 여가 활동을 포기하거나 축소 5. 물질 사용으로 인해 심리적 또는 신체적 문제가 끊임없이 또는 되풀이되어 발생하거나 악화되는 것을 알면서도 사용을 지속 6. 내성: 쩔어있는 상태 intoxication 또는 원하는 효과를 얻기 위해 더 많은 양의 물질이 필요하거나, 같은 양을 계속 사용하는 경우 효과가 현저하게 감소하는 것 중 하나로 정의 7. 금단: 물질 특유의 금단 증후군 또는 금단 증상을 완화하거나 피하려고 같은(또는 유사한 관련) 물질을 사용하는 것 중 하나로 발현
국제질병분류 10판 (WHO 1992)
전년도 언젠가 다음의 항목 중 3개 이상을 같이 경험했거나 보인 경우: 1. 물질을 사용(약물을 복용)하고 싶은 강한 욕구나 강박감 2. 사용 개시, 중단 또는 사용 수위 측면에서 물질 사용 행동을 조절하기 어려움 3. 물질 사용을 중단하거나 사용량을 줄일 때 나타나는 생리적 금단 상태: 물질 특유의 금단 증후군 또는 금단 증상을 완화하거나 피하려고 같은(또는 유사한 관련) 물질을 사용하는 경우로 알 수 있음 4. 내성을 보여주는 증거로, 본래 낮은 용량으로 얻은 효과를 얻기 위해 향정신성 물질의 용량을 늘려야 함 5. 향정신성 물질의 사용으로 인해 다른 즐거움이나 관심사를 점점 소홀히 하거나, 해당 물질을 구하거나, 사용하거나, 그 효과로부터 회복하는 데 필요한 시간이 늘어남 6. 명백하게 해로운 결과, 과다 사용으로 인한 우울 기분 상태, 또는 약물과 관련된 인지 기능 장애에 대한 분명한 증거에도 불구하고 물질 사용을 지속

DSM 및 ICD 기준의 몇 가지 문제

이들 진단 기준은 해석에 상당한 여지를 남기고 있다. 예를 들어, 욕망이나 충동감이 얼마나 강해야 갈망으로 간주할 수 있을까? 금단 현상이 어느 정도 심해야 금단 '증상'으로 간주하게 되는가? 결과가 얼마나 해로워야 집계에 포함될 수 있을까? 피해에는 여러 차원이 있어서 이들을 하나의 개념으로 축약해서 비교, 평가하는 일은 매우 어려울 수 있다(Nutt et al. 2010). 결과적으로 어떤 행동을 하는 개인이 중독되었는지 아닌지를 판단하는 일은 객관적으로 특정할 수 없으며, 임상 면담을 통해 내린 판단이나 진단 설문지를 통해 개인이 응답한 내용을 참조할 수밖에 없다.

진단을 내리는 데 일부 증상만 있으면 된다는 규정으로 인해 자의성arbitrariness은 더욱 커진다. 원칙적으로, 두 명의 '중독자'는 서로 겹치지 않는 증상 집합을 가질 수 있다. 그러나 어떤 기준은 몇몇 중독 행동 유형과는 거의 관련이 없기 때문에 '분리형disjunctive' 증상 진단 세트를 사용하여 진단하는 것이 필수적이다. 예를 들어, 알코올의 경우 만성 내성이 뚜렷하지만, 코카인의 경우 내성이 덜 나타난다. 중독 때문에 활동을 포기하는 일은 알코올과 같은 중독성 약물과 더 관련이 있지 니코틴과 같이 일상생활을 방해하지 않는 약물은 별 관계가 없다.

DSM-5로 반영될 가능성이 있는 개정판은 이런 일부 문제들에 도움을 줄 수 있다. 예를 들어, 문제가 있거나 해로운 사용에 해당하는 구체적인 사례를 더 포함하도록 증상 목록을 확장하면 자의적인 판단을 줄이는 데 도움이 될 것이다. 그렇지만, 최소 1년 이상 환자가 겪어야 하는 적격 증상 수를 3개에서 2개로 축소하는 것과 같은 그런 개정을 하게 된다면 아마도 중복되지 않는 증상 문제를 악화시킬 개연성이 있다. 이는 현재의 진단 기준이 DSM-5에 제안된 기준보다 더 많이 개정될 필요가 있다는 것을 시사한다. 이 내용은 이 책의 마지막 장에서 다시 다루겠지만, 이 시점에서 주목할 것은 일련의 진단 기준과 개념화에 대한 수정이 자칫하면 이전 버전들과의 단절을 초래하기 때문에 가볍게 진행할 수 있는 일이 아니라는 점이다. 이는 유병률 추정치뿐만 아니라 유전력heritability과 같은 모수 추정치에도 영향을 미친다. 이렇듯 개정할 때 생기는 불가피한 문제는 예상되는 이득과 신중하게 비교 검토되어야 했을 것이고(Rounsaville 2002), 이러면서 유사하면서도 서로 다른 DSM과 ICD 분류체계 차이로 국제 커뮤니케이션과 연구에 장벽으로 작용해 왔던 것을 조화시키려는 합리적인 제안이 방해받았을 가능성이 높다(First 2009; Hasin et al. 2006).

이론과 가정

이제 잠시 중독에서 벗어나 이 책의 제목에 나오는 다른 용어인 이론으로 관심을 돌려 보겠다. 쿠르트 레빈(Kurt Lewin 1951)은 "좋은 이론만큼 실용적인 것은 없다."는 유명한 명언을 남겼다. 이 절에서는 본받아야 할 이론은 어떤 것인지와 좋은 이론과 나쁜 이론의 기준에 관해 설명하고, 중독 분야의 이론이 제대로 검증되는 경우가 드물다는 점을 지적한다. 그건 주류 연구 방법론에 맞지 않기 때문이라고 하지만, 이론을 검증할 수 있는 접근법이 있어서 이 방법으로 실험을 해보아도 제안된 이론들 가운데 적어도 일부는 검증에 통과하지 못하는 사례가 있다. 검증은 실세계 또는 실험 세계 어딘가에서 이론과 충돌하는 진정한 반례를 찾는 작업으로, 이렇게 하는 일이 당연한 것처럼 보이지만 의외로 이를 이용하는 경우는 드물었다.

무엇이 좋은 이론을 만드는가

이론은 과학의 핵심이지만 과학의 한 부분에 지나지 않는다. 이론은 추론inference 과정을 통해 도달한 과정에 대해 하나씩 빼내어 논리정연하게 진술하고account, 관찰한 현상에 대한 설명explanation을 제공하며, 어떤 결과가 초래될 것인지 예측prediction할 수 있게 해 준다. 이론은 존재한다고 가정하는 실체entity에 대한 진술과 이러한 실재들 간의 인과적 상호작용을 상세하게 서술하는 것으로 구성된다. 과학의 많은 부분이 이 범주에 속하지 않는 것은 과학은 이질적인 현상을 관찰하는 것으로 이루어지는 것이고, 또한 설명적explanatory이 아니라 서술적(기술적)descriptive이기 때문이다. 중독 분야도 마찬가지인데, 그런 의미에서 알려져 있거나 믿고 있는 이론 중에는 이론이라고 할 수 없는 것들이 많다. 좋은 이론은 반드시 다음과 같아야 한다.

- 관찰한 현상들이 서로 어떤 관련이 있는지를 설명할 수 있어야 한다.
- 검증될 수 있는 예측을 산출할 수 있어야 한다.
- 필요 이상의 개념이나 요소를 포함하지 말아야 한다.
- 뜻이 명료해야 한다.
- 조리 있게 서술해야 한다.
- 내적 일관성이 있어야 한다.
- 관찰한 사실과 모순되지 않아야 한다.

여러 가지 이론이 개발되어 우리의 관심을 끌기 위해 경쟁할 수 있는데, 각 이론은 어떤 면에서는 좋고 어떤 면에서는 좋지 않을 것이다. 그래서 이러한 원칙들 외에 어떤 이론을 언제 사용할지, 이론을 어떻게 진보시킬지, 그리고 언제 더 나은 이론으로 대체할 것인지를 결정해야 있다. 이론을 발전시키고 싶다면, 지금의 상태가 이론으로 적합하지 않다고 판단할 수 있는 일련의 규칙을 어떤 식으로든 갖추어야 한다.

이론 개발

이론 개발에는 몇 가지 접근방식이 있지만(Carlile and Christensen 2004; Lipsey 2004; Dixon-Woods et al. 2011), 가장 단순한 설명에서 시작해서 이를 대체할 수 있는 높은 준거 틀high threshold을 갖고 설명해 나가는 것이 이상적이다. 기존 이론에 대해 다음의 4가지 질문을 던져 보아야 한다.

- 관찰과 모순이 있는가?
- 중요하고 유의미한 관찰을 망라하여 다루는 데 실패한 것은 아닌가?
- 필요 이상으로 많은 요소가 포함되어 있는가?
- 오해를 조장하고 있는가?

이러한 질문에 대한 답변이 이론을 수정하는 출발점이 되어야 한다.

사회 · 행동 과학 분야의 이론 발전의 소산

안타깝게도, 행동과학 및 사회과학 전반과 마찬가지로 중독 분야에 널리 퍼져 있는 접근방식은 이미 문헌에 나와 있는 것을 완전하게 분석하지 않은 채 이론을 개발하는 방식이었다. 실제로, 중독 이론은 연구자가 일련의 현상을 이해하기 위한 특정 접근방식을 아주 당연하게 강조하고 싶어 했거나, 특정 관찰 정보 중에서 일반화하고 싶어 했던 것이 있어서 개발된 것이 많았다.

이론을 직접 비교하는 경우는 매우 드물며, 비교를 하더라도 해결책을 찾지 못하는 경우가 대부분이다. 그 결과, 이 분야에 있는 이론은 주제에 대해 포괄적이고 논리 정연한 설명을 시도하기보다는 주제에 대해 특정 접근 방식을 취하는 경향이 있으며, 종종 (항상 그렇지는 않지만) 일관성 있는 프레임워크로 연결되지 않는 여러 명제를 포함하는 경우가 많기 때문에, 그중 하나가 거짓일지라도 다른 명제는 거짓이 아닐 수 있다.

이론과 모형

원칙적으로, '이론'과 '모형'은 차이가 있다. 모형은 시스템, 하나의 객체 또는 사건들의 특성을 표현한 것으로 어느 정도는 설명이 필요 없다. 이론은 여태 관찰되지 않은 실체의 실재나 작용을 제안하여 설명하고 예측하고자 한다. 실제로 이론과 모형은 종종 같은 의미로 사용되고 있는데, 사실 중독을 옹호하는 사람들이 중독에 대한 '설명 account'을 둘 중 하나로 간주할지, 아니면 둘 다로 여기기를 바라는 것인지는 명확하지 않을 때가 있다. 그래서 이 책에서는 이론과 모형, 그리고 두 가지가 혼합된 형태를 모두 고려한다. '법칙laws'과 '가설hypotheses'도 포함되어 있지만 관련된 수효가 많아서 다 포괄하지는 않는다. 명확히 말하면, 법칙은 특정 상황에서 자연의 한 측면이 어떤 반응을 보일지를 일반화한 것이고, 가설은 이보다는 좀 더 구체적이며 독자적인 추측을 설정하여 경험적으로 검증 가능성이 있는 것을 말한다.

실험 및 검증 가능성

앞서 행동과학의 이론은 더 나은 이론이 나타나면 기존 이론을 버릴 것을 요구하는 엄격한 시스템을 통해 실험되는 경우가 드물다고 언급했다. 여기엔 부연 설명이 필요한데, 이 문제에 대해서는 두 가지 이유가 있다. 첫째, 이론이 특정 부분 관찰을 확실히 설명할 수 없을 정도로 정밀하게 기술되는 경우는 거의 없으며, 둘째, 우리가 하는 공식적인 측정이라는 것이 이론에서 예측한 것을 반증했다고 확신을 수 있을 만큼 정확하지도 않고 신뢰할 수 있는 경우가 드물다는 점이다. 밀(Meehl, 1978)이 행동 및 사회 과학에서 지적했던 것처럼(57쪽 글상자 참조), 그 결과 이론이 폐기되기보다는 선호도가 떨어지는 것이 되고, 대부분의 연구자는 여러 이론적 접근 방식이 적용될 수 있다고 받아들일 수 있을 것 같다. 이것은 민주적이고 합리적인 것처럼 보이지만 이론이 발전하는 데 도움이 되지 않는다.

과학자의 오류 가능성

리처드 파인만Richard Feynman은 의사 과학pseudo-science에 관한 강의에서, 로버트 밀리컨Robert Millikan과 하비 플레처Harvey Fletcher가 낙하하는 기름방울로 전하량charge of electron을 측정하는 실험과 후속 현상 조사에 대해 다음과 같이 설명했다.

> (그들은) 우리가 지금은 옳지 않다고 알고 있는 답을 얻었다. 답에서 약간 벗어난 이유는 그가 공기의 점성도viscosity에 대한 잘못된 값을 가졌기 때문이다. 밀리컨 이후 전자의 전하를 측정한 역사를 살펴보면 참 흥미롭다. 만일 여러분이 측정값을 시간의 함수로 그래프를 그려 보면, 첫 번째 숫자는 밀리컨의 것보다 약간 더 큰 수치가 나오고, 그 다음 수치는 이전보다 조금 더 큰 수치가 나오다가, 결국에는 더 큰 수치로 낙착되는 것을 알 수 있다. (Feynman 1974)

발견이 그렇게 점진적으로 이루어진 것은 과학자들이 당시의 통념에 굴복했기 때문이지 다른 이유가 없었다. 즉, 과학자들은 실험을 재현해서 예상보다 상당히 더 높은 수치를 얻을 때마다 그 결과를 지나치게 면밀히 조사하고, 밀리컨과 플레처의 숫자에

조금 더 근접한 숫자를 얻을 때까지 실험을 반복했던 것이다. 안타깝게도, 이와 같은 사례는 과학 역사 전반에 걸쳐 부지기수로 많으며, 시릴 버트Cyril Burt와 더 최근에는 디데릭 스테이플Diederik Stapel을 포함하여 연구자들이 세간의 이목을 끌려고 부정행위를 저지른 것처럼 어떤 것은 정직한 실수에서 비롯된 경우도 있지만, 그렇지 않은 사례도 있다. 정직한 실수와 부정행위는 모두 과학이 외부와 단절된 상태에 있지 않는다는 사실을 일깨워 준다. 잘못된 이론이 신빙성을 잃게 되는 과정이 왜 더딜 수밖에 없는지를 자세히 바라보면, 과학은 보통 사람들이 그러하듯이 자기 이해관계에 얽매이거나, 학계 주류파를 두려워할 가능성이 있는 사람들에 의해 수행된다는 점을 기억하는 것이 중요하다(Pashler and Wagenmakers 2012). 과학계는 과학적 방법의 적용, 동료 검토의 활용 그리고 투명성 제고를 통해 이러한 가능성을 완화할 수 있기를 바라고 있다. 그렇지만 참신성 못지않게 재연replication을 중시하는 편찬 및 평가 제도의 도입과 같이 훨씬 더 도움이 될 수 있는 또 다른 대책을 마련할 여지는 남아 있다.

새로운 접근방법이 필요하다

이론을 검증하는 우리의 접근 방식은 훨씬 더 엄격해져야 한다. 현재, 연구하는 사람들은 두 변수 간 상관관계가 예측되면 이론이 지지된다고 주장할 것이다. 실제로, 상관계수 0.30, 유의수준 p=0.01인 상관관계도 발견된다. 하지만 이 정도면 충분한 검증이라 할 수 있을까? 단언컨대 아니다. 이론은 그 이론이 제시하는 진술이나 설정하는 가설에 대하여 반례를 찾아내고 발견함으로써 검증될 수도 있다. 상관관계가 유의한지 여부를 조사하는 것은 대개 이런 기회를 놓친다. 상관관계는 불충분한 측정이나 두 변수에 영향을 미치는 다른 변수들의 간섭 또는 표본 오차sampling error로 인해 유의하지 않을 수도 있고, 두 변수 모두에 영향을 미치는 교란변수compounding variable, 측정 오차 또는 표본 오차 때문에 상관관계가 유의할 수도 있다.

이에 대한 가장 명확한 예 가운데 하나는 '**초이론적 모형**(TTM)Transtheoretical Model'이라고 하는 행동 변화 모형의 '실험'에서 찾을 수 있다(Prochaska and Velicer 1997). 이에 대해서는 나중에 자세히 기술하겠지만, 이 모형의 핵심은 임의로 정의한 기간 내에 개인이 변화를 계획하고 있는지, 실제로 변화를 진행 중인지 또는 변화가 일어나 유지하고 있는지에 따라 대상자를 여러 '단계'로 분류할 수 있다는 것이다. 이 모형으로 수행한 주요 실험 결과, 변화를 계획 중에 있거나 변화 과정 중에 있는 개인이 나중에 추적 조사했을 때 변화를 달성했을 가능성이 더 높은 것으로 나타났다.

설령, 예를 들어 개인이 '단계들'에 척척 들어맞는다는 아이디어와 같이 이 특정 이론이 모든 중요한 점에서 틀렸다 하더라도 이는 사실일 것이다. 실제로 그 연관성은 약해서 대부분의 개인은 가설에 따른 진행을 보여 주지 못하지만, 이론이 거부될 정도로 꼼꼼하게 명시하고 있지 않기 때문에 이러한 사항들은 이론을 거부할 수 있는 반례로 간주되지는 않는다. 지금까지 이 이론의 예측은 다음과 같은 훨씬 간단한 일반 모형과 비교된 일이 없었다.

> 행동 패턴을 크게 바꾸어 보고자 하는 욕구와 의도는 개인마다, 그리고 시간이 지나면서 개인의 마음속에서도 달라진다. 욕구와 의도가 더 강해지고 더 시급할수록, 환경적 유발요인이 변화를 시도하게끔 몰고 갈 가능성은 더 커진다. 때로는 개인이 변화를 시도하기 전에 준비 단계를 거치는 경우도 있다. 변화 시도 자체는 점진적이든 급진적이든 그 형태는 다양하게 나타난다. 일단 변화 시도가 시작되면, 변화를 지속하기 어렵게 만드는 새로운 요인들이 종종 등장하는 경우가 많으며, 그 후 재발하는 일이 흔하다. 일부 유형의 행동 변화는 더 이상 분발하지 않아도 시간이 지남에 따라 변화를 유지하기가 더 쉬워지는 경우가 많은데 그렇다고 누구에게나 성립하는 일은 아니다. 재발이 발생할 때도 변화에 대한 동기는 여전히 높은 경우가 많으며 추가적인 시도를 할 가능성이 높다.

이 모형은 TTM에서 사용하는 전문용어가 없으며, 행동 변화 분야에서 일하는 많은 사람이 TTM 이전에 사용했던 암묵적 모형implicit model이다. TTM 모형은 행동 변화 이론의 획기적인 발전으로 찬사를 받기 전에 앞서 설명한 것과 비교하여 검증되어야 한다.

반례와 평상시 행동 관찰

이론을 검증하는 데 사용할 수 있는 많은 반례는 평상시 행동을 관찰하면 찾아낼 수 있다. 행동을 연구하는 접근 방식에 근본적인 변화가 필요하다고 반론을 제기할 수 있겠는데, 우리는 지식의 결정체를 산발적이고 체계화되지 않은 '일화적 증거'를 참조하면서 실험과 공식적인 연구를 통해 발견하는 것이라고 가정하는 대신에, '자연 관찰'을 기본 출발점으로 삼고 공식적인 실험은 이를 설명하는 데 도움이 되는 수단으로 생각한다.

이론은 최소한 현실 속의 행동에 대해 우리가 진실이라고 알고 있는 것을 해명해야 한다. 본질적으로 자명한 행동을 다루는 실험에서 나온 아주 세부적인 결과에 대해 정교한 이론을 개발한다고 그게 우리가 추구하는 발전을 도모하게 하진 않을 것이다. 자연 관찰이 이론을 검증하는 데 매우 강력한 힘을 발휘할 수 있는 이유는 현실 세계에서 관찰된 행동 중 단 한 가지 예라도 이론과 상충한다면 이론이 잘못된 게 틀림없다는 한 가지 원칙이 있기 때문이다.

이러한 기준으로 볼 때, 현실 세계에는 반례가 수두룩하기 때문에 몇몇 주도적인 행동 이론들은 잘못된 것이 틀림없다. 이미 언급한 TTM이 대표적인 사례인데, 이 이론에 따르면 사람들이 변화를 계획하는 시점에 따라 단계별로 분류할 수 있다. 하지만 상당수의 사람이 그런 식으로 계획을 세우지 않는다는 것을 알아보기 위해 굳이 광범위한 설문조사를 실시할 필요는 없다.

만일 금연을 시도해 볼까를 생각하고 있지만, 3주, 3개월 또는 9개월 후에 금연할지 여부를 확실하게 결정하지 않은 (그리고 묻지도 않는) 흡연자가 단 한 명만이라도 발견된다면, 이 흡연자는 이론의 기본 원칙 중 중 하나에 모순되는 것이다. 조금 전에는 금연을 생각지 않다가 또 금방 듣거나 본 어떤 것 때문에 아무런 계획도 세우지 않고 다시는 담배를 피우지 않겠다고 결심하는 흡연자가 한 명이라도 발견된다면, 이 이론은 확실히 잘못된 것이다.

옹호자들은 이것이 개인에 관한 이론이 아니라고 주장할 수도 있지만, 그러면 구성개념construct이 너무 모호해져 이론이 의미를 잃게 된다. 이 주장을 잘못된 것으로 보기에 앞서 이론이 개인에 관한 이론이 아니라는 것을 검증하기 위해서는 얼마나 많은 반례가 필요할까?

또 다른 예로는 **계획적 행동이론**Theory of Planned Behaviour이 있다(Levin 1999 참조). 이 이론에서는 행동은 의도로부터 발생하며, 의도는 행동에 대한 태도(대상 행동 수행 결과에 대한 평가에 가중치를 곱해서 이들을 모두 합한 것), 주관적 규범(중요하게 생각하는 타인이 대상 행동에 대해 생각하는 것들을 믿는 정도와 그것에 부응하려는 순응 동기를 합한 것) 그리고 지각된 통제감(대상 행동을 수행할 수 있다는 능력이 있다고 믿는 것)의 조합으로 발생한다고 주장한다.

실제로는, 이론에서 지시하는 방식대로 정확하게 측정을 수행하더라도 관련 변인들이 대략 10% 이상의 분산variance을 설명하는 경우는 드물며, 측정 자체가 어느 정도 연관성을 특정하고 기존의 관계를 반영하지 않는 까닭에 특히 설득력이 떨어진다(Ogden 2003; Godin et al. 2008). 이 변인으로 이미 발생한 행동에 대한 자기 보고들이 왜 차이가 나는지 훨씬 더 많이 알게 되지만, 이는 응답자들이 자신을 일관성이 없는 사람처럼 보이게 만들고 싶지 않기 때문일 수도 있다. 이것은 이론이 옳다는 뜻일까, 잘못된 것이라는 뜻일까? 이론을 지지하는 사람들은 유의미한 연관성이 있으면 이론을 뒷받침한다고 주장하지만, 이는 이 연구에 참여한 사람들 대부분이 예측된 패턴을 따르지 않았다는 사실을 간과하고 있다. 사실 이론은 사람들이 이론에서 규정한 조건대로 생각하지 않는 구체적인 사례를 찾아낼 때 모순을 드러낸다. 그런데 사람들은 무엇을 해야 할지 결정할 때 행동의 결과가 어떻게 나타날 것인가를 생각하지 않고 보다 일반적인 도덕적 원칙이나 윤리적 원칙을 사용한다.

이론을 뒷받침하는 증거 중 가장 약한 형태

"X를 관찰하여 보니 Y라는 이론과 일치한다."라는 문장은 아마도 연구자들이 이론에 적용하는 가장 약한 검증 형태일 것이다. 이것은 과학이기를 염원하는 어떤 것에서도 들어가면 안 될 너무나 설득력이 없는 진술이다. 극단적인 예를 사용하여 예증하자면, 아이들이 크리스마스에 선물로 채워질 양말을 내놓는지 관찰하는 것은 산타클로스가 진짜 있으며 북극에 살고 있다는 이론과 일치한다. 왜 이런 종류의 증거를 사용하는가? 그렇게 하는 이유는 청중이 문자 그대로 해석하는 것보다 '일치하는' 용어에 중점을 둬 해석하기를 바라기 때문인 것 같다. 예를 들어, 다음의 니코틴 의존에 관한 연구에 있는 난해한 축어록verbatium을 보자(Mogg et al. 2005).

근거: 중독에 대한 여러 이론은 니코틴 의존 정도에 따라 흡연 관련 단서에 대한 주의 편향(편중)attentional bias 및 접근 편견approach bias이 강화되는지 또는 감소하는지에 대해 상반된 예측을 내놓는다.

목표: 흡연자의 인지 편향cognitive bias을 조사하여 이러한 이론적 견해를 평가하는 것이었다.

방법: 41명의 흡연자(대부분 하루에 1~40개비를 흡연하는 청년층)가 흡연 관련 사진과 대조 사진이 제시되는 시각 탐사visual probe 과제를 완수하는 동안 그들의 안구 움직임을 추적 관찰했다. 또한 참가자들은 흡연 관련 단서에 접근하는 성향을 측정하는 자극-반응 일치성stimulus-response compatibility 과제와 평정 과제도 완수했다.

결과: 니코틴 의존도가 낮은 흡연자는 흡연 관련 단서에 더 크게 주의를 집중시키고 더 빠르게 접근하는 반응을 보였다. 흡연 단서를 응시하는 시간이 길수록 낮은 니코틴 의존도가 낮을 뿐만 아니라 흡연 갈망도 더 높은 것으로 나타났다.

결론: 전반적으로 이러한 결과는 중독과 관련된 통합적인 '보상-습관incentive-habit' 모형과 일치하는 것으로 보인다.

이 사례를 선택한 것은 세계 유수의 연구 그룹 중 하나에서 나온 성과를 폄하하려는 의도가 아니고, 단지 이론과 경험적 증거를 연결하는 매우 일반적인 접근 방식을 설명하기 위해 선택한 것이다. 이 연구가 흥미로운 데이터를 제공했다는 것에는 의심의 여지가 없지만, 논란의 여지가 있긴 해도 결론에서 '일치하는'이라는 문구를 사용한 것은 실제로 이론과 데이터 사이에 관련성이 극히 빈약하다는 사실을 드러내 준다.

밀의 통찰: 소프트 심리학이 진전을 이루지 못하는 이유

40여 년 전 밀Meehl은 심리학이 발전하지 못하는 이유를 설명하면서 이론을 업데이트하는 데 있어 관찰에 비추어 부적절하게 접근했기 때문이라고 멋지게 묘사한 바 있다(Meehl, 1978). 그는 소프트 심리학soft psychology으로 된 이론들이 반박되거나 확증되지

않고 사람들이 흥미를 잃으면서 사라져 버리게 되는 것을 관찰했다. 여기에는 주제와 관련된 소재적 어려움이 많이 있고, 유의도 검정significance testing에 의존하는 것도 일부 책임이 있다. (네이만 피어슨Neyman Pearson 또는 전통적인 통계 검정이라고도 하는) 유의도 검정은 이론이나 가설에서 설정한 데이터가 참일 확률, 즉 *P*(데이터 | 이론)와 결과가 '객관적'임을 보증하고 장기적으로 발생할 긍정 오류(거짓 양성)false positive 및 부정 오류(거짓 음성)false negative 오류율을 통제할 수 있는 결정 절차를 포함한다. 그러나 이론을 평가할 목적으론 *P*(이론 | 데이터)가 분명히 더 유용하다. 안타깝게도, 조건부 확률은 역으로부터 유추할 수 없다. 대형트럭에 치여 목이 잘려 사망할 확률과 사망한 채로 대형트럭에 치여 목이 잘릴 확률을 비교해 보라. 따라서 전통적인 통계에서는 이론이 진실일 가능성을 직관적으로 이해할 수단을 제공하지 못하고(Dienes 2008, 2011), 대신에 연구자는 p 값이 0.05 (또는 다른 값) 미만이면 관계가 있는 것으로, 그렇지 않으면 없는 것으로 '자처'하고, p 값의 패턴을 관계가 '존재한다' 또는 '존재하지 않는다'는 측면에서 해석하도록 두는 것이다. 수치적 모수 추정을 목표로 하는 일치성 검정이나 가설을 계속해서 지지하는 정도를 나타내는 베이즈 요인Bayes factor(Dienes 2011)이 훨씬 더 나은 접근방법이다.

이론의 감응적 역할

앞선 분석에서는 이론을 증거에 대해 검증되고 또 위조될 가능성이 있는 진술로 보는 포퍼리안Popperian 관점을 주로 취했다. 과학은 적용 범위와 내용 모두에서 사실성에 더 가깝게 접근할수록 발전한다고 주장한다. 또 다른 관점도 있는데, 블루머(Blumer 1969)는 이론의 '감응적sensitising' 역할, 즉 이해를 돕는 아이디어와 개념을 생성하는 것이 이론의 역할이라고 주장한다. 심리학 이론에서 이루어지고 있는 것이 바로 이러한 역할이라고 주장할 수 있다.

예를 들어, 계획적 행동이론Theory of Planned Behaviour의 역할은 행위에는 의도가 있으며 그 의도를 결정할 때 행동에 대한 특정 태도, 즉 우리에게 중요한 주변 사람들이 어떻게 생각하는지에 대한 믿음과 행위를 성공적으로 완수할 수 있다는 자신감이 중요하다는 것을 일깨워 주는 것이다. 또한 흡연을 중단하려고 시도할 때도 의도가 중요한 역할을 한다는 사실을 강조한다(Norman et al. 1999).

이론이 다른 중요한 동기를 고려하지 않거나, 이론을 구체적으로 공식화할 때 사람들이 분명히 사실이 아닌 동기를 통합하는 방법을 주장한다는 사실은 그리 중요하지 않다. 그보다는 우리가 이러한 생각에 감응적으로 반응하는 방식이 중요하다.

이것은 이론의 유용한 역할이지만 이론이 제안되고 있는 중에도 '중요한 관찰'과 모순이 발견되고 따라서 잘못된 게 틀림없는데도 이론 제안을 고수하겠다면 이론 개발에서 진전은 기대할 수 없다. 심리학, 경제학 그리고 기타 행동 및 사회 과학에서는 수많은 이론에 대해 놀라울 정도로 관용을 베풀고 있으며, 그중 상당수는 중복되는 것들이 상당히 많고, 그중 상당수는 실제로 시스템에 통합된 작은 부분을 떼어서 다루며(예: 동기유발 시스템), 그중 상당수는 중요한 관찰과 모순되는 것도 많다.

가끔은 연구자가 한 이론을 다른 이론과 경쟁시키려고 할 때가 있는데(Farkas et al. 1996 참조), 그런 일은 거의 무례한 짓으로 간주되며 성공하는 경우도 드물다. 왜냐하면 포기해야 하는 이론의 지지자들은 항상 경쟁이 불공정했다고 주장하거나, 최후의 수단으로 그들의 이론이 기본적으로 옳으므로 폐기하는 쪽보다는 명백하게 상충되는 증거를 고려하여 수정할 수 있다고 주장할 방법을 찾을 수 있기 때문이다.

현재 시행되는 이론 생성 과정은 다음과 같이 요약할 수 있다. 연구자는 독창적이라고 생각되는 통찰력을 가지고 있으며 이를 이론으로 발전시킬 수 있는 지적 능력과 동기를 가지고 있다. 연구자는 다른 이론이나 중요한 관찰을 충분히 고려하지 않은 채 이 작업을 수행하므로 기본 아이디어가 쓸모 있긴 하지만 진술한 이론은 틀린 것일 수 있다. 이론의 아이디어가 상상력을 자극하고 추종자들의 관심을 끌면 경쟁하는 이론과 비교하여 엄격하게 검증되지 않았음에도 불구하고 그 이론을 사용하기 시작한다. 이와 같은 이론은 소개되는 아이디어에 유용한 감응적 역할을 하지만, 문제가 되는 행동을 생각할 때 비슷하거나 더 중요한 아이디어를 도외시하는 대가를 치르게 된다.

이 과정에서 개인적인 명성을 확고히 하는 일이나 금전적인 보상의 중요성을 과소평가해서는 안 된다. 연구하는 사람들도 다른 사람들과 마찬가지로 승진과 동료들에게 열렬한 칭찬을 받고 싶은 개인적인 동기가 있다는 사실을 잊기 쉽다.

이론이 계속 발전해 나가려면, 제안된 이론이 어떤 문제에 대해서 고심하는지를 더욱 완전하게 분석하는 일과, 제안된 이론이 당장 검증될 수 없는 진술을 담을 수도 있긴 하지만 지금까지 확보된 관찰과 절대 모순되어서는 안 된다는 점을 인식하는 것이 무엇보다 필요하다.

중독 분야의 '중요한 관찰'

포괄적인 중독 이론이 되려면 몇 가지 주요한 관찰을 수용할 수 있어야 한다. 이를 고찰하면서 이 장을 마무리한다.

중독에 대한 포괄적인 이론은 최소한 현상에 대해 우리가 알고 있는 것과 알고 있는 많은 것을 연결하여 설명할 수 있어야 한다. 이론은 다양한 중독 경험, 중독과 관련된 사회 및 경제 데이터, 신경과학 분야에서 발견된 주요 연구 결과를 설명할 수 있어야 한다. 이 책 전반에 걸쳐서 이론 개발에 영향을 미치는 관찰과 체계적인 연구에 주목하려고 노력하겠지만, 우선 중요한 질문 몇 가지와 그에 대해 간략하게 요약하는 것부터 시작하겠다.

몇 가지 중요한 질문

● 어떤 약물과 활동이 다른 약물과 활동보다 중독성이 강한 이유는 무엇인가

21세기가 시작될 무렵, 전 세계 인구의 5%인 2억 3천만 명이나 되는 사람들이 불법 약물(주로 아편, 헤로인, 코카인, 각성제, 대마초cannabis)을 사용하고 있으며, 이 중 2천7백만 명에 달하는 사람들이 '약물 사용 장애'로 고통 받고 있는 것으로 추정되고 있다. 또 알코올 사용 장애로 고통을 겪고 있는 사람은 7천6백만 명, 담배를 피우는 사람은 1억 1천5백만 명에 달하며, 이 중 대다수가 의존성으로 분류될 수 있을 것이다(www.who.int/sunstance_abuse/facts/en/ 및 2012 United Nations Office on Drug and Crime 2012 참조).

모든 중독성 약물은 중추신경계에 직접 작용한다. 이들 대부분은 사용자의 상당수가 약물이 주는 효과를 즐기고 있다는 의미에서 보상적인 약물이며, 일부 약물은 불쾌한 감정을 완화해 준다는 의미에서만 보상적이다. 중독성 정도는 쾌락을 주는 약물들에서조차 사용자가 약물을 통해 얻는 즐거움의 정도나 그들이 느끼는 주관적 효과의 강도(예: 취하는 정도)와 직접적인 상관관계가 없다.

담배에 있는 니코틴은 그다지 심하지 않은 효과와 가벼운 즐거움을 주지만, 분명히 대마초나 알코올, 코카인보다 중독성이 더 강한 것으로 알려져 있다. 흡연의 즐거움에 대해 발표한 것을 보면, 흡연자가 담배를 끊으려고 하는지 어떤지는 예측해도 금연에 성공할 것인지 여부는 예측하지 못한다(Fidler and West 2011). 일부 중독성 약물은 생리적으로 적응이 되어 복용을 중단해도 신체가 제대로 기능하지 않는다. 그러나 신체가 적응하여 갑작스럽게 사용을 중지하면 중독성은 아니지만 원치 않는 금단 증상을 유발하는 약물도 많이 있다. 약물 복용을 수반하지 않는 중독성이 있는 활동도 적어도 일부 사람들에게는 넓은 의미에서 보상을 제공하지만, 그렇다고 보상이 있는 활동 모두가 중독성이 있는 것은 아니다.

● 중독이 발달하기까지는 계속해서 중독에 노출되는 과정을 거친다. 그런데 그 이상을 해도 거의 같은 수준으로 유지되는 이유는 무엇인가

중독으로 발달하기까지는 처음에 실험적으로 해 보는 활동에서 시작하여 수개월 또는 수년이 걸릴 수 있다(Robinson et al. 2004; Vitaro et al. 2004; Fidler et al. 2006; Wanner et al. 2006). 어떤 경우에는 경험 삼아 잠깐 시도해 본 다음 한동안은 다시 시도하지 않는 경우도 있다. 그런 다음, 의존의 심각성이 도를 넘어서는데 단지 수개월 또는 수년이면 될 수 있는 것으로 보이고, 그 이후로는 의존도가 증가한다는 증거가 없다. 또한 중독자가 약물을 복용함으로써 얻는 긍정적 경험은 습관화로 인해 결코 사라지지 않는데, 예를 들어, 약물을 장기간 과다하게 사용하는 사람들조차도 약물을 통해 쾌감을 얻을 수 있다는 것을 알아야 한다.

● 왜 일부 개인, 사회 계층, 인종 집단, 문화가 다른 개인, 사회, 인종, 문화보다 중독에 더 취약한가

공인된 거의 모든 중독 유병률은 여성보다 남성에서 더 높게 나타나고 있는데, 이것도 문화적 특색과 시간적 변화에 따라 달라질 수 있다(예: Pomerleau et al. 1993; Burt et al. 2000; Zilberman et al. 2003). 이러한 유병률의 차이는 약물 입문, 단계적 사용량 증가, 중독, 그리고 금단 후 재발 등 약물 남용의 모든 국면에 존재하는 성별 차이와 관련이 있을 수 있다(Becker and Hu 2008). 대부분의 중독 행동의 경우, 유병률은 경제적 빈곤(박탈)과도 관련이 있으며, 또한 문화적, 지역적으로도 상당한 차이가 있다. 개인적 차원에서 보면, 불안과 우울증뿐만 아니라 반사회적 행동 성향이 더 큰 사람일수록 중독의 길로 들어설 가능성이 더 높다. 어릴 적에 신체적 또는 성적 학대를 당하는 것은 불법 약물 및 알코올 중독 발달과 밀접한 관련이 있다(예: Wilsnack et al. 1997; Marcenko et al. 2000; Langeland et al. 2003 참조).

● 많은 중독자가 해 오던 중독된 활동을 중단할 수 있지만 중독되지 않은 사용 패턴을 계속 유지할 수 있는 사람은 거의 없는 이유는 무엇인가

알코올, 헤로인, 코카인, 니코틴 및 도박에 중독된 사람들 상당수는 종국에는 해당 활동을 계속하지 않고 중단하는 것으로 나타났다(Granfield and Cloud 2001; Russell et al. 2001; Klingemann and Carter Sobell 2007). 많은 경우, 이러한 일은 정식으로 치료받지 않고도 일어나는 것 같지만 대개는 심리적 자본$_{\text{psychological capital}}$과 사회적 자본$_{\text{social capital}}$의 확충에 따라 달라진다(Bischof et al. 2001; Laudet and White 2008). 반면, 중독성 사용 패턴이 생긴 개인의 경우 푹 빠지지 않고 건전하게 사용하는 패턴을 잘 해낼 가능성은 희박하며, 흡연(Hajek et al. 1995)과 알코올(Mann et al. 2005)이 이에 해당한다.

● 금단 증상이 절제(금욕)를 유지하는 못하는 것과 밀접한 관련이 없는 이유는 무엇인가

헤로인이나 알코올과 같은 일부 중독성 약물에는 불쾌한 신체적 증상을 수반하는 매우 명확한 금단 증후군이 있다(Hughes et al. 1994). 니코틴 등 다른 약물의 금단 증상은 명확하게 정의된 일련의 심리적인 증상과 가벼운 신체적 증상을 분명히 일으킨다. 암페타민과 같은 일부 약물의 경우 뚜렷하게 구별되는 증후군이 있는지는 불분명하지만, 기분장애는 흔하게 발견된다. 하지만 이러한 증상들이 관찰된 강박적인 사용 패턴을 형성하는 데 얼마나 중요하게 영향을 미칠까? 증거에 따르면, 그 관계가 기껏해야 미미한 수준이다(예: Patten and Martin 1996 참조).

● 사람들이 중독성 활동을 중단하려고 노력할 때 어떤 상황에서 재발할 가능성이 높아지는 이유는 무엇인가

불쾌한 일을 당할 때, 할 만한 흥미로운 것들이 부족할 때, 이전 중독성 활동을 연상시키는 상황과 자극을 접할 때, 그리고 다른 사람이 해당 활동에 참여하는 것을 목격하는 것 등이 모두 재발 가능성을 높인다(예: Annis 1990).

● 중독에 대한 몇몇 개입과 치료법이 다른 것보다 더 성공적인 이유는 무엇인가

중독에 효과적인 치료법이라고 알려진 것들을 비교적 쉽게 파악할 수 있지만, 의외로 이들에 관해 아는 것이 거의 없다(Lingford-Huges et al. 2012).

헤로인 중독의 경우, 대체 약물인 메타돈methadone이나 부프레노르핀buprenorphine을 감독하에 장기적으로 처방하면 헤로인의 사용을 감소시키거나 경우에 따라 근절시킬 수 있다는 것을 알고 있다. 상담과 같은 심리적인 지지가 헤로인 사용을 줄이거나 근절하는 데 도움이 되는지 여부는 알 수 없다. 또한 메타돈이나 다른 약물의 용량을 서서히 줄여 가면서 사용하도록 처방하면 헤로인 사용자가 마약에서 완전히 벗어나는 데 도움이 되는지 여부도 알 수 없다.

알코올 중독의 경우, (무엇을 하는 것인지는 모르지만) 어떤 종류의 심리적 지지 프로그램이 알코올 중독자가 수개월 혹은 수년 동안 금주를 유지할 수 있는 능력을 향상시킬 수 있다는 것을 알고 있다. 또한 아캄프로세이트acamprosate나 날트렉손naltrexone을 사용하는 것도 도움이 될 수 있다는 것을 알고 있다.

니코틴 중독의 경우, 흡연자가 약 6주 동안 비교적 짧은 심리 지지 프로그램에 참여하면 최소 12개월은 금연 상태를 유지할 수 있는 능력이 향상된다는 사실이 밝혀졌다. 무엇이 효과적으로 지지해 주는지는 정확히 밝혀진 것은 없지만, 금연 동기를 북돋우기 위해 흡연자에게 자기의 날숨 일산화탄소 수치를 보여 주는 것과 같은 특정 기법이 다른 기법보다 더 도움이 될 수 있다. 제일 흔하게 사용되는 지지 프로그램의 효과는 그리 크지 않아 흡연자 20명 중 1명에서 그리고 10명 중 1명이 금연에 성공하는데, 이들도 프로그램에 참여하지 않았더라면 담배를 끊었을 리 없었을 것이다. 또한 껌이나 피부 부착 금연 패치, 로젠지lozenge와 같은 다양한 형태의 니코틴 대체요법(NRT)Nicotine Replacement Therapy, 니코틴 수용체 작용제인 바레니클린varenicline과 사이토신cytosine, 항우울제인 부프로피온bupropion과 노르트립틸린nortriptyline

등 여러 가지 약물이 각각 금연 성공률을 높일 수 있다는 것도 잘 알려져 있다. 가장 효과적인 방법은 바레니클린 또는 NRT 패치에 껌과 같이 더 빠르게 작용하는 형태의 금연보조제를 함께 사용하는 것이다. 심리 지지 프로그램과 이러한 약물 중 한 종류를 함께 사용하면, 중독성 흡연자의 무려 10~15% 정도가 금연에 성공할 수 있으며, 이는 어떤 방법이라도 써서 금연할 수 있었던 사람들보다 최소 12개월 이상 금연 상태를 유지할 수 있게 도움을 주는 것으로 보인다.

● 다양한 중독성 약물이 인구 집단의 특정 소비 분포를 따르는 이유는 무엇인가

알코올은 (음주 문화권에서) 모두 합해 봐야 소수의 금주자 비율과 인구 대부분이 해롭지 않은 수준에서 음주를 하는 (하나의 정점으로 된) 단봉 분포unimodal distribution로 매우 취하고 건강을 해치는 수준의 술 소비가 '꼬리'로 뻗는 패턴을 보인다. 헤로인은 극소수의 인구에서 투약한다(미국의 경우 인구의 1% 미만으로 추정). 이러한 패턴과 다른 약물들의 사용 패턴은 이 장의 뒷부분에서 논의한다.

● 중독성 약물마다 시간적 사용 패턴이 다른 이유는 무엇인가

알코올은 주로 여가 중에 생기는 술자리에서 이용하게 된다. 이러한 술자리는 보통 적절히 취하거나 그 전에 파하지만, 때로는 만취할 때까지 끝을 보기도 한다. 이러한 '폭음'이 빈번한 사람들도 여전히 여가 시간에서만 술을 마시지만, 어떤 사람들은 온종일 내내 신체적·물질적 중독 수준으로 술을 마신다. 흡연은 규제를 받아들이며 피우는 패턴을 따르는 경향이 있다. 흡연이 항상 허용되고 확실하게 흡연이 가능한 곳에서는, 아침부터 저녁까지 일정한 간격으로 흡연하는 경향이 있지만, 제한이 있는 곳에서는 자연스럽게 특정한 시간대와 장소를 중심으로 집중적으로 흡연을 한다. 이러한 패턴과 기타 약물 사용의 시간적인 패턴은 나중에 더 자세하게 고찰한다.

개인의 고유한 중독 내력

중독은 다양한 궤적을 따라 발현되지만 몇 가지 공통점은 있다. 보통은 정기적으로 하려는 특별한 의도 없이 우선 경험 삼아 잠깐 맛보는 것으로 시작하는 경우가 많다. 이 사람은 하게 되면 어떤 기분일까 궁금해하며, 단지 경험 삼아 해 보는 것만으로는 심각한 손상이 지속되리라고 생각하지 않기에 두려움 없이 거침없이 한다. 이렇게 두려워하지 않는 까닭은 아마도 그 활동을 한번 해 본다고 해서 자신에게 손상을 입힐 거라 믿지 않기 때문일 수도 있고, 한번 해 보는 것이 초래할 피해에 대해 특별히 신경 쓰지 않기 때문일 수도 있으며, 또는 앞날에 대해 특별히 생각하지 않기 때문일 것이다.

처음에는, 비교적 드문드문 활동하게 되며 이는 특정 상황이나 시간과 관련이 있다. 이 사람은 해당 행동이 즐겁거나 자기에게 특별한 목적을 충족시켜 준다고 말할 것이다. 그러다 점점 더 빈도를 높이면서 해당 행동에 참여할 기회를 더 많이 찾게 된다. 이것은 다른 활동을 도외시하는 것을 의미할 수도 있고, 문제가 되는 행동을 지속시키는 것을 목적으로 활동을 추가로 더하는 것을 의미할 수도 있다.

이 기간 동안에는 활동하면서 느끼는 즐거움이 변할 수도 있고 그렇지 않을 수도 있지만, 활동을 **원하는**wanting 간절한 느낌이나 활동에 참여할 '**필요성**needing'이 생길 것이다. 이는 매번 일어나는 일은 아니고 아마도 해당 행동에 참여할 기회라고 여겨지는 상황이나 시기와 맞물릴 수 있다. 활동을 할 수 없게 된다면 그 사람은 종종 불쾌한 경험을 하게 될 것인데, 일부 약물 중독의 경우 일반적으로 기분이 나빠지고 몸에 이상 증상이 복합적으로 나타난다.

어느 시점에서는, 이 사람은 자기가 하는 행동이 문제를 일으키고 있다는 것을 알아차리고(또는 그 행동이 그/그녀에게 주의를 환기할 수도 있겠고), 그 빈도를 줄이거나 완전히 중단하려고 할 수 있다. 이것은 해당 활동을 해야 한다는 느낌을 증가시키는 결과를 가져와 제지를 통해 대응할 수밖에 없다. 대부분 경우, 이러한 제재는 문제의 행동을 다시 하게 만드는 '**부주의한 실수**lapse'를 방지하기에는 불충분하며, 이 실수는 통상 단시일 내에 '재발'로 바뀌어 이전과 거의 동일한 속도로 해당 활동을 재개하게 된다. 자제력을 발휘할 수 없다고 느끼는 당사자는 때때로 그 일로 도움을 요청할 것이며, 이러한 도움을 받으면 절제를 유지할 확률이 높아지지만, 대부분 경우에는 재발은 여전히 발생한다. 도움이 있든 없든 절제를 오래 유지할 수 있는 사람일수록 절제를 무기한으로 유지할 가능성은 높아진다.

약물 및 활동의 중독 가능성에 대해 자세히 알아보기

중독은 주로 특정 약물을 복용하는 활동에서 발생하지만, 다른 활동, 그중에서도 특히 도박이 가장 주목받고 있다. 상당한 수의 사용자에게 중독을 일으키는 약물은 일반적으로 쾌락 경험을 선사하거나 불안감을 감소시키는 것들이다. 〈표 2-4〉는 적어도 일부 연구자들이 일부 사람들에게 중독성이 있다고 생각하는 활동이나 소비재를 기재한 것으로(예: Bruinsma and Taren 1999; Irons and Schneider 1997; Holden 2001; Padwa and Cunningham 2010; Potenza 2001 참조), 이 약물이나 활동이 내포한 '중독 가능성'에 대해 생각하는 바를 보여 준다. 니코틴과 헤로인 같은 경우는 이러한 관점에 논란의 여지가 없고, 쇼핑이나 맛있는 음식을 먹는 것을 비롯한 다른 품목들은 중독성이 중간 정도와 전혀 없는 정도라는 제의에 대해서 정당하게 다른 견해를 보인다.

표 2-4 적어도 일부 사람들이 중독 가능성이 있다고 진지하게 주장하는 약물 및 활동

약물/활동	'중독 가능성'에 대한 그럴듯한 추정치 (중독된 적이 있는 사용자의 비율)
이용할 수 있는 데이터가 일부라도 있는 경우	
헤로인	높음
메타돈	높음
니코틴	높음
암페타민	보통
엑스터시 ecstasy	보통
코카인	보통
알코올	보통
마리화나	보통
벤조디아제핀	보통
도박	낮음

이용할 수 있는 데이터가 거의 없는 경우	
게으름	보통
맛난 음식	보통
바르비투르산염barbiturates	낮음
흡입제inhalants	낮음
감마히드록시부티르산(GHB)gammahydroxybutyrate	낮음
스테로이드steroid	낮음
절도	낮음
폭력	낮음
다이빙	낮음
서핑	낮음
과속 운전	낮음
운동	매우 낮음
성행위	매우 낮음
인터넷 사용	매우 낮음
컴퓨터 게임	매우 낮음
초콜릿	매우 낮음
자해self-harm	매우 낮음
카페인	매우 낮음
TV 시청	매우 낮음
일	매우 낮음
쇼핑	매우 낮음

이 표에서 중독 가능성은 인생의 어느 시점에 중독적 사용 패턴을 보이는 사용 경험자의 비율을 의미하며, 기껏해야 대략적인 추정치로만 가늠할 수 있다. 높음은 20% 이상, 보통은 10~20%, 낮음은 5~10%, 매우 낮음은 5% 미만인데, 이는 약물의 투여 방식이나 문화적 맥락을 고려하지 않고 극단적으로 단순화한 버전으로 제시된 것이다. 이 표의 목적은 활동과 약물에 따라 중독성이 다를 수 있다는 개념을 간단하게 구체화하는 데 있다.

미국의 경우, 전국적인 동반질환(중복이환)조사National Comorbidity Survey에서 15~54세로 구성된 전국 표본을 사용하여 약물의 의존 가능성 추정 결과를 제공했다(Warnet et al. 1995). 이 조사는 『정신질환 진단 및 통계 편람 제3판 개정판DSM-III-R』에 명시된 기준을 사용하여 약물 중독 평생 유병률을 집계했으며, '사용해 본 경험'도 조사했다. 담배 의존도는 약물 의존도 중에서 단연코 가장 높은 것으로 나타났는데, (평생 적어도 한 번 이상은 사용한) 경험자 가운데 흡연자의 32%가 의존성을 보인 반면, 헤로인 투여자는 23%, 코카인 이용자는 17%, 알코올 사용자는 15%가 의존성을 보였다. 이 비율은 이전에 비의료적인 목적으로 약물을 사용한 적이 있는 사람들을 기준으로 한 것으로, 2007년에 루이자 데겐하르트Louisa Degenhardt 등이 담배를 제외하고 수행했던 유사한 조사 결과와도 대체로 비슷했다(Degenhardt et al. 2007).

〈표 2-5〉는 2000년도 영국에서 불법 약물 사용자 수(자진 신고 기준)와 지난 1개월 사용량의 대략적인 추정치와 매월 정기적으로 사용하는데 들어가는 대략적인 비용도 보여 준다. 지난 1개월 동안의 사용자 비율은 정기적 사용과 중독성 사용을 유도하는 약물 성향에 대한 대략적인 상한 추정치이다. 대부분의 수치가 앞서 인용한 미국 자료의 수치와 대체로 일치한다는 사실은 눈여겨볼 만하다.

표 2-5 2001년 영국의 불법/금지 약물 사용, 유병률 및 중독에 따른 비용

약물	사용 경험이 있는 인구 비율	지난달 사용량 (%)	지난달에 사용한 적이 있는 사용자 비율	대략적인 월 정기 사용 비용 (£)
대마초	8.0	2.5	31	85
암페타민	4.0	0.3	7.5	100
코카인	2.0	0.4	20	160
크랙crack	0.3	0.1	33	450
헤로인	0.3	0.1	33	450
엑스터시	2.0	0.4	20	40

출처: Athar(2004)에서 발췌.

두드러지게 이례적인 것은 엑스터시와 대마초로, 다른 증거에 따르면 정기적인 사용은 지난달 사용량의 일부에 불과하며 이는 아마도 사용자의 생활방식을 반영해서 그런 것으로 보인다. 분명한 것은, 가장 중독성이 강한 약물을 사용하더라도 이를 시도하는 사람 중 소수만이 만성적인 중독이라 할 수 있는 증상을 보인다는 것이다.

우리는 이러한 정량적 추정을 너무 많이 해서는 안 된다. 확실히 할 것은 모든 중요한 매개변수는 약물 자체의 순도와 투여 방식뿐만 아니라 사회적 및 문화적

요인에 의해 영향을 받을 수 있다는 점이다(예: Degenhardt et al. 2007과 Giovino et al. 2012 참조). 그러나 정량적 추정은 중독이 발생하는 것으로 알려진 특정 사회적 풍토에서 어떤 일이 일어날 수 있는지를 말해 준다.

요점 되풀이

이 장에서는 바뀌고 있는 중독에 대한 정의의 변화, 중독 진단에 사용되는 기준의 문제, 좋은 이론의 조건, 이론 개발에 증거가 어떻게 사용되어 왔고 또 사용되어야 하는지, 그리고 포괄적인 이론이라면 수용해야 하는 중독에 대한 몇 가지 중요한 관찰을 체계적으로 살펴봄으로써 중독 이론 개발에 필요한 배경지식을 제공해 보려고 하였다. 이제는 중독 현상을 다양하게 충분히 설명할 광범위한 이론을 찾아 여정을 시작할 때가 되었다.

참고문헌

American Association for the Study and Cure of Inebriety (1893) The disease of inebriety from alcohol, opium and other narcotic drugs, its etiology, pathology, treatment and medico-legal relations. E. B. Treat Publisher, New York.

Annis, H.M. (1990) Relapse to substance abuse: empirical findings within a cognitive-social learning approach. *J Psychoactive Drugs 22*(2): 117-124.

APA (1995) *Diagnostic and Statistical Manual of Mental Disorders*, 4th edn. American Psychiatric Association, Washington, DC.

Atha, M. (2004) Taxing the UK drugs market. Independent Drug Monitoring Unit, Wigan, UK.

Becker, J.B. and Hu, M. (2008) Sex differences in drug abuse. *Front Neuroendocrinol 29*(1): 36-47.

Bischof, G., Rumpf, H.J., Hapke, U., Meyer, C. and John, U. (2001) Factors influencing remission from alcohol dependence without formal help in a representative population sample. *Addiction 96*(9): 1327-1336.

Blumer, H. (1969) *Symbolic Interactionism: Perspective and Method*. Prentice-Hall, Englewood Cliffs, NJ.

Bruinsma, K. and Taren, D.L. (1999) Chocolate: food or drug? *J Am Diet Assoc 99*(10): 1249-1256.

Burt, R.D., Dinh, K.T. Peterson, A.V. Jr and Sarason, I.G. (2000) Predicting adolescent smoking: a prospective study of personality variables. *Prev Med 30*(2): 115-125.

Carlile, P.R. and Christensen, C.M. (2004) The cycles of theory building in management research. Harvard Business School Working Paper No. 05-057. Harvard Business School, Boston.

Degenhardt, L., Chiu, W.T., Sampson, N., Kessler, R.C. and Anthony, J.C. (2007) Epidemiological patterns of extra-medical drug use in the United States: evidence from the National Comorbidity Survey Replication, 2001-2003. *Drug Alcohol Depend 90*(2-3): 210-223.

Dienes, Z. (2008) *Understanding Psychology as a Science: An Introduction to Scientific and Statistical Inference*. Palgrave Macmillan, Hampshire, UK.

Dienes, Z. (2011) Bayesian versus orthodox statistics: which side are you on? *Perspect Psychol Sci 6*(3): 274-290.

Dixon-Woods, M., Bosk, C.L., Aveling, E.L., Goeschel, C.A. and Pronovost, P.J. (2011) Explaining Michigan: developing an ex post theory of a quality improvement program. *Milbank Q 89*(2): 167-205.

Edwards, G. and Gross, M.M. (1976) Alcohol dependence: provisional description of a clinical syndrome. *Br Med J 1*(6017): 1058-1061.

Erickson, C.K. and Wilcox, R.E. (2006) Please, Not "Addiction" in DSM-V. *Am J Psychiatry 163*(11): 2015-2016; author reply 2016-2017.

Farkas, A.J., Pierce, J.P., Zhu, S.H., et al. (1996) Addiction versus stages of change models in predicting smoking cessation. *Addiction 91*(9): 1271-1280; discussion 1281-1292.

Feynman, R.P. (1974) Cargo cult science. *Eng Sci* 10-13.

Fidler, J.A., Wardle, J., Henning Brodersen, N., Jarvis, M.J. and West, R. (2006) Vulnerability to smoking after trying a single cigarette can lie dormant for three years or more. *Tob Control 15*(3): 205-209.

Fidler, J.A. and West, R. (2011) Enjoyment of smoking and urges to smoke as predictors of attempts and success of attempts to stop smoking: a longitudinal study. *Drug Alcohol Depend 115*(1-2): 30-34.

First, M.B. (2009) Harmonisation of ICD-11 and DSM-V: opportunities and challenges. *Brit J Psychiatry 195*(5): 382-390.

Giovino, G.A., Mirza, S.A., Samet, J.M., et al. (2012) Tobacco use in 3 billion individuals from 16 countries: an analysis of nationally representative cross-sectional household surveys. *Lancet 380*(9842): 668-679.

Godin, G., Sheeran, P., Conner, M. and Germain, M. (2008) Asking questions changes behavior: mere measurement effects on frequency of blood donation. *Health Psychol 27*(2): 179-184.

Granfield, R. and Cloud, W. (2001) Social context and 'natural recovery': the role of social capital in the resolution of drug-associated problems. *Subst Use Misuse 36*(11): 1543-1570.

Hajek, P., West, R. and Wilson, J. (1995) Regular smokers, lifetime very light smokers, and reduced smokers: comparison of psychosocial and smoking characteristics in women. *Health Psychol 14*(3): 195-201.

Hasin, D., Hatzenbuehler, M.L., Keyes, K. and Ogburn, E. (2006) Substance use disorders: Diagnostic and Statistical Manual of Mental Disorders, fourth edition (DSM-IV) and International Classification of Diseases, tenth edition (ICD-10). *Addiction 101*: 59-75.

Holden, C. (2001) 'Behavioral' addictions: do they exist? *Science 294*(5544): 980-982.

Hughes, J. (1993) Smoking is a drug dependence: a reply to Robinson and Pritchard. *Psychopharmacology 113*(2): 282-283.

Hughes, J.R., Higgins, S.T. and Bickel, W.K. (1994) Nicotine withdrawal versus other drug withdrawal syndromes: similarities and dissimilarities. *Addiction 89*(11): 1461-1470.

Irons, R. and Schneider, J.P. (1997) When is domestic violence a hidden face of addiction? *J Psychoactive Drugs 29*(4): 337-344.

Kerr, N. (1884) President's Inaugural Address. *Proceedings of the Society for the Study and Cure of Inebriety. 1*(1): 2-17.

Klingemann, H. and Carter-Sobell, L. (2007) *Promoting Self-change from Addictive Behaviors: Practical Implications for Policy, Prevention, and Treatment. Springer*, New York.

Langeland, W., Draijer, N. and van den Brink, W. (2003) Assessment of lifetime physical and sexual abuse in treated alcoholics. Validity of the addiction severity index. *Addict Behav 28*(5): 871-881.

Laudet, A.B. and White, W.L. (2008) Recovery capital as prospective predictor of sustained recovery, life satisfaction, and stress among former poly-substance users. *Subst Use Misuse 43*(1): 27-54.

Levin, P.F. (1999) Test of the Fishbein and Ajzen models as predictors of health care workers' glove use. *Res Nurs Health 22*(4): 295-307.

Lewin, K. (1951) *Field theory in social science: Selected theoretical papers* (ed. D. Cartwright). Harper & Row, New York.

Lingford-Hughes, A., Welch, S., Peters, L., Nutt, D., et al. (2012) BAP updated guidelines: evidence-based guidelines for the pharmacological management of substance abuse, harmful use, addiction and comorbidity: recommendations from BAP. *J Psychopharmacol 26*(7): 899-952.

Lipsey, M.W. (2004) Theory as method: small theories of treatments. *New directions for program evaluation 1993*(57): 5-38.

Mann, K., Schafer, D., Längle, G., Ackermann, K. and Croissant, B. (2005) The long-term course of alcoholism, 5, 10 and 16 years after treatment. *Addiction 100*(6): 797-805.

Marcenko, M.O., Kemp, S.P. and Larson, N.C. (2000) Childhood experiences of abuse, later substance use, and parenting outcomes among low-income mothers. *Am J Orthopsychiatry 70*(3): 316-326.

Meehl, P.E. (1978) Theoretical risks and tabular asterisks: Sir Karl, Sir Ronald, and the slow progress of soft psychology. *J Consult Clin Psychol 46*: 806-834.

Mogg, K., Field, M. and Bradley, B.P. (2005) Attentional and approach biases for smoking cues in smokers: an investigation of competing theoretical views of addiction. *Psychopharmacology 5*: 5.

Norman, P., Conner, M. and Bell, R. (1999) The theory of planned behavior and smoking cessation. *Health Psychol 18*(1): 89-94.

Nutt, D.J., King, L.A. and Phillips, L.D. (2010) Drug harms in the UK: a multicriteria decision analysis. *Lancet 376*(9752): 1558-1565.

O'Brien, C.P., Volkow, N. and Li, T.K. (2006) What's in a word? Addiction versus depen-dence in DSM-V. *Am J Psychiatry 163*(5): 764-765.

Ogden, J. (2003) Some problems with social cognition models: a pragmatic and conceptual analysis. *Health Psychol 22*(4): 424-428.

Padwa, H. and Cunningham, J. (2010) *Addiction: A Reference Encyclopedia*. ABC-CLIO, Santa Barbara, CA.

Pashler, H. and Wagenmakers, E.J. (2012) Editors' Introduction to the Special Section on Replicability in Psychological Science: a crisis of confidence?. *Perspect Psychol Sci 7*(6): 528-530.

Patten, C. and Martin, J. (1996) Does nicotine withdrawal affect smoking cessation? Clinical and theoretical issues. *Ann Behav Med 18*(3): 190-200.

Pomerleau, O.F., Collins, A.C., Shiffman, S. and Pomerleau, C.S. (1993) Why some people smoke and others do not: new perspectives. *J Consult Clin Psychol 61*(5): 723-731.

Potenza, M.N. (2001) The neurobiology of pathological gambling. *Semin Clin Neuropsychiatry 6*(3): 217-226.

Prochaska, J.O. and Velicer, W.F. (1997) The transtheoretical model of health behavior change. *Am J Health Promot 12*(1): 38-48.

Robinson, J.H. and Pritchard, W.S. (1992) The role of nicotine in tobacco use. *Psychopharmacology (Berl) 108*(4): 397-407.

Robinson, M.L., Berlin, I. and Moolchan, E.T. (2004) Tobacco smoking trajectory and associated ethnic differences among adolescent smokers seeking cessation treatment. *J Adolesc Health 35*(3): 217-224.

Rounsaville, B.J. (2002) Experience with ICD-10/DSM-IV substance use disorders. *Psychopathology 35*(2-3): 82-88.

Russell, M., Peirce, R.S., Chan, A.W., Wieczorek, W.F., Moscato, B.S. and Nochajski,

T.H. (2001) Natural recovery in a community-based sample of alcoholics: study design and descriptive data. *Subst Use Misuse 36*(11): 1417-1441.

United Nations Office on Drugs and Crime (2012) *World Drug Report*. Geneva, United Nations.

Vitaro, F., Wanner, B., Ladouceur, R., Brendgen, M. and Tremblay, R.E. (2004) Trajectories of gambling during adolescence. *J Gambl Stud 20*(1): 47-69.

Wanner, B., Vitaro, F., Ladouceur, R., Brendgen, M. and Tremblay, R.E. (2006) Joint trajectories of gambling, alcohol and marijuana use during adolescence: a person- and variable-centered developmental approach. *Addict Behav 31*(4): 566-580.

Warner, L.A., Kessler, R.C., Hughes, M., Anthony, J.C. and Nelson, C.B. (1995) Prevalence and correlates of drug use and dependence in the United States. Results from the national comorbidity survey. *Arch Gen Psychiatry 52*: 219-229.

West, R. (1992) Nicotine addiction: a re-analysis of the arguments. *Psychopharmacology 108*(4): 408-410.

West, R. (2013) Models of Addiction. European Monitoring Centre for Drugs and Drug Addiction, Lisbon, Portugal.

WHO (1992) *International Classification of Diseases and Related Health Problems, Tenth Revision* (ICD-10). World Health Organisation, Geneva, Switzerland.

Wilsnack, S.C., Vogeltanz, N.D. Klassen, A.D. and Harris, T.R. (1997) Childhood sexual abuse and women's substance abuse: national survey findings. *J Stud Alcohol 58*(3): 264-271.

Zilberman, M., Tavares, H. and el-Guebaly, N. (2003) Gender similarities and differences: the prevalence and course of alcohol- and other substance-related disorders. *J Addict Dis 22*(4): 61-74.

제3장

여정의 시작: 중독은 선택에 따른 것

BEGINNING THE JOURNEY: ADDICTION AS CHOICE

이 장에서부터 중독에 대한 포괄적인 이론을 개발하기 위한 여정을 시작한다. 사람들이 어떤 것을 선택할 때는 안정적인 선호를 기반으로 합리적으로 정보에 입각하여 선택한다는 가장 단순한 상식 모형에서 시작하여 취향에 변화가 생겨 선택도 달리하게 되는 모형으로 이동한 다음, 선택이 비합리적으로 이루어지게 할지도 모르는 방법을 고려한다. 중독이 선택하는 과정을 통해 발현한다고 보는 접근은 중독의 주요 현상과 대다수 중독 이론을 설명하는 데 놀라울 정도로 도움을 주며, 중독을 퇴치하려는 시도도 이러한 접근방식에서 비롯되고 있다. 그러나 중독을 전적으로 선택의 관점에서만 해석할 수 있는가 하는 점에 대해서는 그렇지 않다는 결론으로 이 장의 여정을 마친다.

중독은 반성적 선택의 결과

이전 장에서 우리가 이야기하는 것이 무엇인지 대략적으로 파악했으니, 이제 이를 이해하기 위한 여정을 시작해 보기로 한다. 가장 확실한 출발점은 반성적 행동 선택 모형이다. 반성적 선택reflective choice이란 선택지에 대한 자의식적인 분석과 그 중 하나를 실행하려고 결정하는 과정을 포함한다. 선택은 합리적으로 할 수도 편파적일 수도 있지만 어느 경우든 선택지를 명시적으로 고려하는 부분을 수반한다. 합리적으로 정보에 입각한 안정적 선택(RISC)Rational Informed Stable Choice은 이 모형 중 가장 간단한 버전이다.

비용-편익 분석으로 본 중독

비용-편익 분석cost-benefit analysis 모형에 따르면, 우리는 어떤 행동이 이익을 가져다줄 것으로 기대하기 때문에 행동하며, 그에 따른 부정적인 결과는 어느 정도 알고 있고 기꺼이 감수한다. 우리 대다수의 경우에 이 모형은 우리 자신과 다른 사람들의 행동을 설명해 주는 기본 모형default model이며, 우리 사고의 출발점을 제공한다. 이 이론을 가장 극단적으로 적용하게 되면, 중독자의 정신 기능에는 이상이 없고 신체 기능에 질환이 있는 것도 아니고 단지 그렇게 보일 뿐이다. 우리가 헤로인 중독자가 불결한 환경에서 생활하면서 건강 이상으로 고통을 겪는 것을 볼 때 이 사람이 이런 식으로 사는 것을 원치 않는데 단지 자신이 하는 활동에 대한 통제력을 잃었기 때문에 그렇게 하는 것이라고 잘못 생각한다.

중독자 입장의 중요성

이 관점에서 보면, 중독자가 남들과 다르게 사는 것이 좋아서 그러는 것일지도 모르겠지만 실제로는 자신이 선택할 수 있는 선택지 중에서 받아들인 것이며, 그 당시로서는 최선이라고 판단되어서 그러한 것이다. 알코올 중독자가 길거리에서 잠을 자고, 술에 취해 정신이 몽롱한 상태로 삶이 붕괴된 채 살아가며, 조기에 사망할 위험을 안고 있는 것을 볼 때, 그 사람이 술을 끊지 못하기 때문에 그렇게 한다고 짐작하는 것은 잘못된 것이다. 그들에게는 이렇게 사는 것이 술을 마시지 않고 사는 것보다 더 나을지도 모른다. 자신의 사무실 빌딩 뒷문 밖에서 추위에 떨며 폐암, 심장병, 만성 기관지염 등에 걸릴 위험을 감수하며 담배를 뻐끔뻐끔 피우는 흡연자들을 볼 때, 그들이 담배를 끊을 수 없어서 그렇게 하는 것으로 여기는 것은 잘못된 생각이다. RISC 모형에 따르면, 이들은 비흡연자로 살아가는 것보다 흡연자로 살아가는 것을 더 선호하는 것이다.

RISC 이론: 어느 중독자의 입장

이래저래, 저는 [술을 마시며/담배를 피우고/헤로인을 복용하며/도박도 하고/신경안정제도 먹고/크랙 코카인을 흡입하며] 살아가는 것을 선호해요. 그 이유는 중단했을 때의 삶보다 이렇게 사는 삶이 더 낫기 때문이죠. 왜냐하면 그것은 [내게 쾌감을 주고/기분을 좋게 해 주며/내 정체성의 일부이자/삶을 버티게 해 주고/내가 해야 할 일을 하는 데 도움이 되기] 때문이죠. 나도 그것이 [지금 내게 해를 끼치고 있고/앞으로도 해를 끼칠 수 있고/제게 소중한 사람들에게 해를 끼치고 있고/또 내가 아끼는 사람들을 불행하게 만들 수 있다는 걸] 알고 있어요. 하지만 내게 주는 이득이 들어가는 비용보다 더 크죠. 이건 내가 처한 상황에 변화가 생기면 바뀔 수 있긴 해요. 예를 들어, (심장병을 앓게 되는 것 같이) 예전에는 안 좋은 일로 치부하던 것이 실제로 일어날 가능성으로 더 크게 다가온다면 분명히 그럴 겁니다. 다른 한편으로는, 내가 하는 활동이 [개인적으로 문제를 일으키고 있고/다른 사람에게 문제를 일으키고 있으며/도덕적으로 잘못된 것으로 여겨지는] 것을 알기 때문에 그 활동을 내가 통제할 수 없는 것으로 표현하는 것이 도움이 됩니다.

수많은 질적 연구에 따르면, 사람들이 자신의 중독 행동을 설명할 때 앞서 제시한 일화를 자주 인용하는 것으로 나타났다. 다음 예는 볼티모어에서 맥컬리프와 고든(McAuliffe and Gordon 1974)이 실시한 아편 중독자들과의 인터뷰 중 두 가지를 발췌한 것이다.

면담 대상자: 나는 약에 취하는 것을 좋아해요.

면담자: 약에 취하면 어떤 점이 좋은가요?

면담 대상자: 아편을 주사할 때 그 짜릿함과 도취되는 기분 그게 좋죠.

면담자: 약에 취한 상태가 왜 좋은가요?

면담 대상자: 그것은 마치 사람들이 술에 취하는 것을 좋아하는 것과 같죠. 알다시피, 그렇게 하면 기분이 좋으니까.

면담자: '기분이 좋다'라는 게 무슨 뜻입니까?

면담 대상자: 그냥 기분이 좋은 거, 그게 다예요. 마치 많은 사람이 오르가슴을 느끼기 위해 남자가 여자와 섹스를 하는 (성관계를 가지는) 것처럼요. 딱 좋아요.

면담자: 그럼, 약에 취했을 때 기분이 좋다는 말은 어떤 의미인가요?

면담 대상자: 행복, 자족 그런 뜻이에요.

면담자: 또 다른 건 없으세요?

면담 대상자: 네. 만족 그 자체면 됐죠.

면담자: 아편을 주사할 때, 통상적으로 평소 정도 기분을 느끼고자 합니까, 아니면 평소보다 기분이 더 나아지기 위해 주사를 놓습니까?

면담 대상자: 취하기 위해 하는 건 맞고요, 평소보다 기분이 좋아지기 위해 주사하는 것 같아요.

면담자: 구토가 나지 않도록 하려면 하루에 몇 캡슐의 스맥smack(헤로인)이 알맞습니까? 그러니까, 하루 종일 제대로 보내는 데 충분한 양이요?

면담 대상자: 지금은 내게 활력을 주기 위해서는 하루 종일 4캡슐이 필요해요. 일정한 간격을 두고 투약할 수 있지만 그렇게 하는 건 좋아하진 않고요. 오늘 아침에 2개 반을 했는데 오늘 밤늦게까지 버틸 수 있을 것 같아요.

면담자: 그럼 2캡슐을 더 할 건가요?

면담 대상자: 네, 당연하지요, 어쩌면 더 할지도 모르고요.

면담자: 지금보다 두 배를 가지고 있고, 똑같이 약효가 잘 듣는 것이라 가정해 봅시다. 다음 날 손에 넣을 (마약을 살) 돈이 있다고 가정하고요, 한 번에 몇 캡슐을 계획해서 투여할 건가요? 8캡슐이 있다고 가정해 볼까요?

면담 대상자: 모두 다 할 겁니다. 하지만 한 방엔 아니고요. [헤로인 제조기에] 3개 정도씩 넣어 줄 겁니다.

면담자: 왜 그렇게 많이 합니까?

면담 대상자: 아편에 취하기 위해서죠.

가족을 잃고 고리대금업자에게 빚을 지고 살아가면서도 돈을 크게 딸 것을 기대하며 판돈을 걸려고 도박장을 계속 찾는 도박꾼을 볼 때, 그 사람에게 뭔가 문제가 있다고 가정하는 것은 잘못된 생각이다. 이러한 행동은 통제 불능인 것처럼 보이지만, RISC의 분석에 따르면 이 사람은 자신을 위한 다른 대안보다 이런 식으로 사는 것을 더 선호하는 것이다.

"끊고 싶은가?"

이 견해에 따르면, 흡연자나 알코올 중독자에게 담배를 끊고 싶은지 물어보고 그들이 하는 대답과 행동 간에 모순이 있는 것을 중독의 증거로 삼는 것은 오해의 소지가 있다. 흡연자는 나도 백만장자가 되고 싶다고 말할 수 있는 것처럼 담배를 끊고 싶다고 말할 수 있다. 우리가 하고 싶어 하는 일은 많다. 진짜 질문은 "비흡연자가 될 수 있다는 전망과 그에 수반되는 모든 상황을 생각해 보니 당분간 흡연자로 계속 살아가는 것보다 더 마음에 듭니까?"라고 물어서, 흡연자가 '그렇다'고 답하고 담배를 계속 피운다면, 이는 적어도 RISC 모형에 대해 반증이 없는 한 증거로 인정할 수 있는 사례a prima facie case가 될 것이다.

중독은 관점의 문제

이 모형에 따르면, 중독이란 개념은 방관자 쪽의 관점이 잘못되어서 생겨난 착각이다. 우리는 중독자가 사는 모습을 보고 그 사람이 중독 행동을 너무 빈번하게 하지 않는다면 그의 인생이 훨씬 더 나아질 걸로 상상한다.

그러나 우리는 중독자를 위해 우리가 상상하는 대안적인 삶이 중독자 자신이 상상하는 대안적인 삶이 아니라는 사실을 잊고 있다. 중독자가 약물을 함으로써 얻는 쾌락이나 현실에서 벗어나는 순간은 그 개인에게 장단기적으로 어떤 대가를 치르더라도 그만한 가치가 있는 일이다. 어떤 약물이 개인에게 특별히 쾌감을 준다면 제 명에 못 살 것 같은 위험을 감수할 가치가 있을 수 있다. 약물을 하는 것이 특별나게 즐겁지 않더라도 중독자의 감정 상태나 약물 전과자로서 살아가는 환경이 암울하고 불행하다면 여전히 약물 사용자로 살아가는 길을 선택하는 것이 상당히 합리적일 수 있다.

합리적 중독 이론

중독에 관한 합리적 선택Rational Choice 모형에 속하는 이론은 여러 가지가 있다(Vuchinich and Heather 2003 참조). [글상자 3-1]은 중독은 특정 시기에 특정 개인에게 특정 목적을 달성하기 위한 사회적 구성물social construct이라는 관찰이 의심할 여지가 없이 타당하다는 것을 강조하는 흥미로운 예를 제시한다. 사람들은 중독이라는 꼬리표를 붙임으로써 얻을 수 있는 이익이나 비용에 따라 어느 경우에는 자신을 중독자로 분류하고 어떤 경우에는 아니라고 할 수도 있다. 그러나 이는 '중독'이라는 꼬리표를 붙일 때 한 가지 특징만을 부각한 것에 불과하며, 설혹 이를 중독 이론으로 제시할 경우, 나중에 논의하겠지만, 강력한 모순된 증거에 저촉될 수 있다.

[글상자 3-1] 중독 신화

데이비스(Davies 1997)에 따르면, 중독은 사회에 특정 기능을 하는 '점유(또는 빙의)possession'와 유사한 신화 또는 전설이다. (역자 주: 중독 신화The myth of addiction는 중독에 대해 가지는 흔한 편견, 통념, 환상의 의미를 내포하는 것으로 보임) 데이비스는 중독자가 자기의 행동을 묘사할 때 사용하는 언어는 대화 상대에 따라 다르다고 지적한다. 의료 종사자나 경찰과 이야기를 나누는 상황에서는 중독과 관련된 언어를 사용하며 자기들의 행동은 통제 불능이고 스스로는 도저히 어쩔 수 없는 일이라 말한다.

그들은 이러한 방식으로 비난과 처벌을 최소화하고 용서와 이해 그리고 도움을 받을 기회를 극대화한다. 소위 중독자들은 동료들과 이야기할 때는 다른 종류의 언어를 사용한다. 그럴 때는 쇼핑과 같은 행동에 관해 이야기할 때 사용하는 언어와 별 차이를 느끼지 못할 것이다. 중독자들은 자신이 어떤 사람들이고 어떤 환경에서 살고 있는지 상황을 보아 가며 당연히 할 수 있는 합리적인 선호를 행사하고 있는 것이다.

약물 복용이나 기타 해를 끼치는 무절제한 행동을 중독 탓으로 돌리는 것 또한 중독자가 아닌 다른 사람들의 요구에 부응하는 것이기도 하다. 중독자를 아픈 사람처럼 대하고 치료하는 것이 생계가 걸린 직업에 종사하는 사람들의 필요를 충족시켜 주고, 자신이 돌보는 사람이 자신과 타인에게 해를 끼치고 도덕적으로 잘못된 행동을 하고 있다는 사실을 받아들이기 힘들어하는 중독자 가족의 정서적 욕구를 충족시켜 준다. 사람들에 대해 도덕적으로 판단하지 않으려는 정치인과 전문가들pundits의 욕구를 충족시켜 준다. '중독 신화'를 중심으로 한 유사한 주장은 잘 짜여 있어 상당히 열성적인 추종자들을 계속해서 고무하고 있다(Szasz 1972; Room 1983; Fingarette 1988; Fitzpartick 2003; Heyman 2009; Schaler 1999).

이슈 평가

이 이론은 간과하기 쉬운 중독의 중요한 특징, 즉 중독자가 사용하는 용어가 그들을 위해 어떤 역할을 한다는 점을 강조한다. 이 경우, 특정 활동을 중독으로 간주하면 중독자나 사회의 다른 구성원이 비난과 개인적 책임으로 받아들이기보다는 도움과 이해를 구하는 신체적 또는 정서적 욕구를 충족할 수 있다. 그러나 갈망감과 강박을 비롯해 중독 현상의 실제를 부정하는 것은 관찰한 결과를 볼 때 모순이다. 흡연 충동 심각성과 같은 니코틴 의존도 측정은 담배를 끊었던 사람이 재흡연할 가능성을 예측해 주는데, 흡연의 즐거움이나 금연 동기에 대한 자가 보고에서 점수 척도가 높을 경우 금연에 실패하는 것으로 나타난다. 중독 현상은 신화가 아니며, 이런 현상을 부정하는 것은 합리적 선택을 가정하는 개입intervention을 기반으로 경력을 쌓아 온 담배 산업 옹호론자와 공중보건 옹호자들도 유사하게 하는 역할이다.

RISC 모형은 아마도 헤로인과 코카인과 같은 약물이 중독성이 강한 이유를 설명할 수 있는데, 그건 바로 약물이 주는 쾌감 때문이다. 헤로인 사용이 마리화나를 피우는 것보다 그리 일반적이지 않은 이유도 부분적으로는 법적인 제재가 더 엄격하기 때문일 수 있지만, 부정적인 결과에 대한 두려움이 더 크기 때문이라고 설명할 수 있다. 대부분의 사람이 헤로인을 아예 시도해 보고 싶지 않은 위험한 약물로 여기는 것이다. 이 모형은 일부 사람들이 헤로인 중독에 더 취약한 이유를 설명할 수 있는데, 즉 그들은 아마도 당장 쾌락을 선사하는 것에 더 큰 가치를 두거나 헤로인이 없다면 삶이 더 암울하고 무의미하다고 여기는 것일 수 있다.

이 모형으로 흡연과 같이 가볍게 즐기는 것에 지나지 않는 활동이 중독성이 있는 것처럼 보이는 이유를 설명할 수 있을 것 같다. 아마도 젊을 때는 먼 훗날 다가올 죽음과 질병에 걸릴 수 있다는 생각이 지금 누리는 즐거움을 이겨 낼 만큼 억제력을 갖지 못하고, 나이 들고 병약해지는 시기에는 이미 엎질러진 물이기 때문에 흡연을 중단할 이유가 없는 것이다. 따라서 초기에는 흡연에 들어가는 비용이 특별히 많이 든다고 여기지 않는데, 나중에 뭔가 조치를 취하기에는 너무 늦어 버린다.

경제학자들은 중독을 사회 현상으로 설명해 보려고 여러 가지 모형을 개발했다. 이러한 모형은 일반적으로 선택 모형이며, 인구 수준에서 소비자가 하는 선택은 '효용utility'을 극대화하는 측면에서 이해할 수 있다는 경제 이론의 기본 수칙에서 나왔다. 다시 말하면, 소비자는 자신이 획득하는 재화goods의 효용에 대해 편익이 큰 쪽을 판단하여 재원을 지출한다는 것이다.

중독에서 가장 널리 인용되는 경제 모형 중 하나는 베커와 머피(Becker and Murphy 1988)의 **합리적 중독 이론(TRA)**Theory of Rational Addiction이다([글상자 3-2] 참조). 이

이론은 중독자가 안정된 선호를 가지고 합리적인 선택을 한다는 가정하에 중독성 '재화'의 소비와 관련된 여러 가지 상황을 전개한다. 이 모형은 개인 및 인구 수준 양쪽에서 관찰한 결과와 모순되는 것이 보인다.

[글상자 3-2] 막연하게 옳은 것, 아니면 분명하게 틀린 것? 합리적 중독 이론

베커와 머피는 선호가 안정적이고 합리적이라는 개념을 토대로 중독의 경제 모형 economic model을 제안했다. 여기서 합리성rationality은 "일정 기간 동안 효용을 극대화하기 위한 일관된 계획"(p. 675)을 뜻한다.

효용

효용은 이해당사자가 인식하는 이익이나 손실을 계량화하기 위해 경제학자들이 사용하는 용어이다. 효용은 개인마다 다르며 객관적 가치와 같은 것이 아니다. 예를 들어, 100달러는 거지와 백만장자에게 다른 효용을 가지며, 백만장자라 할지라도 하이파이 음향기기 가격에서 이만큼 공제할 때와 집값 가격에서 이만큼 공제할 때 느끼는 효용은 달라질 수 있다. 효용은 아주 다른 사물들을 비교할 수 있는 단일 차원을 제공하는데 이는 당연히 선택을 할 때 필요하다. 예를 들어, 뜻밖의 횡재가 생겨 요트나 집을 살지 결정할 때, 각각에 대해 여러 가지 호감이 가는 속성을 하나의 척도로 변환해야 서로를 비교하여 따져 볼 수 있다. 이 척도가 바로 효용이다.

중독성 '재화'

TRA에서 보면, 중독은 이전에 소비해 본 결과에 따라 '재화'(재화가 무엇이냐 하면, 예를 들어 약물, 도박 또는 자원을 소모하는 모든 것)을 계속해서 소비해 나가는 것으로 나타난다. 따라서 현재 소비의 증가가 미래 소비의 증가로 이어진다.

이 모형은 지나친 탐닉과 일시적 및 영구적 절제를 포함한 소비 패턴들을 설명할 수 있을 것으로 여겨진다. 이론에 따르면, 중독은 도박, TV 시청, 섹스, 주위 사람들 등 다양한 '재화'에 적용될 수 있는 용어이다. 돈이 드는 것에 중독되면 중독자는 일시적인 가격 변동보다 가격 변동 없이 꾸준하게 유지되는 재화에 더 강하게 반응하며, 긴장이 쌓여 간다면 중독을 촉진할 것으로 예측한다.

해로운 중독과 이로운 중독

이 이론은 '해로운' 중독과 '이로운' 중독을 구별한다. 헤로인과 알코올 중독은 해로운 반면, 종교와 조깅에 대한 중독은 유익하다. 이 둘의 차이는 중독성 재화를 소비한 결과가 개인의 자본 '스톡stock'인 자원에 미치는 영향에 있는 것으로 보인다.

중독자는 미래를 내다보고 효용을 극대화한다

이 이론에 따르면, 중독자들은 대부분 합리적인 소비자들로 이들은 앞을 내다보고 자신이 갖고 있는 선호를 최대한 활용해서 시간이 지나도 안정세를 유지하는 방식으로 행동한다. 이것은 재화를 마지막으로 소비한 이후 시간이 지남에 따라 기분과 때에 따라 선호도가 변한다는 관찰과 상충되는 것처럼 보이지만, 이론 지지자들은 그렇지 않다고 주장하며 아울러 중독의 핵심은 '불안정한 정상 상태'라고 항의한다.

이것은 용어상 모순어법oxymoron으로 모순처럼 들리지만 그렇지 않다. 불안정한 정상 상태란 함수로 표현하면(다음의 '중독의 역학' 참조; 방정식의 매개변수로 표현되는) 기본 조건은 안정적으로 유지하는 가운데 시간에 따라 행동이 변화하는 상태를 말한다.

무엇이 재화를 중독성 있게 만들까?

이 메커니즘에 관하여 가장 먼저 주목해야 할 것은 이 이론이 실물 자산, 소비, 감가상각 등 시장 경제학에서 가져온 변인을 진술하는 일련의 방정식으로 표현되더라도 심리적 변인을 설명하기 위해 사용된다는 점이다. 개념은 우리가 일반적으로 행동에 대해 생각할 때 사용하는 개념과 유사하지만 똑같지는 않기 때문에 해석하기 어렵다. 반면, 심리적 변인은 엄밀히 말해 경제적 변인도 아니다. 이러한 점이 한편으로는 일부 미심쩍은 가설들은 교묘히 빠져나가도록 해 주고, 다른 한편으로는 일부 뻔한 소리도 진정한 통찰을 한 것처럼 진술할 수 있게 해 준다.

그래서 다음에 나오는 것이 이론을 경제학자가 아닌 사람들이 이해할 수 있는 언어로 옮기려고 한 것이다. TRA에 따르면, 중독은 개인과 재화 간 상호작용에서 유발된다. 개인은 일반적으로 자기의 행동으로 인해 수반될 미래의 결과를 무시할 정도로 해로운 중독에 더 빠지기 쉽고, 반면에 미래지향적인 개인일수록 유익한 중독에 더 영향받기 쉽다. 재화가 개인에게 중독성이 있는 경우, 개인을 강화하고 내성을 유발할 정도까지 중독성이 있다.

재화를 사용할 때마다 다시 사용할 마음이 커진다면 그 재화는 개인에게 강화 효과를 가지게 된다. 이것은 심리학적인 개념인 정적 강화positive reinforcement와 유사하다. 예를 들어, 굶주린 쥐가 지렛대를 누를 때 먹이를 주면 쥐가 다시 지렛대를 누를 가능성이 높아지며, 이 과정이 반복될 때마다 누르는 비율은 높아진다. 이때 먹이가 정적 강화물이다. 그러나 TRA가 하는 설명은 너무 단순해서 보상이 행동에 어떻게 영향을 미치는지를 적절하게 묘사하지 못하고 있다.

내성은 소비의 결과 재화의 효용 가치가 떨어지는 것을 의미한다. 이는 약물을 섭취하면 생리적인 적응이 생겨서 반복적으로 사용해도 효과가 덜해지는 약리학적 내성 개념과 유사하지만 훨씬 더 단순화된 형태이다. 사실상 내성은 일부 약물의 경우 불쾌한 효과와 탐하는 효과 모두에 유발되며 그 밖의 약물의 경우는 주로 불쾌한 효과에 대해 내성이 생기는 것 같다. 실제로, 코카인 같은 각성제stimulant의 경우 반복해서 투여해야 보상효과가 커지는 것 같다.

개인차

개개인은 강화 및 내성에 대한 성향뿐만 아니라 활동에 참여하기 위해 마음대로 사용할 수 있는 자원(예: 수입) 그리고 활동이 그들에게 영향을 미치는 양식도 다르다. 어떤 사람은 생계에 지장을 주지 않으면서도 정기적으로 음주를 할 수 있는 반면에 다른 사람은 그렇지 않을 수 있다. 또한 활동에 따른 비경제적인 대가도 달라진다. 그래서 비교적 가볍게 술을 마셨음에도 심한 숙취에 시달리는 사람은 과음을 덜 하는 경향이 있다.

중독의 역학

방정식에 꽂아 넣는 다양한 변인의 값에 따라 개인마다 소비량이 증가하다가 안정적으로 유지되거나, 계속해서 소비를 늘리다가 갑자기 중단하거나, 소비와 절제 사이를 순환하거나, 지나치게 탐닉하거나, 또는 활동에 잠깐 손을 대다가 더 이상 하지 않는 등 다양한 양상을 보일 수 있다. 중독성이 강한 약물은 대개의 경우 높은 수준의 소비로 이어지든 아니면 완전한 절제로 나아가든지 어느 한쪽을 야기하는 매개변수가 있는 것이 특징이다.

니코틴도 그런 약물인 것 같다. 베커와 머피(Becker and Murphy 1988)는 코카인도 이런 패턴을 따른다고 말하지만 실제로는 그렇지 않고 대부분의 코카인 사용량은 상대적으로 낮은 수준이었다(Gossop et al. 1994; Shearer et al. 2007). 중독 가능성이 상대적으로 낮은 약물은 해롭게 사용하는 수준에는 못 미치는 경우가 중앙 정점에 위치하지만 해가 될 정도로 아주 심하게 소비하는 경우는 꼬리로 퍼지는 (봉이 하나인) 단봉분포를 형성하는 매개변수를 갖는다. 이 이론에 따라 개개인의 소비 패턴을 살펴보면, 중독된 사람들은 일반적으로 (모 아니면 도 형태의) 쌍봉형bi-modal 소비 패턴을 보인다.

이 이론은 노인들은 살아갈 시간이 점점 줄어들므로 미래에 대해 덜 걱정해야 한다고 보기 때문에 '근시안적인 태도를 합리화'한다고 주장한다. 이는 중독 분야에서 명확하고 검증할 수 있는 예측을 내리는 일이 얼마나 어려운지를 잘 보여 준다. 물론 노년에 중독에 빠지는 일은 극히 드물지만, 이는 생활 상황과 삶의 기회로 설명해 줄 수 있다.

이론에서 예측하는 것

이 이론은 중독자에게 전향적인 기질이 있다고 특징짓는데 이 때문에 향후 가격 인상이 있다는 발표만으로도 지금 행하고 있는 소비에 변화가 있을 것으로 예측한다. 이런 예측은 미국의 월간 담배 소비량이 법으로 제정되었지만 아직 시행되지 않던 주 소비세 인상 소식에 영향을 받았다는 증거가 나와 이 이론을 뒷받침하는 것으로 보인다(Gruber and Koszegi 2001). 그러나 이 이론은 또한 가격 인상이 소비에 미치는 효과가 초기에는 미미할 것이지만, 시간이 지나면서 그 소비가 늘어나 새로운 고정 상태에 도달할 것으로 예측한다. 이것은 앞서 제시한 증거와 모순되는 것처럼 보이지만 그건 모두 어떤 기간에 걸쳐 조사하느냐에 따라 달라지며, 또 물론 중요하게 마련인 몇몇 특정 요인이 있을 것이다. 가격이 담배 소비에 미치는 가격의 영향은 즉시 나타나는 것으로 보이며, 알코올과 헤로인에 대해서도 유사하게 관찰되었다. 그러나 이 이론은 효과가 점차적이긴 하지만 비교적 단기간에 나타난다고 주장할 수 있으며, 또한 다른 요인도 작용한다고 언제든 주장할 수 있다.

이 이론은 개인적으로는 스트레스를 받는 많은 생활사건 때문에 중독성 소비 패턴이 촉발될 것으로 예측한다. 이는 개인의 전체 효용은 감소하면서 상대적으로 중독성 재화를 소비하는 데서 느끼는 한계효용은 더 커지기 때문이다.

이 이론에서 논란이 되는 가정 중 하나는 중독자가 약물이나 중독성 활동을 하지 않게 될 때보다 더 행복하다는 것이다. 일반적으로 중독자가 그렇지 않은 사람보다 더 고통스럽게 보이는 이유는 고통이 중독성 활동을 하게끔 이끌고 자신을 그 안에 가두기 때문이라는 주장이 있다. 이번에도 이것은 흡연자를 대상으로 한 연구와 모순되는 것으로 나타났는데. 예를 들어, 흡연자가 담배를 끊어도 행복지수가 떨어지지 않는다는 연구 결과가 있고, 오히려 흡연자의 행복감은 흡연을 그만둔 뒤 증진되는 것으로 나타났다(Shahab and West 2012). 그러나 다시 말하지만, 이러한 상반되는 관찰 결과는 사용된 척도나 기타 혼재 변수confounding variable 측면에서 설명해 주면 풀린다.

이 이론은 경제 이론이어서 임상의나 행동과학자, 심지어 일반 대중이 생각하는 중독과는 다르게 중독 개념 문제를 다룬다. 이 이론에서는 '재화'의 '소비'를 다루고 있다. 또한 경우에 따라 '강화'나 '긴장'과 같은 심리학적 개념을 변형하여 내놓기도 하지만, 이론의 설명적인 개념도 우리 대부분이 이해하는 것과는 다소 다르다.

이슈 평가

이 이론은 많은 가정을 전제로 하고 있으며, 이론 지지자들이 생각하는 소비 패턴을 설명하는 데 있어 상당히 운신의 폭을 넓게 해 주지만, 가장 일반적인 경우를 제외하고는 관찰되는 소비 패턴은 이 모형이 예측하는 것과는 다르다. 소비를 수학적으로 설명하려고 시도하는 과정에서 현상의 복잡성을 제대로 다루지 못하고 있고, 막연하게 옳은 것보다는 분명하게 틀린 것을 더 선호한다는 경제학자들의 오래된 속담을 떠올리게 한다.

아마도 가장 유용한 통찰은 중독자가 약물이든 무엇이든 사용하고 있는 것을 중단하고 싶다고 말할 때, 그것이 뜻하는 바가 꼭 약물이 없는 삶을 선호한다는 것이 아니며, 당장 그런 일이 일어나기를 바란다는 의미도 아니라는 점이다.

자가투약(셀프 메디케이션)과 선택

앞서 말했듯이, 특히 약물 사용과 심리적 문제 사이에는 밀접한 연관성이 있으며, 소위 중독자들은 부정적인 삶의 경험에 대처하거나 이를 개선하는 수단으로 약물을 복용할 수도 있다. 이러한 접근방식을 가장 명확하게 표현한 것이 **중독 자가투약 모형**Self-medication Model이다([글상자 3-3] 참조).

많은 사람이 이 모형을 다양한 형태로 제안해 왔는데, 한 가지 형태를 들면 약물을 복용할 때는 비용-편익 분석을 해 보는데 약물을 복용하는 이점이 들어가는 비용보다 더 크기 때문에 약물을 한다는 것이다. 이 접근방식은 기분장애 문제 외에도 모든 심리적 결함을 대상으로 확장할 수 있다. 예를 들어, 흡연자가 주의력 유지에 어려움을 겪는 문제를 해결하기 위해 적어도 부분적으로는 담배를 피울 수 있다는 주장이 제기되었고, 특히 니코틴이 주의력을 지속시키는 데 도움이 된다는 주장이 있다(Warburton 1985, 1992). 이와 관련하여 흡연자는 자기와 무관한 자극은 무시하는 '감각 게이팅sensory gating'에 근본적으로 결함이 있을 수 있으며, 니코틴이 이러한 장애를 교정하는 데 도움을 준다는 주장도 있었다. 사실 니코틴의 유익한 효과에 대해서는 의견이 엇갈리고 있지만(West 1993), 그렇다고 적어도 일부 사람들이 흡연을 선택하는 이유에 니코틴이 영향을 준다고 주장한 일부 연구자들의 주장을 바꾸지 못한다.

[글상자 3-3] 중독 자가투약 모형

중독 자가투약 모형Self-medication Model of addiction은 중독의 발달과 중독에 취약한 사람들의 개인차를 설명하고자 한다. 이 모형은 개인이 고통받고 있는 심리적 증상을 치료하기 위해 의도적으로 약물을 사용한다고 주장한다(예: Gelkopf et al. 2002).

합리적 대처 메커니즘으로서의 약물

중독 장애 자가투약 모형은 중독자들에 대한 임상적 관찰과 설문조사에서 도출된 것으로, 개인이 불쾌한 정서 상태와 정신장애를 앓고 있는 경우 중독에 빠지기 쉽다는 것을 보여 준다(Khantzian 1997; Farrell et al. 2001). 이 모형은 중독자가 이용하는 특정 약물이 무작위로 결정되는 것이 아니라 특정 문제나 그 사람이 어려움을 겪고 있는 특정 문제에 도움이 되는 약물이라고 제시한다. 따라서 약물 사용에 입문하고 약물을 선택하는 일은 개인이 알아낸 약물 효과에 근거하기 마련이다. 약물이 불안감을 완화하고, 공격적인 충동을 조절하고, 정신병적 증상에 대처하는 데 도움을 주기 때문에 선택하는 게 아닌가 싶다 (Buckley 1998).

이 모형은 진단이 가능한 심리적 장애에만 국한될 필요는 없고, 원칙적으로는 원인이 무엇이든 모든 수준, 모든 형태의 심리적 욕구로 확장할 수 있다. 예를 들어, 생활 환경으로 인한 불안과 우울에 적용할 수 있다. 이 모형을 추가로 변형해서 적용하는 경우 약물이나 활동으로 상황이 나아지지 않을 수도 있어서 당사자가 판단할 때만 그렇게 할 필요가 있다.

약물 사용과 스트레스 완화

예를 들어, 흡연자 대부분은 '스트레스 완화'를 주된 흡연 동기 요인으로 꼽지만, 현재 담배를 피우고 있는 사람들은 담배를 피운 적이 없거나 심지어 담배를 피우다 끊은 사람보다도 더 높은 수준의 스트레스를 받는다고 한다. 게다가 흡연자가 담배를 끊으면 스트레스 수치가 실제로 감소하고, 다시 피울 때는 스트레스 수치가 다시 상승한다(Cohen and Lichtenstein 1990). 담배 한 개비로 스트레스에 단시간 효과를 볼 수는 있는데 아마도 그건 흡연자가 담배를 피울 수 없을 때 일어나는 금단 증상을 완화하기 때문에 그런 것 같고 이를 제외하고는 만성 효과가 있어 스트레스를 증가시킨다(Parrott 1998).

술에 대해서도 비슷한 일이 일어날 수 있다. 급성 알코올 중독은 의심할 것도 없이 사람들에게 '자신의 고민거리를 잊고' 두려움을 진정시키며 고통을 덜어 주는 데 도움이 될 수 있다. 그러나 효과가 사라지면 불안이 다시 반등할 수 있으며, 더구나 취하는 일이 반복되면 음주자의 삶에 악영향을 미쳐 스트레스와 불안을 증가시킨다.

다른 약물의 부작용에 대처하기

추가로 개발된 모형에서는 일부 약물은 정신질환 치료차 사용되는 약물의 부작용을 줄여 주는 데 도움을 줄 수 있다고 제안하였다. 특히 흡연의 경우에 그러한데, 예를 들어 니코틴은 특정 신경 말단에서 도파민의 분비를 증가시키는데 이것이 신경이완제neuroleptic drug 투여 시 나타나는 부작용을 해결하는 데 효능을 발휘한다는 주장이다(Poirier et al. 2002).

가능한 메커니즘

가장 일반적인 형태의 자가투약 모형은 중독성 약물로 개선될 수 있는 단기적인 상황 문제뿐만 아니라 만성적인 문제, 환경적 문제, 단기적 상태 문제 및 장기적 특성 문제도 다룬다. 자가투약 효과를 뒷받침하는 메커니즘과 뇌 경로가 제안되어 있다(Kassel et al. 2003).

이슈 평가

기본적인 형태의 자가투약 모형에서는 심리적 장애가 약물 사용 전에 먼저 발생해야 하는데, 항상 그런 것은 아니지만 종종 그렇다. 이 모형은 근본적인 병리가 없는 많은 중독 사례를 설명할 수 없고, 극복할 심리적 문제가 없는 상황에서 약물을 사용하는 사례도 설명할 수 없다. 또한 이 모형은 강박을 뒷받침하는 것으로 보이는 만성적인 약물 사용으로 발생하는 생물학적 및 심리적인 변화에 대한 방대한 증거를 해명하지 못한다.

전반적으로 자가투약 모형은 선택 이론과 잘 맞아떨어지며 전부는 아니더라도 일부 중독 현상을 설명해 줄 수 있다. 따라서 중독 이론을 종합할 때는 아마도 이 개념이 포함되어야 할 것이다.

정보에 입각한 선택과 미래 지향의 문제

중독자로 분류되는 많은 사람이 곧잘 그렇게 되는 것은 자기의 삶에서 겪는 문제들 때문이라는 견해는 피할 수 없는 것처럼 보인다. 그러나 중독에 대한 포괄적인 모형으로 보자면 많은 중독자가 중독 외에 근원적인 문제가 있다는 어떤 증거도 보이지 않는다는 사실과 모순된다. 따라서 이 모형이 포괄적인 이론에 포함은 되어야겠지만 그 자체로는 하나의 이론이 될 수는 없다.

정보에 입각한 선택과 중독에 대한 기본 개념으로 돌아가 보자. 이 유형의 이론에 따르면, 중독될 가능성이 있는 행동을 처음 접했을 때 중독자가 될 사람은 자신의 현재 상황과 미래, 그리고 활동이나 약물이 제공해 주는 것이 어떤지 살펴보고, 그 활동이나 약물을 경험 삼아 시도해 보는 위험성에 대해 알고 이를 기꺼이 감수한다. 일단 제품을 시도해 보고 이에 수반되는 사항과 제공하는 혜택을 더 잘 알게 되면 그에 따라 선호도는 조정된다.

이러한 사람들은 항상 비용과 편익을 저울질하는 과정을 밟는다. 어떤 경우에는 드는 비용이 받는 혜택보다 더 크다고 판단하여 자신들의 행동 패턴을 바꾸거나 아예 중단하기도 한다. 이 이론에서는 '선택' 개념을 참여시키는데, 중독자는 여러 가지 선택지를 인지하고 그 가운데에서 의도적으로 택하기 때문이다. 중독자는 위험과 이득에 대한 모든 관련 정보를 알고 있다는 뜻이다. 이것이 합리적인 이유는 결정을 내리기 위해 정보를 사용하는 과정이 그 사람에게 가장 좋은 결과를 도출할 수 있도록 최대한 기회를 주는 것이기 때문이다.

이 모형에 따르면 중독자는 처음부터 중독될 수도 있겠다는 것을 알고 있고 그 위험을 기꺼이 감수한다. 처음에는 해당 활동을 시도해 보며 쾌감, 사회적 인정, 정신적 또는 육체적 고통에서 벗어나는 혜택을 누릴지도 모른다. 반면에 중독될 수 있다는 점과 해당 활동으로 인해 초래할 수 있는 신체적 손상이나 사회적 손해를 입을 위험이 도사리고 있다. 또한 도박, 흡연, 헤로인 등을 하는 사람이라는 사실에 느끼는 수치심이나 당혹감도 있을 것이다. 우리는 여전히 개인이 이러한 것을 잘 알고 있다고 가정하기 때문에 그/그녀가 다양한 결과가 나올 가능성 하나하나를 현실적으로 평가했다고 추정한다. 그러나 시간이 지나면 여러 가능성을 두고 최선을 다해 내린 평가는 바뀔 수 있다.

예를 들어, 헤로인을 사용하기 시작한 사람은 강박적인 주사 사용자가 될 확률이 50% 미만이라는 생각으로 손을 댈 수 있다. 하지만 수개월 동안 헤로인을 흡입하다 보면 점점 양이 늘어나는 것을 느끼고 자신이 중독자가 될 위험성을 다시 평가할 수 있다. 그것 자체가 선호하는 것을 바꾸어 버린다고 단정할 수는 없지만, 많은 사람은 뭔가 나쁜 일이 일어날 가능성이 금방이라도 닥칠 듯하면 그것이 얼마나 나쁜지를 바로 재평가하게 된다. 일부 사용자에게는 그렇게 될 전망이 정말 달갑지 않아서 이를 피하려고 자제하거나 아예 사용을 중단하는 선택을 할 수도 있다. 중독자가 될 거라는 불안한 전망이 충분한 억지력을 갖지 못하게 될 경우도 있는데, 이는 약물이 주는 혜택이 너무 크거나 자신의 생활 환경을 고려할 때 중독자가 될 가능성이 크게 우려되지 않기 때문이다.

또 다른 예로, 중년이나 노년에 담배를 피우기 시작하는 사람은 질병과 사망의 위험을 알면서 이를 기꺼이 받아들이며 흡연하는 것이다. 몇 해가 지나도 흡연자는 여전히 건강하다고 느낄 수 있고 또 흡연이 낳는 심각한 부작용을 피할 것이라 믿는 나머지 금연 동기는 실제로 줄어들 수 있다. 그러다가 폐암을 진단받을 수도 있는데 그래도 흡연을 중단하지 않는 것은 담배를 끊는다고 병에서 회복될 전망이 그리 많지 않다고 생각하기 때문이다.

합리적 선택이란 무엇인가

합리적 선택이 실제로 무엇인지 좀 더 깊이 생각해 볼 가치가 있다. 분별력이 있어야 한다거나 적응력이 뛰어날 필요는 없다. 단지 의사결정자 입장에서 비용과 편익을 따져 보고 한쪽을 선택하면 된다. 따라서 장기적으로는 고통이 되더라도 단기적인 이익을 선택하는 사람이 비록 현명하지 않을지언정 합리적이다. 시간 지평time-horizon이 짧은 젊은이들은 서른 이후의 삶에 관심을 두지 않을 수도 있다. 술에 취해 홍청망청하는 중에는 다음날 숙취에 시달릴지도 모른다는 생각조차 하지 않을 수 있다. 이러한 모습들은 현명하지 않은 선택이지만 그렇다고 비합리적인 것은 아니다.

습관화와 금단 증상

일부 중독성 활동은, 전부라 해도 상관없겠지만, 일종의 단기 및/또는 장기 습관화를 수반하는 것으로 보이며, 이것이 해당 활동을 단계적으로 확대하며 계속해서 참여하는 데 관여할지도 모른다. 이러한 습관화 과정을 상정해 보면 중독에 대한 합리적 선택 이론과 잘 맞는다. 중독자가 '복용량'을 점차 늘려 나가기로 선택하는 이유는 특정 효과에 대한 선호가 확고하기 때문이며, 또 금단 증상을 피하거나 벗어나기 위한 선택 조치로 해당 활동을 계속해서 한다. 약물 금단은 습관적으로 하던 약물을 끊을 때 그에 맞춰 복합적으로 나타나는 징후와 증상으로 정의하는데, 약물 종류에 따라 그 정도, 유형, 지속성 면에서 차이가 있다.

예를 들어, 오피오이드 금단의 경우, 중단 시 경험하는 증상으로는 메스꺼움, 눈물 흐름, 발한, 떨림, 안절부절못함, 하품 등이 있다. 니코틴 금단 증상으로는 우울한 기분, 집중력 저하, 안절부절못함, 식욕 증진, 성마름(짜증)irritability 등이 있다. 습관화와 금단 증상 사이의 연관성은 중독의 중요한 이론으로 고안된 대립 과정 이론Opponent Process Theory에서 자세히 설명한다([글상자 3-4] 참조). 이 이론은 이 책의 어디에다 배치해도 될 것 같은데, 굳이 이 장에 둔 것은 선택, 즉 중독자가 금단 증상을 회피하기 위해 의식적으로 약물을 계속 사용하겠다고 결정하는 개념과 잘 어울리기 때문이다.

[글상자 3-4] 대립 과정 이론

반복적인 약물 사용으로 인한 약물 보상 과정은 다행감euphoria을 느끼게 해 주는데, 이후 항상성homeostatic 기능을 갖는 대립 과정이 이를 뒤틀어 정서를 기저선baseline 수준으로 되돌리려고 한다. 이로 인해 금단기간 동안 약물의 효과가 감소하고 금단 증상이 나타난다.

대립 과정 모형(Solomon and Corbit 1973, 1974; Solomon 1980)은 중독의 저변에 깔려 있는 긍정적 및 부정적 정서 과정을 설명하고, 약물 사용이 체내 보상 과정을 왜곡시키며 약물로 인한 보상 한도의 증가가 강박적으로 약물을 자가 투여하게 만든다고 제안한다.

쾌락 균형 유지

대립 과정 모형의 핵심 교리는 우리의 중추신경계가 쾌락 균형hedonic balance을 유지하는 일을 한다는 것이다. 이 이론에 따르면, a-과정, b-과정 그리고 대립 고리opponent loop가 있어서, 일차 'a-과정'은 자극에 반응하여 활성화되며 쾌락적 약물 효과를 일으킨다. '대립 고리'는 쾌락에 반대 효과를 내는 'b-과정'을 이차적으로 형성하며, 일단 쾌락을 경험하게 되면 대립 고리가 활성화된다. b-과정은 상대적으로 느리게 형성되고 서서히 쇠퇴한다([그림 3-1]).

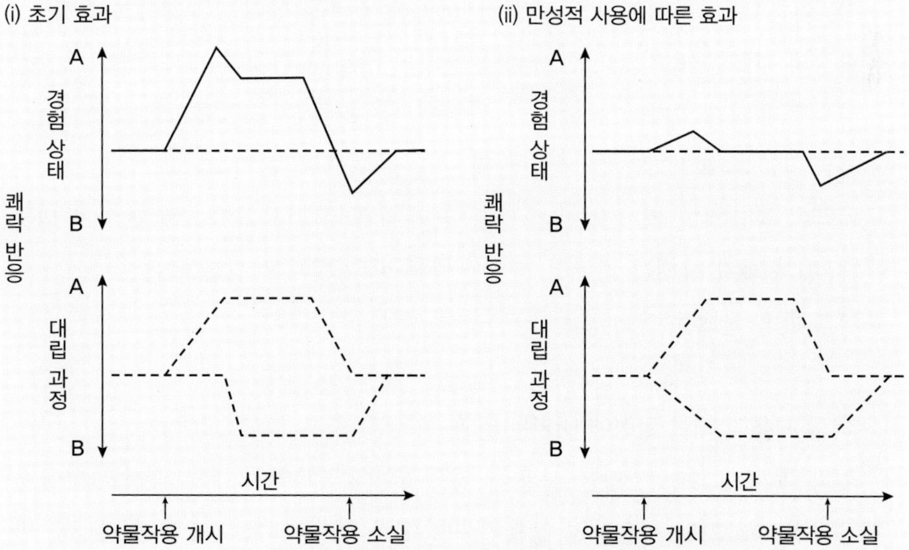

그림 3-1 중독의 대립 과정 모형을 단순화한 그림

자극(예: 약물)에 대해 정서적(쾌락적 또는 감정적) 반응을 생성하는 것이 a-과정이 기본적으로 하는 일이며, 이는 대립하는 b-과정을 끌어낸다. 이들 과정이 합쳐 기분 좋은 A-상태를 생성하고 뒤이어 불쾌한 B-상태를 생성한다. 처음 약물을 사용할 때는 기분 좋은 A-상태가 크고, 그 다음에 B-상태가 작게 나타난다(i 참조). 약물을 반복해서 사용하면, b-과정의 크기와 지속 시간이 늘어나 금단과 관련된 불쾌한 증상에 지배되는 경험을 하게 된다(ii 참조).

a-과정과 b-과정은 연합하여 경험한 쾌락 상태를 생성한다. a-과정이 주도하는 초기 경험을 A-상태라고 하면, b-과정이 주도하는 후속 경험은 B-상태이다. [그림 3-1]은 일차 반응 A의 정점, 적응, 일정 수준 유지, 사후 반응 B 및 B의 감쇠가 일어나는 것을 순차적으로 보여 준다.

대립 b-과정은 a-과정이 활성화되면 부차적으로 활성화된다. 이 대립 과정에는 반대 정서 유발 역치threshold, 잠재기latency 또는 과보상recruitment 시간이 있으며, 특정 조건에 따라 기억에 저장된 사건이나 파블로프식 조건화의 결과로 활성화될 수 있다.

쾌락 상태의 시간적 패턴화

그래서 대립 과정 모형에 따르면, 자극으로 인해 야기된 정서 상태의 시간적 패턴에는 다음과 같은 5가지 독특한 특징이 있다.

- 시작은 외부 자극이며 이로 촉발된 일차 쾌락 과정 상태는 정점에 이른다.
- 자극의 강도는 유지하더라도 쾌락 상태의 강도가 감소하는 쾌락적 또는 정서적 적응기가 있다.
- 자극 강도가 유지되는 한 쾌락 과정은 일정 수준 계속 지속된다.
- 자극이 종료되면 정서적 사후 반응이 빠르게 나타나 최고조에 달하게 되는데, 일차 쾌락 상태와 쾌락적 특성이 다른 반대 정서를 경험한다.
- 사후 반응 상태는 감쇠한다.

약물 사용이 대립 과정에 미치는 영향

일차 정서적 과정은 약물 사용에 영향을 받지 않지만, 대립 과정은 약물을 사용하면 강화되고 사용하지 않으면 약화된다. A-상태를 촉발하는 자극을 반복해서 제시하면 b-과정을 자주 일으켜 b-과정의 강도가 점점 강해져 a-과정에 대립하는 정서의 잠재기는 짧아지고, B-상태는 빠르게 고조되며, 점근선asymptote은 높아지고, 소멸되려면 더욱 오랜 시간이 걸린다. 이와 대조적으로, a-과정은 비교적 확고하게 무조건적으로 자극에 반응한다. 약물을 사용하지 않으면 b-과정은 약해지며, 또한 a-과정이 오랫동안 발생하지 않았을 때는 원래의 감정 강도로 돌아간다. 따라서 시간이 흐르면서,

- A′(장시간 약물을 사용한 후의 상황을 의미)의 정점은 최고조보다 강렬함이 덜할 것인데 이는 b-과정의 잠재기가 짧아지면서 그 강도가 세지기 때문이다.
- 자극이 계속되는 동안 A′(a-b)는 수준은 꾸준히 정서의 기저선에 가까워지고 사례에 따라서는 그보다 아래로 떨어질 것이다.
- B′의 정점은 최고조로 더 강렬하고 오래 지속될 것이다.

유쾌한 자극이 들어오다 갑자기 중단되면 본래의 자기 모습인 혐오 상태가 나타나는데 반복해서 경험할수록 더욱 강렬해진다. 가벼운 욕망(건전한 욕구)은 나중에 금욕의 고통과 강렬한 갈망으로 바뀐다. 게다가 여러 번 반복한 끝에는 계속 유쾌한 자극이 입력되어도 자극이 일으키는 일정 수준의 쾌감도 감소한다.

대립 과정 시스템의 작동이 장기화되면 그것이 유쾌한 느낌이던 혐오적인 느낌이던 심리적 '스트레스'를 유발할 수 있다는 제언이 있는데, 이는 대립 과정을 강력하게 유지하기 위해 많은 생리학적 자원이 소요될 수 있기 때문이다.

대립 과정과 행동장애

거듭되는 수요는 특정 대립 과정 시스템을 너무 자주 작동하게 만들어 탈진상태에 이르게 하거나 다른 방어체계를 약화시키게 될 것이다. 정신질환, 심신증psychosomatic disease 및 행동장애 이론들은 통상 혐오 자극이 스트레스를 유발하고 스트레스가 혐오적인 감정을 유발하며 그리고 둘 다 정서 장애, 정신 신체적 질환 및 행동장애의 원인이 된다고 강조한다. 반면에 대립 과정 모형은 다른 관점을 취하는데, 혐오 자극으로 인한 스트레스는 일부에 불과하고, 일반적으로 행동장애는 b-과정이 지속적으로 되풀이해서 극심하게 작동하기 때문에 발생한다고 본다.

유쾌한 A-상태와 혐오적인 A-상태

이 이론은 A-상태가 쾌락적일 수도 있고 혐오적일 수도 있으며 그에 상응하는 B-상태는 그에 대한 반작용으로 반대되는 쾌락적 가치를 갖는다고 주장한다. 쾌락적 A-상태가 관여하든 혐오적인 A-상태가 관여하든 동기유발 시스템은 유사하다. 두 경우 모두 자극의 시작, 지속 및 종료 시 일정 수준의 즐거움과 일정 수준의 불쾌감을 초래하는데, 대개는 쾌락과 불쾌함 중 어느 쪽이 먼저인지에 따라 차이가 있다.

제안된 바에 따르면, 쾌락적 A-상태의 경우 그에 따르는 혐오적인 B-상태가 행동에 활력을 불어넣는 동인 역할을 하며, 쾌락적 A-상태가 이러한 행동들에 보상을 준다. 보상을 담당하는 뇌 부위에 전기를 이용하여 자기자극self-stimulation을 하는 것, 아편을 이용한 화학적 자기자극, 그리고 연애 관계가 이러한 방식으로 작동한다고 주장한다.

가변적인 대립 과정 활성화

모든 자극이 대립 과정을 초래하는 것은 아니다. 대립 과정이 없는 시스템은 자극이 종료된 후 A-상태의 정점도, 적응하는 과정도, B-상태의 출현도 나타나지 않는다. 마리화나가 일으키는 쾌락 상태를 그 예로 들 수 있는데, 마리화나는 화학적 자극으로서 쾌락적 A-상태를 촉진한다. 그렇지만 최고조나 적응 과정은 보고된 바 없으며, 혐오적인 금단 증상이나 갈망도 없는 것으로 추정된다(그렇지만 현재는 사실이 아닌 것으로 보인다). 구역질nausea은 아마도 B 성분 상태가 없는 혐오적 A-상태일 가능성이 높다.

거듭해서 유발된 뒤에는 b-과정의 강도와 변화에 큰 차이가 있다는 주장이 있다. 예를 들어, b-과정으로서 맛에 대한 갈망은 몇 분 동안 지속될 수 있지만, 반면에 운동한 후에 느끼는 상쾌함은 좀 더 오랫동안 지속될 수 있다. 아편이나 알코올, 바르비투르산염 금단 후에 일어나는 갈망은 수개월 동안 지속될 수 있다.

아편 사용의 예

아편 사용은 대립 과정이 작동하는 고전적인 사례인데, 사용 초기에는 사용자가 아편을 주사한 직후 '황홀감rush'으로 묘사되는 강렬한 쾌감을 경험한다. 그 후 황홀감은 한동안 다행감을 동반하지만 그 강도는 약해진다. 나중에는 이 개인은 혐오스러운 금단 증상을 겪게 되고 더불어 갈망의 느낌을 경험한다. 몇 주에 걸쳐 거듭 아편을 투여하면 A-상태는 약해지기 시작하고 동시에 B-상태는 강화되어 기저선으로 돌아가는 데 시간이 더 오래 걸린다. A-상태는 도취감에 취한 것과는 반대로 정상적으로 기능하게 되고, B-상태는 더 극단적이고 지속 시간은 길어진다.

중독의 발달

일부 약물의 반복적인 사용은 사람들이 이전에 거의 관심을 두지 않던 물질을 갈망하게 되는 원인이라고 제안된 바 있는데, 이 모형은 아편, 알코올, 바르비투르산염, 암페타민 및 니코틴 중독을 설명할 수 있다고 주장한다. 이러한 사례들에서,

- B-상태는 오랫동안 지속된다.
- 습득한 B-상태는 매우 혐오스럽다.
- B-상태를 신속히 완화하는 데는 A-상태를 끌어내는 것이 효과적이다.
- 사용자는 B-상태를 없애기 위해 약물로 A-상태를 끌어내는 법을 배운다.

약물에 대한 정서적 반응의 성질상 B가 빠르게 기저선으로 회귀하는 경우(A와 B를 되풀이하여 경험한다고 하더라도) 중독은 일어나지 않는다. 그래서 혐오스러운 B-상태의 효과를 없애기 위해 또 달리 약물을 복용할 필요도 없다. 어차피 금방 사라지기 때문이다.

반복을 통해 b-과정이 강화되기만 한다면 소량의 약물로도 금단 증상은 회복될 수 있다. 장기간 약물을 끊는 경우 b-과정은 점차 사라지지만 몸은 정상으로 되돌아가지 않을 수 있으며 언제든지 재발할 취약성을 안고 있다는 목소

리도 있다(Weiss et al. 2001).

가능한 메커니즘

대립 과정 모형과 신경회로가 관련이 있다고 제안한 것 중에는, 중변연계 도파민mesolimbic dopamine을 정적 강화를 매개하는 측좌핵nucleus accumbens과 편도체amygdala로 분비하면서 긍정적인 a-과정이 활성화되며, b-과정은 중변연계 도파민 신경계에서 도파민 수용체가 하향 조절down-regulation되는 것과 관계가 있다는 제안이 포함되어 있다(Weiss et al. 2001).

모형의 확장

이 모형은 자극의 보상 특성에 대한 복잡한 시간적 변화를 설명하기 위해 확장 개발되었다. 예를 들어, 약물 한 방으로 보상 역치가 일시적으로 감소할 수 있다는 제안이 있었는데(Koob and Le Moal 1997), 그렇다면 약물을 한 번 더 투여하면 행복감euphoric effect이 증가될 수 있을 것이다. 이는 반복적으로 약물을 사용하게끔 이끌어 중독으로 발현될 수 있게 만든다. 이후 계속해서 반복 사용하면 체내 과정은 약물로 인한 보상 역치의 감소와 대립하여 약물 투약 이전의 원 상태로 회복된다.

쿱과 르 모알(Koob and Le Moal 1997)은 **나선형 고통**spiralling distress 개념을 제안하며 초기 약물 사용이 보상 역치를 감소시켜 향후 약물을 더 사용할 가능성을 높인다고 하였다. 그렇다면 이후 보상 역치가 높아지면 약물을 구할 수 없는 기간에는 부정적 정서 수준이 증가하고 정서적으로 괴로움이 더 커진다는 뜻이다.

또한 쿱과 동료들(Koob and Le Moal 1997; Koob et al. 1997)은 반복되는 약물 사용이 **시상하부-뇌하수체 축**hypothalamic-pituitary axis 스트레스 시스템을 통해 b-과정을 추가로 활성화하여 편도체 영역에서 부신피질자극호르몬 방출인자corticotrophin-releasing factor를 분비하고 다른 스트레스 반응을 일으킨다고 제안하였다. 이 견해를 따라 가설을 세워 보면, 중독자가 처음부터 긍정적인 쾌락 효과를 얻기 위해 약물 사용을 시작하는 경우 약물 사용에 중독된 상태로 발전하여 결국에는 주로 쾌락과 반대인 부정적인 정서 상태가 발달한다.

B-과정이 파블로프식 조건 형성에서 비롯된다고 주장하는 모형이 있다. 시걸(Siegel 1988)은 대립 과정 이론을 기반으로 조건화 모형을 제안했는데, 여기서는 약물 사용을 통한 자극이 약물 효과와 연합하는 덕택에 대립 과정을 유발한다고 본다. 이것은 인간이 경험하는 약물 금단이나 다른 동물들이 보여 주는 약물 금단 현상이 약물 경험에 수반되었던 자극 앞에서는 더 심해진다는 관찰에서 나왔다.

대립 과정, 선택 및 도구적 학습

이 모형은 이 책에서 합리적 선택을 다루는 부문에 자리매김하고 있지만, 이 모형을 지지하는 많은 사람은 다음 절에서 나오는 도구적 학습을 다루는 부문에 두는 것이 더 적합하다고 주장한다. 하지만 이 모형은 약물 추구 행동의 동기가 되는 것으로 추정되는 고통을 개인이 스스로 선택하는 것인지(의식적 선택) 아니면 단서-반응 과정에 수반되어 자동으로 오는 것인지에 대해서는 원칙적으로 불가지론적agnostic 입장을 취한다.

이슈 평가

이 모형은 약물 의존을 설명하는 데만 국한되지 않는 상당한 설명력을 가지고 있다. 예를 들면, 후천적으로 익숙해진 맛(기호, 어떤 것에 대해 처음에는 별로 좋아하지 않았지만, 그 좋아하지 않는 것 덕분에 그다음에는 더 찾게 되는 경우)을 설명할 수 있다. 이 모형은 코카인이나 알코올 등 다양한 약물에 반응하여 단기 및 장기적으로 경험하는 쾌락의 역동성을 설명할 수 있다.

반면, 이 모형은 여전히 추측에 근거한 면이 많고, 각기 다른 약물과 다른 자극에 따라 아주 다른 매개변수를 허용하는 유연성 때문에 보편 개념general concept으로 검증하기가 쉽지 않다.

아마도 가장 큰 한계는 이 특별한 이론에 있는 것이 아니라 약물 의존을 뒷받침하는 주된 이론으로 사용하는 데 있다. 중독이 주로 고통을 피하고자 하는 동기에서 유발된다는 제안은 직관적으로 이해가 가지만 그것이 중독적인 약물 추구 행동 패턴의 유일한 원인, 심지어 주요 원인이라고 보기도 어렵다. 이에 대한 너무 많은 반례가 있다.

이 이론을 곤란하게 만드는 관찰들이 동물 연구 영역에는 많다. 예를 들어, 스튜어트와 와이즈(Stewart and Wise 1992)는 쥐를 대상으로 헤로인 주입에 반응하도록 훈련하는 실험을 수행했다. 그런 다음 쥐들에게 헤로인이 주입되지 않은 기간을 겪게 하였고, 그후 여러 다양한 실험 조작이 이어졌다. 이 중 한 실험에서는 실험에 앞서 쥐에게 소량의 헤로인을 주입하여 a-과정을 활성화했다(프라이밍 주사priming injection). 다른 조건에서는, 날트렉손naltrexone을 주입하여 b-과정을 활성화했는데, 날트렉손은 뇌에서 오피오이드 수용체를 차단하고 헤로인에 의존하는 사람에게 금단 증상을 유발할 수 있는 오피오이드 길항제antagonist 약물이다. 금단 증상으로 몰아넣은 것은 주장한 대로 b-과정이며 약물 추구 행동을 재개하는 가장 강력한 원인으로 예측된다. 시동 약물 주입은 날트렉손 주입보다 약물 추구 행동을 되살아나게 하는 데 훨씬 더 효과적인 것으로 밝혀졌다.

이 외에도 인간의 금단 상태 및 재발 시기와 동물의 약물 사용 재개 시기가 잘 맞아떨어지지 않는데, 이를 설명하기 위해 오랜 기간 절제하면 b-과정이 천천히 소멸한다는 제안이 나왔다. 또한 연상회로 조건화associative conditioning로 하여금 예측되는 약물 단서가 조건 자극으로 기능하여 같은 효과를 얻기 위해 점점 더 많이 반응하고 마침내 내성을 낳게 하고 실질적으로 조건부 b-과정으로서 금단 현상을 지속적으로 끌어낸다고 시사해 왔다. 그러나 많은 중독자는 조건화 과정을 통해서도 금단 현상으로 이어지지 않는 단서가 있다고 말한다. 게다가, 약물 단서는 종종 조건화를 통해 약물에 취한 황홀감을 유발하기도 하지만 (a-과정), 단서 그 자체로 약물에 대한 갈망감 등을 불러일으키기도 한다.

대립 과정 모형은 몇 가지 흥미로운 가능성을 제공하지만, 이는 개인이 약물 효과나 기타 보상 경험에 습관화될 수 있는 여러 가지 방법 가운데 하나일 뿐이다. 이러한 메커니즘 중 몇몇은 약물을 사용할 수 없거나 보상을 경험하지 못할 때는 반대로 금단 증상을 유발할 수 있다.

예를 들어, 페퍼(Peper 2004a, 2004b)는 약물 내성이 발달하는 과정에 대해 개념적, 수학적으로 완전하게 설명해 주었는데, 이는 동물과 인간에게서 관찰되는 많은 특징을 설명하기 위해 고안되었다. 이 새로운 모형을 상세하게 검토하고 분석하는 일은 이 책의 범위를 벗어나는 일인데, 여기서 강조하고 싶은 점은 종합적인 중독 모형은 이런 구체적인 모형을 수용할 필요가 있지만, 현 단계에서는 더 많은 것이 밝혀질 때까지 정확한 세부 사항들에 대해서는 불가지론적이어야 한다는 것이다.

대립 과정 이론은 개인이 어떻게 하여 약물 사용으로 인해 부정적인 결과에 시달리게 되며 그러면서도 어떻게 계속해서 더 많은 약물을 사용하게 되는지를 이론으로 만든 한 예이다. 우리는 이미 적어도 일부 사례를 통해 개인적 특성이나 환경이 불쾌한 경험을 생성할 가능성, 정확히는 개연성과 중독성 약물이 이에 도움이 되는 방법으로 인식될 수 있음을 암시한 바 있다. 불쾌한 경험에는 우울증, 불안이 있으며 아마 권태도 포함될 것이다.

그다지 확연하게 드러나지 않는 문제가 한 가지 있는데 바로 친밀감 문제이다(Keane 2004). 개인적 관계에서 친밀감에 특별히 문제가 있는 개인은 약물에 집중해서 친밀하게 지내므로 자신의 욕구를 충족시킬 수 있다고 주장한다. 이것은 중독에 대한 일부 관찰 결과와 딱 맞아떨어지는데, 예를 들어 아동기 시절에 당한 학대를 경험한 사람은 알코올이나 헤로인 같은 약물에 쉽게 중독되는 경향이 있다는 건 사실이다(예: Marcenko et al. 2000).

합리적 중독 이론의 정책적 함의

중독 정보에 입각한 합리적 선택 이론의 정책적 함의는 국가의 간섭 없이 개개인들이 스스로 의사결정을 하도록 두어야 한다는 (그리고 그에 대한 대가를 치러야 한다는) 자유지상주의자libertarian 관점으로 흐르는 경향이 있다. 이 견해를 대표하는 비스쿠시Viscusi 법학 교수는 담배 규제에 대한 현재의 적대적 접근방식이 잘못되었다고 주장하며 정보는 제시하되 흡연자들이 결정하도록 해야 한다고 제시한다(Viscusi 1998).

중독으로 인해 다른 사람들에게 해를 끼치는 경우 이는 형사사법제도로 다루어져야 할 것이다. 이러한 접근방식을 지지하는 사람들은 중독성 약물을 사용하면 금단 증상이 나타난다는 사실을 인정할 수 있지만, 중독자가 애초에 이를 알고 있었으며, 그럼에도 굴하지 않고 약물을 실지로 사용해 보기로 일찌감치 결정한 일에 대해서는 책임을 져야 한다고 주장한다. 심지어 중독이 삶에 미치는 심각한 영향을 줄여 주기 위해 치료를 제공하는 것은 역효과를 낳는다고 주장할지도 모른다. 치료를 제공하면 약물의 흡수와 지속에 유리하게 선호도의 균형이 바뀐다고 생각하기 때문이다.

비합리적이고 잘못된 정보에 입각한 선택과 불안정한 선호

정보에 입각한 합리적 선택 모형이 설명하지 못하는 사실이 있다. 즉, 많은 중독자가 자제하기로 선택하고 목표를 달성하기 위해 전력을 다하며 시간과 노력과 돈을 쓰지만 그런데도 여전히 실패한다는 사실이다. 게다가 많은 중독자는 그들을 중독의 길로 들어선 것을 후회한다. 하지만 합리적 선택 모형에 여전히 흥미를 느낄 수 있는 상황이 있다. 중독자의 선호도가 시간이 지남에 따라 바뀐다고 가정하는 경우가 그러한데, 특히 사용을 억제하기로 결단을 내린 시점과 한동안 억제를 실행했던 시기 사이에 선호가 바뀌는 사례가 이에 해당한다. 또한 중독자는 자제했을 때 어떤 결과가 초래될지 예측하는 데 능숙하지 않다고 당연히 가정해야 한다. 예측을 잘하고 합리적으로 행동하는 사람들이라면 그들은 성공할 수 있을 때만 시도할 것이다.

중독자가 자기에게 장차 일어날 반응을 충분히 예측할 수 있고 또한 선호하는 것을 바꾸지 않는다는 생각은 항상 현실성이 없었다. 우리는 우리의 삶과 마음가짐이 어떤지 많은 다른 측면을 잘 알지 못하고 또한 사물에 대한 마음도 바꾸기도 한다. 불안정한 선호unstable preferences 개념을 도입하면 중독이 발생하는 이유와 활동을 억제하려는 시도가 실패하는 이유를 설명하는 데 분명히 큰 도움이 된다. 즉, 선호도는 변한다.

불안정한 선호와 함께 정보에 근거하지 않은 합리적 선택: 어느 중독자의 입장

시기 1 (여전히 먹고 마시는 중)

나는 [술꾼/흡연가/헤로인 복용자/도박자/신경안정제 복용자/크랙 흡입자]로 사는 삶을 그만두고 싶다. 그 이유는 이것이 비록 [나에게 쾌락을 선사하고/기분을 좋게 해주고/내 존재의 일부이며/세상살이에 대처하는 데 도움이 되고/내가 해야 할 일들을 하는 데 도움이 되지만], [내게 해를 끼치고 있고/앞으로도 해를 끼칠 수 있으며/내가 아끼는 사람들에게 해를 끼치고/내가 아끼는 사람들을 불행하게 만들 수 있다]는 것을 깨닫고 있기 때문이다.

시기 2 (자제하거나 완전히 끊으려고 시도하는 중)

나는 예전대로 돌아가고 싶다. 왜냐하면 [나는 누리던 혜택이 그립고/금욕 때문에 치루는 불쾌한 대가를 견디고 싶지 않기 때문이다].

중독자는 얼마나 잘 알고 있는가

실제로 중독자는 잘못된 정보를 가지고 있다는 증거가 있다. 예를 들어, 흡연자는 자신이 노력하기만 한다면 금연할 수 있을 거라고 매우 과대평가한다. 또한 흡연이 전방위로 건강에 해롭다는 것을 제대로 인식하지 못하는 경우가 많다. 많은 사람은 젊은 나이에 흡연으로 죽는다면 노화로 인한 불쾌한 경험에서 벗어날 수 있다고 생각한다. 실제로 흡연자는 장기간에 걸친 흡연과 관련된 질병으로 인해 장애와 고통 속에서 수명을 단축하며 보내는 경우가 많으며, 실질적으로 흡연은 죽음뿐 아니라 노년기를 앞당기는 원인이 된다. 또한 많은 알코올 중독자는 음주 행위가 낳는 건강상의 부작용을 과소평가하고 심지어 자신에게 문제가 있다는 사실 자체를 인정하지 않는다.

중독 행동을 하는 사람들이 자신들이 취한 행동의 결과를 잘못 판단할 여지가 있다고 보면, 무슨 일이 일어나고 있는지 설명하는 일은 훨씬 쉬워진다. 활동의 효과는 즉각 체험하는 반면에 장기적으로 닥칠 위험은 정확히 판단하지 못하기 때문에 중독이 발생할 수 있는 것이다. 이는 중독자가 정보를 제대로 인지하지 못하기 때문일 수도 있고 중독자의 인식이 정서적 욕구에 편향되어 있기 때문에 발생할 수 있다.

무지와 교육

사회에서 교육을 덜 받은 사람들 가운데 중독 유병률이 더 높은 것을 중독 행동에 관한 정보 부족으로 설명하면 도움이 된다고 주장하고 싶은 유혹이 있을 수 있다. 하지만 그렇지 않다. 흡연의 경우를 예로 들면, 교육 수준과 강한 연관성이 있는 영국과 같은 국가에서는 교육을 많이 받은 흡연자와 적게 받은 흡연자 간 금연에 대한 욕구나 실제로 금연을 시도한 빈도에서 차이가 없었다. 또한 건강상 위험을 충분히 알고 있는 의사들 사이에서 일반인만큼이나 흡연율이 높은 국가도 있다.

중독을 예방하고 치료하는 데까지 투입되는 수많은 노력은 어느 정도는 지식이 부족해서 중독이 발생한다고 가정하는 것 같다. 중독 행동의 폐해에 대해 보다 많은 정보를 제공하면 사람들이 자제하는 데 영향을 줄 수 있다고 여기는 것 같다. 이 가정은 생각만큼 검증하기 쉽지 않다. 앞서 더 많은 정보를 가진 사람들이 자제하려는 동기가 더 강할 거라는 증거가 없다는 점을 지적한 바 있다. 하지만 상황은 그보다 더 복잡하다.

우선, 연구는 일반적으로 중독 행동의 폐해에 대한 정보로 가득 찬 사회에서 수행된다. 술을 과도하게 많이 마시면 조기 사망으로 이어질 수 있다는 말을 듣지 않으려면 평생을 동굴 속에서 살아야 할 것이다. 만일 거의 모든 사람이 중독성 활동의 폐해에 대해 알고 있다면, 지식 부족이 중독에 기여한다는 것을 보여 줄 수 있는 여지는 분명히 아주 적다.

다음으로, 중독자가 얼마나 잘 알고 있는지를 측정하는 일은 제대로 이루어지지 않을 가능성이 얼마든지 있다. 정보라는 것은 단순히 많게 혹은 적게 가지는 그런 양이 아니며, 개별적인 항목들로 구성되어 있으며, 그중 일부는 선택하는 데 영향을 미칠 수도 있고 일부는 영향을 미치지 않을 수 있다. 더욱이 선택에 영향을 미치는 정보는 사람마다 각각 다를 수도 있어서, 어떤 사람에게는 술에 취해 있거나 담배를 필 때의 실상을 보여 주는 것이 다른 사람보다 더 중요할 수 있고, 어떤 사람에게는 말년에 장애가 생길 가능성을 보여 주는 것이 더 동기부여가 될 수 있다.

기대와 중독

어떤 활동의 결과에 대한 신념이 정확할 수도 있고, 그렇지 않을 수도 있지만 그것이 중독에 일조할 수 있다는 생각을 기대 이론Expectancy Theory으로 알려진 분야에서 광범위하게 탐구해 왔다([글상자 3-5]).

[글상자 3-5] 기대 이론

중독성 있는 활동에 수반되는 비용과 혜택에 대한 '기대(기대치)expectancy'가 과도한 사용에 일조한다고 가정한다. 이 가정은 정확하지 않을 수 있다. 특별히 관심을 두는 것은 중독된 사람이 활동에서 기대하는 긍정적 효과가 부정적 효과와 대비하여 중독되지 않은 사람과 어느 정도 다른지에 있다. 기대에는 신념 이상의 것이 얽혀 있을 수 있는데, 그건 중독 행동이 주는 보상 가치에 대한 기억과 이를 들추어낼 수 있는 '**기억 형판**memory templates'일 것이다.

기대 이론Expectancy Theory은 중독으로 발전하는 약물 사용은 개인이 약물 활동에 투입하는 비용과 얻어지는 혜택에 대해 갖는 기대의 결과라고 본다. 기대 이론에서는 알코올 섭취를 예로 들어 음주 수준은 그 사람이 바라는 효과를 얻을 수 있을 것으로 기대하는 정도와 관련이 있다고 설명한다.

긍정적 기대와 부정적 기대

음주의 정도는 긍정적인 기대와 정적 상관관계가 있고 부정적인 기대와 반비례하는 것으로 밝혀졌다(Christiansen and Goldman 1983; Brown et al. 1987; Reich et al. 2004). 술이 센 사람은 술이 약한 사람보다 더 긍정적인 기대치가 있다고 보고되고 있고(Southwick et al. 1981), 과음하는 것은 사회적 및 육체적 쾌락, 사회적 자기주장, 긴장 완화, 사교성 증진 그리고 인지 및 운동 기능 강화에 대한 기대와 관련이 있는 것으로 밝혀졌다(Brown 1985).

알코올 중독자와 음주에 문제가 없는 사람들은 전반적인 긍정적 변화, 성적 각성(흥분), 물리적 및 사회적 압박, 자기주장assertiveness, 긴장 완화 그리고 공격

성향 환기arousal aggression 측정에서도 차이가 있는 것으로 밝혀졌다(Connors et al. 1986). 기대치는 음주 빈도보다 음주량과 더 일관되게 연관되는 듯하며(Chen et al. 1994), 음주에 영향을 미치는 것으로 알려진 인구통계학적 변수(예: 나이, 성별)를 고려한 경우에도, 기대치는 음주 여부 및 음주량과 관련이 있는 것으로 나타났다(Mooney et al. 1987). 그러나 기대치로 설명할 수 있는 분산 비율은 일반적으로 낮은데, 무니Mooney의 연구에서는 비음주 대비 음주는 6%, 음주량의 경우 15%였다.

알코올 기대치 또한 자기 보고식 검사에서 청소년의 알코올 소비를 예측하는 것으로 밝혀졌다(Christiansen et al. 1989). 가장 강력한 행동 예측 변수는 특정 행위와 관련된 신념과 기대라고 주장한다. 예를 들면, '나는 이번 주에 (특정 시간에) 술을 조금도 마시지 않을 것이다(단일 행동).'와 같은 식이다. 중독 행동을 통제하려고 시도한 결과에도 기대 이론을 적용해 봤는데, 예를 들어 브라운(Brown 1985)은 긍정적인 결과가 나오겠다는 기대가 높을수록 1년간 절제 목표를 달성할 가능성 감소 및 치료 순응도와 관련이 있었다는 사실을 알아냈다.

일부 인구집단에서는 남성이 여성보다 긍정적인 기대는 더 강하고 부정적인 기대는 더 약한 것으로 보고되었다. 한 연구 결과에서는, 남성은 긴장 완화, 사회적 촉진social facilitation, 활동 증진 그리고 성과 향상에 대한 기대 수준이 더 높았다(Sher et al. 1996).

자기효능감 기대

'자기효능감'에서 말하는 기대는 특별한 종류의 신념으로 특정 행동을 수행할 수 있다는 능력에 대한 개인의 믿음을 반영하기 위해 상정되었다. 이를테면, 흡연자가 금연에 성공할 수 있다고 생각한다면 금연 동기가 더 강하게 유발될 것이다. 일반화된 자기효능감 신념은 개인이 다양한 행동을 통해 일상생활에서 해야 하는 일들에 대처할 수 있다는 믿음을 가리킨다.

기대는 신념 이상일 수도 있다

일부 기대 이론은 기대라는 핵심 구성개념을 단순한 신념 이상으로 여긴다.

골드만과 다케스(Goldman and Darkes 2004)는 기대가 중추신경계로 입력되는 정보를 구성하고 행동을 감독하는 기억 구조의 일부라고 주장했다. 기대는 또한 중재 기능을 가지고 있다고 평가받고 있는데, 예를 들어 술 소비에서 스트레스의 역할을 조절해 준다. 골드만과 다케스에 따르면, 기대치는 유전적 소인, 사회적 및 문화적 정보, 정서 상태, 성격 등이 약물 사용과 남용을 단행케 하는 통로이다.

브랜던 등(Brandon et al. 2004)은 처리해야 하는 정보의 양과 대량의 정보를 처리하는 데 필요한 속도를 고려할 때, 기대치를 기반으로 한 조절 체계는 의식적 인식 밖에서 '자동으로' 병렬 처리 방식으로 작동한다고 주장했다.

래더 등(Rather et al. 1992)은 수학적 정보 처리 모형을 응용해서 감정affect(또는 기대감)을 2차원 모형(예: 각성, 유인가valence)으로 대응시켜 기대가 활성화되는 패턴을 나타낼 수 있다고 제안했다.

브랜던 등(2004)은 기대치를 기반으로 한 조절 체계가 무의식적이고 자동화되어 있다면 이를 통해 통제력 상실과 갈망, 행동 내성 그리고 절제가 어려운 일임을 설명할 수 있다고 주장한다. 제안에 따르면, 중독이 진행됨에 따라 활동은 자제하는 과정과 관련된 (그래서 자기 보고를 통해 평가할 수 있는) 의식적인 기대에 영향을 덜 받으며, 자동화된 과정과 관련된 무의식적 기대에 더 많이 영향을 받는다고 한다. 반면, 기대치를 갖고 의식적으로 접근한다면 기대가 행동에 미치는 긍정적인 영향을 바라보고 하는 것일지도 모른다.

기대와 행위는 호혜적인 방식으로 서로 영향을 미칠 수도 있다는 제안이 있는데, 예를 들어, 스미스 등(Smith et al. 1995)은 십대 청소년들이 술을 수단으로 사회적 촉진을 기대하는 것과 술을 마시는 행동이 양방향 관계성을 보였다고 밝혔다.

폭넓은 동기유발 시스템의 일부로서의 기대

기대 이론은 좀 더 일반적인 동기 측면의 설명과 연계되어 있다. 예를 들어, 알코올 남용은 알코올 섭취와 '대처 방안으로 술을 마시는 것'을 좀 더 가까운 결정요인으로, 대처 기술과 음주에 대한 긍정적인 기대를 그보다 먼 결정요인으로 포함하는 인과적 연쇄를 통해 예측할 수 있다고 한다(Cooper et al. 1988).

쿠퍼 등(Cooper et al. 1988)은 한 연구에서 대처방안으로 술을 마시는 것이 고도음주를 예측할 수 있는 가장 강력한 예측인자로 드러났으며 직간접 경로를 통해 분명 영향력을 발휘한다고 보고했다. 감정을 회피하며 대처하는 방식은 문제에 집중하여 대처하는 방식보다 알코올 남용의 더 강력한 예측 요인으로 나타났다. 음주에 대한 기대는 대처의 예측치를 조절하는 효과를 보여서, 감정을 회피하는 대처 방식은 알코올에 크게 긍정적인 기대를 드러내는 음주자에게서만 알코올 남용을 예측하였다.

같은 맥락에서, 피셔 등(Fischer et al. 2003)은 학부생 남녀 표본에서 술을 마시는 것이 사회적 촉진에 도움을 줄 것이라는 긍정적인 기대가 외향성extraversion이 음주 행동에 미치는 영향을 조절하는 효과가 있다는 것을 알아냈다.

기대치 조작

기대는 개입하기에 적합한 대상이 되도록 조작할 수 있어야 한다. 테이트 등(Tate et al. 1994)은 금연 중인 흡연자들에게 금연하는 동안에는 어떤 불편감도 없을 것이라고 알려준 결과, 아무런 기대치도 미리 주지 않은 통제 집단보다 신체적 불편감somatic complaints을 더 적게 보고했고 기분장애도 덜 나타났다. 신체적 불편감은 예상되지만 심리적 불만은 없을 것이라 지시를 받은 참가자는 그렇지 않은 참가자보다 극심한 체성 금단somatic withdrawal 증상을 더 많이 보고했다. 따라서 금연하는 당일에 기대치를 조작하면 금단 경험에 영향을 미칠 수 있다.

이슈 평가

기대 이론이 중독 행동에 들어가는 비용과 얻는 혜택에 대해 지각하는 신념을 다루고 있지만 기대와 행동 사이에 어느 정도 연관성이 있다는 것을 보여준다. 이러한 사실은 이 장에서 시작했던 상식 모형에서 큰 진전이 없는 것처럼 보일 수 있다.

기대라는 것이 앞에서 언급한 '기억 템플릿'이나 자동화된 과정처럼 좀 비정형화된 실재물로 또는 분명하게 정의하기 어려운 것으로 해석되는 경우 이 개념이 무엇을 가리키는지, 즉 실제 세계와 어떤 상관관계를 갖고 대응이 되는지는 명확하지 않다. 기대는 현상의 본질이나 생리적인 근거를 고려하지 않은 추상 수준을 가지고 있다. 다른 한편으로, 이런 종류의 이론이 제5장에서 자세하게 살펴볼 학습 매커니즘을 어떤 식으로든 구체화하고 있다는 점은 흥미로운데, 이들이 없는 포괄적 중독 이론은 없다.

이러한 이론을 포함하여 관련 연구가 갖는 주요 한계는 중독 자체를 목표 변수target variable로 삼는 경우는 거의 드물고, 대개는 소비 수준을, 때로는 문제가 되는 사용을 목표 변수로 삼는다는 점이다. 따라서 해로울 정도로 강력하게 반복되는 동기가 중독을 유발한다고 정의하는 가운데 기대가 그러한 동기유발력에 어느 정도까지 구체적인 역할을 하는지는 분명하지 않다.

이러한 이론들이 직면한 또 다른 문제는 이론이 되려면 어떤 구성요소가 뒷받침되어야 하는가에 대해 이전 장에서 언급했던 것과 같은 문제이다. 아주 정교한 기대 모형조차도 실제 행동에 대한 예측은 대체로 약하며, 이런 예측은 더 적은 가정을 사용하는 공식들이 내놓는 예측과 비교되지 않는다. 설령 기대 이론이 중독을 완전하게 설명할 수 있는지 밝히기 위해 반례를 찾는 방법을 사용한다면 이 이론은 역부족인 것으로 보인다.

불안정한 선호(일관되지 않은 선호)

앞서 중독의 경우 근본적인 선호도가 바뀌지 않는다고 가정하는 것은 불필요하게 제한적이라는 지적이 있었지만, 따져 보면 여타 많은 활동 영역에서도 분명히 선호하는 것을 갈아탄다. 사람들은 자신이 좋아하는 것과 싫어하는 것, 원하는 것에 대해 마음이 수시로 바뀐다. 어느 순간 약물 사용을 중단하기로 결심한 사람들은 그럴 즈음에는 약물 사용의 부정적인 면들이 그들의 생각을 지배하였기 때문이다. 그런 다음 한동안 약물을 끊어보다가 보상을 상실하고 불편한 현실에 마주치게 되면 이들은 마음을 바꾸어 약물 사용을 재개한다. 스코그(Skog 2000)의 말처럼, "우리가 눈여겨보는 것은 선택 불능이 아니라, 강한 탐닉 욕구appetites와 상충하는 동

기의 지배를 받는 선택이다."(p. 1309)

'접근-회피 갈등approach-avoidance conflict'이라는 개념은 동기유발 이론 전반에 걸쳐 적용되는 개념이다. 어떤 것은 좀 떨어져서 보면 매력적으로 보이지만 가까이 다가가면 좋지 못한 면들이 더 눈에 많이 띄고 우리의 생각을 지배하게 되어서, 그로부터 물러났다가 좋지 못한 면들이 덜 눈에 띄는 시점에 다시 접근하게 된다.

스코그(2000)는 불안정한 선호를 동반한 선택과 관련된 개념을 정교화시켰다([글상자 3-6]). 그의 주요 신조는 강박적으로 약물을 사용하는 것처럼 보이는 현상도 상충하는 동기 때문에 선호하는 것이 흔들려서 그러는 것에 지나지 않는다는 것이다.

[글상자 3-6] **스코그의 선택 이론**

이 이론에 따르면 중독은 현재의 선호도에 따라 갈등하며 선택한 것이 표출되는 증상으로 간주할 수 있다.

스코그의 선택 이론은 중독을 강박(강박행동)compulsion이 아니라 사람들이 하는 선택이라는 관점에서 설명하고자 한다(Skog 2000, 2003). 그는 중독자에게는 어찌 보면 항상 선택권이 있다는 사실을 지적한다. 중독자들은 물리적으로 해당 행동에 참여하도록 강요받지 않으며 그래서 물리적으로 제지할 필요가 없다. 통제력 부족처럼 보이는 것은 중독자가 마음을 바꾸기 때문에 일어난다. 그들이 하는 선택은 갈등을 겪는데 어떤 경우에는 행동을 계속할 자유가 마음을 지배하고, 어떤 경우에는 자제하려는 선택이 지배력을 발휘한다.

선택의 안정성과 일관성

따라서 이 이론은 개인마다 선호의 안정성과 일관성이 다르다고 상정하는데, 이는 흔하게 관찰되는 일이고 체계적인 연구에 따른 것이다. 또한 중독자는 더 기복이 심한 선호 성향이 있을지도 모른다고 가정하는데, 이는 중독으로 인해서 선호도가 바뀔 수도 있고 중독을 쉽게 발달시키는 요인이 될 수도 있다. 스코그는 이 분야가 향후 연구에서 성과를 기대할 만한 영역일 수 있다고 제안하는데 실제로 그럴 수 있다. 그러나 중독을 이해하는 데 불안정한 선호 성향이 필요한지는 명확하지 않으며, 또한 중독자라고 그런 성향이 더 커야 하는 이유는 밝혀지지 않고 있다.

선택의 정의

공정하게 말하자면, 스코그는 선택을 정의하는 데 있어서 형이상학을 뛰어넘는다. 그는 앞으로 있을지도 모를 결과를 염두에 두고 어떤 행동을 하게 된다면, 그것이 미래지향적이라면, 반드시 선택이 수반되어야 한다고 말한다(Skog 2000). 그러나 중독 분야에서 일하는 사람이 오직 생리적 또는 신체적 강박만이 적절한 모형이라고 주장하고 싶어 할지는 의문이다. 실제로 중독자가 특정 상황에서 중독이 자신을 곧 죽일 거라는 확실한 지식을 가지고 중독에 빠질 것이라고 믿는 중독전문가는 거의 없을 것이다. 따라서 어떻게 보면 중독은 선택의 문제이며, 그 선택이 매우 제한적일지라도 중독에는 선택이 수반되어야 한다.

이슈 평가

스코그는 자신의 선택 이론을 제안하면서, "경험적 연구 관점에서 볼 때, 선택할 능력이 없다는 것에 대한 신빙성 있는 증거는 여전히 찾지 못하고 있다."(Skog 2000, p. 1131)고 주장했다. 이 진술은 어떤 이론('강박'과 관련된 이론)이 관찰과 상충되는 것처럼 보이지만, 이론 지지자들이 동의하지 않아도 전혀 이상할 것이 없는 용어를 특정 해석하는 경우에서만 나오는 진술의 예이다. 스코그의 이론은 선호의 불안정성에 초점을 맞추면서 인간의 동기유발에 대한 근본적인 특징을 포착하고 있지만, 선택이라는 맥락에서만 행동을 짜맞추기 때문에 이와 달리 취하는 행동 과정(행동 방침)courses of action은 고려하지 않아 행동의 흐름에 대한 주요 측면은 놓친 것 같다.

사람들이 어떤 것에 대해서 마음을 금방 바꿨다가 입장을 되돌려 다시 바꿀 수 있고, 선택을 결정하는 선호도가 궁극적으로 자기 파괴적일지라도 선택이 합리적일 수 있다는 사실을 기꺼이 받아들이는 한, 중독에 대한 합리적 선택 이론Rational Choice Theory을 포기할 이유가 없다.

선택의 외연적(지시적) 의미와 내포적(함축적) 의미

그러나 여기서 매우 편협하고도 분명 오해의 소지가 있는 '선택'이라는 용어에 대해 해석을 해 주는 것이 필요하다. 만일 누군가가 당신의 머리에 총을 들이대고 위스키 잔 큰 걸로 들이키지 않으면 방아쇠를 당기겠다고 협박한다면, 당신에게 선택의 여지가 있는 것은 사실이지만 시키는 대로 해야 한다는 강박이 솔직히 너무 강해서 대부분의 사람은 강압에 의해 그 행위를 하지 않을 수 없었다고 말할 것이다. 반면, 만일 누군가가 예기치 않게 당신의 얼굴 앞에서 풍선을 터뜨린다면, 무의식적으로 눈을 깜빡거리게 될 것이고 그 문제 있어서는 선택의 여지가 없을 것이다.

그래서 합리적 선택 이론 접근방식을 수용하는 문제는 '선택'이라는 용어가 의미하는 바와 '합리적'이라는 용어가 의미하는 것에 달려 있다. 이것이 좀 문제가 될 수 있는 것은 '합리적'과 '선택'이라는 용어가 지시적 의미denotative meaning뿐만 아니라 함축적 의미connotative meaning도 담고 있기 때문이다. '합리적'에는 계산적이고 목적이 있으며 심지어는 적응할 수 있다는 의미가 내포되어 있고, '선택'에는 자유 의지와 책임이라는 의미가 내포되어 있다.

이것이 바로 사람들이 마약 중독으로 인한 참혹한 피해에 저항하지 못하는 것이 너무 어리석어서 그렇거나, 정보가 부족해 잘 몰라서 그렇거나, 또는 도덕적 강단이 부족해서라면 이는 오로지 그들 자신의 잘못이라고 생각하는 자유지상주의 정치인에게 매력적인 이유이며, 또한 합법적으로 마약을 제조하고 판매하여 돈을 버는 사업가나 상점 주인에게는 단순히 고객의 욕구를 충족시키고 있기 때문에 분명히 매력적이다.

판단과 의사결정

의사결정, 의사결정을 하는 방법, 합리적 또는 비합리적 의사결정 양식에 관해

서술한 문헌들은 방대하며 또 그 주제를 다룬 뛰어난 저술들이 많이 있다(예: Baron 2000). 이러한 연구 중 상당 부분은 중독에 대한 선택 이론과 직접적인 관련성을 가지고 있다. 여기서는 이 분야를 요약하기보다는 위험 요인(리스크)risk을 어떻게 지각하는지, 또 대안들이 질적으로 차이가 날 때 사람들이 어떤 식으로 긍정적 및 부정적 특성을 비교하는지에 초점을 맞춰 질문할 것이다.

먼저 위험 지각에 대해 살펴보면 여러 가지 유용한 관찰이 이루어진 것을 보게 된다. 아마 이 분야에서 가장 주목할 만한 공헌을 한 사람은 폴 슬로빅Paul Slovic일 것이다([글상자 3-7]). 슬로빅은 수년에 걸친 연구를 통해 우리가 위험을 판단할 때 그러한 판단을 내리는 맥락과 그러한 판단을 끌어내는 데 사용되는 방식에 얼마나 민감한지를 보여 주었다. 여기서 특히 관련성을 갖는 명제는 다른 연구자들도 제기한 것인데 위험을 판단해야 할 때 대부분의 경우 분석적 사고보다 느낌(감정)feelings을 판단의 근거로 삼는다는 것이다.

[글상자 3-7] 슬로빅의 감정 반응성 휴리스틱

슬로빅은 판단을 내릴 때 사용하는 직관적 방법과 분석적 방법을 구분하고, 느낌(감정)에 기반을 두는 **직관적 시스템**이 중독 행동의 발달과 유지에 영향을 주는 중요한 요인이라고 주장한다.

'느낌'이 위험 지각에 대한 미치는 영향

슬로빅과 그의 동료들은 수년에 걸친 연구를 통해 수치로 명시한 확률을 포함한 선택지 사이에서 우리가 취사선택하는 일은 그 선택을 표현하는 방법과 선택의 배경이 되는 맥락에 따라 달라진다는 사실을 보여 주었다. 여기서 특히 눈여겨보는 것은 위험 요인을 지각하는 데 있어서 느낌이 하는 역할에 관한 구체적인 견해이다(Slovic et al. 2002). 관찰된 사실 몇 가지를 종합하면 다음과 같다.

우리는 직관적 시스템과 분석적 시스템이라는 두 가지 매우 다른 판단 방법을 가지고 있다. 직관적 시스템은 빠르며, 우리가 다루는 대상에 느끼는 감정에 영향을 주어, 대상에 대해 이미지를 떠오르게 하여 판단에 도달하는 것과 결부되어 있다. 분석적 시스템은 정형화된 논리와 연산을 포함한 절차를 이용하여 판단에 도달한다. 대부분의 판단은 직관적 방법을 사용하여 이루어진다.

직관적(직감적) 판단이 흡연과 같은 행동에 미치는 영향

이 직관적 방법이 갖는 여러 가지 특징들은 사람들이 흡연과 같은 중독성 있는 행동을 하는 이유를 설명하는 데 도움을 준다.

1. 한 행동을 여러 번 하여 누적되는 위험 요인은 무시하는 경향이 있다. 자잘한 개별 위험에는 두려움을 느끼지 않는다.
2. 미래의 막연한 시점에서 발생하는 위험은 우리의 생각에서 두드러지게 드러나지 않는 경향이 있으므로 동기가 되는 감정에는 영향을 주지 않는다.
3. 가능한 결과를 정말 두렵게 생각하는 능력은 그 결과를 피하려는 동기에 결정적인 영향을 끼친다. '건강을 해치는'과 같은 보편적인 추상적 개념이나 수치적 확률은 일반적으로 관여할 정도의 심상imagery을 제공하지 못한다. 실제로, 사람들은 흡연으로 인한 폐암의 위험을 수치적으로는 크게 과대평가한다. 흡연자가 폐암에 걸릴 생애 위험도는 15% 정도이지만, 연구에 따르면 사람들은 이 수치를 40% 이상으로 보고 있다(Viscusi 2000). 그러나 폐암에 걸릴 가능성에 대해 사람들이 표출하는 정서적 반응은 생각보다 훨씬 약하다.
4. 이와 관련하여, 현재 경험하는 '본능적 요인visceral factors'(배고픔과 같은 동인)은 향후 있을 그러한 요인의 심적 표상mental representation보다 우리의 행동에 훨씬 더 큰 영향을 미친다.
5. 우리는 자신의 운명에 대해 필요 이상으로 잘 통제할 것이라 느끼는 경향이 있다. 예를 들어, 확률 게임에서 사람들은 어느 정도는 불가능하다는 것을 알면서도 자기들이 확률사상에 영향력을 행사할 방법이 있을 것으로 느끼는 경우가 많다. 흡연자의 대다수는 흡연을 시작할 때 5년 이상 피우지 않을 것으로 생각하지만 이런 일은 결단코 일어나지 않는다. 성인 흡연자조차 금연하려고 마음을 먹기만 한다면 성공할 수 있을 것으로 자신을 과대평가한다.

6. 이와 관련하여 어쩌면 우리 대부분은 낙관주의 편향optimism bias을 경험한다. 특정 활동에 위험이 따라붙는다는 것은 받아들여도 자신의 개인적인 위험은 이보다 낮다고 인식할 수 있다.
7. 위험을 판단하고 선택을 할 때, 잠재적인 손실의 양이나 이득의 크기가 확률을 판단하는 방식에 영향을 미친다. 손실이나 이득이 아주 크면 확률의 차이에 훨씬 덜 민감해지는데, 예를 들어 대재난이 일어날 가능성이 아주 희박하더라도 사람들은 이를 방지하기 위해 막대한 자원을 쏟아부을 수 있다. 다른 상황을 예로 들면, 로또복권 누적 당첨금이 아주 크면 복권에 당첨될 확률이 아주 낮아도 이를 무시한다.

감정 반응성 휴리스틱

슬로빅은 우리가 특정 선택지에 부여하는 가치를 참작할 때는 들어가는 비용과 얻는 혜택에 따라 객관적으로 평가를 하는 것이 아니라 긍정적 또는 부정적인 느낌인 '감정 반응affect'에 지배되어 대부분 사고하게 된다고 지적한다. 이 아이디어는 다마지오(Damasio 1994)에게서 빌려온 것으로 수차 관찰된 사실이고 실제로 조건형성 이론의 중심 골자이기도 하다.

감정에 따라 반응하는 것은 단순하게 상황을 연상하거나 단순한 반복과 같이 비분석적 사고방식으로 고려하는 데서 비롯된다. 슬로빅이 제안한 감정 반응성 휴리스틱은 특정 선택지의 위험과 혜택을 판단하기 위한 경험적 시스템으로, 어떤 선택지에 대한 긍정적 또는 부정적인 느낌이 그 선택지의 위험과 혜택을 판단하고 결정한다고 말한다. 간단히 설명하자면, 어떤 것에 대해 긍정적으로 느끼면 그로부터 발생하는 위험은 낮게, 혜택은 높이 판단하는 경향이 있다.

이슈 평가

일부 사람들은 느낌이 위험과 혜택을 판단하는 데 영향을 미친다고 하는 견해를 꽤나 당연하다고 생각할 것이다. 슬로빅이 경제 이론과 인지심리학 영역의 언어로 이러한 편견(편향)과 다른 편견의 원인을 논리 정연하게 표현하는 데 기여한 것은 틀림없다. 그의 이론은 학습 메커니즘과 동인에 기초를 둔 동기유발 이론과 고전적인 결정이론decision theory을 종합하는 기원을 보여 준다는 점에서 매우 중요한 의미를 지니고 있다.

인지 편향

느낌이 신념과 평가에 미치는 영향력은 비의식적인 정신 과정으로까지 확장될 수 있다. 편향은 믿고 싶은 것을 믿기 때문만이 아니라 주의력과 기억이 작동하는 방식 때문에도 발생할 수 있다. 이런 사항은 중독에서 인지 편향 이론Cognitive Bias Theories이 초점을 두는 주제이다([글상자 3-8]). 이 이론에 따르면 중독은 중독자가 특정 중독과 관련된 정보에 더 많은 주의를 기울이고 선택적으로 기억하는 경향성 때문에 중독이 시작되거나 유지된다고 한다.

[글상자 3-8] 인지 편향 이론

중독은 신념, 기대, 자기 효능감, 귀인attribution, 주의력 등 인지 체계에서 편향이 일어나 지속된다.

인지 편향과 기대

인지 편향 접근법은 기대 이론의 확장으로 볼 수 있다. 기대 이론은 기대치 측면에서 중독을 특징지으면서 개인이 중독 활동으로 얻을 수 있는 이익과 비용에 대해 기대한 것이 미래에 정확히 실현될 수도, 그렇지 않을 수도 있다는 점을 지적한다. 인지 편향 이론은 중독 문제의 근원이 신념의 편향과 이러한 신념과 연계된 주의력과 기억 과정의 편향에서 나온다고 제안한다.

무의식적 편향

인지 편향 이론은 행동에 동기를 부여하는 기대가 기억 속에 상주하고 있으며, 기억 정보의 저장과 회상을 조사하는 과제를 통해 작동 중인 편향을 감지해 낼 수 있다고 말한다. 이 접근법의 가장 큰 장점은 자기 보고self-report에 의존하지 않아도 되고 또 이와 관련된 모든 문제를 믿지 않아도 된다. 예를 들어, 흡연자는 흡연과 관련된 부정적인 결과와 긍정적 결과를 똑같이 지지할 수도 있지만 긍정적인 결과에 대한 부수적인 기억을 더 많이 떠올린다.

인지 편향 이론은 중독자가 보이는 통제력 상실은 중독과 관련된 자극과 단서를 자동적, 전의식적pre-conscious으로 처리하는 과정을 통해 설명할 수 있다고 제안한다. 잠재적인 약물 단서는 '의식적인 자각이나 주의가 필요 없이' 평가되고, 그런 다음 우선순위가 매겨져서 '체성 내장somatovisceral 반응, 행동 반응, 인지 반응'을 유발한다. 이러한 정보 처리에는 주의 편향, 해석 편향이 자동으로 작동하고, 이로 인해 중독자는 자신의 생리적 각성뿐만 아니라 행동 경향과 인지에 대한 인식을 제고하게 된다(Ryan 2002).

긍정적 신념 편향belief bias은 기억 체계가 단서와 상황에 크게 좌우되는 속성에서 비롯된다고 알려져 있다. 실험인지심리학 기법들은 편향에 대한 유용한 정보를 캐낼 수 있을 것이다. 개인별로는 자동으로 유발된 신념을 알아차릴 수 있지만 인지 부조화cognitive dissonance나 상황적 요구사항 등 다양한 요인들이 이를 밝히지 못하도록 방해할 수 있다.

중독 행동과 관련된 인지 편향은 도박(McCusker and Gettings 1997), 대마초 사용(Field et al. 2004), 흡연(Waters et al. 2003) 및 헤로인 사용(Franken et al. 2003)과 같은 다양한 중독 행동에 걸쳐 보고된 바 있다.

주의 편향

스트룹 색상 명명stroop color naming 과제는 단어가 갖는 의미를 무시하고 단어의 지각적 특성에 각별한 주의를 기울일 것을 요구한다. 이 과제의 원래 버전에서는 사람들에게 명명하려는 이름과는 다른 색상으로 쓰인 색상 단어 목록을 제시하고(예: '빨강'), 참가자는 쓰인 단어의 색상을 최대한 빨리 말하도록 요청받는다. 이 과제는 색상을 가지지 않는 단어로 확대 적용되었는데, 문제 음주자와 흡연자는 그들의 중독 행동과 의미상 관련된 단어(예: '담배' 또는 '맥주')에 대하여 선택적 간섭효과(색상 명명 시간 지연)를 보여 주었다(Waters and Feyerabend 2000; Bruce and Jones 2004).

시각적 탐사visual probe 과제도 약물 단서에 대한 주의력 반응에 관해 유용한 정보를 추가하는 것으로 밝혀졌다. 워터스 등(Waters et al. 2003)은 골초들의 표본에서 중립적인 사진보다 흡연 사진을 대체한 시각적 탐사에 더 빠르고 정확하게 반응하는 것을 발견했는데, 이는 골초들이 흡연 단서에 대한 주의 편향이 있다는 것을 입증하는 것이다. 또한 주의 편향은 과제를 수행하기에 앞서 보고한 갈망의 경중과도 상관관계가 있는 것으로 밝혀져, 이러한 편향이 동기유발 과정 때문일지도 모른다고 시사했다.

브래들리 등(Bradley et al. 2004)이 수행한 또 다른 시각적 탐사 연구에서 흡연자는 비흡연자에 비해 200~2,000ms의 노출 시간 동안 제시된 흡연 사진에 주의 편향을 보였지만, 매우 짧은 대기시간(17ms) 노출에서는 주의 편향을 보이지 않는 것으로 나타났다. 또한 흡연자는 대조군보다 흡연과 관련된 단서를 훨씬 더 좋아했다. 브래들리 등은 이러한 결과를 두고 편향이 전의식적 처리로 일어나는 것이 아니라는 것을 보여 주는 것이라고 해석하였다.

유사한 주의 편향이 문제도박자들에게서도 발견되었다. 보이어와 디커슨(Boyer and Dickerson 2003)은 도박 행동을 통제하는 데 어려움을 겪는다고 응답한 사람들은 도박 행동을 통제할 수 있다고 응답한 사람들과 비교했을 때 포커 머신poker machine 도박과 관련된 단어의 색상을 말하는 데 훨씬 더 오랜 시간이 걸린다는 사실을 알아냈다.

편향 유형에 따라 다른 결과들

흔하게 사용되는 세 가지 인지 편향 척도(차폐 및 비차폐masked/unmasked 스트룹 검사, 시각적 탐사 과제)가 근본적으로 서로 다른 메커니즘을 활용할 수 있다는 제안이 나왔다. 모그와 브래들리(Mogg and Bradley 2002)는 이들 척도로 측정한 흡연자 집단의 점수 간에 상관관계가 없다는 것을 알아냈다. 검사에 참여한 사람들은 첫 회기 12시간 전에는 금연하고 두 번째 회기 전에는 평소대로 담배를 피울 것을 요청받았다. 흡연 관련 사진에 대한 주의 편향은 시각적 탐사 과제에서 발견되었고, 흡연 관련 단어에 대한 주의 편향은 차폐 없는 조건으로 수행한 수정된 스트룹 과제에서 발견되었다. 자가 보고한 흡연 충동감은 니코틴

박탈 조작을 통해 수행한 검사보다는 수정된 스트룹 과제가 가장 강하게 예측했으며, 흡연 단서에 대한 전의식적 편향 증거는 발견되지 않았다.

빈번한 술자리와 고양enhancement 동기로 자주 마시는 술은 대처coping나 사회적 동기 때문이 아니라 알코올 보상 단서 및 탈억제disinhibited 행동에 주의를 기울이려는 편향과 관련이 있는 것으로 드러났다(Colder ans O'Connor 2002).

이슈 평가

실험적 연구에 따르면, 중독 행동을 더 자주 하는 사람은 그러한 행동과 관련된 자극에 우선순위를 두는 주의 및 기억 과정을 가지고 있다는 것이 분명하다. 그렇지만 이것이 보상은 있지만 해가 되는 활동을 하려는 강력한 동기를 반복해서 유발하여 행동 문제를 일으키는 비정상적인 현상인지 또는 활동에 참여한 결과로 나타나는 비정상적인 현상인지는 입증되지 않았다.

사실, 기대 이론과 마찬가지로 연구의 대부분은 반복되는 동기의 강도보다는 행동 빈도를 목표 변수로 삼았다. 이 책에서 언급되고 있는 다른 이론과 마찬가지로, 이 이론도 경우에 따라 중독의 원인이 될 수 있는 흥미로운 현상에 주목하지만 포괄적인 이론으로는 생각할 수 없을 것 같다. 채택한 실험 방법은 편향과 중독의 연관성을 보여 주지만 분산이 작다는 것만 설명할 뿐이며, 중독자 가운데 제안된 편향의 증거를 보여 주지 않는 개인도 많다.

* 이 책에서는 설명을 위해 기대 이론과 인지 편향 이론을 분리하였는데, 실제로는 이 책에 있는 많은 이론과 마찬가지로 개념과 아이디어가 겹치는 부분이 상당히 많이 있다.

행동경제학

중독을 이해하는 흥미로운 접근으로 경제학 분야에서 개념을 차용하여 선택 행동을 하는 심리에 적용하는 방식이 있다. 부치니치와 헤더(Vuchinich and Heather 2003)가 이에 대해 상세하게 다룬 훌륭한 저서를 출간하였는데, 사실 우리는 이미 이 접근법에 속하는 두 가지 이론(합리적 중독모형과 스코그의 선택 이론)을 고찰한 바 있다.

그러면 정형화되어 있는 행동경제학Behavioural Economics을 좀 더 폭넓게 살펴볼 필요가 있다. 행동경제 이론Behavioural Economic Theory에서 설명하는 메커니즘이 의식적인 의사결정에 어느 정도까지 효과가 있는지는 명확하진 않지만, 그것도 하나의 해석이므로 여기서 이 이론적 접근방식을 검토해 보기로 한다([글상자 3-9]).

[글상자 3-9] **행동경제 이론**

경제적 여건이나 원칙은 중독성 물질의 소비에 영향을 주며, 이는 약물의 입수 여부나 개인이 약물 사용 결정을 내리는 데 있어서 영향력을 가진다.

소비 행동으로서의 중독

중독에 대한 행동경제 이론은 중독성 물질 소비에 영향을 주는 여건 측면에서 중독을 설명하려고 한다(Bickel et al. 1995). 이 이론에서는 중독을 과거 소비 증가가 현재 소비 증가를 결정하는 과정처럼 보며, 소비와 광범위하게 정의된 비용 간의 비례적인 상관관계를 통해 소비가 비례적으로 증가하는 것은 비용의 비례적인 변화로 설명할 수 있다고 제안한다(Bickel et al. 1997). 행동경제 이론은 개인 및 인구집단 수준에서 중독 행동을 서술한다.

상충관계(트레이드오프)와 상호작용

행동경제 이론은 특히 여러 가지 보상 자극(강화물)reinforcer과 이러한 자극을 경험하기 위해 개개인이 소비하는 자원 간 상충관계trade-off와 상호작용에 초점을 맞추고, 해당 보상이 얼마나 먼 미래에 생길지를 함수로 나타낸다.

가격 탄력성

경제 이론의 중심 개념은 가격 탄력성price elasticity이다. 이는 가격 변화에 대한 수요의 비례적 변화 비율이다. 비탄력적 소비는 가격 상승에 비해 소비가 비례적으로 적게 감소하는 것을 말하고, 반대로 탄력적 소비는 가격 상승에 비해 소비가 비례적으로 더 크게 감소하는 것을 말한다. 예를 들어, 담배의 가격 탄력성이 -0.5라는 것은 다른 모든 요인을 일정하게 유지할 때 가격이 1% 상승하면 수요가 0.5% 감소한다는 것을 의미한다. 영국과 미국의 경우, 대다수의 연구에 따르면 담배 소비는 가격 비탄력적이며, -0.4에서 -0.5 정도의 수치를 보인다(Lewit 1989).

행동경제 이론의 주요 신조 중 하나는 '단가'가 낮아질수록 강화물을 찾는 행동이 더 빈번해진다는 것인데, 여기서 단가는 특정한 '양'의 강화 자극을 획득하는 데 필요한 가격, 시간, 노력을 포함한 **총 자원**으로 정의한다. 이는 단가의 변화가 강화 에피소드마다 반응 요건이 바뀌기 때문에 발생하든, 반응당 제공되는 강화의 양에 변동이 생겨서 발생하든 마찬가지이다.

이러한 연구 결과는 약리 효과와 조건화의 효과가 기여하는 것 같다. 매센스키와 마이시(Macenski and Meisch, 1998)는 경구 투여한 소량의 코카인에서조차 단가가 소비를 예측했다는 것을 알아냈는데, 코카인 용액의 맛은 매우 적은 용량에도 불구하고 조건화된 강화적 속성을 습득하여 경험할수록 더하게 되는 강화물로서 기능할 수 있게 되었다는 것이다.

수요 곡선의 변화로 본 중독

행동경제의 관점에서는 중독을 단가와 약물 소비 사이의 관계 변화로 본다. 간단히 말해서, 이는 약물에 의존적인 약물 복용자가 주어진 단가로 더 많이 소비하는 경우 '수요 곡선demand curve'이 우상향 이동하는 것으로 생각할 수 있다. 그러나 그렇게 되려면 함수의 기울기가 변해야 하므로 좀 더 자세한 설명이 필요하다. 플랫 함수나 기울기가 최소인 함수는 '비탄력적 수요'를 보여 준다고 가설을 세운다. 약물에 점점 더 의존하게 되면 수요 곡선은 우측으로 이동하여 가격 변화가 소비에 거의 영향을 미치지 않는 비탄력적인 약물 수요가 발생할 것으로 예측된다. 약물 의존이 높을수록 수요 곡선의 절편이 커지고 기울기는 작아지면서 안정적인 섭취 패턴이 형성되고 약물 사용을 통제하기가 더 어려워질 것으로 예상된다.

교차 가격 탄력성

한 강화물의 이용 가능성은 원칙적으로 또 다른 강화물 수요에 영향을 미칠 수 있는데, 이를 '교차 가격 탄력성cross-price elasticity'이라 한다(Bickel et al. 1995). '대체'는 한 강화물의 이용 가능성이 다른 강화물의 소비를 감소시키는 상황을 말하며, '보완재'는 다른 강화물의 가치를 증대시키는 강화물이다.

술이나 연초 담배의 경우 가격 간 유의미한 교차 효과가 거의 발견되지 않았기 때문에, 어느 물질의 가격을 올린다고 해서 소비자가 한 물질에서 다른 물질로 엇바꾼다는 증거는 거의 없다(Godfrey 1986). 서로 다른 물질 간 상호의 영향에 대해서 존스(Jones 1989)는 1964~1983년 기간 동안 영국 데이터를 사용하여 연초 담배, 맥주, 와인 및 증류주에 대한 수요 방정식 중 한 하위체계를 발견했는데 그 결과 연초 담배는 네 가지 종류의 알코올성 음료에 대한 보완재였음이 밝혀졌다. 예를 들어, 연초 담배 가격이 1% 오를 때 다른 모든 요인을 일정하게 유지하는 조건에서 맥주와 와인 소비는 0.2%, 증류주와 사이다 소비는 0.5% 감소하는 것으로 나타났다.

지연 할인

지연 할인delay discounting 개념은 행동경제 이론의 중요한 특징으로서, 개인이 더 크지만 나중에 받을 수 있는 보상보다는 작지만 더 즉각적으로 손에 넣을 수 있는 보상을 선택하는 현상을 말한다. 지연 보상delayed reward은 상수형 감쇄 매개변수decay parameter를 따라 기하급수적으로 가치가 할인된다는 견해가 있으며, 할인은 감쇄가 나중에 더 커지는 쌍곡선 함수hyperbolic function를 따른다는 견해도 있다(Madden et al. 1999).

지연 할인의 예는 수없이 많으며, 이를 뒷받침하는 가치 평가의 개인차가 중독 행동 패턴을 발달시키는 성향을 설명할 수 있다는 증거가 있다. 한 연구에서는 병적 도박자가 택한 지연 보상 할인과 도박을 하지 않는 참여자가 택한 지연 할인을 비교했는데(Dixon et al. 2003), 참여자들에게(여건에 따라 1주부터 10년까지 다양하게) 지연 후 쓸 수 있는 1천 달러와 즉시 사용할 수 있는 금액으로 같거나 더 적은 액수 사이에서 몇 번이고 반복 선택하는 가상의 과제였다. 즉각적인 금전적 보상과 지연된 금전적 보상 사이의 '무차별점indifference point'은 각 지연 조건에서 선택을 시도할 때마다 즉각적으로 받을 금액을 달리하며 산정했다. 병적 도박자는 대조군 참여자보다 지연 보상의 가치를 더 터무니없이 할인하여 즉각적으로 사용할 수 있는 보상을 더 선호하였다. (역자 주: 무차별점은 당장 받는 것을 선택하든지, 미래에 받을 것을 선택하든지 주관적인 가치가 같아지는 지점)

가치 폄하와 충동성

가치 폄하discounting는 약물에 의존하는 사람들에게서 뚜렷이 나타나는 충동성impulsivity과 약물 사용과 관련된 통제력 상실을 설명하기 위해 제안되었다. 충동성은 중독 외에 비행delinquency, 자살, 공격성, 도박 및 과도한 지출 행동과도 관련이 있다.

약물에 의존하는 사람들은 다양한 친사회적이지만 종종 지연되는 보상보다는 단시간이라도 즉각적인 효과를 주는 약물 중독drug intoxication 또는 일시적이나마 금단 증상을 완화하는 편을 선택하는 것으로 나타났다(Madden et al. 1997). 또한 정맥 주사 약물 사용자는 주사기 바늘을 살균하거나 깨끗한 바늘을 구할 수 있을 때까지 약물 사용을 미루는 대신에 피하주사 바늘을 공유하는 편을 선택하는 경우가 많은 것으로 보인다. 약물 사용자가 충동적인 행동을 보이고 표준화된 충동성 검사에서 대조군보다 높은 점수를 받는다는 주장 외에도, 다양한 유형의 약물 의존 장애별로 충동성의 유병률이나 심각도를 비교하여 이것이 일반적인 특성인지 아니면 충동성이 강화물 유형에 따라 달라지는지를 평가하는 연구가 시작되었다.

통제력 상실

통제력 상실은 충동성과는 다소 다른 것으로 해석된다. 통제력 상실의 경우, 약물에 의존하는 사람들은 더 크고 지연된 보상을 선호하지만 실제로는 더 작고 즉각적인 보상을 선택한다고 보고한다(Bickel and Marsch 2001). 통제력 상실과 충동성의 주요 차이는 통제력 상실의 경우 행동과 표명하는 선호도 간 일치하지 않는 반면, 충동성의 경우 목전의 작은 보상을 일관되게 선호한다는 점이다. 비켈과 마쉬(Bickel and Marsch 2001)는 약물을 사용하는 것보다 직장이나 가족/친구 관계를 더 선호한다고 강력하게 피력하는 약물 의존자들을 예로 제시하면서, 이들은 얼마 지나지 않아 일하러 가거나 친구나 가족과 시간을 보내는 대신 약물을 사용할 수 있다고 말한다.

할인에 영향을 주는 요인

교육 수준이 지연 할인의 작동에 중요한 역할을 할 수 있다는 제안이 있는데, 재로니 등(Jaroni et al. 2004)은 교육 수준이 낮은 흡연자가 비흡연자보다 미래 보상을 할인할 가능성이 좀 더 높다는 사실을 알아냈다.

피곤한 상태(피로감)tiredness 또한 영향을 미칠 수 있다. 수면 부족에 시달려 온 참여자의 경우 할인 효과가 악화된다는 증거가 있는데(Reynolds and Schiffbauer 2004), 이는 자기통제 실행에는 정신적 노력이 필요하고 또한 정신적 자원이 뒷받침되어 줘야 하는데 수면 부족이 되면 그 자원이 고갈되어서 그런 것으로 볼 수 있다.

복합물질 사용, 대체 및 상보성

섬널 등(Sumnall et al. 2004)이 복합물질polysubstance 사용자 표본을 대상으로 알코올, 암페타민, 코카인, 엑스터시를 가상으로 구매하는 경우 가격의 영향을 조사했다. 자가 보고한 알코올 수요는 비탄력적이었고, 암페타민은 알코올을 대체하는 약물로, 코카인은 보체complement 약물로, 엑스터시는 알코올 가격 인상과 무관계한 것으로 나타났다. 한편, 암페타민의 수요는 가격이 오르는 상황에서도 탄력적인 것으로 나타났고, 알코올은 암페타민의 대용품으로 확인되었으며, 다른 물질들은 독립적인 것으로 나타났다. 코카인은 탄력적인 수요를 보였고, 알코올과 엑스터시는 코카인을 대체하는 물질이었지만 암페타민은 관련이 없었다. 마지막으로, 엑스터시에 대한 수요는 탄력적이었고 엑스터시 가격이 오르니까 코카인으로 대체되었다. 이러한 결과는 물론 가상으로 설정한 상황과 자가 보고가 실제 행동을 정확하게 반영하지 못할 수도 있지만, 소비에는 사회경제적 및 정신약리학적psychopharmacological 요인이 관여한다는 것을 시사한다.

'대체'라는 측면에서, 청소년의 흡연 선택은 흡연을 대체하는 강화물이나 보완 활동에 따라 달라지는 것으로 보이며, 강화물 가치에 대한 평가도 개인차가 있는 것으로 나타났다. 예를 들어, 오드레인-맥거번 등(Audrain-McGovern et al. 2004)은 청소년 표본에서 흡연의 주요 '대체재'로 학교행사 참여, 학업 성취, 신체 활동, 스포츠팀 참여 등이 있다는 것을 알아냈다. 청소년들의 흡연 결정에 영향을 준 보완 활동에는 또래 흡연이나 물질 사용이 포함되어 있다.

이슈 평가

행동경제 이론은 중독에 유용한 관점을 제공한다. 원칙적으로 다른 이론들이 지향하는 방향에 포함될 수 없는 것은 거의 없지만, 다른 이론에서는 소홀히 할 수 있는 개념을 지적한다. 특히 어떤 것은 대체재 역할을 하고 어떤 것은 보완재 역할을 하는 강화물 간의 상호작용에 대한 개념이 유용하다.

그러나 경제학적 사고를 보편적인 개념으로 적용할 때는 매우 신중해야 한다. 예를 들어, 특정 강화물이 제공하는 정확한 목적을 알지 못하고서는 반응 대체response substitution 측면에서 어떤 일이 일어날지 예측할 수 없다. 또한 특정 강화물의 가치는 상황에 따라 크게 달라진다는 점을 인식해야 한다. (역자 주: 반응 대체는 바람직하지 않은 행동 대신 대체 행동을 나타내도록 가르치는 행동 수정 기술임)

마지막으로, 연구 대상 행동을 구체적으로 이해하는 것이 필요하며, 그렇지 않으면 증거를 해석하는 데 심각한 잘못을 저지를 수 있다. 대표적인 예로 담배 소비의 가격 탄력성을 들 수 있다. 앞서 담배 소비의 가격 탄력성이 -0.4에서 -0.5 사이라는 연구 결과가 있다고 언급한 바 있는데, 이는 구매력 측면에서 가격이 평균 10% 상승하면 소비량이 4~5% 정도 감소한다는 것을 의미한다. 만일 암시장 뒷거래 문제를 해결할 수 있게 된다면, 세금 인상은 흡연 인구를 감소시키는 방법 가운데 최우선 순위가 될 것이다.

그러나 담배 소비량 감소는 흡연자가 담배를 덜 피우거나, 흡연을 시작하는 사람들이 줄어들거나, 또는 아예 금연하는 사람이 늘어나기 때문에 발생할 수 있다는 점을 인식해야 한다. 가격 상승이 금연에 미치는 영향에 대한 증거는 많지 않지만, 가격 탄력성이 -0.2에 가깝다는 것을 시사하는 증거는 있다.

담배를 계속해서 피우는 사람들의 소비가 감소하는 일은 여전히 가치가 있다고 의미를 둘 수 있지만, 흡연자가 가격 상승에 대응하여 소비를 줄이면 결국 담배 연기를 덜 흡입하는 것이 아니라 오히려 꽁초를 더 철저하게 피우게 된다. 그래서 가격 인상이 흡연자의 수를 감소시킬 수 없는 한 실제 흡연량에는 별다른 영향을 미치지 않는 것으로 보인다. 흡연이 사실상 피우고 싶은 양만큼 니코틴을 추구하는 행동을 나타내는 것이라면 이는 그렇게 놀라운 일은 아니다.

수학적/규칙 기반 선택 이론과 관련된 일부 문제

앞서 신념과 평가에 초점을 맞춘 수많은 행동 이론이 있으며, 이들이 어떻게 결합하여 행동에 영향을 미치는지에 대해 언급했다. 이 가운데 가장 일반적인 것은 아마도 주관적 기대 효용 이론Subjective Expected Utility Theory일 것이다(Baron 2000 참조). 이 이론은 수학적 모형으로 의사결정 과정을 정립한 것으로, 의사결정자가 물망에 오르고 있는 각 선택지에 대해 가능한 각 결과가 얼마나 좋은지 나쁜지를 검토한 다음, 그 결과가 발생할 가능성이 따라 그들이 생각하는 가중치를 부여하는 방식이다. 그런 다음 의사결정자는 이러한 '가중 효용weighted utility'을 고려 중인 각 선택지에 합산하여 가장 높은 값을 가진 선택지를 선택한다.

서술 방식이나 메타포를 사용한 모형

물론 우리는 사람들이 드문 경우를 제외하고는 실제로 이렇게 행동하지 않는다는 것을 알고 있지만, 이론가들은 사람들이 몇 가지 눈에 두드러지는 나타나는 편차를 제외하고는 마치 그렇게 하는 것처럼 행동한다고 주장해 왔다. 하지만 막상 닥쳐 보면 이 모형은 사람들이 실제로 생각하는 방식과 상충되기 때문에 대부분의 실생활에서는 적용할 수 없다.

그 예로, 우리는 일반적으로 훨씬 더 되는 대로 의사결정을 한다. 우리는 결과의 가치를 수치로 따져서 생각하지 않으며, 종종 결과보다는 선택지의 '특성'(예: 구매하려는 자동차의 미적인 품격) 등에 대해서 고민한다.

놀랍게도 이러한 한계는 심리학자와 경제학자에게는 그다지 큰 관심사가 아니었는데, 짐작하건대 이들은 무엇이든지 다소 단순한 수학적 방식으로 표현할 수 있는 것을 좋아하는 사람들이라 이 모형이 실제 행동에 적용할 수 없는 것이 뻔한데도 이를 받아들였을 것으로 추정된다. 이에 대해 주목할 만한 예외는 재니스와 만(Janis and Mann 1977)의 연구에서 찾아볼 수 있는데, 이들은 사람과 상황에 따라 의사결정 방식이 달라지는 보다 현실적인 모형, 즉 **갈등 이론**Conflict Theory을 개발했다.

계기의 중요성

하지만 또 다른 한계가 지적되었는데, 그것은 행위는 당시의 상황에 의해 영향을 받는다는 것이다. 이 점은 **계획된 행동 이론**(TPB)(예: Hu and Lanese 1998)에서 제한적으로나마 반영했었고, **건강 신념 모형**(HBM)Health Belief Model(예: Garcia and Mann 2003)에서는 훨씬 더 많이 반영했다. 이것은 '의도intention'라는 개념을 명시적으로 추가시킴으로써 문제를 해결한다. 안타깝게도, TPB는 의도를 수분에서 수개월에 걸쳐 지속될 수 있는 다소 지속되는 상태 관점에서 해석해 왔다. HBM은 '행위 단서(행동 유발 단서)' 또는 **트리거**trigger라는 개념을 도입하고 있는데, 이들은 운동, 검진 참석, 금연 시도와 같은 행동의 당면한 상황적 결정요인이다. 이 모형은 트리거를 개인이 해당 행위를 생각해 보도록 하는 동기와 무관한 것으로 취급하는 한계가 있다.

한 중독 행동에서 다른 중독 행동으로 전환

시간이 지남에 따라 그리고 경험의 결과로 선호도가 바뀌는 방식에 초점을 맞춘 이론들이 다수 있다. 그러한 설명 중 하나는 헤로인과 같은 위험한 약물을 사용하는 많은 사람이 대마초와 같은 소위 '연성' 마약soft drug으로 약물 복용을 시작했다는 관찰과 관련이 있다. 지속적인 약물 사용으로 인한 선호도의 변화는 대중과 정치인들 사이에서 널리 통용되는 특정 이론에서 잘 드러난다. 바로 **관문 이론**Gateway Theory이다([글상자 3-10]).

[글상자 3-10] 관문 이론

이 이론에서는 통상적으로 중독 효과가 덜하고 중독성이 낮은 약물을 사용하는 사람이 되면 더 강력하고 잠재적으로 더 중독성이 있거나 해로운 다른 약물을 더 쉽게 사용하는 취약성을 드러낼 것이라고 주장한다. 한 가지 예로, 대마초를 흡입하는 사람은 헤로인 복용으로 넘어갈 가능성이 높아진다는 설이 있다(예: Kandel 1992).

이 이론은 이러한 일이 일어날 수 있는 여러 가지 메커니즘을 제시한다. 첫째, '관문' 약물은 더 센 약물이 선사하는 보상의 맛을 쉽게 제공할 수 있다. 둘째, 개인은 관문 약물에 내성이 생길 수 있어서 그 효과는 점점 더 약해지고, 본래의 보상을 얻으려고 더 강한 약물을 찾으려는 동기가 유발된다. 이는 경우에 따라 같은 약물이라도 약하게 처방하다 좀 더 강한 형태로 변화를 주거나 좀 더 강력한 효과를 내는 약물 전달 방식으로 전환하는 것과 같은 원리일 것이다. 셋째, 관문 약물을 사용하거나 거래하는 사람들과 어울리게 되면 약물 사용자는 더 강력한 약물을 사용할 기회가 한층 늘어나거나 사회적 압력에 직면할 수 있다.

연성 마약에서 강성 마약으로

이 이론을 뒷받침해 주는 주요 관찰은 헤로인과 같은 '강성' 마약hard drug을 사용하는 사람 중 상당수가 대마초와 같은 '연성' 마약을 복용함으로써 시작했다는 것이다. 그러나 니코틴, 알코올, 불법 약물 복용 간 전이도 조사되었는데(Kandel et al. 1992; Lindsay and Rainey 1997; Kenkel et al. 2001; Beenstock and Rahav 2002; Chen et al. 2002; Tullis et al. 2003), 서열은 인구집단마다 다른 것으로 보인다.

인과관계 입증의 문제

문제는 한 약물에서 다른 약물로 전환이 관찰된 것만으로 반드시 인과관계가 있다는 것을 뜻하지 않는다는 것이다. '강성' 마약을 복용했을 때 사람들을 위험에 빠뜨리는 것과 똑같은 특성이 '연성' 마약을 복용하게 만들 수도 있으며, 마약을 구할 가능성이나 기타 환경 조건으로 인해 강성 마약 복용에 앞서 연성 마약을 복용할 수도 있다는 것도 똑같이 그럴 듯하다.

한 가지 약물과 다른 약물 유형 간 진정한 인과관계를 검증하는 한 가지 방법은 인구집단 수준에서 첫 번째 유형(관문 약물)에 직접적으로 영향을 미치는 요인이 나중에 두 번째 유형에 어느 정도로 영향을 미치는지를 평가하는 것이다. 이스라엘에서 행한 한 연구에서 밝혀진 바에 따르면, 담배 가격 인상이 대마초 흡연을 감소시켜 담배가 대마초의 관문 약물이 될 수 있음을 시사하는 반면, 대마초 가격 인상은 이후 헤로인 사용에 아무런 영향을 미치지 않아 당시 이스라엘에서 대마초가 헤로인의 관문 약물은 아니었음을 시사한다(Beenstock and Rahav 2002). 그러나 대안으로 제시할 설명을 내놓는 것은 어렵지 않으며, 측정 오류와 시간 척도의 선택이 조사 결과에 영향을 미칠 수 있다.

관문 이론과 행동경제학

관문 이론은 경제 이론 관점에서 정식화된 것으로(Pacula 1997), 다음과 같이 제안한다.

> 여러 약물을 복용하는 습관 형성의 경우 …… 기존에 다른 약물을 소비한 적이 있을 때 새로운 약물을 시작하는 한계효용marginal utility은 더 높으며, 나아가 개인은 한계비용marginal cost이 가장 낮은 약물로 약물 소비를 시작하는 것으로 나타났다. 실측 데이터에서 관찰되는 약물을 사용하는 특정 순서는 합법 및 불법 약물 소비의 한계비용 차이로 설명된다.' (초록에서)

이슈 평가

일반적인 중독 이론 관점에서 볼 때, 한 가지 형태의 약물을 사용하다가 다른 형태의 약물로 전환하는 현상을 설명할 수 있어야 하지만 이는 상황에 따라 크게 달라질 수 있다. '연성' 마약을 사용하는 것 자체가 '강성' 마약을 사용하게 될 가능성을 높인다고 말할 수 있는 입장은 아직 아니다. 정책 측면에서 보면, 연성 마약에 대한 규제를 완화한다고 해서 강성 마약 사용이 더 확산할지는 알 수 없다. 중독의 측면에서 볼 때, 한 가지 약물 사용이 다른 약물에 중독되는 데 미치는 영향에 대해 아직은 유용한 어떤 정보를 말할 수 있는 처지가 아니다.

중독에서 회복

초이론적 모형(TTM)Transtheoretical Model은 만성적인 행동 패턴을 좀 더 나은 방향으로 바꾸려는 개인의 시도에 좀 더 초점을 맞춘 모형으로, 때로 **변화 단계(SOC)**Stages of Change (또는 변화 주기Cycle of Change) 모형으로 불린다. 이 모형은 개인이 금연, 음주 자제 또는 금주, 더 많이 운동 시간을 내는 등을 언제, 어떻게, 왜 실천하는지를 설명하고자 한다([글상자 3-11]). 이를 위해 다른 이론에서 가져온 몇 가지 아이디어를 결합하여 변화 과정과 관련된 단일 틀을 만들었는데, 여기서 변화는 '단계stage'가 있어 이들 간에 이행하는 과정으로 간주한다.

[글상자 3-11] 행동 변화 초이론적 모형

초이론적 모형TTM이 제안하는 바에 따르면, 중독 행동에서 회복되는 과정은 어떤 변화도 고려하지 않는 '숙고 전precontemplation' 단계부터, 가까운 미래에 변화를 고려하는 '숙고contemplation' 단계, 확실한 시도를 위해 계획을 세우는 '준비preparation' 단계, 시도가 이루어지는 '실행action' 단계, 그리고 새로운 패턴을 확립하는 '유지maintenance' 단계를 거쳐야 한다. 각 단계 간 이행에는 다양한 변화의 과정이 개입되며, 개인은 앞 단계로 나아갈 뿐만 아니라 이전 단계로 후퇴할 수도 있다.

이 모형은 개인이 중독을 극복하면서 겪는 과정 및 다른 만성적인 행동 패턴을 변화시키면서 거치는 과정을 서술하고자 한다. 변화 단계SOC 모형이라고도 하는 행동 변화 초이론적 모형에 따르면, 흡연과 같은 만성적 행동 패턴에 대해 개인은 6가지 '단계' 중 하나에 속해 있다고 규정된다(Prochaska et al. 1985; Prochaska and Goldstein 1991; Prochaska and Velicer 1997). 즉, '숙고 전'은 개인이 정해진 기간 내 변화할 생각이 없는 단계이다. '숙고'는 변화를 생각하고는 있지만 정해진 기간 동안 변화하려는 어떤 구체적인 계획도 세우지 않는 단계이다. '준비'는 개인이 변화를 작정하는 단계이다. '실행'은 개인이 적극적으로 변화를 시도하는 단계이다. '유지'는 정해진 기간 동안 새로운 행동 패턴을 보여 주는 단계이다. '종료termination'는 새로운 행동 패턴을 영구적으로 채택한 단계로 비교적 최근에 이 모형에 추가되었다. 다섯 가지 주요 단계에 대해 다음에 더 자세히 설명한다.

숙고 전 단계

이 단계는 행동 변화에 관심이 없고 당장 가까운 미래에 행동 변화를 하고 싶은 욕구가 없는 개인을 나타낸다. 프로차스카 등(Prochaska et al. 1985)은 가까운 미래를 6개월로 시한을 정하고 있는데, 이 기간은 대부분의 사람이 구체적인 건강 행동 변화를 계획하기에 가장 먼 미래이기 때문이다. 이 단계에 속하는 개인은 특정 행동에 대해 인식이 부족하고 잘 알지 못하고 있다고 생각된다. 그러나 이러한 개인은 해당 행동이 자신의 건강에 미치는 영향을 알고 있지만 건강 행동 변화 프로그램에 참여하는 것을 피한다. 아마도 자기합리화rationalisation 때문일 것이다. 이 사람은 바라던 행동 변화에 실패한 나머지 이 단계에 있을 수 있으며 과거에 한 노력을 억울하게 여길지도 모른다. 숙고 전 단계에서 숙고 단계로 진전은 의식적인 인식을 고취함으로써 매개할 수 있으며, 그러한 의식 증진에는 대중매체가 도움이 된다. 또한 쉽게 달성할 수 있는 목표는 자기효능감이나 자신감을 높일 수 있어서 숙고 단계로의 진전을 도울 수 있다.

숙고 단계

이 단계에 있는 개인은 향후 6개월 안에 자기의 행동을 변화시키려는 욕구가 있다고 해도 된다. 프로차스카 등(1985)은 개인이 잠재적인 장벽이나 제약을 알고 있음에도 불구하고 이러한 의도가 피어오른다고 주장한다. 그런 다음 이러한 장벽을 염두에 두고 행동 변화를 위한 계획을 수립한다. 개인이 부딪치는 장벽의 유형은 개인마다 다를 수 있지만 바라던 행동 변화의 이점은 당사자에게는 분명할 것이다. 어떤 개인에게는 행동 변화를 위해 필요한 재정이 충분하지 않은 것이 문제가 될 수 있는 반면에, 어떤 개인에게는 해당 행동을 바꿀 때 사회 활동에 미치는 영향이 우려될 수 있다. 이 단계에 있는 개인에게는 특별한 관심, 개입 또는 전략이 필요하며, 그들이 가장 편안하게 느끼는 속도로 바라던 행동을 향해 개인에 맞게 점진적으로 나아가는 것이 강조되고, 동기가 유발되도록 격려를 해 줘야 한다. 이 단계에서는 대중매체가 전하는 통상적인 메시지보다 맞춤형 메시지가 더 바람직하다.

준비 단계

이 단계에 있는 개인은 가까운 시일 내에, 즉 다음 달 안에 행동을 변화시키려는 의도를 가지고 있는데, 보통은 이전에 한 번 시도해 본 적이 있다. 이 모형은 최근에 변경되어서 변화를 위한 사전 시도가 꼭 필요하지는 않게 되었다.

실행 단계

실행 단계는 짧게는 한 달에서 길게는 6개월까지 지속될 수 있으며, 행동의 변화로 알아볼 수 있다. 이 변화 단계는 행동에 가시적인 변화를 수반하기 때문에 가장 쉽게 식별할 수 있으며 통상 외부로부터 가장 큰 인정을 받는다. 이 단계에 있는 개인은 약물 남용이나 흡연 같은 특정 행동을 자제할 경우 플러스 요인보다 해당 행동과 관련된 단점이 더 크다고 인지할 것이다. 운동 및 식이요법regimen을 고수하는 것과 같은 행동의 경우 행동의 장점이 단점보다 더 커야 한다. 이 사람이 해당 행동 패턴을 계속하게 되면 유지 단계로 나아가게 된다.

유지 단계

이 단계는 실행 단계 이후에 시작되며 몇 년 동안 지속될 수 있다. 개인의 자기효능감은 이 단계에서 가장 높다. 이 모형을 적용할 때는 행동 변화를 위해 노력하고 있는 개인에게 재발 상황에 어떻게 대처할지를 가르치도록 설계된 자기통제 프로그램 형태로 재발 예방책을 염두에 두는 것이 중요하다. 이 모형은 순환적이기 때문에 개인은 한 단계만이 아니라 여러 단계를 되풀이하여 재발할 수 있다.

변화의 과정

이 모형은 개인이 순차적으로 단계를 진행하지만, 보통은 유지 단계까지 성공하기 전에 이전 단계들로 되돌아간 다음 종료한다고 제안한다(Prichaska and Velicer 1997). 또한 여러 단계 사이를 이동할 때마다 다양한 변화의 과정이 관여한다고 되어 있다(Prichaska and Velicer 1997). 이 모형에서는 변화를 촉진하기 위한 개입은 개인의 현재 단계에 알맞게 설계되어야 한다고 주장한다(Prichaska and Goldstein 1991). 한 개인을 한 단계에서 다른 단계로 이동시키는 일은 나중에 종료 단계에 도달할 가능성을 높이기 때문에 가치 있는 목표가 된다고 주장한다(Prichaska and Goldstein 1991). 이 모형을 지지하는 사람들은 이 모형이 건강 증진에 일대 혁신을 일으켰다고 주장하고, 개인에 대한 특정 단계 맞춤형 개입이 실효성을 증진한다고 주장하고 있다(Prichaska and Velicer 1997).

모형 사용 시 어려움

다음의 분석은 주로 흡연에 대한 연구를 바탕으로 하는데, 이 분야에서 이 모형이 처음 개발되었고 관련하여 수많은 연구가 수행되었다. 흡연이 어느 정도 지배적인지 파악하기 위해, 펍메드PubMed에서 'stages of change' 검색어를 사용하여 찾은 1,142개의 논문 중 초록이나 제목에 'smoking'이 포함된 논문은 313개, 'alcohol'이 포함된 논문은 110개, 'cocaine'은 14개, 'heroin'은 4개, 'gambling'은 6개였다. (역자 주: PubMed는 의학 관련 논문 데이터베이스 사이트. https://pubmed.ncbi.nlm.nih.gov/ 참조)

이 모형에 대해 여러 가지 의문이 제기되었고 그중 많은 부분이 명확하게 밝혀지게 되었다(Etter and Perneger 1999; Bunton et al. 2000; Whitelaw et al. 2000; Sutton 2001; Etter and Sutton 2002; Littell and Girvin 2002). 이 중 하나는 '단계'의 개념에 대한 우려이다. 이 모형은 단계를 차별화하기 위해 임의로 경계선을 긋고 있는데 이는 진짜 단계가 아니라는 것을 의미한다.

예를 들어, 금연을 계획 중인 개인이 향후 30일 이내 추진한다면 준비 단계에 해당하지만, 31일째인 경우에는 숙고 단계에 있다고 하는 수밖에 없다. 따라서 소위 '단계'를 구분하는 경계는 모래에 그려진 임의로 된 선에 불과하며, '흡연자의 ×%가 '숙고 단계에 있다'는 식의 진술은 실질적으로 거의 의미가 없다. 흔히 그렇듯이 '흡연자들의 ×%가 금연을 생각하고 있다'는 의미로 받아들여서는 안 된다.

둘째, 이렇게 개인을 분류하는 접근방식은 개인이 일반적으로 일관성 있고 안정적으로 계획을 세운다고 가정한다. 객관식 설문지에 응답하는 사람들은 대체로 규정을 준수하며 정답을 선택하려고 하겠지만, 그렇다고 해서 응답 선택지가 설정한 조건에 따라 생각한다는 것은 아니다. 구체적인 변화의 계기나 날짜를 정하는 사람들을 제외하고는 변화에 대한 마음가짐(예: 새해 결심과 같이)은 그다지 분명하게 형성되는 것 같지는 않다.

라라비(Larabie 2005)는 보고된 일반인 진료 표본에서 금연을 시도한 사람들 절반 이상이 계획이나 준비를 전혀 하지 않았으며, 심지어 현재 담배 한 갑을 다 피우지도 않았다는 사실을 발견했다. 웨스트와 소할(West and Sohal 2006)은 영국의 대규모 흡연자 대표 표본에서 이러한 사실을 확인했으며, 이후 다른 조사연구에서도 이러한 사실이 확인되었다. 또 다른 연구에서는 단기간에 담배를 끊으려는 의도가 상당히 불안불안하게 흘러간다는 것을 알아냈고(Hughes et al. 2005), 다른 영역에서도 단계마다 높은 수준의 불안정성이 발견되었다(De Nooijer et al. 2005).

셋째, 단계에 대한 정의가 일관성 있게 맞지 않는 여러 유형의 구성 개념이 혼합되어 있다(예: 금연 때문에 시간을 낸다거나, 과거 금연을 시도 및 의도한 적이 있다)는 지적이 있었다(Etter and Sutton 2002). 이 예들은 이 모형을 사용하는 일부 사람들이 바라는 것처럼 변화할 '준비가 되어 있는 상태(준비도)readiness'를 나타내는 것이 아니다. 준비도 또는 준비성(대비)preparedness은 사실 가늠되지 않는다.

넷째, 이 모형은 의식적인 의사결정과 계획을 세우는 과정에 초점을 맞추고 있지만 인간의 동기유발에 중요한 토대가 되는 것으로 알려진 것들에 관해서는 관심을 떼고 있다. 이 모형은 깨뜨리기 어려운 습관 발달에 있어 한 역할을 하는 보상과 처벌 및 연합학습을 무시한다(Baumeister et al. 1994; Mook 1996; Salamone et al. 2003).

행동 변화 문제의 대부분은 반복되는 보상과 처벌을 통해 건강하지 못한 습관 패턴이 고착화되고 반자동화된다는 사실에서 비롯된다(Robinson and Berridge 2003). 이러한 과정은 의식적인 인식 밖에서 작동하고 있어 비용과 편익을 따져보는 것과 같은 의사결정 규칙을 따르지 않는다. 중독 개념은 거의 또는 전혀 고려하지 않고 있는데, 흡연과 같은 행동을 말할 때 중독은 매우 중요한 고려사항이다.

이 모형으로 한 예측은 경쟁 이론에 비해 정확도나 정밀도가 떨어지는 것으로 밝혀졌다(Farkas et al. 1996; Herzog et al. 1999; Abrams et al. 2000). 그렇지 않다는 주장도 강하게 제기되었지만(Prochaska and Velicer 1997), 이론을 뒷받침하는 주요 증거로 내놓은 것은 추적 관찰을 해 보니 어느 시점에서든 유지 단계에 근접한 개인이 행동에 변화가 있었을 가능성이 높다는 것이다(예: Reed at al. 2005).

이 관계는 종종 강하지 않고, 또한 모든 연구에서 확인된 것은 아니지만(Hernandez-Avila et al. 1998; Littell and Girvin 2002), 이 관계가 존재한다는 사실은 이 모형을 입증하는 것이 된다. 그러나 이것이 진술하는 것은 행동을 바꾸려고 생각하고 있는 개인이 그렇지 않은 사람보다 행동 변화를 시도할 가능성이 더 높거나, 변화를 시도하는 과정에 있는 개인이 단지 변화에 대해 생각만 하는 사람보다 변화할 가능성이 더 높다는 것 그 이상도 이하도 아니다. 그런 식으로 말하는 것은 그냥 뻔한 것을 말하는 것과 다름이 없다. 다시 말해, 무엇인가를 하길 원하거나 계획하고 있는 사람은 당연히 그것을 시도할 가능성이 더 높고, 또 무엇인가를 시도하는 사람은 그렇지 않은 사람들보다 성공할 가능성이 더 높다는 당연한 진리를 말하는 것이다.

놀랍게도, 이 모형을 지지하는 사람들은 이 모형이 "당신은 ……을 시도할 계획이 있습니까?" 또는 "당신은 ……을 하기를 원합니까?"와 같은 간단한 질문보다 행동을 예측하는 데 더 좋다는 것을 보여 주는 결과들은 보고하지 않는 것 같다. 하지만 다른 사람들이 만든 비교 자료를 보면(예: SOC 대비 그에 앞서 나온 단순한 숙고 사다리contemplation ladder), 차이가 거의 없거나(Abrams et al. 2000), 단순한 욕구 평정rating이 더 나은 것으로 밝혀졌다(Pisinger et al. 2005b). 과학적 모형이라면 최소한 이런 식의 단순한 사정(평가)보다 개선된 것을 보여 줘야 한다고 생각할 수 있다. 또한 범주형 단계가 임의로 지정되고 있다는 점에서 누구나 예상할 수 있듯이 범주형 단계를 할당하는 신뢰성에도 문제도 있었다(Hodgins 2001).

모형의 적용 사례

이 모형을 지지하는 사람들은 많은 사람이 개입을 받아들일 준비가 되어 있지 않으므로 행동을 변화시키는 방향으로 그들을 움직이면 진전이 이루어질 수 있다는 사실에 주목했다는 점을 지적할 수 있다. 그러나 이 모형이 사용된 수년 동안, 개인의 마음을 움직여 행동으로 옮기는 것이 실제로 나중에 지속적인 행동 변화를 낳게 한다는 유력한 증거는 없는 것으로 보인다. 실제로 행동 변화를 연구한 역사를 살펴보면, 행동 변화 없이 태도 변화에만 성공했다는 연구 결과들로 가득 차 있다.

이 모형을 기반으로 한 개입이 개발되었지만, 전통적인 개념에 근거한 개입보다 더 효과가 있는지는 입증되지 않았다. SOC 접근방식을 사용하여 설계된 금연 개입을 비맞춤형 치료와 비교한 리뷰에서는 이 모형을 사용했다는 것 외에는 아무런 이점을 발견하지 못했다(Riemsma et al. 2003). 또 다른 리뷰에서도 마찬가지로 이 모형을 일차 의료primary care 행동 변화 개입에 적용했을 때 효과에 이점이 있다는 증거를 찾지 못했고(van Sluijs et al. 2004), 신체 활동 증진에 이 모형을 적용했을 때도 어떤 이점도 발견하지 못했다(Adams and White 2005). 반면, 트리거와 동기 등 다른 방식을 이용한 맞춤형 개입이 비맞춤형 접근방식보다 더 효과적이라는 사실을 입증할 만한 증거는 충분하다(Lancaster and Stead 2002).

모형의 대중성

이 모형이 인기를 끄는 것은 여러 요인 탓일 수 있는데 첫째, 과학적으로 보이는 평가도구 스타일은 치료 계획을 세울 수 있는 어떤 형태의 진단이 이루어지고 있다는 인상을 준다. 둘째, 이 모형은 또한 개인을 '숙고 전' 단계에서 '숙고' 단계로 이동시키는 것처럼 입증된 가치가 없는 소프트 성과soft outcome를 올릴 수 있도록 허용한다. (역자 주: 소프트 성과는 주관적인 측정에 따라 평가가 달라질 수 있는 성과를, 하드 성과는 객관적이고 독립적으로 측정이 가능한 성과를 의미함) 셋째, 이 모형은 일상적인 언어를 사용하여 사람들을 범주화하기보다는 라벨을 통해 사람들을 분류하는데, 예를 들어 '변화할 계획이 없는 사람'을 '숙고 전 단계 사람precontemplator'으로 부른다. 이것은 모형이 과학적으로 검증된 인상을 주지만 이는 증거에 근거한 것일 수도 있고 아닐 수도 있다.

이슈 평가

이러한 분석은 이 모형이 잘못된 개입 전략을 조장할 경향이 있음을 시사한다. 예를 들어, 숙고 전 사람들에게는 변화할 때 얻는 혜택에 대해 설득하는 등 단계를 '따라 이동하는 것을' 목표로 개입을 제공하는 경향이 있다. 그러나 중독으로 인해 변화에 관심이 없어 보이는 개인의 경우, 금연 보조제인 자이반Zyban이 출시되었을 때와 같이 새롭고 유망한 치료법을 제시하면 호의적으로 반응할 수 있다(예: Zwar and Richmond 2002).

이 모형은 또한 효과적인 개입을 제공했다면 반응을 보였을 사람들에게 오히려 제공되지 않을 가능성이 높다. 금연의 경우 가능한 한 광범위한 집단에 도움을 제공해야 효율적인데(Pisinger et al. 2005a, 2005b), SOC 모형은 행동 변화를 촉진하려는 사람들에게 약한 강도의 개입을 허용하거나, '숙고 전 사람'에게는 아무런 개입도 제공하지 않아도 된다고 받아들여질 수 있다. 이런 접근방식은 당면하게 되는 유력한 상황적 결정요인을 참작하지 못한다. 행동 변화는 겉으로 보기에 동기가 없는 사람일지라도 어떤 트리거(계기)에 반응하여 일어날 수 있는 것이다.

도움이 되지 않는다는 증거가 축적되고 있는 심리학 이론들의 경우, 더 나은 측정 방법이 필요하다던가 이론을 제대로 적용하지 않아서 그렇다고 주장하는 것이 일반적인데, 이 특별한 모형도 예외는 아니다(예: DiClemente et al. 2004).

그러나 결국 일부 이론의 경우 이론의 근본적인 법칙이 잘못되었다는 사실을 받아들여야 하는 경우가 많다.

* 이는 초이론적 모형에 대한 분석은 대부분 웨스트(West, 2005)에서 발췌한 것으로, 허가를 받고 원문의 상당 부분을 그대로 전재한다.

지금까지 중독 이론을 개발하는 과정에서 당도한 내용을 요약하면 다음과 같다. 중독은 사람들이 해당 활동에 참여함으로써 얻는 혜택 이익과 지각한 비용을 비교하여 내린 선택에서 비롯되며, 비용과 혜택에 대한 평가에는 해당 행동 및 그 결과와 관련된 느낌(감정), 미래보다 현재를 우선시하는 등 여러 종류의 편향이 작용할 수 있다. 적어도 어떤 경우에는 습관화, 민감화sensitisation 및/또는 생리적 변화로 인해 해당 활동에 대한 선호가 바뀌어 절제하는 데 들어가는 비용이 증가한다. 이러한 설명 안에 포함될 수 있지만, 이제 우리의 삶에서 매우 특별한 무언가에 주목할 가치가 있는 것이 있다. 바로 우리 자신이다.

정체성

'정체성identity' 또는 '자기 라벨링(명명하기)self-labelling'을 주제로 하는 방대한 문헌이 있다. 우리 자신을 어떻게 보는가는 분명히 우리의 행복감에 엄청나게 중요하며 행동에 큰 영향을 미친다. 이것은 중독을 망라한 흥미롭고 통찰력 있는 행동 변화 이론에서도 인정받고 있다([글상자 3-12]).

중독의 발달과 회복에 있어서 정체성이 중요하다는 사실은 다른 이론에도 포함되어 있다. 예를 들어, **중독된 자아 모형**Addicted Self Model(Fiorentine and Hillhouse 2000, 2004)에서는 개인이 행동을 통제하지 못하는 원인을 안정된 상태, 질병 또는 기타 변하지 않는 자아의 특성 탓으로 돌릴 때 알코올 의존 및 약물 의존 행동을 중단할 가능성이 더 높다고 제안한다. 당사자는 평생 금욕하면서 살아야 한다는 사실을 받아들여야 한다.

[글상자 3-12] 정체성 전환과 행동 변화

정체성 전환 이론Identity Shift Theory은 행동 때문에 생긴 정신적 고통이 증가하면서 그 결과 가치관 갈등이 일어난다고 제안한다. 이는 행동 변화를 향한 작은 발걸음을 내딛게 하고, 성공하면 정체성 전환으로 이어진다. 자아 인식(자의식)self-awareness과 자신감의 증가는 지속적인 변화의 원동력이 된다(Kearney and O'Sullivan 2003).

첫 번째 단계

정체성 전환 이론 지지자들은 폭식, 흡연, 과도한 음주, 약물 남용을 포함해 다양한 만성 행동 패턴의 변화를 설명하기 위해 이 이론을 사용한다. 여기에 제시한 버전은 다수의 질적 연구 결과물을 종합하여 개발된 것으로, 분석한 바에 따르면 지속적인 행동 변화를 실현하는 데 있어 중요한 계기moment는 '자신과 상황에 대한 비판적 재평가'였고, 이는 변화를 향한 작은 발걸음으로 이어졌다.

새로운 정체성

이 첫 단계가 성공하면 새로운 정체성에 대한 '긍정 지표positive indicator'가 만들어진다. 뒤이어 행동 변화가 더 많이 일어나면서 새로운 정체성은 행동 변화를 강화시키고 이것이 또 정체성을 강화하는 긍정적 피드백 순환으로 이어진다. 이 이론은 다른 많은 이론과 마찬가지로 촉진자극prompt 또는 제약조건으로 작용하는 사회적, 환경적 영향의 중요성에 주목한다. 나아가 이러한 제약은 강력하면서도 수없이 많기 때문에 행동 변화를 시도해도 종종 실패로 돌아가게 만든다고 지적한다. [그림 3-2]는 이 모형에서 작동하는 요소들과 영향력을 보여준다.

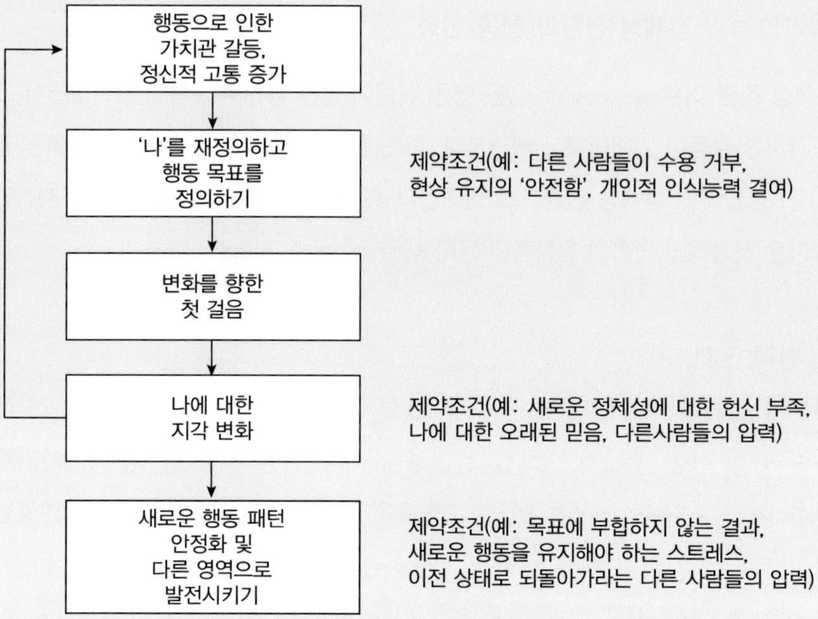

그림 3-2 정체성 전환 이론(Kearney and O'Sullivan 2003에서 발췌)

불만족 + 트리거 = 변화

이 이론의 주요한 통찰 중의 하나는 현재 상황에 대한 불만이 쌓이고, 사소할 수도 있고 중요할 수도 있는 트리거가 행동 변화로 나아가는 여정에서 계획에 없던 즉각적인 조치를 하게끔 귀결되는 경우가 많다는 개념이다. 이는 많은 금연 시도가 뚜렷한 계획 없이 질병에 대한 뉴스를 듣는다거나 담배 한 갑도 사러 나갈 수 없는 기상 조건에 이르기까지 다양한 유발요인으로 인해 발생한다는 라라비(Larabie, 2005)의 연구 결과와 잘 맞아떨어진다.

이슈 평가

이 이론은 중독에서 중추적인 개념으로 보이는 것을 강조하고 있지만, 포괄적으로 아우르는 설명은 없고 행동 변화에 관한 특정 특징에 초점을 맞추고 있다. 만약 이 이론을 포괄적인 이론으로 제안한다면, 예를 들어 오랫동안 견지해 온 목표가 있어도 이와 관계없이 행동 변화가 일어나는 명백한 반례에 저촉될 것이다.

중독은 욕망에 따른 선택 행위

우리는 이제 한 중독 이론에 도달했는데, 그것은 개인이 어떤 의미에서든 행동에 참여하거나 참여하지 않는 것을 선택한다는 것이다. 이러한 선택에는 시간이 지남에 따라 변하는 행동의 비용과 편익을 가늠하는 일과 시간이 지나면서 변하는 것을 충분히 감지하는 일이 포함된다. 우리가 완전히 의식적으로 접근할 수 없는 정신적 표상도 비용과 편익 평가에 포함될 수 있다. 선택은 자기감sense of self, 자신이 되고 싶은 모습을 포함하여 약리학적 및 비약리학적 요인에 영향을 받으며, 중독 행동 관련 자극에 대한 주의 편향 및 기억 편향에 의해서 선택이 결정될 수 있다.

유카 나무에 물주기와 중독 극복하기

중독자가 아닌 사람들은 중독자의 마음을 이해하지 못하는 경우가 많다. 기자들은 여전히 진지하게 묻는다. 흡연이 그렇게 위험한 줄 알면서도 어떻게 담배를 계속 피웁니까? 물론 담배를 끊고 싶어도 변화를 시도하는 것조차 쉽지 않다는 대답이 돌아온다. 하지만 이런 대답은 비흡연자에게는 중독자가 되는 것이 어떤 것인지, 정말로 중독자의 관점을 이해하는 데 도움이 되지 않는다. 그래서 여기 도움이 될 만한 이야기가 있다.

로버트에게는 사랑스럽고 값비싼 유카Yucca 화분이 있다. 선물로 받았는데 아주 좋아한다. 유카는 그의 사무실을 장식하는 화분이 되었다. 이전 직장에서는 비서가 물을 주곤 했지만, 현재 직장에서는 비서가 없어서 직접 물을 주어야만 한다. 유카는 내한성이 매우 강해서 물을 많이 줄 필요가 없지만, 물이 부족해서 죽어 가고 있었다. 로버트가 가끔씩 물을 좀 주면서 싱싱하게 유지하는 일이 그렇게 힘든 일일까? 별로다. 그가 그렇게 했는가? 아니다. 그는 유카가 죽을까 봐 신경을 쓰는가? 맞다.

그렇다면 도대체 왜 물을 주지 않는 것일까? 싱싱하게 보였을 때는 물을 줄 기회가 생길 때마다, 예를 들어 주방에 갈 때마다 물을 주는 것을 생각해 볼 수 있는데도, 괜찮아 보였기 때문에 물을 줄 필요가 없었고, '너무 바빠서' 딱히 그럴 시간이 없었기 때문이다. 미룰 수는 있는데, 문제는 항상 미룬다는 데 있다. 결국 유카는 정말 상태가 안 좋아져 잎사귀 대부분은 갈색으로 변하고 죽는 상황이 되었다. 그렇다면 때가 너무 늦었을 것이다. 그렇게 그는 물을 주지 않았다. 미리 물을 주지 않았던 것은 그 순간에는 꼭 필요하다고 생각한 경우가 단 한 번도 없었기 때문이고, 그 다음에는 아마도 뭔가 조치하기에 너무 늦었기 때문일 것이다. 그는 너무 깊은 수렁에 빠졌다.

이러한 행동이 실제로 병적인 것은 아니지만, 로버트는 크게 노력을 기울인 것이 없으므로 자기가 좋아하는 것을 죽이고 있었다. 대부분 사람이 그렇듯이 여러분도 여러분의 '유카 나무'를 키우고 있을 것이다. 무슨 말인가? 당연히 미루는 버릇이다. 하려고 했는데, 할 생각이 있었는데, 할 작정이었는데……. 그러다 보면 너무 늦어서 할 필요도 없고, 실제로 너무 늦어 버려서 소용이 없다. 로버트가 정기적으로 유카에 물을 주려면 무엇이 필요할까? 중독 이론 초판을 집필하고 있을 때는 다행히도 마음씨 고운 동료가 물을 주는 일을 맡아서 해 주었다. 하지만 우리가 자기의 유카를 보고도 못 본 체할 수 있다면, 중독자가 중독을 포기하는 삶을 바꾸는 결정을 내리는 것이 얼마나 더 어려울지 상상해 보라. 흡연자, 술꾼, 코카인 흡입자 모두 그렇다. 아마도 중독을 포기할 때까지 그리고 확실히 벗어날 때까지 말이다.

물론 중독자에게는 중독을 포기하기로 인생을 바꾸는 결정을 내리고 나면 실제로 문제가 시작된다. 중독자는 유카 나무에 계속 물을 주는 일은 뜨거운 아스팔트 위를 걸어서 물웅덩이로 갔다가 무거운 물항아리 지게를 짊어지고 다시 돌아오도록 요구하는 것과 같다. 그러는 동안 길 건너에 열리는 파티에 참석하는 즐거움을 놓치거나, 유카가 죽을 수도 있기 때문에 이렇게 하는 것이 잘하는 일인지 심지어 그만한 가치가 있는지도 모른 채 계속 물을 주어야 한다. 중독자 중 많은 사람이 이를 해내지 못하는 것은 그리 놀라운 일이 아니다.

참고문헌

Abrams, D.B., Herzog, T.A., Emmons, K.M. and Linnan, L. (2000) Stages of change versus addiction: a replication and extension. *Nicotine Tob Res 2*(3): 223-229.

Adams, J. and White, M. (2005) Why don't stage-based activity promotion interventions work? *Health Educ Res 20*(2): 237-243.

Audrain-McGovern, J., Rodriguez, D., Tercyak, K.P., Epstein, L.H., Goldman, P. and Wileyto, E.P. (2004) Applying a behavioral economic framework to understanding adolescent smoking. *Psychol Addict Behav 18*(1): 64-73.

Baron, J. (2000) *Thinking and Deciding*. Cambridge University Press, Cambridge, UK.

Baumeister, R.F., Heatherton, T.F. and Tice, D.M. (1994) *Losing Control: How and Why People Fail at Self-regulation*. Academic Press, San Diego, CA.

Becker, G.S. and Murphy, K.M. (1988) *A theory of rational addiction*. J Polit Econ 96(4): 675-700.

Beenstock, M. and Rahav, G. (2002) Testing Gateway Theory: do cigarette prices affect illicit drug use? *J Health Econ 21*(4): 679-698.

Bickel, W.K., DeGrandpre, R.J. and Higgins, S.T. (1995) The behavioral economics of concurrent drug reinforcers: a review and reanalysis of drug self-administration research. *Psychopharmacology (Berl) 118*(3): 250-259.

Bickel, W.K., Madden, G.J. and DeGrandpre, R.J. (1997) Modeling the effects of combined behavioral and pharmacological treatment on cigarette smoking: behavioral-economic analyses. *Exp Clin Psychopharmacol 5*(4): 334-343.

Bickel, W.K. and Marsch, L.A. (2001) Toward a behavioral economic understanding of drug dependence: delay discounting processes. *Addiction 96*(1): 73-86.

Boyer, M. and Dickerson, M. (2003) Attentional bias and addictive behaviour: automaticity in a gambling-specific modified Stroop task. *Addiction 98*(1): 61-70.

Bradley, B., Field, M., Mogg, K. and De Houwer, J. (2004) Attentional and evaluative biases for smoking cues in nicotine dependence: component processes of biases in visual orienting. *Behav Pharmacol 15*(1): 29-36.

Brandon, T.H., Herzog, T.A., Irvin, J.E. and Gwaltney, C.J. (2004) Cognitive and social learning models of drug dependence: implications for the assessment of tobacco dependence in adolescents. *Addiction 99* (Suppl. 1): 51-77.

Brown, S.A. (1985) Reinforcement expectancies and alcoholism treatment outcome after a one-year follow-up. *J Stud Alcohol 46*(4): 304-308.

Brown, S.A., Christiansen, B.A. and Goldman, M.S. (1987) The Alcohol Expectancy Questionnaire: an instrument for the assessment of adolescent and adult alcohol expectancies. *J Stud Alcohol 48*(5): 483-491.

Bruce, G. and Jones, B.T. (2004) A pictorial Stroop paradigm reveals an alcohol attentional bias in heavier compared to lighter social drinkers. *J Psychopharmacol 18*(4): 527-533.

Buckley, P.F. (1998) Substance abuse in schizophrenia: a review. *J Clin Psychiatry 59* (Suppl. 3): 26-30.

Bunton, R., Baldwin, S., Flynn, D. and Whitelaw, S. (2000) The 'stages of change' model in health promotion: science and ideology. *Crit Public Health 10*: 55-70.

Chen, M.J., Grube, J.W. and Madden, P.A. (1994) Alcohol expectancies and adolescent drinking: differential prediction of frequency, quantity, and intoxication. *Addict Behav 19*(5): 521-529.

Chen, X., Unger, J.B., Palmer, P., et al. (2002) Prior cigarette smoking initiation predicting current alcohol use: evidence for a gateway drug effect among California adolescents from eleven ethnic groups. *Addict Behav 27*(5): 799-817.

Christiansen, B.A. and Goldman, M.S. (1983) Alcohol-related expectancies versus demographic/background variables in the prediction of adolescent drinking. *J Consult Clin Psychol 51*(2): 249-257.

Christiansen, B.A., Smith, G.T., Roehling, P.V. and Goldman, M.S. (1989) Using alcohol expectancies to predict adolescent drinking behavior after one year. *J Consult Clin Psychol 57*(1): 93-99.

Cohen, S. and Lichtenstein, E. (1990) Perceived stress, quitting smoking, and smoking relapse. *Health Psychol 9*(4): 466-478.

Colder, C.R. and O'Connor, R. (2002) Attention biases and disinhibited behavior as predictors of alcohol use and enhancement reasons for drinking. *Psychol Addict Behav 16*(4): 325-332.

Connors, G.J., O'Farrell, T.J., Cutter, H.S. and Thompson, D.L. (1986) Alcohol expectancies among male alcoholics, problem drinkers, and nonproblem drinkers. *Alcohol Clin Exp Res 10*(6): 667-671.

Cooper, M.L., Russell, M. and George, W.H. (1988) Coping, expectancies, and alcohol abuse: a test of social learning formulations. *J Abnorm Psychol 97*(2): 218-230.

Damasio, A.R. (1994) *Descartes' Error: Emotion, Reason, and the Human Brain*. Avon, New York.

Davies, J. B. (1997) *The Myth of Addiction: an Application of the Psychological Theory of Attribution to Illicit Drug Use*, 2nd edn. Harwood Academic Publishers, Chur, Switzerland.

De Nooijer, J., Van Assema, P., De Vet, E. and Brug, J. (2005) How stable are stages of change for nutrition behaviors in the Netherlands? *Health Promot Int 20*(1): 27-32.

DiClemente, C.C., Schlundt, D. and Gemmell, L. (2004) Readiness and stages of change in addiction treatment. *Am J Addict 13*(2): 103-119.

Dixon, M.R., Marley, J. and Jacobs, E.A. (2003) Delay discounting by pathological gamblers. *J Appl Behav Anal 36*(4): 449-458.

Etter, J.F. and Perneger, T.V. (1999) A comparison of two measures of stage of change for smoking cessation. *Addiction 94*(12): 1881-1889.

Etter, J.F. and Sutton, S. (2002) Assessing 'stage of change' in current and former smokers. *Addiction 97*(9): 1171-1182.

Farkas, A.J., Pierce, J.P., Zhu, S.H., et al. (1996) Addiction versus stages of change models in predicting smoking cessation. *Addiction 91*(9): 1271-1280; discussion, 1281-1292.

Farrell, M., Howes, S., Bebbington, P., et al. (2001) Nicotine, alcohol and drug dependence and psychiatric comorbidity. Results of a national household survey. *Br J Psychiatry 179*: 432-437.

Field, M., Mogg, K. and Bradley, B.P. (2004) Cognitive bias and drug craving in recreational cannabis users. *Drug Alcohol Depend 74*(1): 105-111.

Fingarette, H. (1988) Alcoholism: the mythical disease. *Public Interest* (91): 3-22.

Fiorentine, R. and Hillhouse, M.P. (2000) Self-efficacy, expectancies, and abstinence acceptance: further evidence for the addicted-self model of cessation of alcohol- and drug- dependent behavior. *Am J Drug Alcohol Abuse 26*(4): 497-521.

Fiorentine, R. and Hillhouse, M.P. (2004) The Addicted-Self Model of addictive behavior cessation: does it predict recovery for gender, ethnic, age and drug preference populations? *Am J Addict 13*(3): 268-280.

Fischer, S., Smith, G.T., Anderson, K.G. and Flory, K. (2003) Expectancy influences the operation of personality on behavior. *Psychol Addict Behav 17*(2): 108-114.

Fitzpatrick, M. (2003) *Addiction myths. Lancet 362*(9381): 412.

Franken, I.H., Stam, C.J., Hendriks, V.M. and van den Brink, W. (2003) Neurophysiological evidence for abnormal cognitive processing of drug cues in heroin dependence. *Psychopharmacology (Berl) 170*(2): 205-212.

Garcia, K. and Mann, T. (2003) From 'I Wish' to 'I Will': social-cognitive predictors of behavioral intentions. *J Health Psychol 8*(3): 347-360.

Gelkopf, M., Levitt, S. and Bleich, A. (2002) An integration of three approaches to addiction and methadone maintenance treatment: the self-medication hypothesis, the disease model and social criticism. *Isr J Psychiatry Relat Sci 39*(2): 140-151.

Godfrey, C. (1986) Government policy, advertising and tobacco consumption in the UK. A critical review of the literature. *Br J Addict 81*(3): 339-346.

Goldman, M.S. and Darkes, J. (2004) Alcohol expectancy multiaxial assessment: a memory network-based approach. *Psychol Assess 16*(1): 4-15.

Gossop, M., Griffiths, P., Powis, B. and Strang, J. (1994) Cocaine: patterns of use, route of administration, and severity of dependence. *Br J Psychiatry 164*(5): 660-664.

Gruber, J. and Koszegi, B. (2001) Is addiction "rational"? Theory and evidence. *Q J Econ 116*(4): 1261-1303.

Hernandez-Avila, C.A., Burleson, J.A. and Kranzler, H.R. (1998) Stage of change as a predictor of abstinence among alcohol-dependent subjects in pharmacotherapy trials. *Subst Abus 19*(2): 81-91.

Herzog, T.A., Abrams, D.B., Emmons, K.M., Linnan, L.A. and Shadel, W.G. (1999) Do processes of change predict smoking stage movements? A prospective analysis of the transtheoretical model. *Health Psychol 18*(4): 369-375.

Heyman, G.M. (2009) *Addiction: A disorder of choice*, Harvard University Press, Cambridge, Massachusetts.

Hodgins, D.C. (2001) Stages of change assessments in alcohol problems: agreement across self- and clinician-reports. *Subst Abus 22*(2): 87-96.

Hu, S.C. and Lanese, R.R. (1998) The applicability of the theory of planned behavior to the intention to quit smoking across workplaces in southern Taiwan. *Addict Behav 23*(2): 225-237.

Hughes, J., Keely, J., Fagerstrom, K.O. and Callas, P.W. (2005) Intentions to quit smoking change over short periods of time. *Addict Behav 30*(4): 653-662.

Janis, I.L. and Mann, L. (1977) *Decision Making, A Psychological Analysis of Conflict,*

Choice and Commitment. The Free Press, New York.

Jaroni, J.L., Wright, S.M., Lerman, C. and Epstein, L.H. (2004) Relationship between education and delay discounting in smokers. *Addict Behav 29*(6): 1171-1175.

Jones, A.M. (1989) A systems approach to the demand for alcohol and tobacco. *Bull Econ Res 41*: 85-105.

Kandel, D.B., Yamaguchi, K. and Chen, K. (1992) Stages of progression in drug involvement from adolescence to adulthood: further evidence for the gateway theory. *J Stud Alcohol 53*(5): 447-457.

Kassel, J.D., Stroud, L.R. and Paronis, C.A. (2003) Smoking, stress, and negative affect: correlation, causation, and context across stages of smoking. *Psychol Bull 129*(2): 270-304.

Keane, H. (2004) Disorders of desire: addiction and problems of intimacy. *J Med Humanit 25*(3): 189-204.

Kearney, M.H. and O'Sullivan, J. (2003) Identity shifts as turning points in health behavior change. *West J Nurs Res 25*(2): 134-152.

Kenkel, D., Mathios, A.D. and Pacula, R.L. (2001) Economics of youth drug use, addiction and gateway effects. *Addiction 96*(1): 151-164.

Khantzian, E.J. (1997) The self-medication hypothesis of substance use disorders: a reconsideration and recent applications. *Harv Rev Psychiatry 4*(5): 231-244.

Koob, G.F., Caine, S.B., Parsons, L., Markou, A. and Weiss, F. (1997) Opponent process model and psychostimulant addiction. *Pharmacol Biochem Behav 57*(3): 513-521.

Koob, G.F. and Le Moal, M. (1997) Drug abuse: hedonic homeostatic dysregulation. *Science 278*(5335): 52-58.

Lancaster, T. and Stead, L.F. (2002) Self-help interventions for smoking cessation. *Cochrane Database Syst Rev* (3): CD001118.

Larabie, L. (2005) To what extent do smokers plan quit attempts? *Tob Control 14*(6): 425-428.

Lewit, E.M. (1989) U.S. tobacco taxes: behavioural effects and policy implications. *Br J Addict 84*(10): 1217-1234.

Lindsay, G.B. and Rainey, J. (1997) Psychosocial and pharmacologic explanations of nicotine's 'gateway drug' function. *J Sch Health 67*(4): 123-126.

Littell, J.H. and Girvin, H. (2002) Stages of change. *A critique. Behav Modif 26*(2): 223-273.

Macenski, M.J. and Meisch, R.A. (1998) Ratio size and cocaine concentration effects on oral cocaine-reinforced behavior. *J Exp Anal Behav 70*(2): 185-201.

Madden, G.J., Bickel, W.K. and Jacobs, E.A. (1999) Discounting of delayed rewards in opioid-dependent outpatients: exponential or hyperbolic discounting functions? *Exp Clin Psychopharmacol 7*(3): 284-293.

Madden, G.J., Petry, N.M., Badger, G.J. and Bickel, W.K. (1997) Impulsive and self-control choices in opioid-dependent patients and non-drug-using control participants: drug and monetary rewards. *Exp Clin Psychopharmacol 5*(3): 256-262.

Marcenko, M.O., Kemp, S.P. and Larson, N.C. (2000) Childhood experiences of abuse, later substance use, and parenting outcomes among low-income mothers. *Am J Orthopsychiatry 70*(3): 316-326.

McAuliffe, W.E. and Gordon, R.A. (1974) A test of Lindesmith's theory of addiction: the frequency of euphoria among long-term addicts. *Am J Sociol 79*(4): 795-840.

McCusker, C.G. and Gettings, B. (1997) Automaticity of cognitive biases in addictive behaviours: further evidence with gamblers. *Br J Clin Psychol 36*(Pt 4): 543-554.

Mogg, K. and Bradley, B.P. (2002) Selective processing of smoking-related cues in smokers: manipulation of deprivation level and comparison of three measures of processing bias. *J Psychopharmacol 16*(4): 385-392.

Mook, D.G. (1996) Motivation: *The Organization of Action*, W.W. Norton, New York.

Mooney, D.K., Fromme, K., Kivlahan, D.R. and Marlatt, G.A. (1987). Correlates of alcohol consumption: sex, age, and expectancies relate differentially to quantity and frequency. *Addict Behav 12*(3): 235-240.

Pacula, R.L. (1997) Economic modelling of the gateway effect. *Health Econ 6*(5): 521-524.

Parrott, A.C. (1998) Nesbitt's Paradox resolved? Stress and arousal modulation during cigarette smoking. *Addiction 93*(1): 27-39.

Peper, A. (2004a) A theory of drug tolerance and dependence I: a conceptual analysis. *J Theor Biol 229*(4): 477-490.

Peper, A. (2004b) A theory of drug tolerance and dependence II: the mathematical model. *J Theor Biol 229*(4): 491-500.

Pisinger, C., Vestbo, J., Borch-Johnsen, K. and Jørgensen, T. (2005a) It is possible to help smokers in early motivational stages to quit. The Inter99 study. *Prev Med 40*(3): 278-284.

Pisinger, C., Vestbo, J., Borch-Johnsen, K. and Jørgensen, T. (2005b) Smoking cessation intervention in a large randomised population-based study. The Inter99 study. *Prev Med 40*(3): 285-292.

Poirier, M.F., Canceil, O., Baylé, F., et al. (2002) Prevalence of smoking in psychiatric patients. *Prog Neuropsychopharmacol Biol Psychiatry 26*(3): 529-537.

Prochaska, J.O., DiClemente, C.C., Velicer, W.F., Ginpil, S. and Norcross, J.C. (1985) Predicting change in smoking status for self-changers. *Addict Behav 10*(4): 395-406.

Prochaska, J.O. and Goldstein, M.G. (1991). Process of smoking cessation. Implications for clinicians. *Clin Chest Med 12*(4): 727-735.

Prochaska, J.O. and Velicer, W.F. (1997) The transtheoretical model of health behavior change. *Am J Health Promot 12*(1): 38-48.

Rather, B.C., Goldman, M.S., Roehrich, L. and Brannick, M. (1992) Empirical modeling of an alcohol expectancy memory network using multidimensional scaling. *J Abnorm Psychol 101*(1): 174-183.

Reed, D.N., Jr., Wolf, B., Barber, K.R., et al. (2005) The stages of change questionnaire as a predictor of trauma patients most likely to decrease alcohol use. *J Am Coll Surg 200*(2): 179-185.

Reich, R.R., Goldman, M.S. and Noll, J.A. (2004) Using the false memory paradigm to test two key elements of alcohol expectancy theory. *Exp Clin Psychopharmacol 12*(2): 102-110.

Reynolds, B. and Schiffbauer, R. (2004) Measuring state changes in human delay discounting: an experiential discounting task. *Behav Processes 67*(3): 343-356.

Riemsma, R.P., Pattenden, J., Bridle, C., et al. (2003) Systematic review of the effectiveness of stage based interventions to promote smoking cessation. *BMJ 326*(7400): 1175-1177.

Robinson, T.E. and Berridge, K.C. (2003) Addiction. *Ann Rev Psychol 54*(1): 25-53.

Room, R. (1983) *Sociological aspects of the disease concept of alcoholism. In Research advances in alcohol and drug problems*, Vol. 7, (eds R.G. Smart, F.B. Glasser, Y. Israel, H. Kalant, R. Popham, and W. Schmidt), pp. 47-91. Plenum Press, New York.

Ryan, F. (2002) Detected, selected, and sometimes neglected: cognitive processing of cues in addiction. *Exp Clin Psychopharmacol 10*(2): 67-76.

Salamone, J.D., Correa, M., Mingote, S. and Weber, S.M. (2003) Nucleus accumbens dopamine and the regulation of effort in food-seeking behavior: implications for studies of natural motivation, psychiatry, and drug abuse. *J Pharmacol Exp Ther 305*(1): 1-8.

Schaler, P.D.J.A. (1999) *Addiction is a choice*. Open Court, Chicago, IL.

Shahab, L. and West, R. (2012) Differences in happiness between smokers, ex-smokers and never smokers: cross-sectional findings from a national household survey. *Drug Alcohol Depend 121*(1-2), 38-44.

Shearer, J., Johnston, J., Fry, C.L., et al. (2007) Contemporary cocaine use patterns and associated harms in Melbourne and Sydney, Australia. *Drug Alcohol Rev 26*(5): 537-543.

Sher, K.J., Wood, M.D., Wood, P.K. and Raskin, G. (1996) Alcohol outcome expectancies and alcohol use: a latent variable cross-lagged panel study. *J Abnorm Psychol 105*(4): 561-574.

Siegel, S. (1988) Drug anticipation and the treatment of dependence. *NIDA Res Monogr 84*: 1-24.

Skog, O.J. (2000) Addicts' choice. *Addiction 95*(9): 1309-1314.

Skog, O.J. (2003) Addiction: definition and mechanisms. In *Choice, Behavioural Economics and Addiction*, (eds R.E. Vuchinich and N. Heather), pp. 157-175. Pergamon, Amsterdam.

Slovic, P., Finucane, M., Peters, E. and MacGregor, D.G. (2002) The affect heuristic. In *Intuitive Judgment: Heuristics and Biases*, (eds T. Gilovich, D. Griffin and D. Kahneman), pp. 397-420. Cambridge University Press, New York.

Smith, G.T., Goldman, M.S., Greenbaum, P.E. and Christiansen, B.A. (1995) Expectancy for social facilitation from drinking: the divergent paths of high-expectancy and low-expectancy adolescents. *J Abnorm Psychol 104*(1): 32-40.

Solomon, R.L. (1980) The opponent-process theory of acquired motivation: the costs of pleasure and the benefits of pain. *Am Psychol 35*(8): 691-712.

Solomon, R.L. and Corbit, J.D. (1973) An opponent-process theory of motivation. II. Cigarette addiction. *J Abnorm Psychol 81*(2): 158-171.

Solomon, R.L. and Corbit, J.D. (1974) An opponent-process theory of motivation. I. Temporal dynamics of affect. *Psychol Rev 81*(2): 119-145.

Southwick, L., Steele, C., Marlatt, A. and Lindell, M. (1981) Alcohol-related expectancies: defined by phase of intoxication and drinking experience. *J Consult Clin Psychol 49*(5): 713-721.

Stewart, J. and Wise, R.A. (1992) Reinstatement of heroin self-administration habits:

morphine prompts and naltrexone discourages renewed responding after extinction. *Psy- chopharmacology (Berl) 108*(1-2): 79-84.

Sumnall, H.R., Tyler, E., Wagstaff, G.F. and Cole, J.C. (2004) A behavioural economic analysis of alcohol, amphetamine, cocaine and ecstasy purchases by polysubstance misusers. *Drug Alcohol Depend 76*(1): 93-99.

Sutton, S. (2001) Back to the drawing board? A review of applications of the transtheoretical model to substance use. *Addiction 96*(1): 175-186.

Szasz, T.S. (1972) Bad habits are not diseases. A refutation of the claim that alcoholism is a disease. *Lancet 2*(7767): 83-84.

Tate, J.C., Stanton, A.L., Green, S.B., Schmitz, J.M., Le, T. and Marshall, B. (1994) Experimental analysis of the role of expectancy in nicotine withdrawal. *Psychol Addict Behav 8*: 169-178.

Tullis, L.M., Dupont, R., Frost-Pineda, K. and Gold, M.S. (2003) Marijuana and tobacco: a major connection? *J Addict Dis 22*(3): 51-62.

van Sluijs, E.M., van Poppel, M.N. and van Mechelen, W. (2004) Stage-based lifestyle interventions in primary care: are they effective? *Am J Prev Med 26*(4): 330-343.

Viscusi, W.K. (1998) Constructive cigarette regulation. *Duke Law J 47*(6): 1095-1131.

Viscusi, W.K. (2000) Comment: the perils of qualitative smoking risk measures. *J Behav Med 13*(2): 267-271.

Vuchinich, R.V. and Heather, N. (2003) *Choice, Behavioral Economics and Addiction*. Pergamon, Cambridge.

Warburton, D.M. (1985) Nicotine and the smoker. *Rev Environ Health 5*(4): 343-390.

Warburton, D.M. (1992) Nicotine as a cognitive enhancer. *Prog Neuropsycho-pharmacol Biol Psychiatry 16*(2): 181-191.

Waters, A.J. and Feyerabend, C. (2000) Determinants and effects of attentional bias in smokers. *Psychol Addict Behav 14*(2): 111-120.

Waters, A.J., Shiffman, S., Bradley, B.P. and Mogg, K. (2003) Attentional shifts to smoking cues in smokers. *Addiction 98*(10): 1409-1417.

Weiss, F., Ciccocioppo, R., Parsons, L.H., et al. (2001) Compulsive drug-seeking behavior and relapse. Neuroadaptation, stress, and conditioning factors. *Ann NY Acad Sci 937*: 1-26.

West, R. (1993) Beneficial effects of nicotine: fact or fiction? *Addiction 88*(5): 589-590.

West, R. (2005) Time for a change: putting the Transtheoretical (Stages of Change) Model to rest. *Addiction 100*: 1036-1039.

West, R. and Sohal, T. (2006) "Catastrophic" pathways to smoking cessation: findings from national survey, *BMJ 332*: 458-460.

Whitelaw, S., Baldwin, S., Bunton, R. and Flynn, D. (2000) The status of evidence and outcomes in Stages of Change research. *Health Educ Res 15*(6): 707-718.

Zwar, N. and Richmond, R. (2002) Bupropion sustained release. A therapeutic review of Zyban. *Aust Fam Physician 31*(5): 443-447.

제4장

선택만으론 충분치 않다: 충동 및 자기통제 개념

CHOICE IS NOT ENOUGH: THE CONCEPTS OF IMPULSE AND SELF-CONTROL

이 장에서는 충동impulse, 충동감urge, 억제inhibition, 자기통제self-control 및 자발적 구속restraint 개념을 소개한다. 이러한 개념은 자제하려고 애를 쓰지만 종종 실패하는 이유가 단순히 '심경의 변화'에 있지 않다는 중독자들의 경험을 설명하는 데 필요하다. 적어도 일부 사례에서는 중독이 반응 억제에 관여하고 있는 뇌 경로의 기능장애를 동반한다는 증거를 소개한다. 행동을 촉발하고 억제하는 동기와 마음 상태의 병리적 변화에 대한 개념은 단순한 선택 모형에 맞지 않는 행동 패턴을 설명할 방법을 제공하지만 그 선택은 비합리적일 수 있다.

이전 장에서는 중독에 대한 합리적 선택 이론에서 비합리적 선택 이론Irrational Choice Theory으로 갈아탔긴 했어도, 중독은 여전히 선택 과정, 즉 어떤 행위에 대해 비용과 편익을 따져 보고 그 당시 최선의 결과로 인식한 것을 기준으로 선택하는 것으로 생각되었다. 이러한 관점에 따르면, 중독 행동이 피해를 줄 정도로 강력하고 반복 유발되는 동기에 의해 주도된다는 생각은 착각에 불과한데, 한때 하던 무언가를 중단하겠다는 의사를 피력했다고 하더라도 이는 자제를 시도한 이후 나중에 작동하는 선호까지 반영하지 않는다는 점을 인식하지 못한 데서 비롯된 환상이다.

강박감 리포트

이러한 관점의 한 가지 문제점은 많은 중독자의 경험과 일치하지 않는다는 것이다. 중독자는 예전으로 돌아가고자 하는 시점에서 단순한 욕구와는 다른 강박감을 느끼는 경우가 많다고 보고한다. 그건 '강한 열망'도 아니고, 의식적으로 저항하고 싶은 충동에 가깝다. 이는 또한 중독의 발현 및 지속에 있어 충동 조절 실패의 중요성을 관찰하고 연구한 결과 나온 수많은 증거를 무시하는 결과를 초래하기도 한다.

강박, 갈망, 자기통제라는 개념이 소위 **중독 질병 모형**Disease Model of addiction의 가장 중요한 특징으로 등장하고 있다(Jellinek 1960 참조)([글상자 4-1]). 이 모형은 중독의 기저에 있는 병리가 뇌의 변화에 관계하여 사람들이 자신이 피력한 의지에 반하는 행동을 하게 만든다고 제안한다.

강력한 동기 대 조절 장애(손상된 통제력)

이제는 지금까지 눈여겨보았던 이론들에서는 크게 부각되지 않았지만, 나중에 살펴볼 행동약리학behavioural pharmacology 분야에서 지배적인 역할을 하는 이론에 등장하는 구별 방법을 소개하는 것이 좋을 것 같다. 즉, 행동에 관여하려는 충동impetus이 너무 강해서 유발되는 강박과 대조적으로 자제력이나 통제할 능력이 너무 약해서 발생하는 강박을 구별하는 것이다.

간단히 말해서, 자제력은 있지만 약물에 대한 강한 열망이나 실제로 약물을 사용하고 싶은 충동이 이를 압도하는 사람과 약물에 대한 강한 열망이나 충동은 있지만 그 욕구에 저항하는 능력이 손상되었다고 인정하는 사람 간에 중독자를 어디까지로 볼 것인가가 문제이다. 중독을 '조절 장애'로 정의하는 것은 후자를 의미하지만, 이 주제로 이론을 펴는 사람들 대부분은 전자를 가정한다. 그러나 에드워즈와 그로스(Edwards & Gross 1976)가 **알코올 의존 질병 모형**Disease Model of alcohol dependence을 획기적으로 공식화하면서 통제력 행사 실패를 강조한 것은 분명한데, 그건 우연히도 선택의 부족lack of choice을 제안하는 철학적 어려움도 마찬가지다. 에드워즈와 그로스(1976, p. 1060)는, "하여튼 알코올 의존이 통제력을 행사하지 않기로 결정하고 경험한 것인지 진정으로 통제력을 상실해서 그런 것인지는 불분명하다."라고 진술하고 있다.

[글상자 4-1] **중독 질병 모형**

중독 질병 모형에 따르면, 중독은 뇌의 병리적 변화로 인해 저항하기 힘든 충동감을 일으킨다.

중독 질병 모형은 중독의 발달과 중독에 대한 감수성 및 회복에 개인차가 있음을 설명하고자 한다. 이 모형은 중독이 의학적인 장애의 정의에 부합한다고 제안하고, 중추신경계CNS의 구조나 기능에 이상이 생겨 장애를 일으키며(Jellinek 1960; Gelkopf et al. 2002), 표준 기준을 사용하여 진단할 수 있고 원칙적으로 치료될 수 있다고 말한다.

통제력 상실

이 관점에 따르면, 중독된 개인은 중독을 중단하고 싶다는 진심어린 바람을 표명하며, 그럼에도 불구하고 중독 행동을 계속하는 동시에 이를 중단하기 위해 부단히 노력한다는 온갖 증거를 보여 줄 것이다. 사실 통제력 상실loss of control은 일시적으로 그리고 긴 기간에 걸쳐 나타난다. 알코올 중독자는 몇 시간 동안 한두 잔만 마실 생각으로 술자리를 시작할 수 있지만, 그의 생각대로 거기서 멈추는 것은 불가능하며 점점 더 많이 술을 마시게 된다. 즉, 저항할 힘이 사라져 버린 것이다.

알코올 중독자나 흡연자, 도박꾼 또는 기타 약물 중독자는 좀 더 장기간에 걸쳐 해당 활동에 관여하지 않을 계획을 세우지만, 시간이 지나면(통상 짧은 시간 후) 실은 해당 활동을 하고 있다. 중독자는 한 가지에 전력투구할 것을 선택했지만 그와 다르게 행동을 한다.

갈망의 중요성

이 이론의 핵심은 '갈망'이란 개념이다. 질병 모형에서는 갈망을 "긴급하고 압도적인 욕구"(Jellinek 1960)로 정의한다. 이에 대해 생각하는 한 가지 방법은 중독자가 중독의 목적을 달성하기 위해 필요한 것은 무엇이든지 또 실행 가능한 조치는 어떤 것이든지 취하도록 재촉하는 느낌(감정)과 같다고 할 수 있다. 그러나 갈망은 느낌을 넘어서 동기를 유발하는 상태라고도 제안할 수 있을 것 같다. 즉, 갈망은 개인의 생각, 느낌, 행동을 지배하여 다른 것이 들어설 자리가 없도록 완전히 압도하는 상태이다.

이 이론은 중독의 중심 현상인 것처럼 보이는 욕망을 포착하고 있다. 욕망은 너무 강하고 모든 것을 포괄하는 것이어서 그 욕망의 대상을 찾아 나설 때는 근시안적이고 외골수적인 자세로 그 앞에 있는 다른 모든 고려사항을 휩쓸어 버린다. 어떤 의미에서는 이것도 하나의 선택이라 할 수 있겠지만 중독자나 관찰자에게는 그렇게 보이지 않고, 일반적으로 이 용어를 이해할 때도 선택의 여지는 정말 없고 강박은 존재한다.

자가 치유

언뜻 보기에 질병 모형을 어렵게 만드는 관찰은 많은 '중독자'가 별다른 어려움 없이 해당 활동을 중단한다는 점이다. 그들은 수년 동안 강박의 모든 징후를 보여 주었지만 그러던 어느 날 이만하면 됐다며 결심하고 그만둔다.

이는 강박증을 유발한 뇌의 이상이 갑자기 정상화되었거나 애당초 중독된 적이 없었다고 추정할 수밖에 없다. 이 두 가지 모두 적어도 일부 사람에게는 가능한 일이다. 또한 이러한 현상은 보이는 것이 다가 아닐 가능성도 있는 것이 종종 중독자는 실제로 이런 식으로 자연적으로 회복되지 않는다. 습관적으로 약물을 사용하는 사람과 일반 약물 사용자 또는 빈번하게 활동에 나서기는 하지만 중독되지 않은 사람은 구별해야 할 필요가 있다.

이슈 평가

합리적 선택 이론이 중독자가 단순히 선호하는 것을 행사하고 있다는 뜻으로 오해의 소지가 있는 것처럼, 질병 모형도 중독자는 무력한 방관자이며 이를 막을 수 있는 유일한 방법은 신체적 구속뿐이라는 오해의 소지로 비판을 받아 왔다(Skog 2000).

이전 장에서 검토한 이론과 마찬가지로, 이 이론이 가진 주된 문제는 관찰한 것을 설명하지 못한다는 데 있다. 강박에 초점을 맞추다 보니 중독의 많은 측면을 아우르지 못하고 있으며, 특히 이전 장에서 통찰했던 선택과 정체성 이슈는 건드리지도 않는다.

왜 어떤 사람들은 특정 활동에 중독되는 데 비해 그렇지 않은 사람들이 있는지 질문하는 것은 앞선 모든 논의를 관통하고 있는 주제이다. 이에는 중독 행동에 더 보상이 따르게 하거나 절제를 더 고통스럽게 만드는 여러 가지 요인과 관련이 있을 것이라고 가정해 왔다.

성격과 중독 유형론

중독의 선행요인으로서 성격에 특별히 초점을 맞춘 모형 중 하나가 클로닝어의 3차원 이론Cloninger's Tridimensional Theory(Cloninger 1987)으로, 이 이론은 성격의 3가지 차원, 즉 새로운 경험의 추구(자극 추구)novelty seeking, 위험 회피harm avoidance, 보상 의존(사회적 민감성)reward dependence을 제안한다([글상자 4-2]). 이러한 특질과 중독에 대한 감수성 사이에 관련이 있을 가능성은 현저하기 때문에 이 이론에 대한 연구가 더 큰 지지를 얻지 못했다는 것은 놀라운 일이다(Howard et al. 1997).

[글상자 4-2] 3차원 성격 이론

클로닝어의 3차원 성격 이론은 세 가지 근본적인 성격 특질이 중독에 대한 감수성과 직접적인 관련이 있으며, 또한 중독자를 하위유형으로 구분하는 데에도 사용할 수 있다고 주장한다(Cloninger 1987 참조).

성격에 대한 특질 이론들

클로닝어의 3차원 성격 이론은 성격과 이를 평가하는 접근방식의 한 예인데, 사람들이 환경에 반응하는 방식에 존재하는 많은 변이를 몇 개의 가상의 특질로 구분한 정신기능으로 설명된다고 상정한다. 이는 중독에 대한 감수성을 설명할 때 사용되어 온 아이젱크의 3요인 성격 이론Eysenck's Three-factor Personality Theory(예: Roos 1977a, 1977b 참조)과 맥크래와 코스타의 5요인 이론McCrae & Costa's Five-factor Theory(예: Conway et al. 2003; Miller and Lynam 2003 참조)과 같은 틀에서 나온 이론이다.

새로운 경험의 추구, 위험 회피, 보상 의존성

3차원 성격 이론은 새로운 경험의 추구, 위험 회피, 보상 의존 등 3가지 기본 특질을 제안한다(Cloninger 1987 참조). 이러한 특질들은 서로 영향을 주어 새로운 경험, 처벌 및 보상에 대해 다른 반응 패턴을 낳는데, 이것이 알코올 및 약물 의존에 영향을 미친다고 주장한다. 나아가, 알코올 중독에는 2가지 기본 하위유형(타입 I, 타입 II)이 있다고 제안한다. 이 2가지 아형은 알코올 중독이 발병하는 연령, 소인이 되는 유전적 및 환경적 요인의 상대적 기여도, 알코올 중독자의 성별 및 성격 특성, 그리고 반사회적 행동과 같은 동반되는 정신 장애에 따라 달라진다. 타입 I 알코올 중독자는 나이가 들어 발생한다는 특징이 있고, 유전적 관련성은 적으며, 여성일 가능성이 더 높고, 문제 행동은 더 적은 것으로 알려져 있다.

증거

클로닝어의 이론과 그와 관련하여 설문 평가한 것을 조사했던 연구를 검토한 결과, 새로운 경험 추구는 알코올 중독자와 비 알코올 중독자, 타입 II와 타입 I 알코올 중독자, 그리고 흡연자와 비흡연자를 구별하는 것으로 드러났다. 3차원 특질은 초기 알코올 남용과 심각한 비행을 독립적으로 예측했으며, 청소년에서 물질을 동시에 남용하는 것과도 유의미한 관련성이 있었다. 또한 이 연구에서는 알코올 중독 가족력이 있는 청소년과 없는 청소년을 비교한 대부분의 연구에서 세 가지 성격 특질을 평가하기 위해 고안된 설문지 점수 간에 유의미한 차이가 없는 것으로 보고했다. 알코올 중독자, 궐련 흡연자 또는 알코올 중독자의 아들이 타입 I(새로운 경험 추구 성향 낮음, 위험 회피 성향 높음, 보상 의존 성향 높음) 또는 타입 II(새로운 경험 추구 성향 높음, 위험 회피 성향 낮음, 보상 의존 성향 높음) 성격 프로파일을 보인 경우는 거의 없었다.

따라서 새로운 경험 추구는 초기 알코올 남용과 범죄를 예측하고, 반사회적 행동을 보이는 알코올 중독자와 반사회적 성격장애(ASPD)Antisocial Personality Disorder를 가진 사람을 그렇지 않은 사람과 구별할 수 있다. 일부에서는 높은 수준의 위험 회피가 물질 사용의 강도에 한 역할을 한다는 점을 지지하지만(Howard et al. 1997), 위험 회피 및 보상 추구 특질을 연구한 결과를 보면 일관성이 떨어진다.

그러나 얼마 후에 새니벌과 홀Sannibale and Hall(1998)은 평생 알코올 남용/의존 진단을 받은 300명의 호주 남성과 여성을 대상으로 클로닝어의 알코올 중독 유형을 평가했는데, 사용한 설문지 척도는 표본의 18%만 타입 I 또는 타입 II로 분류한다는 사실을 알아냈다. 여성이 남성보다 타입 I으로 저 많이 분류되었지만(19% 대 6%), 예상과는 달리 비슷한 숫자가 타입 II 문제음주자로 분류되었다(7% 대 4%). 예상했던 대로, 타입 II 문제음주자는 타입 I 문제음주자보다 ASPD 증상이 더 많았고, 음주로 인해 사회적 파장을 더 많이 일으켰으며, 감각 추구에서 더 높은 점수를 보였다.

이슈 평가

클로닝어의 알코올 의존 유형론이 중요한 이유는 무엇보다도 중독 이론을 일반적인 성격 이론에서 근거를 찾고자하기 때문이다. 또한 특정 물질 의존 안에서도 존재하는 이질성heterogeneity을 인식하고 체계화하려고 시도한다. 이 이론은 몇몇 중요한 구별되는 특징들을 명확하게 포착하고 있지만, 이론이 전반적으로 주장하는 바를 지지하는 증거가 뒷받침되지 않는 경우가 많다.

클로닝어의 유형론과 매우 유사한 다른 유형론도 제안되었는데, 가장 주목할 만한 것은 바버Babor가 주창한 **타입 A 및 타입 B 알코올 중독자 분류법**이다(Babor et al. 1992; Litt et al. 1992; Brown et al. 1994 참조). 이 유형론은 성격 이론에서 파생된 것이 아니고 치료 중인 알코올 중독자들을 군집분석cluster analysis한 결과에 근거한 것이다. 이 두 가지 타입의 알코올 중독자는 17가지 특징에서 차이가 있었다. 타입 A 알코올 중독자는 늦은 시기에 시작하고, 아동기 위험 요인이 적은 편이며, 의존 심각도는 덜하고, 알코올 관련 문제는 많지 않고, 정신 병리적 기능장애는 적다는 특징이 있다. 타입 B 알코올 중독자는 아동기 위험 요인이 있고, 알코올 중독 가족력이 있으며, 이른 시기에 알코올 관련 문제가 시작되고, 의존 심각도가 심각해지며, 여러 종류의 약물을 복용하며, (어린 나이에도 불구하고) 보다 만성적인 치료 이력이 있고, 정신 병리적 기능장애는 더 크게 나타나고, 생활 스트레스는 더 많이 받는다는 것이 특징이었다. 타입 B 알코올 중독자는 치료 후 중독에서 벗어날 확률이 더 낮았다.

자기효능감

이전 장에서 '자기효능감self-efficacy' 개념을 언급하긴 했지만 상세하게 논의하지는 않았다. 자기효능감은 중독과 마찬가지로 사회적 구성개념이며 다양한 방식으로 정의되어 왔다. 일반적으로 자기효능감은 특정 결과를 확실하게 성취할 수 있다는 자신감을 나타내는 것으로, 행동을 변화시키는 데 중요한 역할을 담당하는 것으로 제안되어 왔다. 간단히 말해서, 우리는 무언가를 할 수 있다고 생각하지 않는다면 시도하지 않을 것이고, 시도한다 해도 쉽게 포기하고 만다. 이 개념은 비용-편익 분석 시 들어가는 요인으로서 간편한 선택 프레임워크에 잘 끼워 맞출 수 있지만, 강박과 통제를 논하는 현재의 논의에 좀 더 적합할 것 같다([글상자 4-3]).

[글상자 4-3] 자기효능감 이론

중독을 극복하는 것은 자제력을 발휘하거나 절제에 성공하기 위해 활동을 계획하고 실행에 옮길 수 있다는 개인의 신념 정도와 관련이 있다.

자기효능감은 특정 목표를 달성하도록 행위를 조직하고 완성할 수 있는 자신의 능력에 대한 개인적인 자신감 수준이다(Bandura 1977; Bandura et al. 1977). 다음의 4가지 주요 가설이 이론의 핵심을 형성한다.

- 자기효능감 수준은 사람들이 추구하는 목표에 영향을 미친다.
- 자기효능감은 목표를 달성하기 위해 들어가는 노력의 수준에 영향을 미친다.
- 자기효능감은 장애물에 부딪쳤을 때 목표를 향해 얼마나 오래 인내하며 나아갈 수 있는지에 영향을 미친다.

• 자기효능감은 목표 달성 가능성에 영향을 미친다.

자기효능감은 개인이 이전에 해당 과제에서 경험했던 성공과 실패로부터 영향을 받을 수 있지만, 이것이 영향을 주는 유일한 원천은 아니다. 따라서 이론에 따른다면 자기효능감은 과거 경험에 대해 알고 있는 것 이상으로 미래의 행동을 예측할 수 있어야 한다.

일반화된 자기효능감 vs 특수 자기효능감

자기효능감은 (헤로인 복용을 중단하는 것과 같은) 특정 과제와 관련이 있을 수도 있고, 보다 일반적인 과제와 관련이 있을 수도 있다. (역자 주: 특수적 자기효능감, 일반적 자기효능감을 의미하는 것으로 보임) 자기효능감은 행동을 넘어 자신의 사고, 감정, 환경 에 대해 개인이 지각하는 통제감perceived control 수준까지 확장될 수 있다. 원래의 반두라Bandura 자기효능감 이론은 약간의 변형을 거쳐 중독 행동에 적용되었다(Marlatt 1996 참조). 자기효능감이 낮아지면 중독에서 말하는 통제력 상실의 근거가 될 수 있다고 제안되었다(Brandon et al. 2004).

말랫(Marlatt 1996)은 약물 및 알코올 오용 단계와 관련하여 효능감을 판단하는 분류체계를 제시했다. 저항resistance 자기효능감 신념은 약물이나 술을 처음 사용하기 전에 스스로 남용을 피할 수 있는 능력에 대한 주관적 판단이다. 해로움 줄이기harm reduction 자기효능감 신념은 중독된 후 약물의 위험을 줄일 수 있는 능력에 대한 스스로의 판단이다.

갈망과 자기효능감

말랫은 갈망과 자기효능감이 호혜적으로 연관되어 있으며, 아주 심한 갈망은 중독자가 대처 능력에 가장 큰 지장을 준다고 상정한다. 실제로 자기효능감은 담배 갈망과 반비례하는 것으로 밝혀졌으며(Niaura 2000), 또한 일부 연구에서는 흡연하면서 금연하는 동시 흡연 패턴을 통제한 후에도 금연 시도 시 성공 또는 실패를 예측하는 요인으로 밝혀졌다(Gwaltney et al. 2001).

자기효능감의 변화

약물을 포기하는 행위는 개인의 자기효능감 수준에 긍정적인 영향을 미치는 것으로 보고 있다. 캐리 등(Carey et al. 1993)은 12개월 동안 흡연자 표본의 데이터를 조사했는데, 12개월 동안 금연에 성공한 사람은 자기효능감 수준이 높아진 반면에, 흡연을 계속했거나 금연을 시도했더라도 다시 피운 사람은 자기효능감이 낮아졌다.

이것은 이전 장에서 설명한 정체성 전환 이론과 분명 궤를 같이 한다. 또한 자기효능감 평점에서는 메타돈을 처음 처방한 후 증가하다가 안정적으로 메타돈 투여량이 유지될 때는 변하지 않고 약효가 떨어지는 단계에서는 감소하는 것으로 보고되었다(Reilly et al. 1995).

이슈 평가

자기효능감 이론 이면의 생각은 자연 관찰법 및 행동에 대한 간편한 합리적 선택 이론Rational Choice Theory과 잘 맞는다. 또한 자기효능감이 중독 행동에 크게 영향을 미칠 수 있기 때문에 이에 특별히 관심을 기울이는 것도 적절해 보인다.

안타깝게도, 현재까지 밝혀진 증거를 가지고는 자기효능감 자체가 중독을 유지하는 데 얼마나 중요한지는 입증하지 못했다. 예를 들어, 술에 심하게 중독된 징후를 모두 보이는데도 마음만 먹으면 언제든지 음주를 조절할 수 있다고 완전히 자신감을 보이는 사람을 생각해 보자. 이러한 자신감만으로 중독을 극복할 수 있을까? 아직 검증되지는 않았지만 그럴 가능성은 낮아 보인다.

마찬가지로, 흡연자 표본을 추출해서 과거에 금연을 시도한 경험에 대한 관찰을 포함하여 금연 능력에 대한 어떠한 신념도 참고하지 않고 중독 정도를 신중하게 평가한다면, 자기효능감 신념을 모형에 추가하는 것이 금연 능력 예측을 크게 향상하는 방법이 될까? 아마도 가장 중요한 것은 자기효능감을 높이는 개입이 자제력을 발휘하는 능력에 상당한 영향을 미친다는 증거가 필요하다는 것이다.

* 자기효능감 개념은 나중에 설명하는 사회학습 이론과 절제 위반 효과를 포함하여 많은 이론적 설명에 일부분을 차지하고 있다. 다른 이론과 마찬가지로 여기서는 설명할 목적으로 간략히 소개한다.

부주의한 실수로 재발하는 과정

우리는 자기효능감 개념이 이전 장에서 설명한 많은 선택 기반 모형들에 스며들어 있다는 점에 주목했다. 아울러 자기효능감은 중독 행동에 나타나는 특별한 현상, 즉 예전의 행동 패턴으로 한 번만 되돌아가도 그 행동을 전면적으로 재개하는 과정에 초점을 맞춘 이론의 중요한 요소이기도 하다. 이 과정을 절제 위반 효과(AVE)Abstinence Violation Effect라고 한다([글상자 4-4]).

[글상자 4-4] 절제 위반 효과

재발의 선행요인은 절제를 멈추는 데 발단이 된 부주의한 실수lapse에 대한 원인을 찾아 그 탓으로 돌리는 귀인attribution이며, 이에는 내적internal, 안정적stable, 전반적global attribution 귀인이 있다. 재발은 불충분한 대처자원 때문에 발생하는 학습 경험이다.

AVE는 절제를 멈춘 부주의한 실수의 원인으로 내적, 안정적, 전반적 귀인과 그에 수반되는 죄책감 및 통제력 상실이 정기적인 물질 사용으로 되돌아갈 확률을 높인다고 제안한다. 인지적 요인은 재발 가능성에 결정적인 역할을 하는데, 말랫은 AVE가 특히 파괴적인 인지과정이라고 주장한다(Marlatt 1979).

AVE의 기원

AVE는 개인이 약물을 사용하는 이유를 완전한 절제를 하겠다고 한 자신의 약속에서 벗어난 것으로 생각할 때 발생한다고 제안한다. 이로써 이 사람은 '인지 부조화cognitive dissonance' 상태를 겪게 되며, 자신의 고유한 개인적 특성이 절제할 수 없게 만든다고 치부함으로써 이러한 부조화를 해결하려고 한다('개인적 귀인personal attribution'). 이러한 해석과 귀인은 이후 절제를 유지하려는 노력에 찬물을 끼얹을 수 있다.

AVE 효과

이 이론은 또한 절제를 시도했다가 실패한 사실이 차후의 절제 시도에 어떤 영향을 미치는지에 대해서도 시사점을 준다. 이 이론은 적어도 개인에게 있어 재발을 인지하는 가장 건설적인 방법 가운데 하나는 뿌리치기 어렵게 만든 상황적 요인을 파악하여 미래에 대한 비상계획contingency plan을 수립하는 것이라고 주장한다. AVE는 재발을 일종의 학습 경험으로 개념화하여 부주의한 실수에 대한 각자의 반응과 평가가 향후 절제하려는 의지를 결정짓는다고 본다.

경험적 증거

알코올 중독자, 흡연자, 아편 중독자, 도박꾼 및 식탐이 있는 사람들은 부정적인 감정 상태를 경험할 때 부주의한 실수를 저지를 가능성이 더 높다는 사실이 입증되어 있는데(예: Cummings et al. 1985), 이러한 연구 결과는 중독 행동이 스트레스를 조절하는 데 효과적이기 때문에 자주 관여하게 된다는 명제를 뒷받침한다. 밀러 등(Miller et al. 1996)은 대처 기술의 중요성에 대한 증거로 외래 진료를 보는 알코올 중독자 표본에서 대처 기술의 부족이 재발을 예측하는 가장 강력한 요인임을 알아냈다.

월턴 등(Walton et al. 1994)은 물질 남용 치료 뒤 일어나는 부주의한 실수와 재발 과정에서 귀인의 역할을 조사했다. 6개월간 치료를 받은 입원 환자를 대상으로 한 연구에서, 절제를 그만두고 싶은 유혹을 받았으나 절제를 계속하며 회복 중인 약물 사용자의 귀인을 부주의한 실수로 절제를 멈춘 사람 및 재발자와 비교하여 검토해 보았다. 절제 위반 모형에 의한 예측은 부주의한 실수로 절제를 멈춘 사람과 재발자가 약물 사용 복귀 후 내적/외적 귀인이 유사하다는 점에서 지지되지 않았다. 그러나 재발자는 부주의한 실수로 절제를 멈춘 사람에 비하여 더 안정적이고 전반적인 귀인을 하였고, 절제를 계속한 사람은 사소한 잘못으로 인해 절제를 멈춘 사람에 비하여 자신의 절제에 대해 더 내적이고 안정적인 귀인을 했다. 절제 유지에 성공한 사람의 귀인은 재발자가 하는 귀인(즉, 자신의 재발에 대한 귀인)과 유사한 경향이 보였다. 이러한 조사 결과는 회복 초기에는 귀인 과정이 복잡하다는 사실을 강조한다.

쉬프만과 동료들(Shiffman et al. 1996)은 흡연자를 대상으로 한 연구에서 AVE의 지표, 즉 자기효능감, 부주의한 실수에 대한 귀인 및 정서적인 반응은 대체로 재발로의 진행을 예측하지 못했지만, 실수를 범한 후 회복적 대처restorative coping를 시도한 참가자는 또다시 부주의하게 절제를 멈출 가능성이 적다는 것을 알아냈다. 스트레스로 인해 부주의한 실수를 저지른 경우에는 그다음 실수가 더 빠르게 나왔던 반면, 음식물이나 음주로 인한 경우 또는 술을 마시다가 그런 경우에는 좀 더 천천히 일어났다. 니코틴 의존도가 높은 흡연자는 또다시 부주의한 실수를 저질러 금연을 깰 가능성이 높았지만, 첫 번째 실수 시 흡연한 양이나 주관적인 강화reinforcement로는 그다음에도 그럴 것인지를 예측하지 못했다.

버크 등(Birk et al. 1990)은 알코올 중독자와 궐련 흡연자 표본의 데이터를 사용하여 처음 부주의한 실수로 금주나 금연이 깨진 후 '본격적인 재발' 가능성을 예측하는 AVE의 발생을 연구했다. 절제를 계속하는 사람과 재발자의 귀인 유형에서는 유의미한 차이가 발견되지 않았고, (불안이나 우울과 같은) 부정적 정서와 대인 갈등은 재발의 중요한 선행요인으로 밝혀진 반면, 사회적 압력은 재발과 관련이 없는 것으로 밝혀졌다.

로스 등(Ross et al. 1988)은 자기효능감이 AVE가 재발을 견디는 데 중요한 역할을 한다는 가정을 검토했는데, 비현실적으로 높은 기준과 그 기준을 지키기에는 낮은 자기효능감이 복합되면 재발 위험과 연관될 수 있다고 보았다. 새로 입원한 알코올 중독자와 1년 동안 계속 금주한 알코올 중독자는 스스로 설정한 높은 기준에는 다를 바가 없었지만, 금주에 성공한 알코올 중독자는 회복 과정 초기 알코올 중독자보다 자기효능감에 대한 기대치가 더 높은 것으로 나타났다.

재발 방지 치료나 절제를 장려하는 사회적 지지집단을 수료한 후 부주의한 실수로 다시 마리화나를 사용했다고 보고한 마리화나 사용자 표본을 대상으로 AVE 가설을 검증하는 연구에서는 긍정적 결과가 보고되었다(Stephens et al. 1994). 부주의한 실수의 원인에 대한 내적, 안정적 및 전반적 귀인과 감지된 통제력 상실이 동시에 보고된 부주의한 실수와 유의미하게 관련이 있는 것으로 나타났다. 그뿐만 아니라 부주의한 실수에 대한 내적 및 전반적 귀인은 후속 6개월 동안의 마리화나 사용을 예측했다.

시사점 및 개입

재발 방지(예방) 모형Relapse Prevention Model은 AVE 개념으로 개발되었다. 이 모형에서는 개인 차원에서 절제를 유지하는 데는 다양한 귀인들이 작용할 수 있기 때문에 모든 이에게 동일한 단일 치료법이나 패키지를 지지하지 않는다. 대신에 치료자는 여러 가지 약물에 대한 마음가짐과 기대에 영향을 줄 수 있는 다양한 요인을 전반적으로 파악하고, 근본적인 요인에 대해서는 열린 마음으로 각 개인의 의존성dependence에 접근할 것을 제안한다.

재발 예방 프레임워크는 AVE의 구성요소를 기반으로 적절한 패키지를 개발할 수 있도록 다음의 4가지 요소를 식별한다.

1. 개인의 위험 요인과 변별 자극(단서), 기존의 대처 기술 및 자원에 대한 심층 평가. 치료 과정에서 더 상세한 정보가 나타나고 추가로 검토할 필요가 있을지라도, 평가는 포괄적으로 할 필요가 있다.
2. 중독자가 위험 상황을 회피하거나 대처할 수 있는 적절한 대체 전략을 찾도록 도와주기. 전략은 인지 기법(예: 요구되는 전략의 필요성과 유형을 파악하기 위해 어려운 문제들에 대해 자세하게 이야기를 나누기)과 행동 기법(예: 완화relaxation, 주의 분산distraction)으로 구성될 수 있다.
3. 중독자의 자기효능감과 대처 전략 사용 기술을 향상시키기. 예를 들어, 중독자를 도와 대체 전략을 연습하며 잠재적인 어려움을 파악하고 해결할 수 있게 지원한다.
4. 부주의한 실수가 일어나는 것과 같은 만일의 사태에 대비하여 어떻게 대처할 것인지(예: 특정인에게 연락하기, 사적인 장소로 가서 사색의 시간 갖기)에 대한 구조화된 계획 수립과 함께 AVE에 대한 논의가 필요할 수 있다.

이 4가지 요소는 치료자, 환자 그리고 이용할 수 있는 자원의 특성에 따라 다양한 형태로 나타날 수 있다.

동기 면담(동기 강화 상담)

재발 예방 접근법은 '동기 강화 상담motivational interviewing'으로 알려진 상담 기법을 탄생시켰다(Miller and Johnson 2001). 동기 강화 상담의 개념은 개인이 장기적으로 행동 변화를 지속하고 헌신할 수 있도록 내담자를 참여시키자는 발상에서 나왔다. 이런 식의 개입은 치료자와 개인 간 대화와 위태로운 상황 및 기타 문제 영역을 식별하고 지지적인 환경에서 가능성 있는 대처 전략을 평가하는 일에 함께 노력하겠다는 약속에 의존한다.

재발 예방 모형에 기반한 동기 강화 상담 기법이 가치가 있다는 증거가 있다(Rubak et al. 2005). 올솝 등(Allsop et al. 1997)이 수행한 연구를 예로 들면, 알코올 중독자 표본에서 무작위로 추출하여 기본적인 약물 교육 위주인 표준 치료 패키지, 재발 예방 패키지 또는 별도의 토론 세션을 제공하였는데, 재발 예방 패키지를 받은 알코올 중독자는 상당히 높은 금주율을 보여 주었고 재발할 때까지 오랜 시간 약물 없이 지냈다.

이슈 평가

이 이론에서 설정한 모든 가설이 지지되지는 않았지만, AVE 이론은 재발 과정의 몇 가지 중요한 특징을 포착하고 있으며 실제 생활에서 관찰한 것과도 잘 맞아떨어진다. AVE의 주요 원리는 보편적인 중독 이론 안에 포함될 필요가 있다. 그러나 재발에 대한 개념 자체가 문제가 있고, 절제에서 중독 행동의 재개로 넘어가는 복잡하고 아주 다양한 과정을 지나치게 단순화했다는 밀러의 충고는 주목할 만하다(Miller 1996).

충동 조절

자기효능감과 AVE의 개념은 변화 시도를 저해하는 신념과 느낌에 주목한다. 성격 유형에 속하긴 하지만 충동 조절impulse control 문제는 중독 물질 사용 정도와 연관이 있는 것으로 알려져 있다(Conway et al. 2003). 자기통제 실패는 몇몇 이론에서 좀 더 보편적으로 탐구되었는데, 이 중 한 이론이([글상자 4-5]) 신경해부학적 구조와 억제 메커니즘 사이의 관련성을 기술하고 있다.

[글상자 4-5] 억제조절 부전(조절곤란) 이론

중독은 보상받는 행동을 억제하는 능력의 진행성 조절 장애를 수반한다(Lubman et al. 2004).

러브먼 등(Lubman et al. 2004)은 반응 억제 및 선택의 측면과 연관된 뇌 영역이 관여하는 억제 시스템이 약물 중독과 관련된 강박행동의 근간이 된다고 주장한다. 이들은 중독된 개인은 뇌에 작용하는 물질이나 관련 자극에 직접 통제받아 로봇처럼 행동하는 사람automaton이 아니라, 의사결정 측면이 직접적인 방식으로 손상되었거나(즉, 제대로 작동하지 않는 억제 시스템) 제대로 작동하지 않는 보상 시스템에 의해서 간접적으로 손상되었다고 제안한다.

중독과 조절 장애의 공통점

물질 남용은 조현병, 우울증 및 강박 장애OCD를 앓고 있는 환자에게 흔하다는 점에 주목한다(Conway et al. 2002). 또한 조현병, 양극성 기분장애, 주의력결핍 과잉행동장애 및 OCD가 있는 환자는 뇌의 전두엽 피질 구조물이 관여하는 억제 과정에 결함이 있다는 사실도 알려져 있다(Murphy 1990; Bannon et al. 2002). 중독의 일부 양상은 OCD와 매우 유사하게 나타나는데(Modell et al. 1992), 두 장애의 임상적 특징은 반복적으로 떠오르는 침투적 사고(즉, 강박사고obsession 또는 갈망)와 의례적인 규칙에 따라 하는 행동(강박행동compulsion 또는 약물 복용 행동)을 억제하지 못하며, 그리고 둘 다 중요한 기능 영역에서 상당한 손상을 초래한다고 말한다.

억제에 관여하는 뇌 영역

코카인을 계속 사용하는 코카인 중독자와 음주를 계속해서 하는 알코올 중독자 그리고 오랜 기간 금욕생활을 한 사람들은 안와전두피질(OFC)Orbitofrontal

Cortex과 전대상피질(ACC)Anterior Cingulate Cortex에서 유의미한 활동성 저하가 발견되었다(Volkow et al. 1997). 이러한 영역은 단서에 노출되는 기간 동안(Grant et al. 1996) 그리고 급성 금단이 나타나는 기간 동안(Volkow et al. 1997 참조) 높게 활성화된다.

따라서 이 이론은 강박행동이 있으려면 앞서 언급한 고도로 상호 연결된 피질 시스템인 ACC와 OFC 내에 기능장애가 있어야 한다고 제안한다. 이 ACC와 OFC는 자기조절self-regulation에 결정적으로 관여하며 함께 억제 시스템의 핵심을 형성한다. 이 제안은 보상을 기대하는 상태가 심해진 것만으로 강박행동을 하게 되는 것은 아니며, OFC와 ACC 내 억제 과정의 기능에 이상이 있어서 하게 되는 것이라 시사한다.

억제 실패와 재발

억제조절 부전 이론은 밀러와 골드(Miller and Gold 1994)가 연구한 결과물을 근거로 지지를 받는 것 같은데, 재발의 주요 요인으로 갈망이 7%의 사례에서만 언급되었고, 41% 는 충동적 행위(즉, 억제조절 능력 저하)를 꼽았다. 또한 행동이 가져올 향후 결과를 애써 생각하지 않는 것(Altman et al. 1996)이 억제 시스템의 활동성 저하와 관련이 있을 수 있다는 의견도 제시되었다.

중독과 관련된 도발이 있을 때 동기가 억제 시스템을 무력하게 만든다는 가설에 따르면, '다른 것을 능가하는 힘이 있는pre-potent' 동기를 충족하는 성향과 '자극 지향적인stimulus-driven' 성향에 지나치게 사로잡혀 행동을 표출하거나 탈억제disinhibition로 나타난다. 러브먼 등(2004)은 나아가 이러한 도발이 (통제력 상실로 경험되는) 충동성을 유발하여 미래의 부정적인 결과를 염두에 두지 않고 강박적인 약물 복용을 반복하게 된다고 설명한다. 주장하는 바에 따르면, 갈망하는 수준이나 억제 기능만을 측정하기보다는 실제 동기가 부여된 상태에서 억제 시스템의 완전한 형태를 체계적으로 조사해 보면 임상 결과를 더 정확하게 예측할 수 있다.

억제 능력을 강화하는 개입 방법

억제조절의 실패는 익명의 알코올 중독자들(AA)Alcoholics Anonymous과 같은 많은 자조 모임에서 행하는 임상적 개입의 목표이며, 이를 극복하는 것이 앞서 언급한 '동기부여 면담'이라는 기법의 특징이다. 또한 대체요법이나 금단 중심 치료와 같이 의존성의 양상을 표적으로 삼는 약물 요법pharmacotherapeutic도 억제조절 부전 모형과 함께할 수 있음이 입증되었다.

억제 기능장애 대 내성 및 금단 증상

이 이론은 내성과 의존성 개념으로 중독을 설명하는 데서 벗어나 약물의 효과와 절제를 위한 힘겨운 투쟁 개념을 보강하여 행동으로 드러나는 강박적인 약물 추구 설명으로 나아간다. 러브먼 등(2004)은 도파민 보상 시스템의 신경적응neuroadaptation 및 민감화(제5장 참조), 약물 단서에 대한 반응성cue reactivity(제5장 참조), 억제 시스템의 오작동과 관련하여 서로 전혀 다른 연구 결과들을 종합하여 통합 모형을 만들려고 시도했다.

이슈 평가

이 이론을 강박과 자기통제의 개념을 소개하는 장에 두었지만, 지금까지 검토한 많은 이론과 마찬가지로 이전에 논의한 의식적인 선택을 포함하여 제5장에서 좀 더 검토해 볼 습관과 같은 요소를 포함하고 있다. 분명한 것은 적어도 일부 중독 사례에서 억제 메커니즘에 장애가 있다는 증거를 확보했고, 그에 대한 신경학적 기질neurological substrate을 이해하기 시작했다.

광범위한 개념인 자기조절

자기조절을 여러 각도에서 설명하는 작업은 바우마이스터 등(Baumeister et al. 1994)에 나와 있다([글상자 4-6]). 이 광범위한 검토에서는 자기조절에 대한 설득력 있는 사례를 제시하고, 의식적으로 행동을 자제하는 것부터 반응을 억제하는 것에 이르기까지 다양한 수준의 자기조절은 가시화되는 모든 행동에 작용하는 힘의 균형에 중요한 역할을 한다고 설명한다. 자기통제는 넓은 의미에서 자기조절의 한 측면이며 특정 목적을 달성하기 위해 스스로 의식하면서 의지를 행사하는 것이라 말한다.

[글상자 4-6] **자기조절 이론**

행위는 서로 경쟁 관계에 있을 수 있는 계층구조로 된 여러 과정에서 발생한다. 상위 과정은 의미 있는 연상작용과 해석으로 이루어지는 좀 복잡한 네트워크와 상위의 장기 목표나 추상적인 목표를 포함한다. 자기조절은 상위 과정을 우선에 두고 하위 과정을 차단하고 작동을 대치하는 것이며, 자기조절의 실패는 하위 과정이 자리 잡고 작동할 때 발생한다.

조절 장애나 강박에 초점을 맞추고 있는 다양한 이론들 사이에서 바우마이스터 등(1994)은 중독, 부실한 자기관리, 강박사고 집착, 폭식, 공격성 및 기타 여러 행동 문제에 있는 공통점을 강조하며 고도로 발전된 설명을 내놓았다. 자기조절 이론Self-regulation Theory은 자기통제를 행사하는 성향에 이전부터 있었던 확고한 개인차가 존재하며, 이것이 중독의 발달에 영향을 미칠 수 있다는 가능성을 열어 준다. 앞서 설명한 충동 조절 장애 이론과 마찬가지로 이 이론에서도 의존성 약물이 자기조절에 미칠 영향을 허용하고 있으며, 피곤함, 정서 상태, 환경 자극과 같은 단기적인 영향이 자기조절에 미치는 효과에 대해서도 조사했다.

이슈 평가

이 이론은, 예를 들어 반사회적 성격과 중독, 정신질환과 중독, 다양한 형태의 중독 간 연관성과 실제 중독에서 회복되는 과정과 관련하여 엄청난 설명 잠재력을 가지고 있다.

중독 이론에 자기통제 이상 징후를 반드시 포함시켜야 할 것 같다. 또한 앞서 언급했듯이, 중독의 현상학은 충동 조절 메커니즘의 약화로 일어난다는 개념을 넘어서 충동감 또는 강박도 포함하는 것으로 보인다. 이제 '충동감' 개념을 좀 더 자세히 살펴볼 차례이다.

충동감과 갈망

'충동감urge'이란 용어는 종종 '갈망'과 동의어로 사용되어 왔지만, 안타깝게도 후자의 용어는 여러 가지 다양한 의미를 갖게 되었고 이로 인해 논쟁이 흐려지는 경향이 있다(Kozlowski and Wilkinson 1987). 흔히 알려진 대로 '충동감'은 무엇인가를 하고 싶은 충동을 느끼는 것을 말하며, 하고 싶다는 마음과 꼭 같은 것은 아니지만 종종 두 가지가 함께 사용된다. 이 둘의 차이에 대해 간단한 예를 들면, '새미는 화장실에 가고 싶은 강한 충동감을 느꼈지만, 하던 컴퓨터 게임을 계속하고 싶었다'처럼 될 것이다. 티파니(Tiffany 1990)는 충동감이 어떻게 발생하고 계속해서 약물을 사용하는 데 있어 어떤 역할을 하는지에 대한 이론을 개발했다([글상자 4-7]).

[글상자 4-7] 인지적 약물 충동 모형

인지적 약물 충동 모형 Cognitive Model of Drug Urges에 따르면 강박적으로 약물을 사용하는 데는 주관적인 갈망의 감정 이상의 것이 개입된다. 여기에는 단서-반응 연합에 의해 주도되는 고도로 자동화된 행위 시퀀스(연속체)action sequences로 행동하는 것과 관련되어 있다. 갈망은 두 가지 연관되는 차원에서 보아야 하는데, 하나는 자동화된 행위 시퀀스가 실행되지 않도록 의식적으로 노력할 때 갈망이 생기며, 다른 하나는 행동에서 얻는 쾌락을 기대할 때 갈망하게 된다(Tiffany 1990, 1999; Tiffany and Conklin 2000).

이 이론에 따르면, 갈망은 약물 사용이 방해받는 경우 중독자가 인지적 노력을 발휘하는 과정으로 나타난다. 갈망은 반복을 통해 학습된 고도로 자동화된 행위 시퀀스를 차단하려고 노력할 때 활성화된다. 이 관점대로라면 약물 사용 여부에 대한 중독자의 의사를 보고된 갈망의 특성에 반영해야 한다. 이 모형은 약물 사용에 대한 욕구와 의도가 능동적인 흡연자의 경우 강하게 '연결될coupled'

것으로 예측하지만, 흡연에 대한 욕구와 의도는 금연을 시도하고 있는 개인의 경우 '분리될' 수 있다.

충동감의 두 가지 차원

이론에 따르면 갈망은 두 가지 차원으로 나누어져야 한다. 한 차원은 금단 증상과 연결된 긴급한 욕구의 감정이고, 다른 차원은 관심이 있는 활동에서 쾌락을 기대하는 데서 비롯되는 갈망이다(Tiffany and Drobed 1991). 즉흥적으로 담배를 피우는ad-lib smoking 흡연자와 금연 중에 있는 흡연자를 대상으로 한 연구 결과가 이런 견해를 지지한다고 주장했지만(예: Cox et al. 2001), 사용된 증거의 유형은 가설과 약한 관계를 나타냈다.

첫 번째 차원의 증거는 '요인분석factor analysis'을 통해 얻을 수 있다. 요인분석은 여러 측정치에 대한 점수(예: 설문 문항 응답 평정 점수)를 몇 개의 잠재적 요인으로 설명할 수 있는지 평가하는 통계적 방법이다.

요인분석은 이론을 검증하기 위해 흡연 충동 설문지(QSU)Questionnaire of Smoking Urges 응답을 바탕으로 수행되었다. 안타깝게도, 이 통계적 방법을 설문지에 사용할 경우 의미가 중첩되는 문항들의 정도와 측정이 이루어진 표본 및 상황에 따라 특정 질문 문구에 매우 민감하게 반응한다. 게다가 잠재적 요인이 몇 개인지 명확하게 정하지 못하기 때문에 그것을 결심하기 위해서 다소 임의적인 규칙을 고안해야 한다.

QSU의 경우, 이 이론을 지지하는 사람들은 서로 상관관계에 있는 두 개의 잠재적인 요인이 있다고 주장한다. 하지만 설문지 문항의 문구와 스타일의 유사성으로 인해 일부 추가적인 시스템적 변형을 통해 중첩되는 하나의 잠재적 요인만 존재한다고 주장할 수도 있다.

두 번째 차원에 대한 증거는 QSU에서 도출된 두 점수가 서로 다른 방식으로 갈망에 불리하게 작용하는 개입에 다르게 반응한다는 것이다. 안타깝게도, 이를 검증할 때 응답 패턴이 실제로 다른지 또 그 다름이 우연히 이루어질 가능성을 알려 주는 필수적인 통계 방법을 사용하지 않았다. 따라서 개입이 한 척도에는 유의미하게 영향을 미치고 다른 척도에는 영향을 미치지 않다는 것을 보여 주는 것만으로는 부족하다. 두 척도에 대한 개입의 효과(즉, 교호작용)가 통계적으로 유의미한 차이가 있음을 직접적으로 보여 줄 필요가 있다.

자동성과 중독

자동화된 행위 시퀀스와 관련된 이론 부분과 관련하여, 이 이론은 환경 단서와 보고된 갈망 사이의 관계와 갈망하지 않을 때도 중독 행동이 종종 재발한다는 사실을 설명하기 위해 고안되었다. 연구 결과에 따르면, 무심코 담배를 피우는 부주의한 실수가 일어나기도 하지만 그런 일은 드물다고 한다(Catley et al. 2000).

이슈 평가

이 이론은 다른 이론과 마찬가지로 인지 처리 모형과 의식적 인식을 수반하지 않는 동기유발 시스템과 통합할 필요성에서 비롯된 것이 분명하다. 이 이론은 중독 행동에 관여하려는 충동감이 단순히 중독 행동이 제공할 것으로 기대되는 쾌락에서 비롯되는 것이 아니라는 점을 인식한다. 이 이론은 자동화된 행위 시퀀스를 하지 못하게 하려고 시도하는 경우 일어날 수 있는 충동감에 대해 중요한 지적을 해 준다. 이러한 점에서, 충동감은 '자제'라는 동전의 양면과도 같다.

중독은 욕망과 충동감에 대한 자기통제 실패

이제 불안정한 선호를 고려한 비합리적 선택 이론에 자기통제와 강박의 개념을 추가한 중독 이론에 도달했다. 이것도 여전히 의식적 선택이 중독 발현에 최종적인 공통 경로가 된다는 이론이지만, (이 장에서 마지막으로 검토한 이론을 포함하여) 지금까지 검토한 많은 이론에는 무의식적, 자동적 또는 반자동적 과정이 포함되었다.

선택 유형의 모형에는 여전히 예외가 있다. 흔하지는 않지만, 중독 행동은 때때로 그것으로 쏠리는 의식적인 자각 없이도 발현한다는 관찰이다(예: 아무 생각 없이 담배에 불을 붙여 무는 것). 더 중요한 것은, 어떤 중독 행동에 대한 충동감의 정도와 그로 인해 얻어지는 명백한 보상 간에 불일치가 있는 것처럼 보인다는 점이다. 다음 장에서는 이런 단점을 다룰 수 있는 수단으로 행동약리학 분야를 소개한다.

참고문헌

Allsop, S., Saunders, B., Phillips, M. and Carr, A. (1997) A trial of relapse prevention with severely dependent male problem drinkers. *Addiction 92*(1): 61-73.

Altman, J., Everitt, B.J., Glautier, S., et al. (1996) The biological, social and clinical bases of drug addiction: commentary and debate. *Psychopharmacology (Berl) 125*(4): 285-345.

Babor, T.F., Hofmann, M., DelBoca, F.K., et al. (1992) Types of alcoholics, I. Evidence for an empirically derived typology based on indicators of vulnerability and severity. *Arch Gen Psychiatry 49*(8): 599-608.

Bandura, A. (1977) Self-efficacy: toward a unifying theory of behavioral change. *Psychol Rev 84*(2): 191-215.

Bandura, A., Adams, N.E. and Beyer, J. (1977) Cognitive processes mediating behavioral change. *J Pers Soc Psychol 35*(3): 125-139.

Bannon, S., Gonsalvez, C.J., Croft, R.J. and Boyce, P.M. (2002) Response inhibition deficits in obsessive-compulsive disorder. *Psychiatry Res 110*(2): 165-174.

Baumeister, R.F., Heatherton, T.F. and Tice, D.M. (1994) *Losing Control: How and Why People Fail at Self-regulation*. Academic Press, San Diego, CA.

Birke, S.A., Edelmann, R.J. and Davis, P.E. (1990) An analysis of the abstinence violation effect in a sample of illicit drug users. *Br J Addict 85*(10): 1299-1307.

Brandon, T.H., Herzog, T.A., Irvin, J.E. and Gwaltney C.J. (2004) Cognitive and social learning models of drug dependence: implications for the assessment of tobacco dependence in adolescents. *Addiction 99*(Suppl. 1): 51-77.

Brown, J., Babor, T.F., Litt, M.D. and Kranzler, H.R. (1994) The type A/type B distinction. Subtyping alcoholics according to indicators of vulnerability and severity. *Ann NY Acad Sci 708*: 23-33.

Carey, M.P., Kalra, D.L., Carey K.B., Halperin S. and Richards C.S. (1993) Stress and unaided smoking cessation: a prospective investigation. *J Consult Clin Psychol 61*(5): 831-838.

Catley, D., O'Connell, K.A. and Shiffman, S. (2000) Absentminded lapses during smoking cessation. *Psychol Addict Behav 14*(1): 73-76.

Cloninger, C.R. (1987) A systematic method for clinical description and classification of personality variants. A proposal. *Arch Gen Psychiatry 44*(6): 573-588.

Conway, K.P., Kane, R.J., Ball, S.A., Poling, J.C. and Rounsaville, B.J. (2003)

Personality, substance of choice, and polysubstance involvement among substance dependent patients. *Drug Alcohol Depend 71*(1): 65-75.

Conway, K.P., Swendsen, J.D., Rounsaville, B.J. and Merikangas, K.R. (2002) Personality, drug of choice, and comorbid psychopathology among substance abusers. *Drug Alcohol Depend 65*(3): 225-234.

Cox, L.S., Tiffany, S.T. and Christen, A.G. (2001) Evaluation of the brief questionnaire of smoking urges (QSU-brief) in laboratory and clinical settings. *Nicotine Tob Res 3*(1): 7-16.

Cummings, K.M., Jaen, C.R. and Giovino, G. (1985) Circumstances surrounding relapse in a group of recent exsmokers. *Prev Med 14*(2): 195-202.

Edwards, G. and Gross, M.M. (1976) Alcohol dependence: provisional description of a clinical syndrome. *Br Med J 1*(6017): 1058-1061.

Gelkopf, M., Levitt, S. and Bleich, A. (2002) An integration of three approaches to addiction and methadone maintenance treatment: the self-medication hypothesis, the disease model and social criticism. *Isr J Psychiatry Relat Sci 39*(2): 140-151.

Grant, S., London, E.D., Newlin, D.B., et al. (1996) Activation of memory circuits during cue-elicited cocaine craving. *Proc Natl Acad Sci USA 93*(21): 1204-1205.

Gwaltney, C.J., Shiffman, S., Norman, G.J., et al. (2001) Does smoking abstinence self-efficacy vary across situations? Identifying context-specificity within the Relapse Situation Efficacy Questionnaire. *J Consult Clin Psychol 69*(3): 516-527.

Howard, M.O., Kivlahan, D. and Walker, R.D. (1997) Cloninger's tridimensional theory of personality and psychopathology: applications to substance use disorders. *J Stud Alcohol 58*(1): 48-66.

Jellinek, E.M. (1960) *The Disease Concept of Alcoholism*. Hillhouse Press, New Brunswick, NJ.

Kozlowski, L.T. and Wilkinson, D.A. (1987) Use and misuse of the concept of craving by alcohol, tobacco, and drug researchers. *Br J Addict 82*(1): 31-45.

Litt, M.D., Babor, T.F., DelBoca, F.K., Kadden, R.M. and Cooney, N.L. (1992) Types of alcoholics, II. Application of an empirically derived typology to treatment matching. *Arch Gen Psychiatry 49*(8): 609-614.

Lubman, D.I., Yucel, M. and Pantelis, C. (2004) Addiction, a condition of compulsive behaviour? Neuroimaging and neuropsychological evidence of inhibitory dysregulation. *Addiction 99*(12): 1491-1502.

Marlatt, G.A. (1979) A cognitive-behavioral model of the relapse process. *NIDA Res Monogr 25*: 191-200.

Marlatt, G.A. (1996) Taxonomy of high-risk situations for alcohol relapse: evolution and development of a cognitive-behavioral model. *Addiction 91*(Suppl.): S37-S49.

Miller, C.E. and Johnson, J.L. (2001) Motivational interviewing. *Can Nurse 97*(7): 32-33.

Miller, J.D. and Lynam, D.R. (2003) Psychopathy and the five-factor model of personality: a replication and extension. *J Pers Assess 81*(2): 168-178.

Miller, N.S. and Gold, M.S. (1994) Dissociation of 'conscious desire' (craving) from and relapse in alcohol and cocaine dependence. *Ann Clin Psychiatry 6*(2): 99-106.

Miller, W.R. (1996) What is a relapse? Fifty ways to leave the wagon. *Addiction 91*(Suppl.): S15-27.

Miller, W.R., Westerberg, V.S., Harris, R.J. and Tonigan, J.S. (1996) What predicts relapse? Prospective testing of antecedent models. *Addiction 91*(Suppl.): S155-172.

Modell, J.G., Glaser, F.B., Mountz, J.M., Schmaltz, S. and Cyr, L. (1992) Obsessive and compulsive characteristics of alcohol abuse and dependence: quantification by a newly developed questionnaire. *Alcohol Clin Exp Res 16*(2): 266-271.

Murphy, D.L. (1990) Neuropsychiatric disorders and the multiple human brain serotonin receptor subtypes and subsystems. *Neuropsychopharmacology 3*(5-6): 457-471.

Niaura, R. (2000) Cognitive social learning and related perspectives on drug craving. *Addiction 95*(Suppl. 2): S155-163.

Reilly, P.M., Sees, K.L., Shopshire, M.S., et al. (1995) Self-efficacy and illicit opioid use in a 180-day methadone detoxification treatment. *J Consult Clin Psychol 63*(1): 158- 162.

Roos, S.S. (1977a) A psychophysiological re-evaluation of Eysenck's theory concerning cigarette smoking. Part I. The central nervous system. *S Afr Med J 52*(6): 237-240.

Roos, S.S. (1977b) A psychophysiological re-evaluation of Eysenck's theory concerning cigarette smoking. Part II. The autonomic nervous system. *S Afr Med J 52*(7): 281-283.

Ross, S.M., Miller, P.J., Emmerson, R.Y. and Todt, E.H. (1988) Self-efficacy, standards, and abstinence violation: a comparison between newly sober and long-term sober alcoholics. *J Subst Abuse 1*(2): 221-229.

Rubak, S., Sandbaek, A., Lauritzen, T. and Christensen, B. (2005) Motivational interviewing: a systematic review and meta-analysis. *Br J Gen Pract 55*(513): 305-312.

Sannibale, C. and Hall, W. (1998) An evaluation of Cloninger's typology of alcohol abuse. *Addiction 93*(8): 1241-1249.

Shiffman, S., Hickcox, M., Paty, J.A., Gnys, M., Kassel, J.D. and Richards, T.J. (1996). Progression from a smoking lapse to relapse: prediction from abstinence violation effects, nicotine dependence, and lapse characteristics. *J Consult Clin Psychol 64*(5): 993-1002.

Skog, O.J. (2000) Addicts' choice. Addiction 95(9): 1309-1314.

Stephens, R.S., Curtin, L., Simpson, E.E. and Roffman, R.A. (1994) Testing the abstinence violation effect construct with marijuana cessation. *Addict Behav 19*(1): 23-32.

Tiffany, S.T. (1990). A cognitive model of drug urges and drug-use behavior: role of automatic and nonautomatic processes. *Psychol Rev 97*(2): 147-168.

Tiffany, S.T. (1999) Cognitive concepts of craving. *Alcohol Res Health 23*(3): 215-224.

Tiffany, S.T. and Conklin, C.A. (2000). A cognitive processing model of alcohol craving and compulsive alcohol use. *Addiction 95*(Suppl. 2): S145-153.

Tiffany, S.T. and Drobes, D.J. (1991) The development and initial validation of a questionnaire on smoking urges. *Br J Addict 86*(11): 1467-1476.

Volkow, N.D., Wang, G.J., Overall, J.E., et al. (1997) Regional brain metabolic response to lorazepam in alcoholics during early and late alcohol detoxification. *Alcohol Clin Exp Res 21*(7): 1278-1284.

Walton, M.A., Castro, F.G. and Barrington, E.H. (1994) The role of attributions in abstinence, lapse, and relapse following substance abuse treatment. *Addict Behav 19*(3): 319-331.

제5장

중독, 습관 그리고 도구적 학습

ADDICTION, HABIT AND INSTRUMENTAL LEARNING

이전 장의 말미에서 선택 이론의 틀 내에서 작동하는 중독 이론 중 일부는 몇몇 중독 현상을 설명하면서 자동적으로 반응하는 비의식적인 처리 과정을 가정할 필요가 있다고 언급했다. 이 장에서는 습관, 도구적(조작적) 학습 그리고 고전적(파블로프식) 조건형성(조건화)의 개념을 사용하여 이 아이디어를 발전시킨다. 이러한 개념은 행동약리학의 세계에서 일상적으로 통용되는 개념이다. 사실 이 세상과 행동에 대한 선택 모형을 지지하는 사람들의 세계 사이에는 약간의 간극이 있으며, 몇 가지 개념은 매우 피상적인 수준에서만 연결되어 있다.

도구적 학습

행동 약리학자의 세계에서 보는 약물 중독은 보상과 처벌의 작동으로 인해 발생한다. 이러한 접근법에는 다양한 변종들이 있는데, 이 장에서는 이 가운데 몇 가지를 아주 일반적인 관점에서 살펴볼 것이다. 먼저, 특정 병리가 개입되지 않는 도구적(조작적) 학습에 대한 간단한 설명으로 시작한다. 이에 따르면, 의식적인 조절이 제 기능을 못하는 것은 순전히 이 강화 메커니즘이 의식적인 조절을 벗어난 수준에서 작동하여 특별히 관심을 두고 있는 선호와 충돌하는 동기유발력motivational force을 부여하기 때문에 발생한다([글상자 5-1]).

[글상자 5-1] 도구적 학습(조작적 조건형성)과 중독

약물 및 기타 활동에 대한 의존은 의식적인 자각 밖에서 작동하는 통상적인 도구적 학습 메커니즘에서 발생한다. 헤로인이나 니코틴 같은 약물은 사용을 유발하는 행동에 보상을 제공한다. 신경적응은 절제하는 것이 혐오스럽기 때문에 도피 및 회피 학습 메커니즘을 통해 약물 복용이 강화되는 상태를 뜻하기도 한다.

중독 행동은 개인이 무슨 일이 일어나고 있는지 인지하지 못하고 일어나는 어떤 과정 때문에 고착되어 그만두기 어려워지며, 능동적인 의사결정 과정을 거치지 않아도 되고, 심지어 그 행동을 통해 긍정적인 쾌감을 느낄 필요도 없다. 강화reinforcement라는 이 과정은 수백만 년 전에 동물이 생존과 번식에 도움이 되는 행동을 하게끔 '훈련되는' 과정에서 진화한 뇌의 한 부분과 관련이 있다. 이 과정에는 정적 강화positive reinforcement와 부적 강화negative reinforcement라는 두 가지 측면이 있다.

정적 강화

이것은 쥐가 먹이를 얻기 위해 지렛대(레버)를 누르는 것을 배우거나 개가 앉아서 앞발을 들고 간식을 구걸하도록 길들이는 과정이다. 의존성 약물은 이의 기저에 있는 동기유발 시스템을 활용하여 사실상 이용자가 약물을 구걸하도록 길들인다(O'Brien et al. 1992). 약물은 보상이나 정적 강화물 역할을 하며, 반복을 통해 단서-반응-보상 연합은 점점 더 강해진다.

부적 강화

이것은 도구적 학습 과정의 두 번째 요소로, 정적 강화가 보상을 주는 자극을 찾는 것이라면, 부적 강화는 불쾌한 자극인 처벌로부터 도피하거나 회피하는 것이다(예: Lewis 1990; Schulteis and Koob 1996). 이러한 종류의 학습은 매우 강력할 수 있다. 정적 강화와 마찬가지로, 수백만 년 전에 동물들은 유해하거나 고통스러운 자극으로부터 도피하거나 회피하는 법을 배울 수 있는 동기유발 시스템을 진화시켰다. 이는 의식적인 의사결정도 필요 없고 또 자동적으로 이루어진다. 쥐는 작은 전기충격이 흐르는 케이지의 바닥을 밟지 않는 방법을 쉽게 배울 수 있다. 아이는 뜨거운 표면을 만지지 않는 법을 금방 배운다. 마찬가지로, 쥐에게 지렛대를 눌러 전기충격을 방지하거나 전기충격을 끄는 법을 훈련시킬 수 있다.

중독성 약물이 이런 시스템을 활용하는 것은 상대적으로 짧은 기간 복용 후에 신체가 약물의 존재에 생리적으로 적응하기 때문이다. 그 시점부터 절제하는 기간이 길어지면 신체는 약물이 실제로 존재하지 않을 동안에 이를 벌충하기 시작하고, 생리적 시스템은 균형을 잃게 된다. 심지어 짧은 기간 동안 약물을 복용하지 않아도 특유의 불쾌한 금단 증후군이 나타날 수 있다(제3장에서 논의한 내용 참조). 약물을 복용하면 이러한 증상이 사라진다. 쥐가 충격을 피하기 위해 지렛대를 누르는 것처럼, 약물 사용자는 금단 증상에서 벗어나기 위해 약물을 복용하는 방법을 배운다. 다시 한번 강조하지만, 도구적 학습 모형에 따르면 이는 의식적인 과정이 아니며 어떤 의사결정도 개입되지 않는다는 것을 강조하는 것이 중요하다.

비정기적 강화(수시로 하는 강화)

동물들은 보상을 얻거나 처벌을 피하기 위하여 반응한다고 하였는데, 습관 훈련을 설명하는 도구적 학습은 거기서 좀 더 나아간다. 금단 증상의 대부분은 우리 모두가 때때로 느끼는 감정, 예를 들어 우울 기분 같은 감정과 아주 흡사하다. 약물 사용자는 금단으로 인한 감정과 다른 원인으로 생기는 감정을 잘 구분하지 못하는데, 이는 약물을 복용하면 감정이 누그러질 때도 있고 그렇지 않을 때도 있기 때문이다.

이렇게 되면 약물 복용과 그에 따른 증상 사이의 연관성이 약화될 것이라고 생각할 수 있지만, 역설적이게도 오히려 강화될 수 있다. 이상하게 들릴지 모르지만, 모든 경우에 강화되는 행동보다 비정기적인 경우에만 강화되는 행동이 더 확고하게 뿌리를 내리고 더 변화를 받아들이려 하지 않는다. 쥐는 지렛대를 누를 때마다 먹이가 나오는 경우보다 평균 5번 또는 10번 누를 때마다 한 번씩만 먹이가 나오는 경우, 지렛대를 누르는 행동이 더욱 확고하게 자리를 잡는다.

동물이 한 조각의 먹이를 얻고자 지렛대를 가령 20번 정도를 눌러야 할 때, 연속적으로 누르는 반응이 끝날 때가 가까워질수록 그 속도가 빨라진다는 것이 밝혀졌다. 즉, 보상 시간이 가까워질수록 반응 속도를 올려 더 활기차게 두드리는 것이다. 이는 사람들이 자기의 하던 일이 완료 시점에 가까워지면 하던 일을 매듭짓는 데 더 우선순위를 두는 경향과 유사한 것으로, 중독의 강제성이 부분적으로는 동일한 메커니즘에서 비롯될 수 있다는 가능성을 알려 준다.

비정기적 강화 학습의 강점이 갖는 진화상의 이점은 아주 분명하다. 세상은 예측할 수 없는 곳이어서 동물은 매번 효과가 있는 행동보다 대략 자기에게 유리하게 작용하는 적응적인 행동을 학습할 수 있어야 한다. 동물은 매번 그 행동이 기대하는 효과를 가져올지 여부를 알 수 없으므로, 그 행동을 해보니 가치 있는 일이 되더라는 충분한 효과를 종종 보는 한 그 행동을 계속해서 밀고 나가야 한다. 약물 사용의 경우, 결국 약물을 복용해서 우울한 기분이 줄어들기만 하면 그 행동 패턴이 정착되고 유지될 수 있다. 이는 정적 강화에 대해서도 마찬가지인데, 단지 담배 몇 개비가 보상을 줄지라도 담배가 가지는 강화의 위력은 매우 강력할 수 있다.

회피

도구적 학습 모형에는 겉으로 드러나지 않는 중요한 또 다른 특징이 있는데, 인간을 포함하여 동물은 불편함을 피하는 방법뿐만 아니라 불편함에서 벗어나는 방법도 학습한다. 이것은 심지어 불편을 느끼지 않을 때조차 빠른 속도로 반응할 태세가 되어 있다는 것을 의미한다(왜냐하면 미리 피하면 빠져나가니까). 약물 사용자가 약물을 계속 사용하기 위해 금단 증상을 체험할 필요가 없으며, 금단 증상의 위협만으로도 부적 강화 메커니즘을 활용하기에는 충분하다. 다시 말하지만, 이 모형에 따르면 회피는 의도적이고 의식적인 과정이 아니라 일반적으로 자각 밖에서 작동하는 과정이다. 이 과정을 통해 활성화되는 행동은 긴급하고 강박적으로 시작된다.

단서

행동과 보상 사이의 연관성에는 (변별 자극discriminative stimuli이라는) 특별한 단서cue가 달라붙게 되는데, 이는 주로 해당 단서나 뭔가 그와 유사한 것을 만나면 행동을 시작하는 경향이 있다는 뜻이다. 따라서 어떤 상황에서는 매우 견고한 습관도 다른 상황에서는 그렇지 않을 수 있다. 단서는 환경적 맥락(집이나 파티장에 있을 때 vs 직장에 있을 때)부터 하루의 시간대(저녁 vs 아침)에 이르기까지 무엇이든 될 수 있다. 이 관점에서 보면, 갈망은 특정한 시간과 특정한 맥락에서 학습된 습관이 주관적으로 나타나는 현상이다. 따라서 습관이 특정 단서의 맥락에서 학습된 경우, 이 단서는 갈망을 증가시킬 수 있으며, 상반된 동기가 압박하여 이 갈망을 방해하지 않는 한 행동을 유발하게 된다.

이차 강화물

앞서 설명한 메커니즘은 행동을 통제하는 강화물의 힘을 더 견고하게 해 주는 매우 중요한 현상에 의해 보충된다. (채색된 조명등과 같은) 중립 자극이 (음식과 같은) 진짜 보상에 앞서 먼저 주어지면 보상을 받는 것처럼 보일 수 있다는 것이 20세기 초에 입증되었다. 이 과정을 '고전적 조건형성' 또는 '파블로프식 조건형성'이라고 한다(이것은 파블로프의 이름을 따서 명명한 것으로, 그는 종소리가 이전에 먹이와 연합되어 있었다면 먹이가 주어지기 전이라도 종소리가 울리자마자 개는 침을 흘리게 될 수 있다는 것을 입증하였다). 특정한 냄새, 소리, 광경이 어떤 사람에게는 특정 반응을 불러일으키지만, 다른 사람들에게는 그렇지 않은 이유가 여기에 있다.

이러한 자극은 연상을 통해서만 행동에 영향을 미치기 때문에 '이차 강화물 secondary reinforcement'이라 한다. 그런데 이차 강화물이 중독성 약물에 반응하는 속도를 높일 수 있고 의존에 중요한 역할을 할 것이라는 증거가 있다(Glautier and Drummond 1994).

이에 대한 좋은 예가 흡연인데(Miyata and Yanagita 2001), 흡연자의 경우, 니코틴 펀치nicotine hit가 일어나기 전에 느끼는 감각 중 하나가 목구멍 뒤쪽에서 담배 연기가 '살짝 긁고 넘어가는' 느낌이다. 분명히 이것에는 본래 아무런 보상이 따르지 않는데도 흡연자는 이에 긍정적으로 반응하게 된다. 흡연자는 그 이유를 알지 못하지만, 이러한 감각이 니코틴의 보상 효과와 매우 밀접하게 연관이 있어 왔기 때문에 일어나는 현상이다. 이 외에도, 담뱃갑을 보는 것, 은박지의 촉감, 연초 담배의 향 등은 모두 보상에 대한 기대를 불러일으키게 되면서 중독 과정의 일부가 되고 있다([글상자 5-4]의 '평가적 조건화' 참조). 유사한 효과가 헤로인과 알코올과 같은 약물에서도 관찰되는데, 약리적 효과와 연합한 자극은 그 자체로 보상이 된다.

학습 과정의 힘

학습 과정의 강도는 여러 가지 요인, 즉 강화물 자체의 성질, 강화 일정 및 그 일정이 얼마 동안 오래 지속되었는지 등의 영향을 받는다. 하루에 한 갑의 담배를 피우는 흡연자가 매일 240회(20개비 한 갑을 12모금씩 흡입), 연간 8만 7,600회, 25년에 걸쳐 219만 회 흡입하는 강화 과정을 되풀이하고 있다고 생각해 보면, 이것이 어떻게 흡연 행동을 아주 깊이 고착시킬 수 있는지 어렵지 않게 알 수 있다. 이런 경우 중독으로 강하게 몰고 가는 것은 바로 이러한 반복 때문일 수 있다.

총평

단순히 도구적 학습 모형에 따르면, 약물 사용이나 기타 중독성 활동은 궁극적으로 보상 또는 처벌 자극에 예속되어 궁극적으로 행동 패턴으로 깊게 고착될 뿐만 아니라 행동력behavioural forces 및 사회력social forces과 복잡하게 얽혀 자발적 통제가 손상된다. (역자 주: 행동력은 또래의 압력과 같이 사회 구성원들이 특정 규범에 따라 행동하게 만는 모든 것을 의미함)

이슈와 평가

도구적 학습은 약물 중독의 많은 양상에 대해서 매우 강렬하면서도 매력적인 설명을 제공한다. 특히 중요한 사실은 이 과정에서 의식적 선택이나 자각이 필요하지 않다는 점으로, 이는 의식적으로 자제력을 발휘하고 싶은 마음과 행동을 강권하는 동기유발력 사이에 어떻게 갈등이 발생하는지 설명하는 데 도움이 될 수 있다.

* 이 논의의 많은 부분은 웨스트와 쉬프만(West and Shiffman 2004)에서 발췌하였다.

도구적 학습을 뒷받침하는 메커니즘

우리는 정적 강화를 뒷받침하는 신경회로에 대해 어느 정도 알고 있다(예: Nestler 2004). 어떤 약물이나 활동이든 간에 궁극적으로 강화가 작동하는 최종 공통 경로는 내측전뇌다발medial forebrain bundle이며, 그중에서 중요한 부분은 중변연계 경로라고 믿고 있다([글상자 5-2]).

[글상자 5-2] 약물 보상에 관한 도파민 이론

정적 강화에 대한 도파민dopamine 이론에는 여러 가지 변형이 있지만, 모두 다 측좌핵에 분포된 도파민 수용체의 기능이 중요한 역할을 한다고 제안한다.

중변연계 도파민 경로

이 이론은 중독성 약물이 보상 효과를 발휘하는 메커니즘에 관한 것이다. 이 이론에는 여러 가지 버전이 있으며 또 중변연계 신경회로에 대한 지식도 급속도로 발전하고 있지만, 가장 간단하게 설명하자면 중독 잠재력이 있는 약물은 뇌의 측좌핵(NAcc)Nucleus Accumbens으로 알려진 부분에서 신경전달물질인 도파민의 농도를 증가시킨다는 것이다. 또한 이러한 도파민의 증가는 중독이 발생하는 데 필수적이라고 말한다. 측좌핵은 뇌의 앞쪽에 자리하고 있는데 주로 복측피개영역(VTA)Ventral Tegmental Area이라는 중뇌의 일부에서 생성되는 도파민을 공급받는다([그림 5-1]). (역자 주: VTA의 일부는 VTA에 있는 A10 신경핵을 지칭하는 것으로 보임)

의존성 약물은 여러 가지 방식으로 NAcc의 도파민 농도에 영향을 미친다([그림 5-2]). 오피오이드, 니코틴, 알코올은 VTA에서 감마아미노부티르산(GABA)Gamma-Aminobutyric Acid의 억제조절 기능을 차단하여 NAcc로 뻗어 나가는 뉴런의 발화를 증가시킨다. 코카인과 암페타민은 NAcc에 직접 작용하여 세포의 발화로 인해 방출되는 도파민의 자연적인 재흡수 과정을 차단함으로써 세포 외 공간에 도파민 농도를 증가시킨다.

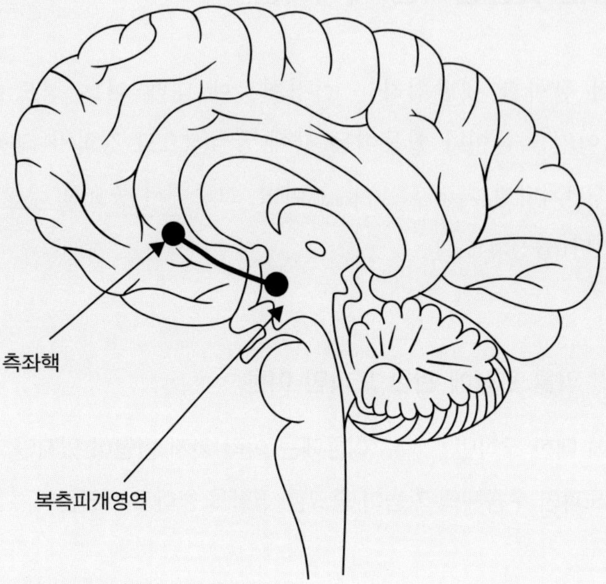

그림 5-1 중변연계 도파민 경로의 위치(Tomkins and Sellers 2001에서 발췌)

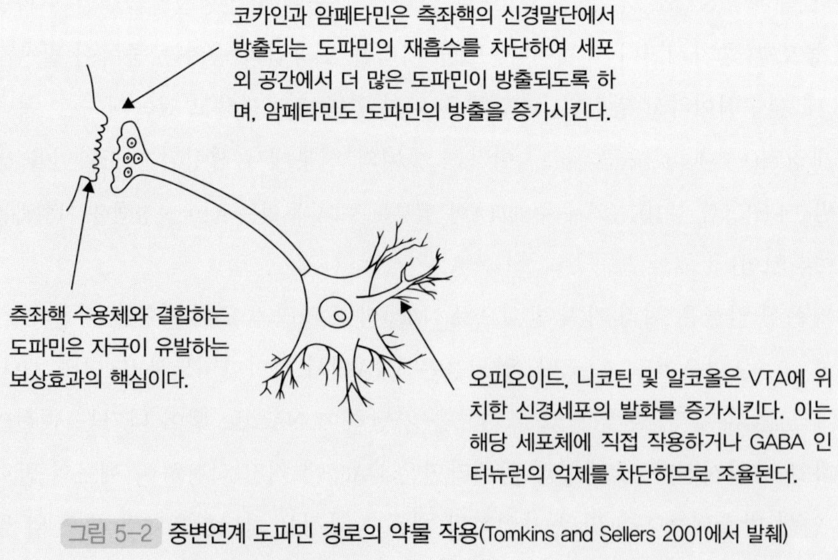

그림 5-2 중변연계 도파민 경로의 약물 작용(Tomkins and Sellers 2001에서 발췌)

도파민 수용체를 차단하는 신경이완제는 정신운동자극제psychomotor stimulant의 자가 투여 행동을 방해하는 반면, 노르아드레날린 작용성 수용체noradrenergic receptor를 차단하는 약물은 효과가 없다. 또한 NAcc의 도파민성 말단에 병변이 있으면 정신운동자극제 자가 투여 행동이 감소한다. 세포체 구역에서 (도파민 신경세포의 발화를 증가시키는) 아편제의 작용과 말단 구역에서 (도파민성 시냅스 활동을 강화시키는) 정신운동자극제의 작용은 도파민성 신경 전달을 증가시킨다. 또한 이 경로는 이차적 강화와 단서가 약물 추구 행동에 끼치는 영향에 관여하는 것으로 생각된다.

이슈 평가

이러한 설명은 비교적 명쾌하게 도구적 학습을 뒷받침하는 메커니즘을 묘사하고 있지만 사실 이러한 메커니즘에 대해서는 아직도 불확실한 것이 많은데, 특히 쥐rat와 생쥐mouse가 몇몇 중요한 측면에서 서로 다른 반응을 보인다는 것을 염두에 두면 인간이 쥐나 생쥐와 같은 종류의 반응을 어느 정도까지 공유할지는 명확하지 않기 때문에 더욱 그러하다.

부적 강화에 대한 신경학적 근거는 잘 알려져 있지 않지만, 일부에서는 정적 강화와 동일한 신경 기질neural substrate과 관련될 수 있다고 주장했다(Koob and Nestler 1997). 니코틴이나 코카인 같은 의존성 약물은 끊고 있는 동안 도파민 보상 시스템의 기능에 변화를 일으켜 무쾌감증(쾌감결여)anhedonia을 유발한다는 증거가 있지만, 이것이 어떻게 행동에 동기를 부여하는지는 명확하지 않다.

바이스와 쿱(Wiess and Koob 2001)은 약물 의존의 근거로서 '기능성 신경독성functional neurotoxicity'을 거론하지만([글상자 5-3]), 이는 동기유발 과정에 병리적 변화가 나타난다는 것이 아니라 단지 약물이 비정상적으로 작용하여 신경적응을 통해 동기가 가외로 유발되는 것이라 가정한 것일 뿐이다.

[글상자 5-3] 약물의 기능성 신경독성으로 인한 중독

중독성 약물을 만성적으로 사용하면 뇌 보상 회로의 기능을 바꾸어 금단 증상과 후천적 동인acquired drives을 유발하는 다른 뇌 시스템으로 변화시킨다.

금단 증상을 지지하는 메커니즘

이 접근법은 앞에서 언급한 단순한 도파민 이론을 확대한 것으로, 중독성 약물의 급성 강화 효과가 측좌핵과 편도체, 그리고 도파민, 오피오이드 펩타이드peptide, 세로토닌serotonin, GABA 및 글루타메이트(글루탄산염)glutamate와 같은 신경전달물질을 포함하는 확장 편도체extended amygdala라고 하는 기저 전뇌basal forebrain 부위와 관련이 있다고 제안한다(Weiss and Koob 2001). 제안된 중독성 약물 금단 증상은 기분을 불쾌하게 바꾸며, 남용하는 약물이 일으키는 급성 강화 효과에 개입된 동일한 신경화학 물질을 분비하는 시스템이 간여하는 뇌의 보상 시스템에 조절 장애를 유발한다.

급성 금단 상태의 '기능적 독성functional toxicity'은 부신피질자극호르몬 방출인자를 포함하는 스트레스 관련 신경전달물질 시스템이 열심히 일한다. 약물을 중단하는 기간이 더 길어지면 '후기 급성 금단' 증상이 나타나 약물 강화 및 스트레스와 관련된 신경계에 계속 조절 장애를 일으킬 수 있다. 이것은 뚜렷하지는 않더라도 끈덕지게 기능적 신경독성 효과를 유발할 수 있으며, 되풀이하여 재발하는 취약성의 원인이 될 수 있다.

중독성 약물은 자연 강화물과 다르다

이 접근법을 변형해서 제안한 것을 보면, 약물 보상이 자연발생적인 자극보다 더 크고 더 오래 지속되는 보상 효과나 정신자극제psychostimulant 효과를 가진다고 한다(Wise and Bozarth 1987). 최근 한 연구에 따르면, 혐오 조건 자극을 제시하면 코카인 자가 투여가 제한된 쥐에게서는 약물을 찾는 행동이 억제되었지만, 장기간에 걸쳐 코카인이 투여된 내력이 있는 쥐는 더 이상 억제되지 않는 것으로 나타났다. 이와는 대조적으로, 동일한 기간 동안 자당sucrose을 경험한 후에도 혐오 조건 자극을 제시하면 자당을 찾는 행동은 여전히 억제되었다. 코카인 효과는 공포 조건화가 제 기능을 발휘하지 못해서도 아니며, 코카인의 유인 가치incentive value가 증가했기 때문도 아니다(Vanderschuren and Everitt 2004).

후천적 동인

강박적 행동 패턴의 발달은 동인drive 메커니즘에 변화가 생겨 비롯될 수 있다는 의견이 제기되어 왔다(Kostowski 2002). 이 메커니즘은 중독성 물질 추구를 목표로 만족과 쾌락을 지향하는 욕구 추구 반응appetitive reaction을 조절하는데, 동인과 관련된 행동을 받쳐 주는 이 메커니즘의 균형이 깨졌기 때문에 발생할 수 있다는 것이다. 제안된 바에 따르면, 약물 중독은 동인이 충족되고 포만satiation 상태를 느끼는 메커니즘을 바꿀 수 있다. 나아가 중독의 발달에 동기유발 과정이 어떻게 바뀌는지를 이해하기 위해서는 소위 '자기충족적 반사consummatory reflex' 행동(완료 행동)과 연관된 동인의 충족과 포만 상태를 느끼는 메커니즘을 검토해 볼 필요가 있다고 주장한다.

주어진 동인에 만족하게 되면 '충족' 상태를 느끼게 되는데, 이는 소위 '안티동인(해당 동인을 더 이상 좋아하지 않는)antidrive' 메커니즘에서 비롯될 수 있다. 동인의 활동성이 전면적인 활성화와 긴장을 특징으로 하는 반면, 동인 만족 상태는 긴장 이완과 안도감을 특징으로 한다. 특정 동인에 만족하게 되면 다른 동인이 작동하기 시작할 수 있다. 따라서 이 이론은 동인 만족 기능이 고장이 나면 현재 사용하고 있는 약물과 관련된 동인이 계속 활성화되고 지속되어 다른 동인의 작동을 차단해 버린다고 추정하고 있다. 실제로, 강박적인 욕구 추구 행동(욕구적 행동, 식이 행동)appetitive behaviour은 무절제하게 발산되고 나머지 다른 동인의 작동은 억제되므로 중독자는 그 약물과 관련된 동인에 집중할 수밖에 없게 된다.

이슈와 평가

이렇게 동인 상태를 중시하는 설명은 적어도 일부 중독 과정에 대해 매우 매력적이고 그럴듯하게 보인다. 중독성 활동, 특히 약물은 다른 동인과 달리 만족에 대한 내성이 강하여 다른 동인이 발생하여도 우선순위를 지켜 내며 후천적 동인을 만들어 낸다. 이와 관련하여, 알코올부터 헤로인, 니코틴에 이르는 다양한 약물에 중독된 사람들은 섭식과 관련된 동인이 감소했다는 증거를 보여 주고 있어 더욱 주목할 가치가 있다.

고전적 조건형성

몇몇 학자들은 파블로프식 또는 고전적 조건형성과 중독에 더욱 집중했다([글상자 5-4]). 이들은 중독 행동에 나서고 싶은 충동을 유발하는 단서의 역할을 더 자세히 살펴보았는데, 이러한 설명에는 겹치는 부분이 많아서 어느 한 가지 이론을 선택하기는 쉽지 않다.

[글상자 5-4] 고전적 조건형성과 중독

자극-자극 연합stimulus-stimulus associations은 금단 증상과 중독성 약물을 복용하고 싶은 충동감 발생에 중요한 역할을 한다.

고전적 조건형성과 갈망

고전적 조건형성 모형에 따르면, 약물에 대한 갈망은 환경 자극과 약물 효과가 거듭해서 결합pairing되어 일어난다(Drummond et al. 1990). 예를 들어, 혈중알코올농도가 떨어지게 되면 [무조건 자극(UCS)unconditioned stimulus] 갈망을 포함한 금단증후군[무조건 반응(UCRs)unconditioned responses]이 유발되며, 금주 기간이 지나면 혈중알코올농도 감소와 연합한 자극[조건 자극(CS)conditioned stimuli]이 알코올 금단과 유사한 조건적 금단 반응을 유발할 수 있다.

이러한 해석은 더 발전하여 드러몬드(Drummond 2001)는 (환경 자극에 대한 반응으로) '단서가 유발하는 갈망'과 '금단에 따른 갈망'(무조건 금단 증후군의 일부로서 갈망)이 다르다고 제안했다. 그는 또한 단서가 유발하는 갈망이 금단에 따른 갈망보다 재발을 더 잘 예측할 수 있다고 제안하는데, 이는 재발은 약물을 이용할 수 있는 상황, 즉 단서 유발 갈망이 발생하는 경우에서만 재발이 일어날 수 있기 때문이다. 또한 고전적 조건형성은 급성 금단 단계가 지나간 후에도 오랜 기간 충동감과 재발의 토대가 된다고도 하였다(Childress et al. 1988; Azorlosa 1994).

고전적 조건형성과 원발성 금단 증상

고전적 조건형성은 원발성 금단 증후군primary withdrawal symptom 자체와 특히 갈망이 일어나는 양상에 근거를 줄 수 있다고 주장되어 왔다(Melchior and Tabakoff 1984). UCS는 약물 효과이며, 고전적 조건형성 관점에서는 체내 조절 기능에 대한 약리학적 자극 유발로 생각되며, 경우에 따라 약물성 체내 조절 이상에 맞서 동물적인 방어를 반영하는 반응(UCR)에 의해서 보상을 받기도 한다.

약물을 투여하기 전 선행하는 자극은 약물 효과가 기대될 때는 언제든지 '보상 CR'이라고 하는 방어 반응을 촉발할 수 있으며(Siegel and Ramos 2002 참조), 이는 약리학적 자극 유발에 대한 반응으로 이런 체내 조절 체계를 유지할 목적으로 사용된다. 우발적인 사용이 중독 특유의 사용 수준으로 확대되는 것은 조건 자극(CS)과 UCS 간 학습된 연합 관계가 강화되어 CR의 강도가 증가하기 때문으로 설명할 수 있다. 약물 UCS가 없는 상태에서 발생하는 CR은 개인을 비평형(불균형)disequilibrium 상태에 빠트리고 금단 증상을 유발한다.

고전적 조건형성과 타키필락시스(속성 내성)

약물이 작용하기 시작하여 느끼는 첫 감각은 나중에 최고조에 달하는 효과를 예견하는 내부감각 수용 단서interoceptive cue가 될 수 있으므로 그 자체로 조건 자극이 될 수 있다(McDonald and Siegel 2004). 이렇게 약물 개시 단서(DOCs) Drug-Onset Cues는 적어도 외부에서 오는 약물과 연합된 단서만큼이나 확실하게 반응을 유도하기 때문에 중독 발달에 중요할 수 있다.

단서 노출 치료

약물 복용과 연합된 단서가 약물에 대한 갈망과 재발을 촉진한다는 아이디어에 바탕을 둔 심리적 치료 접근방법이 제안되었다. 단서 노출 치료cue exposure as a treatment는 단서를 제시하며 약물을 복용하는 행동에 나서지 못하게 하는 것인데, 이는 단서와 약물 효과 간 고전적으로 조건화된 연합 관계를 소거시켜 갈망을 감소시킬 수 있다고 보고 있다(Drummond et al. 1990; Childress et al. 1993; Sayette and Hufford 1994).

현재로서는 이 치료법이 효과적이라는 증거는 미약하다. 그러나 토대가 되는 이론이 정확하더라도 단서로 인한 갈망과 재발에 큰 영향을 미칠 만큼 강력한 실행 가능한 절차가 있으리라는 보장이 없다는 점을 알아야 할 필요가 있다. 조건형성 과정에는 수년간 자극과 반응이 짝을 이루는 과정이 필요하며, 그 연합을 소거할 기회는 기껏해야 몇 번의 세션에 불과하다는 점을 염두에 두어야 한다.

평가적 조건화

우리 행동의 많은 부분은 좋아하고 싫어하는 것에 영향을 받으며, 대체로 경험을 통해 습득한다는 것은 잘 알려져 있다(예: Martin and Levey 1978). 평가적 조건화evaluative conditioning는 사람들이 좋아하는 것을 배우는 메커니즘 중 하나로, 조건 자극이 UCS와 짝을 이룰 때 발생할 수 있다. 고전적 조건형성과 구별되는 점은 평가적 조건화의 관심사가 조건 자극을 평가하여 연결되는 반응의 변화에만 국한되는 데 반해, 고전적 조건형성은 눈 깜빡임, 타액 분비 등과 같은 다른 모든 반응을 포함한다는 점이다. 학자들은 평가적 조건화가 다른 모든 형태의 고전적 조건형성과 실질적으로 다르기 때문에 이를 구별할 가치가 있다고 생각한다. 특히 고전적 조건형성과 비교할 때 평가적 조건화는 CS-US 수반성(유관성)contingency을 인식할 필요가 덜하고, 잘 소거되지 않으며, CS와 US 간 통계적 수반성에 덜 좌우된다는 증거가 있다(Hofmann et al. 2010). 물질 중독이나 중독 행동을 습득하고 계속 유지하는 이유를 설명하는 데 있어 평가적 조건화를 이해하는 것이 중요한 것은 후자의 두 가지 특징 때문이다.

이슈 및 평가

고전적 조건형성이 약물 중독 경험과 이를 둘러싼 의존 증후군에서 중요한 역할을 한다는 것은 의심의 여지가 없다. 중독 활동을 계속하도록 동기를 부여하는 데 중요한 역할을 하는 것으로 보이지만, 중독자의 회복을 돕는 데도 동일한 메커니즘을 사용할 수 있는지는 아직 명확하지 않다.

더 복잡한 학습 모형들

복잡하지 않은 도구적 학습 모형을 변형하여 약물 추구 행동의 세부적인 사항을 더 잘 설명할 수 있게끔 제안되었는데, 이는 적어도 동물로 실험된 것이다. 가장 일반적인 형태는 쾌락적인 즐거움을 추구하는 것에서 습관적이고, 궁극적으로는 강박적인 약물 추구로 발전하는 과정에 파블로프식 학습 과정과 도구적 학습 과정 간 상호작용을 필요로 하며(Everitt and Robbins 2005 참조), 중독 행동 민감성은 이러한 전환에 쉽게 걸려드는 취약성에서 비롯된다고 제안한다(Everitt et al. 2008). 이 접근법을 보다 구체적으로 설명한 버전([글상자 5-5])은 기억 과정을 강조한다.

[글상자 5-5] **학습/기억 과정으로 이해하는 중독**

약물 추구 행동이 더 잦아지는 것에는 단순한 도구적 학습 과정뿐만 아니라 다수의 병행 학습parallel learning 및 기억 체계와 관련이 있다(White 1996).

3가지 독립적인 학습 시스템

이 이론에 따르면, 약물 중독의 발달을 포함하여 모든 행동의 변화는 신경계에 새로운 '정보'를 저장하는 것과 관련이 있다. 여기에는 적어도 3가지 이상의 독립적인 학습 시스템이 참여한다. 강화물은 접근 또는 회피 반응에 관여하는 신경 메커니즘을 활성화하고, 보상을 주거나 혐오 상태를 생성하며, 이 시스템에 저장된 정보의 표상을 변경하거나 강화하는 등 3가지 방식으로 이러한 시스템에 작용한다. 각 중독성 약물은 나름의 방식으로 이러한 메커니즘을 사용하여 자가 투여를 유지한다. (역자 주: 자가 투여는 동물 실험의 경우 중독성이 있으면 실험 대상 동물 스스로 지렛대를 누르는 등의 방식으로 스스로 약물을 투여하는 것을 뜻함) 각 중독성 약물은 서로 다른 뇌 구조에 관여한다.

강화물의 3가지 작용

[그림 5-3]은 이론을 도식화하여 보여 준다. 강화물의 3가지 작용은 상단(세로 단)에 '강화물 작용'이라고 표시되어 있고 그 가로 우측에 나열되어 있다. 각 중독성 약물은 이러한 자연 강화물이 주는 기능 중 일부 또는 전부를 모방할 수 있다. 이러한 강화 작용은 학습 및 기억 체계에 작용하여 행동에 영향을 미친다.

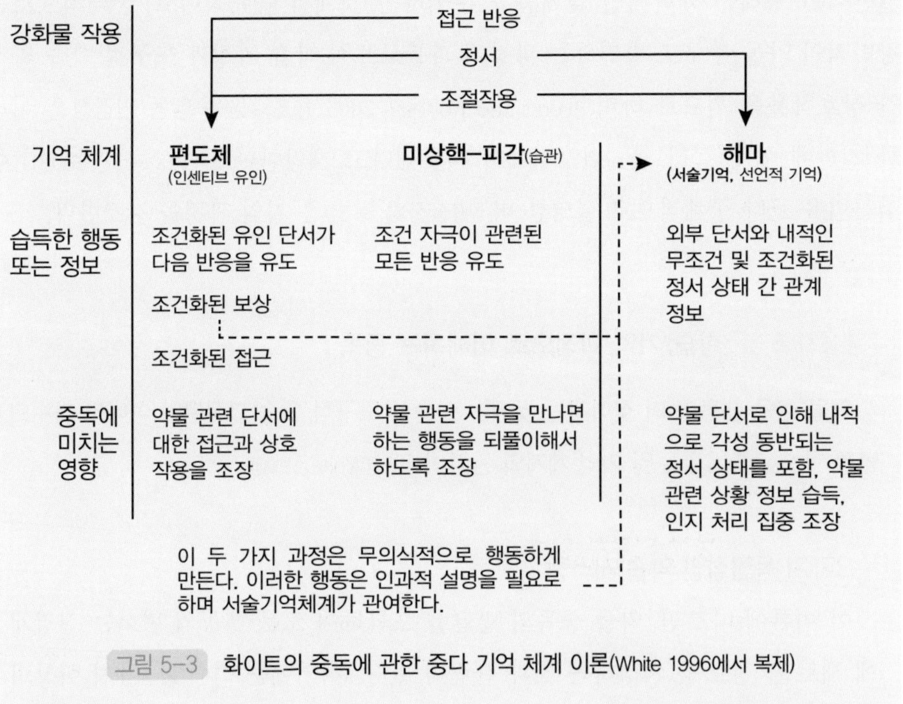

그림 5-3 화이트의 중독에 관한 중다 기억 체계 이론(White 1996에서 복제)

시스템은 '기억 체계'라고 이름이 붙여진 단에 표시되어 있고 각각 중심 역할을 하는 뇌 구조의 이름을 따서 명명되었다. 각 시스템은 서로 다른 유형의 행동이나 정보를 습득한다. 각 시스템에서 매개되는 학습의 종류를 한 단어로 묘사한 것은 중심 구조의 이름 아래에 있다. 이러한 시스템이 생성하는 행동의 종류는 '습득한 행동 또는 정보'로 적힌 단에 설명되어 있다. 중독 과정에서 이러한 각 행동의 역할은 '중독에 대한 시사점'이라고 적힌 단에 설명되어 있다. 화이트White는 대부분의 중독성 약물이 이러한 과정 중 하나 이상을 시작한다고 주장한다.

이슈 평가

이 이론에서는 고전적 학습 개념과 도구적 학습 개념을 통합하고자 야심차게 시도하였으며, 또한 인간 행동을 이해하는 데 필요한 의식적 및 비의식적 표상 체계representational systems를 도입하고 있다. (역자 주: 비의식non-conscious은 프로이트가 말하는 무의식unconscious 대신에 현대 심리학에서 사용하는 개념으로 적응 무의식이라고도 함)

다른 종species을 대상으로 한 연구에 따르면 도구적 학습과 그 외 다른 형태의 연합학습이 복잡한 방식으로 작동하며, 자연 및 약물 강화물이 효과가 있다는 사실을 점점 더 많이 보여 주고 있다. 이 중 많은 관심을 끌고 있는 한 가지 측면은 약물에 노출될수록 중독성 약물의 효과가 감소하기보다는 오히려 증가하는 것으로 나타났다는 관찰이다. 이는 약물 의존에 대한 보상 민감화 이론Incentive Sensitisation Theory의 기초를 형성했다([글상자 5-6]).

[글상자 5-6] 보상 민감화 이론

강박적인 약물 사용은 욕구적 행동을 유발하는 특정 자극(단서)을 트리거로 제정하는 메커니즘에 약물이 효과를 발휘하기 때문에 발생한다. 습관화는 약물의 쾌락적 가치 때문에 일어나는 반면, 민감화는 특정 단서의 현저성salience을 확고히 보여 주는 약물 효과 때문에 발생한다. 이로 인해 약물이 제공하는 쾌락의 정도와 약물을 찾는 정도 사이에 괴리가 생긴다.

중독에 대한 보상 민감화 이론(IST)은 어떻게 약물 단서가 약물에 대해 과도한 유인 동기를 유발하여서 강박적인 약물 추구, 약물 복용 및 재발로 이어지는지에 초점을 맞춘다(Robinson and Berridge, 1993, 2003, 2008; Berridge et al. 2011). 이는 적어도 일부 중독성 약물을 투여하니까 그 약물의 효과로 인해 실제로(이동운동locomotor activity이나 약물 자가 투여와 같이) 동물의 특정 행동이 증가한다는 관찰에 근거한 것이다.

유인적 현저성(인센티브 현저성) 민감도

이 이론에 따르면 약물이 주는 쾌락은 덜 중요해지는 반면, 중독으로 이행하는 동안 약물을 사용하려는 유인 동기는 증가한다. 이는 '유인적 현저성incentive salience'을 매개하는 NAcc 관련 회로에서 약물의 영향으로 생긴 변화가 오래 지속된 결과로 일어나는 것이다([그림 5-4]).

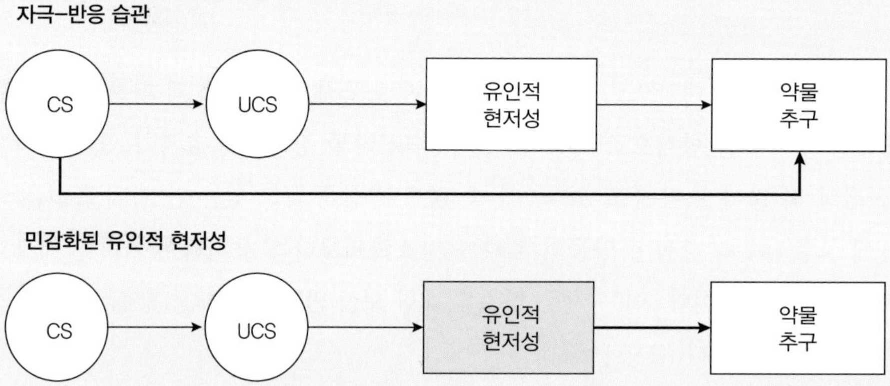

그림 5-4 자극-반응(S-R) 습관적 행위 학습 모형Habit Learning Model(위)과 보상 민감화 이론(아래)에 따른 중독의 발달 과정 변화

습관적 행위 학습 모형에 따르면, 중독은 주로 강한 S-R 습관의 발달로 인해 발생한다[약물 단서인 CS에서 약물 추구 반응으로 이어지는 굵은 화살표로 표시]. 보상 민감화 관점에서 보면, 주된 변화는 약물 단서가 유인적 현저성에 민감화된 동기 반응을 일으켜 UCS을 통해 강박적인 약물 추구로 이어지게 하는 단서의 능력에 있다(굵은 화살표) (Robinson and Berridge (2003), Annual Review of Psychology의 허가를 받아 수정).

유인적 현저성은 자극에 대한 심적 표상의 한 특성으로, '원하는 심리wanting'(보상이 따르는 자극을 추구하는 행동을 유발하는 심리 상태)라고 특징지을 수 있다. '원하는 심리' 시스템은 암묵적으로 활성화될 수 있으므로 사람이 반드시 의식적으로 감정을 가지지 않아도, 하고 싶은 욕구가 없어도, 또는 목표를 갖지 않아도 행동에 영향을 미칠 수 있다. (역자 주: wanting과 더불어 사용하는 want도 유사한 표현이지만, 후자는 기대하는 즐거움이나 만족의 느낌에 더 가깝다고 볼 수 있음)

예를 들어, 긍정적인 감정을 드러내는 얼굴을 부지불식간(식역하)subliminal 제시하면(의도하는 자극을 뒤로 숨기고 또 너무 짧아서 제시될 당시에는 어떤 감정도 의식적으로는 느껴지지 않는다), 암묵적으로 '원하는 심리'를 활성화하여 후속 음료 소비 증가로 이어질 수 있다고 보고된 바 있다(Winkielman et al. 2005). 중독자의 경우, 쾌락을 의식적으로 경험하기에는 아주 적은 양의 약물에도 약물 추구 행동이 증가하는 데서 알 수 있듯이 암묵적으로 '원하는 심리'가 활성화될 수 있다(예: Lamb et al. 1991).

유인적 현저성과 '원하는 심리'

중독성 약물을 섭취하면 신경 회로가 민감해져 더 많이 섭취해야 더 큰 효과를 볼 수 있다. 따라서 약물과 관련된 단서는 주로 과도한 유인적 현저성에 기인하기 때문에 병적인 '원하는 심리'로 이어진다. 과도한 유인적 현저성을 담당하는 민감화된 신경 시스템은 약물의 쾌락적 효과, 즉 얼마나 약물을 '좋아하는지liked'를 매개하는 신경 시스템과 분리될 수 있다. 다시 말해서, '원하는 심리'는 '좋아하는 심리(좋아함)liking'가 아니다. 쾌락적으로 '좋아하는 심리'는 고유의 신경 기질(예: NAcc 오피오이드 신경 전달 물질opioid neurotransmission)을 가진 별개의 심리적 과정이다.

파블로프식 조건형성의 역할

개인은 파블로프식 자극-자극(S-S) 연합의 작용으로 유인 자극에 눈길이 가게 되는 것인데, 이는 의식적인 욕망, 보상에 대한 선언적 기대감, 행동-결과 표상을 매개하는 상징적 인지 체계와 심리적으로 분리될 수 있다고 제안되었다(Robinson and Berridge 2003 참조).

관여하는 뇌 영역

실제로, 서로 다른 뇌 시스템이 인지적 동기와 유인적 현저성 형태의 동기를 매개한다는 주장이 있다. 전전두엽 및 여타 피질 영역이 주로 인지적 형태의 욕구와 행위-결과의 표상을 매개하는 반면, NAcc 관련 회로(특히 도파민 관련 시스템)는 유인적 현저성에 대한 파블로프식 귀인에서 더 중요한 역할을 한다(Robinson and Berridge 2003 참조).

이슈 평가

이 이론은 평상시 의사결정, 판단, 감정 조절 및 행동에 대한 억제조절에 관여하는 전전두엽 피질 시스템에 약물 유도성 기능장애가 생겨 적어도 일부 중독자에게는 원하는 심리가 과도하게 더한층 심해지게 될 가능성을 염두에 두고 있다. 전전두엽 기능장애로 인해 자신의 행동이 가져올 미래의 결과를 억제하거나 적절하게 평가하는 능력에 인지적 결함이 있는 사람은 NAcc 관련 회로의 민감화로 인해 유인적 현저성이 과도하게 더해지면서 약물이 제공하는 쾌락에 어울리지 않게 과하게 그리고 부정적 결과에도 불구하고 약물을 강박적으로 추구하게 된다.

원하는 심리와 좋아하는 심리를 분리한다는 말은 감각으로는 거의 인식할 수 없으면서도 강력한 호소력을 지닌다. 또한 동기유발 시스템의 한 부분인 민감화와 또 다른 부분인 습관화라는 측면에서 대비하여 설명하는 것은 중요한 이론적 진술이라 말할 수 있다.

인간에게 일어나는 중독 관점에서 볼 때, 보상 민감화 이론에서 '원하는 심리'와 '좋아하는 심리'를 분리한 것은 특정 약물의 중독성과 약물이 즐거움을 주는 정도 사이에 연관성이 왜 약한지를 이해하는 데 중요한 진전을 나타낸다. 이 이론에서 말하는 '원하는 심리'는 오로지 기대했던 쾌락에서만 비롯되는 것이 아니다. 나중에 살펴보겠지만, 쾌락을 기대하는 감정과 해소를 기대하는 감정(이것은 '욕구need'라 할 수 있다)을 구분하는 것은 일리가 있으며, 이를 통해 실제로 원하는 심리와 좋아하는 심리가 밀접하게 관련되어 있다는 증거를 설명하면서 보상 민감화 이론의 핵심적인 통찰력을 고수할 수 있다. 이런 견지에서 보상 민감화는 직접적인 자극-충동 연합에서 비롯되거나 원하는 심리가 증폭되거나 필요성이 증가하여 이를 채우려는 충동의 발달 관점에서 떠올려 보면 더 좋다. 쾌락을 추구하는 것과 충동이 일어나는 것을 분리하는 개념은 밸포어Balfour가 더 상세하게 확장하였다([글상자 5-7]).

[글상자 5-7] 측좌핵 내 차등 약물 효과에 관한 밸포어 이론

중독성 약물의 보상 효과에 가장 중요한 역할을 하는 것으로 추정되는 측좌핵은 두 가지 주요 하부구조로 껍질shell과 핵core을 두고 있다. 이들은 도구적 학습 과정의 여러 파트를 매개한다. 이러한 별개의 하부구조에 약물이 다르게 작용하는 효과를 통해 약물마다 중독 행동 패턴이 다른 이유와 니코틴의 경우 강력한 도취 효과euphoriant effect가 없는데도 강박적으로 흡연할 수밖에 없는 이유를 설명할 수 있다.

밸포어(Balfour 2004)는 도파민 보상 이론을 변형하여 제안하였는데, 주로 니코틴 중독에 초점을 맞추고 있지만 다른 약물 중독에 대해서도 언급하고 있다. 이 이론에서는 니코틴이 측좌핵의 세포 외 공간에 있는 도파민 농도에 미치는 영향을 동물의 약물 추구 행동에 미치는 영향과 연계시켜 보려고 시도한다. 이를 통해 니코틴 패치와 같은 니코틴 대체 요법이 금연을 원하는 흡연자의 금연 성공률을 높이는 데 별다른 효과가 없다는 사실을 설명해 준다.

측좌핵의 핵과 껍질이 분리된 시스템

이 이론은 측좌핵이 핵과 껍질로 된 두 개의 주요 하부구조로 구성된 것에 주목한다. 이 이론에서는 측좌핵의 내측 껍질과 핵을 자극하여 도파민을 투사하는 것이 중독 발달을 보충하는 역할을 한다고 가설을 세운다. 내측 껍질에서 시냅스 외 도파민이 증가하면 니코틴을 전달하는 흡연과 같은 행동에 쾌락적 특성을 부여하게 되는데, 이것이 전통적인 조작적 조건화 학습 모델에서와 같이 반복해서 반응할 확률을 높인다는 것이다.

그러나 니코틴은 또한 핵에서 도파민 농도를 증가시켜 약물 전달과 관련된 단서에 '유인적 현저성'을 부여하고 이러한 단서가 제시될 때마다 자극-반응('파블로프식') 유형의 행동이 발달하게 된다. 이와 같은 니코틴 효과는 니코틴 전처리pre-treatment를 통해 더욱 강화된다. 로빈슨과 베리지(Robinson and Berridge 2003)가 정신자극제에 대해 제안한 바와 같이, 니코틴은 측좌핵을 구성하는 핵의 도파민 수치에 민감하게 반응하는데 이 점이 정상적인 사용에서 중독성 사용으로의 진행을 뒷받침하는 근거가 된다.

니코틴의 특별한 점은 무엇인가

밸포어는 관찰한 각기 다른 패턴의 행동을 설명하는 여러 가지 측면에서 니코틴이 다른 중독성 약물과는 다르다고 주장한다. 니코틴이 작용하여 나타난 결과 중 한 가지는 행동 자체와 이와 연관된 자극 및 단서가 그 자체로 인센티브가 된다는 점이다. 이는 빨아들이는 담배 연기에서 풍기는 냄새나 목구멍에서의 느낌 등 흡연의 감각적 특성이 단기적으로는 행동을 지배하기에 충분하다는 관찰에 설명이 될 것이다(예: Pritchard et al. 1996).

이슈 평가

이 이론은 약물 보상에 관한 도파민 이론Dopamine Theory of Drug Reward을 인간의 행동에 적용했을 때 단순한 상식선을 넘어서는 수수께끼 같은 현상을 설명해 주는 명쾌하고 통찰력 있는 버전으로, 유익한 전임상preclinical 및 임상 연구의 노선을 제시한다.

지금까지 중독을 도구적 학습의 관점에서 설명하려는 여러 가지 이론의 예를 제시했으며, 여기에 고전적 조건형성 이론을 보충하였다. 이러한 모형은 실험실 실험에서 쥐rat와 다른 종의 행동을 설명하기 위해 개발되었지만, 인간의 중독을 이해하는 데 도움이 될 수 있는 풍부한 아이디어를 제공했다.

특히, 중독의 수위와 쾌락의 수위가 왜 분리될 수 있는지, 중독성 활동을 하려는 충동감이 왜 종종 환경적 트리거에 영향을 받는지, 그리고 문제의 행동으로 이어질 수 있는 비의식적 과정을 설명하는 데 도움이 되는 아이디어는 가치가 있다.

이론들은 특히 동물을 대상으로 한 연구 결과를 인간에게 적용하려고 할 때 추측에 근거한 요소를 많이 포함하고 있다. 인간의 중독에 대한 이론을 개발하는 관점에서 볼 때, 의식적 인식 밖에서 작동하지만 의식적 행동을 유발할 수 있는 행동과 감정 상태에 영향을 미치는 도구적 학습과 고전적 조건형성 메커니즘의 존재를 인정하는 데서 얼마나 더 나아가야 할지는 분명하지 않다. 더욱이 이러한 모형은 중독이 비중독성 행동을 수정하는 개입(예: 가격 인상)이나 자발적 회복spontaneous recovery에 반응하는 방식을 설명할 수 없다.

사회적 학습

어느 학습 이론이든 개진하는 설명이 완벽하다고 생각하기 전에 포함해야 하는 또 다른 학습 양상이 있다. 이것은 직접 경험뿐만 아니라 대리 경험을 통해 학습하려는 인간의 성향이다. 이를 구체적으로 제안한 것이 사회학습 이론(SLT)Social Learning Theory이다([글상자 5-8]).

[글상자 5-8] 사회학습 이론

사회학습 이론은 중독의 근거로 도구적 학습의 개념을 관찰과 의사소통을 통한 학습으로 확장한다.

사회학습 이론(SLT)(Bandura 1977)은 인지과정이 인간의 목적 지향 행동에 미치는 영향을 기술하고, 사회적 환경 속에서 타인의 행동을 관찰하거나 대인관계를 통해 학습하는 인간의 능력을 인정한다.

단순한 도구적 학습으로 시작

이 이론은 인간이 과도하게 약물을 사용하는 것은 실제 약물을 복용한 결과에 따라 결정된다고 제안한다. SLT의 학습 요소는 단순한 조작적 학습으로, 개인은 보상으로 이어지는 행동은 무엇이든 반복해서 하는 것을 배운다. 이를 약물 사용에 적용하면 '긍정적 사건'이란 약물 복용 직후에 나타나는 주관적인 도취 효과(행복감)로 정의할 수 있다. 그렇지만 일부 약물은 복용 시 역효과를 경험하게 되는데(예: 메스꺼움 또는 불안감을 주는 플래시백flashback), 약물 사용 후 부정적인 사건을 경험하면 향후 약물 복용을 회피하게 될 것으로 추정한다.

SLT에 따르면, 약물 복용을 상습적으로 하거나 강렬하게 경험할수록 더욱 습관성이 된다. 마찬가지로 약물과 관련된 부정적인 경험을 자주 하게 되거나 강렬할수록 이를 피할 가능성도 더욱 커진다. 그 사람은 약물 효과를 누리기 위해 더 자주 약물을 복용하려는 동기를 갖게 되는 것으로 추정된다. 그 결과 정상적인 생활을 유지하는 데 필요한 여타 활동을 방해하는 지경까지 약물 복용이 증가할 수도 있다.

자제하도록 처벌 및 동기 부여하기

습관을 극복하려는 시도는 처벌 결과의 강도를 반영하는 것으로 개념화된다. 대부분의 습관은 어떤 것은 즐겁고 어떤 것은 혐오스러운 등 뒤섞인 결과를 낳기 때문에 중독자는 사용을 원하는 마음과 중단을 원하는 마음 사이에서 동기가 수시로 변하는 접근-회피 갈등에 빠질 수 있다.

개인적인 동기

다양한 종류의 약물이 서로 다른 유형의 효과를 발휘하며, 대부분의 보상 효과는 개인마다 그리고 개인의 욕구에 따라 다르며, 이는 또한 개인의 과거 이력, 성격 특성 및 현재 생활 형편에 따라 달라진다는 점을 인식하는 지점에서 사회적 학습은 특별한 성격을 띠기 시작한다.

예를 들어, 사회 문제에 대한 반발로 약물을 복용하는 개인과 그/그녀가 아는 지인 모두가 약물을 사용하는 사회적 환경에서 약물을 사용하는 개인은 중독을 극복하려고 할 때 다른 문제에 직면하게 된다.

재발 방지에 적용

말랫과 조지(Marlatt and George 1984)는 재발 방지 모형Relapse Prevention Model에서

중독을 이해하고 치료하는 데 SLT를 적용했다(절제 위반 효과에 대한 이전 논의 참조). 재발 방지 모형은 절제를 유지하기 위한 노력의 성공 여부에 영향을 미치는 요인에 초점을 맞추고 있지만 중독의 초기 발달에 관여하는 과정과 상당 부분 겹치는 부분이 있다.

재발 방지 관점에서 보면 모든 중독자는 약물 사용을 하게 되는 다양한 변별 자극(단서)을 가지고 있다. 개인이 한동안 절제를 하다가 단서를 접하게 되면 재발할 위험성이 높아지며, 단서가 여러 개인 경우엔 위험은 더욱 증가한다. 말랫과 조지(1984)는 단서가 긍정적인 '결과 기대감outcome expectancy'을 불러일으켜 약물을 사용하려는 동기를 유발하는 인지적 과정을 제안한다.

개인 자원의 중요성

이러한 인지적 압박감을 극복하는 중독자의 능력은 약물을 사용하지 않겠다는 의지력, 처한 상황에 대처하기 위한 대체 전략에 대한 지식, 자기효능감 수준과 같은 요인에 따라 달라진다. 이 이론은 부주의한 실수나 재발을 압박하는 동기를 다루기 위해 개인이 활용할 수 있는 개인적 '자원'에 초점을 맞추고 있다. 중독자가 어떤 식으로든 처한 상황을 해결할 수 있는 지식이나 기술을 가지고 있지 않으면, 아무리 자기효능감이 높고 더불어 절제를 지속하려는 강한 동기가 있어도 충분하지 않을 수 있다.

자제 노력이 향후 절제를 위해 시도하는 것들에 미치는 영향

고위험 상황의 결과와 개인이 이를 해석하는 방식은 향후 발전에 중대한 영향을 미친다. 이전 장에서 언급했듯이, 용케 잘 견디면서 계속 절제하면 자기효능감이 높아져 향후 만날 위협을 훌륭하게 대처할 수 있다는 자신감이 더 생길 것이다. 이러한 자기효능감의 증진은 고위험 상황에서 대체 전략을 시도할 가능성을 높여 장기적으로 절제할 가능성을 높일 수 있다. 반대로, 준비되지 않은 대처 전략이나 자기효능감 부족으로 인해 절제하다 부주의하게 실수하게 되면 재발 위험에 처하게 된다.

이슈 평가

이 이론은 단순한 도구적 학습 이론과 공통점이 많고 실제로 단순한 합리적 선택 이론과도 공통점이 많지만, 부주의한 실수나 재발을 압박하는 동기를 뿌리치는 데 필요한 '개인 자원'이라는 개념에 초점을 맞추고 있다. 그런 점에서 이러한 접근방식들에 가치를 보탤 수 있는 잠재력을 가지고 있다.

연합학습

이 장에서 제시된 이론은 의식적 인식 밖에서 작동하는 연합학습 메커니즘에 초점을 맞추었다. 그렇지만 대부분의 경우 인간의 중독 현상을 설명하기 위해 선택, 심리적 자원, 자기통제와 같은 유심론자적mentalist 개념을 도입할 필요가 있다는 사실을 발견했다는 점은 주목할 만하다.

쥐와 생쥐의 동기를 기반으로 인간의 동기를 추정할 때는 언제든지 극도로 주의를 기울여야 하지만, 중독성 약물이 이렇게 다른 종의 행동을 통제할 수 있다는 사실은 중독성 약물이 인간에게도 자기가 자각하지 못하는 중에 약물을 하는 메커니즘으로 작용할 수 있음을 시사한다. 특정 신경 경로에 미치는 구체적인 효과의 영역으로 들어가면 더 추측에 근거하는 위험이 도사리고 있는데, 쥐와 생쥐에서조차 무슨 일이 일어나고 있는지 불확실한 것이 여전히 많다. 그러나 이 실험은 도구적 및 고전적 조건형성 효과가 인간에게도 관련성이 있는 것처럼 보인다는 매우 그럴듯한 가설을 제시하고 있다.

참고문헌

Azorlosa, J.L. (1994) The effect of chronic naltrexone pretreatment on associative vs. non-associative morphine tolerance. *Drug Alcohol Depend 36*(1): 65-67.

Balfour, D.J. (2004) The neurobiology of tobacco dependence: a preclinical perspective on the role of the dopamine projections to the nucleus accumbens [corrected]. *Nicotine Tob Res 6*(6): 899-912.

Bandura, A. (1977) Self-efficacy: toward a unifying theory of behavioral change. *Psychol Rev 84*(2): 191-215.

Berridge, K.C., Robinson, T.E., Poland, J. and Graham, G. (2011) Drug addiction as incentive sensitization. In *Addiction and Responsibility* (eds. J. Poland and G. Graham). pp. 21-53. MIT Press, Cambridge, MA.

Childress, A.R., Ehrman, R., McLellan, A.T. and O'Brien, C. (1988) Conditioned craving and arousal in cocaine addiction: a preliminary report. *NIDA Res Monogr 81*: 74-80.

Childress, A.R., Hole, A.V., Ehrman, R.N., Robbins, S.J., McLellan, A.T. and O'Brien, C.P. (1993) Cue reactivity and cue reactivity interventions in drug dependence. *NIDA Res Monogr 137*: 73-95.

Drummond, D.C. (2001) Theories of drug craving, ancient and modern. *Addiction 96*(1): 33-46.

Drummond, D.C., Cooper, T. and Glautier, S.P. (1990) Conditioned learning in alcohol dependence: implications for cue exposure treatment. *Br J Addict 85*(6): 725-743.

Everitt, B.J., Belin, D., Economidou, D., Pelloux, Y., Dalley, J.W. and Robbins, T.W. (2008) Neural mechanisms underlying the vulnerability to develop compulsive drug-seeking habits and addiction. *Philos Trans R Soc B Biol Sci 363*(1507): 3125-3135.

Everitt, B.J. and Robbins, T.W. (2005) Neural systems of reinforcement for drug addiction: from actions to habits to compulsion. *Nat Neurosci 8*(11): 1481-1489.

Glautier, S. and Drummond, D.C. (1994) A conditioning approach to the analysis and treatment of drinking problems. *Br Med Bull 50*(1): 186-199.

Hofmann, W., De Houwer, J., Perugini, M., Baeyens, F. and Crombez, G. (2010) Evaluative conditioning in humans: a meta-analysis. *Psychol Bull 136*(3):

390-421.

Koob, G.F. and Nestler, E.J. (1997) The neurobiology of drug addiction. *J Neuropsychiatry Clin Neurosci 9*(3): 482-497.

Kostowski, W. (2002) Drug addiction as drive satisfaction ('antidrive') dysfunction. *Acta Neurobiol Exp (Wars) 62*(2): 111-117.

Lamb, R.J., Preston, K.L., Schindler, C.W., et al. (1991) The reinforcing and subjective effects of morphine in post-addicts: a dose-response study. *J Pharmacol Exp Ther 259*(3): 1165-1173.

Lewis, M.J. (1990) Alcohol: mechanisms of addiction and reinforcement. *Adv Alcohol Subst Abuse 9*(1-2): 47-66.

Marlatt, G.A. and George, W.H. (1984) Relapse prevention: introduction and overview of the model. *Brit J Addict 79*(3): 261-273.

Martin, I. and Levey, A.B. (1978) Evaluative conditioning. *Adv Behav Res Ther 1*(2): 57- 101.

McDonald, R.V. and Siegel, S. (2004) Intra-administration associations and withdrawal symptoms: morphine-elicited morphine withdrawal. *Exp Clin Psychopharmacol 12*(1): 3-11.

Melchior, C.L. and Tabakoff, B. (1984) A conditioning model of alcohol tolerance. *Recent Dev Alcohol 2*: 5-16.

Miyata, H. and Yanagita, T. (2001) Neurobiological mechanisms of nicotine craving. *Alcohol 24*(2): 87-93.

Nestler, E.J. (2004) Molecular mechanisms of drug addiction. *Neuropharmacology 47*(Suppl 1): 24-32.

O'Brien, C.P., Childress, A.R., McLellan, A.T. and Ehrman, R. (1992) A learning model of addiction. *Res Publ Assoc Res Nerv Ment Dis 70*: 157-177.

Pritchard, W.S., Robinson, J.H., Guy, T.D., Davis, R.A. and Stiles, M.F. (1996) Assessing the sensory role of nicotine in cigarette smoking. *Psychopharmacology (Berl) 127*(1): 55-62.

Robinson, T.E. and Berridge, K.C. (1993) The neural basis of drug craving: an incentive sensitization theory of addiction. *Brain Res Brain Res Rev 18*(3): 247-291.

Robinson, T.E. and Berridge, K.C. (2003) *Addiction. Ann Rev Psychol 54*(1): 25-53.

Robinson, T.E. and Berridge, K.C. (2008) The incentive sensitization theory of addiction: some current issues. *Philos Trans R Soc B Biol Sci 363*(1507) 3137-3146.

Sayette, M.A. and Hufford, M.R. (1994) Effects of cue exposure and deprivation on cognitive resources in smokers. *J Abnorm Psychol 103*(4): 812-818.

Schulteis, G. and Koob, G.F. (1996) Reinforcement processes in opiate addiction: a homeostatic model. *Neurochem Res 21*(11): 1437-1454.

Siegel, S. and Ramos, B.M. (2002) Applying laboratory research: drug anticipation and the treatment of drug addiction. *Exp Clin Psychopharmacol 10*(3): 162-183.

Tomkins, D.M. and Sellers, E.M. (2001). Addiction and the brain: the role of neurotransmitters in the cause and treatment of drug dependence. *Can Med Assoc J 164*(6): 817-21.

Vanderschuren, L.J. and Everitt, B.J. (2004) Drug seeking becomes compulsive after prolonged cocaine self-administration. *Science 305*(5686): 1017-1019.

Weiss, F. and Koob, G.F. (2001) Drug addiction: functional neurotoxicity of the brain reward systems. *Neurotox Res 3*(1): 145-156.

West, R. and Shiffman, S. (2004) *Smoking Cessation*. Health Press, Oxford.

White, N.M. (1996) Addictive drugs as reinforcers: multiple partial actions on memory systems. *Addiction 91*(7): 921-949; discussion, 951-965.

Winkielman, P., Berridge, K.C. and Wilbarger, J.L. (2005) Unconscious affective reactions to masked happy versus angry faces influence consumption behavior and judgments of value. *Pers Soc Psychol Bull 31*(1): 121-135.

Wise, R.A. and Bozarth, M.A. (1987) A psychomotor stimulant theory of addiction. *Psychol Rev 94*(4): 469-492.

제6장

인구집단 수준의 중독 및 이를 포괄하는 이론들

ADDICTION IN POPULATIONS, AND COMPREHENSIVE THEORIES

이 장은 두 부분으로 구성되어 있다. 전반부에서는 중독 현상을 인구와 사회 집단 수준에서 연구할 수 있다는 점에 주목한다. 집단 수준에서 중독의 정도와 성격을 결정하는 규준은 개인에게 적용하는 것과 동일하지 않을 수 있다. 후반부에서는 두 가지 중독 이론을 서술하는데, 이전 장에서 평한 분석 눈높이를 명시적으로 아우르면서 중독 현상에 대한 포괄적인 설명을 시도한다. 마지막으로, 새로운 종합이론에 필요한 것이 무엇인지 정립하는 것으로 마무리한다.

인구집단의 중독 문제

앞선 모든 장에서는 개인에게 발생하는 현상으로서의 중독에 초점을 맞추고 문화적, 사회적 및 경제적 요인이 개인의 동기에 미치는 영향을 살펴보았다. 그러나 사회집단이나 인구를 대상으로 연구의 초점을 맞추는 것 또한 적절하다. 집단group과 인구집단(개체군)population의 행동을 지배하는 규칙은 개인의 행동을 지배하는 규칙과 동일하지 않을 수도 있겠지만, 그 둘 사이에는 연관성이 있어야 한다. 따라서 인구집단을 지배하는 규칙을 도출하기 위해서는 개인의 행동에 대한 지식을 활용할 수 있어야 하고, 인구집단의 행동을 관찰하면 개인의 행동을 지배하는 원칙에 대한 단서를 얻을 것이다.

인구집단 내 중독 행동 확산

우리는 이미 인구집단의 행동에 초점을 맞춘 이론의 예를 살펴보았다. 바로 합리적 중독 이론으로, 이를 합리적 선택을 다루는 제3장에 두기로 했던 이유는 이 이론이 상정하는 주요 가정이 그곳에서 개진되었기 때문이다. 그렇더라도 이 이론은 가격 인상과 같은 인구집단 차원의 개입이 중독재 소비에 미치는 영향을 예측해 냈었다. 또한 행동경제 이론에 대한 논의도 개인과 인구 수준 모두에 적용된다고 볼 수 있다. 인구집단 수준에 구체적으로 적용되는 한 가지 이론이 확산 이론 Diffusion Theory이다([글상자 6-1]).

[글상자 6-1] 확산 이론

인구집단에서 특정 중독 행동의 만연은 이러한 행동이 인구의 하위집단에서 다른 집단으로 확산되거나 중단되는 것으로 이해할 수 있다. 이러한 확산은 지리적 근접성뿐만 아니라 소셜 네트워크와 같은 추상적인 매체를 통해 이루어진다(Ferrence 2001).

페렌스(Ferrence 2001)는 중독에 적용되는 인구집단의 확산 개념을 탁월하게 검토하여 제공한다. 그녀가 주목한 이 모형의 개념과 유사한 최고의 설명은 모방의 법칙Law of Imitation으로, '열등한 사람(후배)inferiors'이 그들 가운데 '뛰어난 사람(선배)superiors'을 모방하는 낙수효과trickle-down를 통해 근접성proximity이 모방으로 이어진다는 것을 사회적 유행병 관점에서 설명한다.

일반적인 확산 이론

로저스 등(Rogers et al. 1983)은 행동이나 제품의 확산 과정을 기술하면서 몇 가지 고려사항을 제안했다. 행동의 확산은 (1) 대안에 비해 유리한 이점 인지, (2) 가치관과의 부합compatibility, (3) 실지로 해 보는 위험성 인지experimentation, (4) 행동의 관찰 가능성observability, (5) 사회적 유대관계에 미치는 영향, (6) 행동을 다시 중단할 수 있는 정도, (7) 의사소통 가능성communicability, (8) 시간과 헌신, (9) 인구의 이동성에 영향을 받는다.

이러한 요인들은 다소 아무렇게나 선택한 것처럼 보이고 목록에 포함되지 않은 다른 요인도 고려해 볼 수 있지 않겠냐고 하겠지만, 이것으로도 새로운 행동이 인구집단에 확산될지 여부를 예측하는 데 어느 정도 도움이 된다.

또 다른 설명에 따르면 확산은 혁신 개발, 보급, 채택, 실행 및 유지 등 5단계로 이루어진다(Oldenburg et al. 1999). 확산 이론에 따르면, 혁신에는 자연발생적(자발적) 확산과 계획적 확산 등 두 가지 경로가 있다.

유행과 전염

자연발생적인 확산에 대한 연구에서는 일반적으로 '유행성 모형epidemic model'을 사용하는데, 이는 본래 인구집단을 통해 퍼지는 전염병 확산을 상세히 설명하는 데 사용되었다. 약물에 대한 '감수성susceptibility' 및 '전염성contagiousness'과 같은 용어가 사용된다. '전염성' 비유는 인구집단을 통해 약물 사용이 퍼져 나가는 메커니즘을 묘사할 때 특히 유용하며, 그것에는 친구관계망, 이웃, 지역사회 또는 직장, 학교, 교도소와 같은 제도적 환경 등을 들 수 있다. 이 모형은 아편 사용자 집단의 사회적 확산 과정을 상세히 기록하기 위해 여러 연구에서 사용되었으며(예: Bejerot 1972; Richman and Dunham 1976), 연구결과로 확산을 촉진하는 부합성 및 관찰 가능성 등의 특성을 입증하는 몇 가지 증거를 제공한다.

데 자흘레(Des Jarlais 1997)는 개발도상국과 선진국에서 무방비 상태에서 갖는 성관계의 확산과 약물 사용기의 공유상태를 조사했다. 그는 무방비 상태로 가지는 성관계로 인해 HIV의 확산 속도가 10~50%에 달한다는 사실을 알아냈다. 흡연을 시작한 동기와 관련하여 아인슈타인과 엡스타인(Einstein and Epstein 1980)은 성인 흡연자 표본의 40%가 다른 사람이 흡연을 소개한 결과 담배를 피우기 시작했다고 주장한 전염 현상을 설명했는데, 이는 대부분 집단 환경에서 발생했다. 파우 등(Pfau et al. 1992)은 '접종inoculation'이라는 개념을 도입하였는데, 청소년이 흡연에 대한 저항력을 키울 수 있는 방법을 제시하기 위해 이 용어를 사용했다.

확산 패턴

확산은 유행처럼 어떤 한 지점에서 시작하여 바깥으로 퍼져 나갈 수 있다(Ferrence 2001 참조). 도시계급 모형urban hierarchy model은 확산의 시작점을 정확하게 포착하는데, 그 시작은 대도시인 경우가 많으며, 규모가 더 작은 지역사회로 확산되고 결국에는 오지까지 퍼진다. 이는 잘 갖춰진 교통망과 같은 도시의 특정 특성에서 예상할 수 있는데, 역사적으로 수입품은 도시에 가장 먼저 도착했고, 선원들이 제일 먼저 마약을 시험 삼아 사용했다는 보고도 있다.

담배의 확산은 문화적 확산 사례를 나타낸다. 북미와 남미에서는 토착민 남성이 파이프 담배를 피우는 것이 하루 중에 흔히 하던 일과였다. 유럽인이 처음 잎담배를 사용한 시기는 15세기 말에서 16세기 초인데, 영국 탐험가에 의해 흡연이 알려진 이후 영국에서 흡연이 널리 퍼졌다는 기록 사이에는 불과 12년밖에 시간이 흐르지 않았다는 것을 알 수 있다. 또한 제1차 세계대전과 제2차 세계대전 동안 군인들에게 담배를 공짜로 지급한 것이 담배 흡연에 대한 긍정적인 규범적, 경제적 강화를 가져왔다는 사실도 주목할 수 있다(Ferrence 2001).

이슈 평가

확산 이론 연구에서 보이는 문제점 중 하나는 개인의 행동을 단순한 합리적 선택 수준에서 설명하는 것을 넘어서는, 집단 수준에서 뻔하지 않은 '창발적인' 특징을 발견할 가능성이 불확실하다는 것이다. 인구 추세는 확산 이론의 관점에서 관찰되고 해석되지만, 다른 측면에서도 설명될 수 있다. 더욱이 확산 이론에 근거한다고 주장하는 개입은 단순한 상식적인 원리에 기초하여 개발된 개입과 별반 차이가 없어 보인다. 그럼에도 불구하고, 인구집단을 통한 행동의 만연에 대한 모형으로서 확산 이론이 성공할 가능성은 아주 크다고 볼 수 있는데, 연구자들에게 남아 있는 숙제는 정책을 추진할 수 있는 중요한 통찰을 도출하는 수준까지 개념을 발전시키는 일이다.

또한 불법적으로 특정 종류의 약물을 사용하는 일이 특정 하위집단, 특정한 시기, 특정한 장소에 발생하는 이유를 설명하기 위해 다른 접근방식도 강구되어 왔는데(Agar and Reisinger 2002), 이 중 하나가 추세 이론Trend Theory이다. 추세 이론은 확산 이론과 공통점이 있고, 유통/공급 시스템과 만연한 정치 풍토에 민감하게 반응susceptibility하는 사람들의 속성이 중요한 요인들이라고 주장한다. 확산 이론과 마찬가지로, 이 이론은 일부 특징에 초점을 맞추고 있으며 포괄적인 모형을 꾀하지는 않는 것으로 보인다. 또한 확산 이론처럼 개념적 연구를 추가로 더하여서 단순한 상식 모형을 응용하는 수준을 넘어서는 관찰과 가설을 도출할 수 있기를 기대한다.

포괄적 중독 이론

욕구와 충동감이 자기통제에 의해 억제된다는 이론에 도구적 학습과 자동(무의식적) 과정을 추가함으로써 중독 이론의 범위를 크게 확장할 수 있었다. 그런데 선택, 충동감 및 습관에 초점을 맞추게 되면 여전히 극도로 비참한 고통, 갈등, 수치심, 분노, 무가치한 느낌부터 현실 안주, 반항 및 문제의 활동이 한몫을 하는 강한 정체감에 이르는 중독의 경험을 포착하지 못한다.

현재 우리가 갖고 있는 것은 이론의 껍데기에 불과해서, 우리의 동기체계를 형성하는 감정, 신념, 충동감, 습관, 그리고 이들이 어떻게 서로 영향을 주고받는지, 그리고 중독 행동을 처음으로 접하기 전에 유전이나 경험에 영향을 받는지를 이론에서 기술해야 한다. 개념은 예측에 사용될 수 있는 정도로 충분하고 명확하게 명시된다는 점에서 과학적이어야 하지만, 인간의 중독 경험을 포착할 수 있는 용어로 이해할 수 있어야 있다. 이론은 개인 수준에서 구체화되어야 할 뿐만 아니라 집단, 문화권 및 사회 수준에서 작동하는 모형과 이론의 기반을 마련해 주어야 한다.

2가지 포괄적 이론

현대의 설명은 일반적으로 지금까지 서술한 많은 중요한 구성개념들을 어느 정도 이상은 통합하고 있다. 차이점은 포함되는 특정 구성 요소와 이들이 일반적인 행동과 중독 행동에서 어떻게 상호작용하는지를 설명하는 것에 있다. 공통된 주제는 반성적 처리reflective processing와 자동 처리의 구분인데(예: Strack and Deutsch 2004), 이러한 구분에 중점을 둔 많은 이론은 그다지 포괄적인 편은 아니다. 그러나 이러한 유형의 모형과 이를 건강 행동에 적용할 때는 적절한 역사적 맥락에서 이해해야 한다. 즉, 건강심리학의 관심은 달라지는 의식과 인지가 행동에 상당한 변화를 가져올 것이라는 가정에 기초하여 주로 반성적 과정을 표적으로 삼는 개입을 설계하는데 집중되어 있다(Marteau et al. 2012; Sheeran et al. 2012). 자동 처리과정을 공략하면 행동을 변화시킬 수 있다는 '급진적인' 제안이 선택 구조(선택 설계) choice architecture를 미묘하게 바꾸면 모든 사람이 건강한 선택을 할 수 있는 힘을 얻을 수 있다는 결론으로 이어져서는 안 된다(Thaler and Sunstein 2008의 사례에서는 그랬다.). 그 대신, 행동에 대한 온전한 이해와 행동을 변화시키는 데 도움이 될 수 있는 다양한 정책과 기술을 인식하고 장려하는 아이디어가 되어야 한다(Marteau et al. 2011; Michie et al. 2011).

이러한 시스템 간 상호 작용을 묘사하는 데 흔히 사용되어 온 은유로 흔히 동물(주로 말이나 코끼리)에 올라탄 기수의 모습을 들곤 한다(Haidt 2007; Friese et al. 2011). 기수는 동물이 자기를 어디로 데려가는지 마음대로 통제할 수 없지만, 최선을 다해서 동물과 의사소통해야 하고, 목표를 달성하기 위해서는 모든 수단을 동원하여 영향력을 행사해야 한다. 이런 발상에 지나치게 의존하는 모형은 우리의 머릿속에서 사물을 조종하는 작은 사람이라는 뜻을 가진 '호문쿨루스homunculus'(Ryle 1949) 라는 오래된 관념을 들이대는 위험이 있다. 이를 피하는 것이 중요하지만 그게 종종 어려운 것은 행동을 설명해야 하는 부담을 단순히 다른 에이전트에 전가하고 그 에이전트는 에이전트대로 이해해야 하기 때문이다. 핵심은 기수는 세계를 명제들로 표상하고 그런 방식으로 자신을 표현할 수 있는 뇌의 일부를 가리키는 반면, 동물은 감정과 욕구 상태를 느끼며 경험한 것이 자극에 따라 조건화될 수 있다는 것을 이해하는 데 있다.

또한 개인적인 성장(자기계발)personal growth과 같은 고도의 심리학적 관념을 접목하는 방식으로 통합을 시도하는 신경생물학적 이론도 있지만(Esch and Stefano 2004), 그러나 진정으로 여러 가지를 종합한 이론은 거의 없다. 포괄적인 수준에 가장 근접한 이론의 훌륭한 예로는 오포드Orford(2001)의 **과도한 욕구 추구 이론**Excessive Appetites Theory을 들 수 있다. 이 이론은 선택과 도구적 학습의 개념을 공통의 개념적 틀에 담아내고 있으며, 추가로 애착과 자기변화 과정에 대한 통찰을 더 지니고 있다([글상자 6-2]).

[글상자 6-2] 과도한 욕구 추구 이론(과도한 탐닉 이론)

중독은 삶을 망칠 정도로 과도해질 가능성이 있는 욕구 추구 행동과 관련이 있으며, 이는 사람들의 소비 규범의 왜곡된 끝에서 나타난다. 중독은 행동 및 개인의 특성과 상호작용하는 생태적, 사회경제적 또는 문화적 요인에서 발생한다.

과도한 욕구 추구 이론(Orford 2001)은 사람들이 어떻게 중독에 빠지고, 확고히 하며, 끊는지를 포괄적으로 설명한다. 이 모형은 인간에게는 강한 애착을 갖게 될 위험이 있는 다양한 대상과 활동이 존재하며, 이로 인해 자신의 행동을 조절하는 능력이 상당히 저하된다고 지적한다.

중독과 욕구적 소비

오포드는 중독을 특정 경험에 대한 욕구 추구appetite로 설명할 수 있으며, 중독성 자극에 대해 처음 느꼈던 쾌락은 어느 정도 필요한 만큼 충족되고 어느 정도까지 추구해야 하는지에 대해 갈등을 겪는다면 통제할 수 없는 상태로 변할 수 있다고 제안한다. 그래서 과도한 욕구 추구 이론에서는 '중독'을 '욕구적 소비'라고 한다.

약물 및 비약물성 보상에 대한 중독

과도한 욕구 추구 이론에서는 도박, 섹스 또는 운동과 같은 비약물성 형태의 중독이 가능하며, 처음 느끼는 기쁨, 꼭 필요하다는 느낌 및 사회적 통제 요소의 약화가 이러한 종류의 자극과 밀접한 관련이 있다고 제안한다. 중독 메커니즘이 작동하는 방식은 행동마다 그리고 약물마다 다르다.

예를 들어, 코카인의 경우 약물로 인한 다행감(euphoria)은 너무 기분을 좋게 하여 개인에게는 자신의 건강이나 식습관보다 더 중요해진다. 술은 마시면 자신감이 증가하고, 감각이 둔하게 되며, 논리 정연하게 사고하는 것을 방해하거나, 억제하고 있는 것을 발산하게 하여 스트레스를 푸는 수단을 제공한다고 주장한다. 암페타민과 같은 정신운동자극제(각성제)는 각성에 영향을 미쳐 도취 효과를 내는 것 외에도 지속적인 주의력을 요하는 작업의 수행 능력을 향상시킨다고 제안되어 있다.

'중독'에 대한 사회적 반응

욕구를 추구하는 활동들의 공통점은 모두 너무 과도해지면 사람들의 삶의 질을 떨어뜨리고 가족과 친구들 사이에서 우려를 불러일으킬 가능성이 높다는 것이다. 과도한 활동은 개인과 가족뿐만 아니라 지역사회에도 많은 비용을 초래하고 '중독,' '의존,' 및 '질병'과 같은 용어에 관심을 끌게 하며 상호 조력 및 전문가 치료 체계를 추진하게 만든다. 강한 욕구의 발달은 동인 저감drive reduction이라는 중요한 요소를 보태는 이차 정서 순환고리를 형성하여 새로운 후천적 동기를 유발하는데, 그 예로 추격매수 손실chasing losses(도박), 신경적응(일부 약물), 비밀 유지(대부분의 활동)가 있다.

핵심 중독

오포드는 확실히 과도하게 되면 '핵심 중독'이 되는 활동의 이름을 들며 소개하고 있는데, 음주, 도박, 약물 복용, 섭식, 운동 및 섹스 등이 이에 해당한다. 이들은 모두 보통 때에는 별스럽지 않고 문제가 없는 활동이지만, 그러나 이러한 활동에 강한 애착을 갖게 되면 많은 사람이 큰 갈등을 겪을 수 있다.

복합적으로 상호작용하는 중독 결정요인

이러한 욕구 추구 활동들 각각에 사람들이 말려드는 정도는 여러 가지 상호작용하는 결정요인이 있어서이다. 여기에는 성격적 특성이나 퍼스낼리티personality도 포함되지만, 가장 강력한 결정 요인 중 일부는 풍부한 활동 기회나 동료들의 규범적 영향을 포함해 생태학적, 사회경제적 또는 문화적 요인을 들 수 있다. 결정요인에는 활동을 억제하거나 불이익을 주는 요인뿐만 아니라 활동을 촉진하거나 인센티브(유인가)를 제공하는 요인도 포함하는 등 다양하다. 이러한 각 활동은 개인마다, 심지어 같은 사람 속에서도 수많은 다양한 개인적 기능personal function을 수행할 수 있다. 여기에는 기분 변화mood modification는 물론 다양한 형태로 자기표현self-expression을 할 수 있게 해 주고 다양한 유형의 자기 정체성(자기 동일성)self-identity을 강화하는 기능도 포함된다.

두 가지 단계적 확대 방법

과도한 욕구 추구 이론에 따르면, 오포드(2001)는 일상적인 소비가 통제할 수 없는 수준의 소비로 악화되는 두 가지 방식이 있다고 상정한다.

첫째, '비례 효과의 법칙law of proportionate effect'으로, 개인이 욕구 추구 활동이 상대적으로 유인가가 크고 제재는 상대적으로 약하다고 인식할 때 욕구적 소비가 증가한다는 것이다. 이는 선택과 자기통제라는 요소를 포착하기 위한 것이다.

둘째, 학습 이론은 강한 애착의 발달을 설명한다고 주장한다. 활동에 대한 애착이 점점 커지게 되면 그 활동은 갈수록 일반화되고, 보통 때는 활동이 도를 넘지 않게 유지해 주는 식별력이 약화되는 것으로 나타난다. 강한 욕구 발달은 이차 정서 순환의 형태로 새로운 후천적 활동 동기를 유발하며, 이는 동인 저감이라는 중요한 요소를 과도한 욕구 추구 모형에 추가한다. 욕구 추구 행동에 대한 강한 애착은 육체적 또는 사회적으로, 즉각적 또는 장기적으로 본인에게나 다른 사람들에게 영향을 끼칠 수 있는 비용을 발생시킬 확률을 높인다.

중독과 갈등

갈등의 결과는 중독의 중요한 부분이다. 이는 일련의 삼차 과정으로 생각할 수 있으며, 그 효과는 중독 과정을 더욱 증폭시키게 될 것이다. 여기에는 사기 저하demoralisation, 빈약한 정보 처리, 사회적 역할 및 사회집단의 변경 등이 포함된다. (역자 주: 일차 과정은 무의식적인 충동이나 욕구를 충족시켜 주는 본능적 활동 과정, 이차 과정은 의식적 사고와 의사결정으로 심리적 처리를 가능하게 하는 활동 과정, 삼차 과정은 이러한 일차 및 이차 과정을 조합하거나 통합하여 본능적인 활동을 의식적인 통제로 조절하는 형태의 활동을 의미하는 것으로 보임)

규준의 중요성

오포드는 욕구적 소비의 발달을 좀 더 충분히 이해하기 위해서는 욕구 추구 행동이 인구집단 내에서 어떻게 분포되어 있는지 조사하는 것이 중요하다고 주장한다. 주로 서구권 인구의 알코올 소비량을 조사한 것을 보면 최고 수준의 소비량 쪽으로 편포된 빈도 분포 곡선을 보이는 것으로 나타났다. 그래서 대다수 인구의 알코올 소비량은 '적당하고' 대부분 문제가 되지 않는다. 소수가 이 '규준norm'을 넘어 소비하지만, 편차가 클수록 해당 행동 패턴을 보이는 사람들의 비율은 감소한다. 규준은 단순히 인구 분포에 대한 통계적인 설명이 아니고, 잠재적으로 행동에 영향을 미치는 가장 중요한 원천 가운데 하나이다.

이 설명에서 사회 규범은 매우 중요하다. 오포드는 사회적 통제를 받는 대상이 되는 모든 행동은 비대칭skewed 빈도 곡선(예: 직장 출근 시간 또는 교차로를 건너는 속도)을 따른다고 주장한 올포트Allport의 연구 결과를 다시 언급하고, 나아가 대다수의 사람은 행동을 규정하는 규범, 규칙 또는 법률을 준수하고 있으며 소수의 사람만이 과도하게 일탈한다고 말한다. 올포트는 행동에 대한 사회적 통제는 대개 매우 효과적이어서 사람들 대부분은 행동을 규율하는 규범이나 법규를 어느 정도는 준수할 것이라고 주장한다.

이것이 주는 함의는 중독될 가능성이 있는 행동에 관여할 기회가 본질적으로 동일하게 주어지고 기저 성향이 동일한 개인도 자신이 속한 사회집단에서 작동하는 규범에 따라 중독 여부가 결정된다는 것이다.

제지와 구속

오포드는 또한 하이먼Hyman의 제지deterrence 개념에 주목한다. 오포드는 하천이 형성되는 과정을 비유로 들면서 강이 되는 데는 다른 지류와의 경쟁, 불충분한 강우 또는 극심한 더위 등 장애물이 있다고 말한다. 욕구 추구 행동이 더 높은 수준의 소비 쪽으로 치닫는 것은 (음주의 경우) 위장 장애, 두통, 현기증 또는 취한 상태를 못마땅하게 생각하는 심리적 구성 등 다양한 제지 요인에 의해 방해받을 수 있다. 기회만 된다면 욕구적 소비는 자연스럽게 확대될 것인데, 그 소비가 더 이상 확대되는 것을 막는 수단은 환경적, 생리적인 제약과 제지이다. 이렇게 욕구 추구 활동을 시간에 따라 역동적으로 변화하는 과정으로 강조하는 것은 과도한 행동을 단순히 성향 이론dispositional theory으로 설명하는 데서 탈피하는 중요한 출발점이다.

다양한 수준의 동기유발

이 이론은 고전적 학습 이론Classical Learning Theory 메커니즘을 접목하여 욕구 추구 행동에 대해 애착이 아주 강하게 형성되는 과정을 설명한다. 기분 변화를 기본으로 하는 조작적 학습에 욕구 추구 활동에 연결된 다른 긍정적인 보상, 부적 강화, 해당 활동의 '대처' 기능, 다수의 단서와 해당 활동 간 확립된 연합관계를 조합하고, 여기에 행동 강화 시 기대감, 귀인, 심상, 상상의 나래가 펼쳐질 기회가 더해지면 강한 애착이 발달할 자양분을 공급하는 일련의 강력한 과정이 제공된다. 해당 활동의 활용도가 높고, 활동 의향이 강하며, 활동에 대한 규제가 약할 때 강한 욕구 추구 행동이 발달하는 데 유리한 환경이 조성된다.

오포드는 다른 이론들이 전체 범위는 말할 것도 없고 지나치게 특정적이어서 한 가지 형태라도 욕구적 소비와 관련된 다양한 정서적 보상을 설명하지 못하고 있다고 주장한다. 뇌의 단일 보상 시스템에 근거를 둔 신경약리학적 설명은 극단적으로 단순화한 접근인 것으로 보이며 또한 욕구적 소비 행동이 발생하는 사회적 맥락도 대부분 간과하여 왔다. 단 한 번 하는 물질이나 활동은 개인이 처한 사회적 상황과 필요에 따라 매우 다르게 기능할 수 있다. 감정 변화에 대한 정확한 본질을 규명하려는 이론은 욕구적 소비를 자극하는 정서적 보상에 대해 포괄적으로 설명해 주기 어려울 것 같다.

인지 도식cognitive schema은 학습 및 기억 과정에서 작동하는 것으로 알려져 있다. 다중 조절 모형Multiple Regulation Model(Leventhal and Cleary 1980)에 따르면, 과도한 욕구 추구는 강한 정서적 기억이 원인이며, 욕망이나 갈망을 유발하는 것은 기억 스키마memory schema라고 한다.

이차 과정과 증폭

과도한 욕구 추구 모형은 개인의 소비 수준을 증폭시켜 주는 데 중요한 역할을 하는 이차 과정에 대해 이야기한다. 첫 번째 과정은 '후천적 정서 조절 순환acquired emotion regulation cycles'으로, 자극에 대해 개인의 욕구 추구가 세질 때 작동하여 새롭게 감정을 조절토록 함으로써 소비에 나서도록 좀 더 유인하는 일을 한다.

오포드는 문제성 도박자와 반구조화된 면담을 진행하고 나서 도박으로 인한 각성 및 흥분(일차 과정) 외에도 강력한 동인 저감 요소를 포함하는 강력한 애착 촉진 이차 과정이 있다는 결론을 내렸다. 이 이차 동기유발 순환의 주성분은 강한 부정적 감정 상태로, 추가 도박을 통해 손실을 만회하려는 욕구 증가와 관련이 있다. 오포드는 이러한 추격매수가 신경 적응과 동등할 수 있다고 제안한다. 절제 위반 효과(제4장 참조) 는 또 다른 이차 과정으로, 죄책감과 자기 비난(자책감), 부주의한 실수에 대한 자기 귀인self-attribution으로 내적, 전반적 및 통제할 수 없는 요인으로 돌리는 것, 무력감과 절망감을 특징으로 한다.

중독에서의 회복

오포드는 중독 행동 패턴에서 자발적으로 벗어나는 사례는 어떤 중독 이론이건 간에 상당한 도전이라고 주장한다. 이를 설명하기 위해 그는 중독자가 경험하는 갈등을 이론의 핵심에 두고([그림 6-1]), 자제력을 발휘하도록 동기를 부여하는 과정의 중심에 놓는다.

변화의 과정에는 최소한 두 단계가 있다고 알려져 있다. 첫 번째는 인지적 단계로, 변화하기로 결정 또는 결심하는 형태이며, 두 번째는 행동 또는 행동 지향적으로 대응하는 단계이다. 사회적, 영적, 도덕적 과정도 중요할 수 있다. 과도한 욕구 추구에 대한 사회적 반응, 즉 걱정하며 영향을 받는 다른 사람들의 반응은 과도한 욕구 추구를 포기하는 과정에 영향을 미친다. 오포드는 '자기 해방self-liberation'에 대한 동기가 이 과정에서 중심적인 역할을 한다고 주장한다. 심리 치료 및 약물 치료도 분명히 회복에 한몫한다. 매우 다양한 치료 근거rationale와 절차들이 존재하지만, 단기간에 내는 결과는 비슷하고 그다지 대단하지는 않은 편이다.

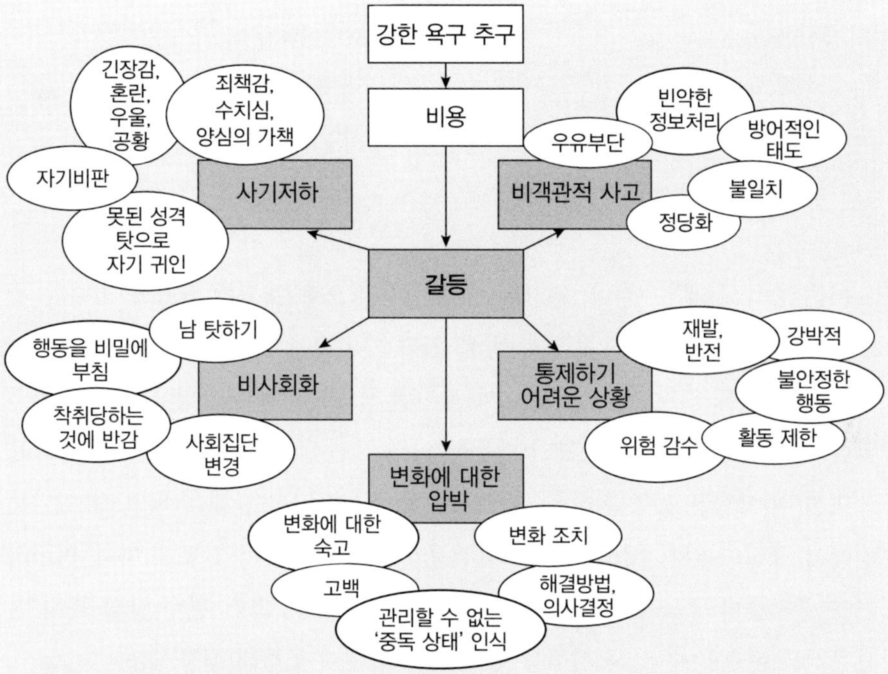

그림 6-1 과도한 욕구 추구 모형에서 본 갈등의 결과(Orford 2001에서 발췌)

이슈 평가

이 모형은 다루는 범위가 매우 넓고 다른 모형에서는 볼 수 없는 중독의 특징을 포착한다. 이 모형은 학습 이론Learning Theory의 아이디어와 선택 이론Choice Theory의 아이디어는 물론 사회심리학 및 사회학의 아이디어를 합쳐서 만들었다는 점에서 진정으로 포괄적이다. 심지어 인구집단 수준의 분석까지 아우르고 있다. 이 모형이 중독 행동에 동기를 부여하기도 하고 억제하기도 하는 규범의 힘을 인식하고 있다는 점은 날카로운 통찰이며 개입에 강력한 영향을 미친다. 이 모형에서 특히 인상적인 결론은 다음의 인용구를 그대로 옮겨올 가치가 있다.

> 이 견해에 따르면, 중독에서 가장 핵심적인 것은 애착 그 자체라기보다는 애착에 대한 갈등이다. 애착으로 인한 갈등을 일으키는 억제, 통제, 불이익 요소들은 개인적, 사회적, 문화적으로 상대적이다. 중독이나 의존에 대한 정의는, 아무리 자의적이라

하더라도, 시간과 장소를 불문하고 모든 사람을 만족시킬 수는 없다. 이러한 관점에서 볼 때, 보편성을 주장하는 DSM이나 ICD와 같은 체계는 오히려 그러한 절대적인 원칙이 존재할 수 있다고 믿게끔 유도함으로써 사실상 과학적 진보를 가로막고 있을 수 있다(Orford 2001, p. 29).

이는 중독의 개념, 정의, 평가에 대해 근본적으로 재고할 필요가 있다는 뜻을 내포하고 있어 진지하게 고려해 볼 만한 가치가 있다. 어쩌면 이 모형은 보상 민감화 이론Incentive Sensitisation Theory이 풀어낸 좀 더 한정된 설명에 비하면 아직 많은 연구가 이루어지지 않았기 때문에 너무 급진적으로 나간 것일 수도 있다.

또한 이 모형은 중독 현상에 존재하는 엄청난 다양성을 해석해 낼 수 있다는 점에서 강점이 있기 때문에 오히려 전통적인 행동과학의 전통에 따라 연구하는 연구자들이 중독과 연결하기 어려웠을 수도 있다. 그건 변수 간의 특정 상관관계를 예측할 수 있는 실험을 쉽게 만들어 내지 못하기 때문이다.

그러나 이론을 검증할 수 없다고 주장하는 것은 잘못된 것이다. 제2장에서 논의했던 것을 다시 언급하자면, 행동과학의 이론들을 훨씬 더 엄격하게 검증하는 방법은 반례를 찾는 것이라고 지적한 바 있다. 진정한 반례 하나만 있어도 그 이론이나 이론의 요소가 틀렸다는 것을 보여 줄 수 있다. 과도한 욕구 추구 이론에 관하여 놀랄 만한 일은 반례를 찾아내기가 어렵다는 것이다.

과도한 욕구 추구 모형은 각종 중독의 발달과 유지 및 회복에 대하여 포괄적으로 설명을 해 주며, 중독 행동과 정상적인 동기로 생각될지도 모르는 것 사이의 연결고리를 제공한다. 이와 유사한 합성 이론이 개발되어 도박 중독의 발달에 적용되고 있다([글상자 6-3]).

[글상자 6-3] 병적 도박 경로 모형

병적인 도박은 생태적, 사회적, 심리적, 생물학적 요인의 복잡한 상호작용으로 인해 발생하며, 이는 도박 문제에 대해 다른 징후를 보여주는 세 가지 주요 경로를 형성한다.

이질성 인식

병적 도박 경로 모형Pathways Model of pathological gambling(Blaszczynski and Nower 2002)은 도박에 대한 개념 모형을 마련하여 병적도박의 발달에 기여하는 여러 생물학적, 심리적, 생태학적 변수를 다룬다. 이 모형은 병적도박의 발달에 원인이 되는 다양한 생물학적, 심리적, 생태학적 변수를 적절하게 설명해 주는 단일 개념 이론적 모형은 존재하지 않는다고 주장한다. 나아가 병적도박에 대한 애매한 정의, 도박 문제와 문제도박자를 구분하지 못하는 것, 그리고 병적도박자는 하나의 동질적인 인구집단이며 그 부류에 속한 모든 사람에게는 동일하게 적용되는 유사한 심리적 원리가 있다고 가정하는 경향 때문에 이 분야의 발전이 저해되고 있다고 주장한다.

여러 단계의 동기유발 시스템

제안된 모형은 "생물학적 이론, 성격 이론, 발달 이론, 인지 이론, 학습 이론과 문제성 및 병적도박의 생태학적 결정요인 등 여러 부분으로 이루어져 있는 것"(Blaszczynski and Nower 2002, p. 487)을 통합하려고 시도한다. 이 모형은 행동에 대한 통제력 장애를 나타내는 도박자의 세 가지 하위집단을 뚜렷하게 식별할 수 있다고 제안한다. 해당 집단은 (1) 행동 조건화된 문제도박자, (2) 정서적으로 취약한 문제도박자, (3) 반사회적, 다중 충동 성격 장애impulsivist가 있는 문제도박자 집단이다.

[그림 6-2]는 세 가지 경로를 보여 준다. 이 경로는 개인 요인과 환경 요인 간 상호작용으로 인해 발생하는 상이한 과정의 지배력을 반영한다.

이슈 평가

이 모형은 도박에 대한 이슈만 다루고 있지만, 다른 중독과도 잠재적인 관련성이 있으며, 특히 의사결정, 환경 요인, 성격 및 도구적 학습 메커니즘을 통합하려는 시도와 관련이 있을 수 있다.

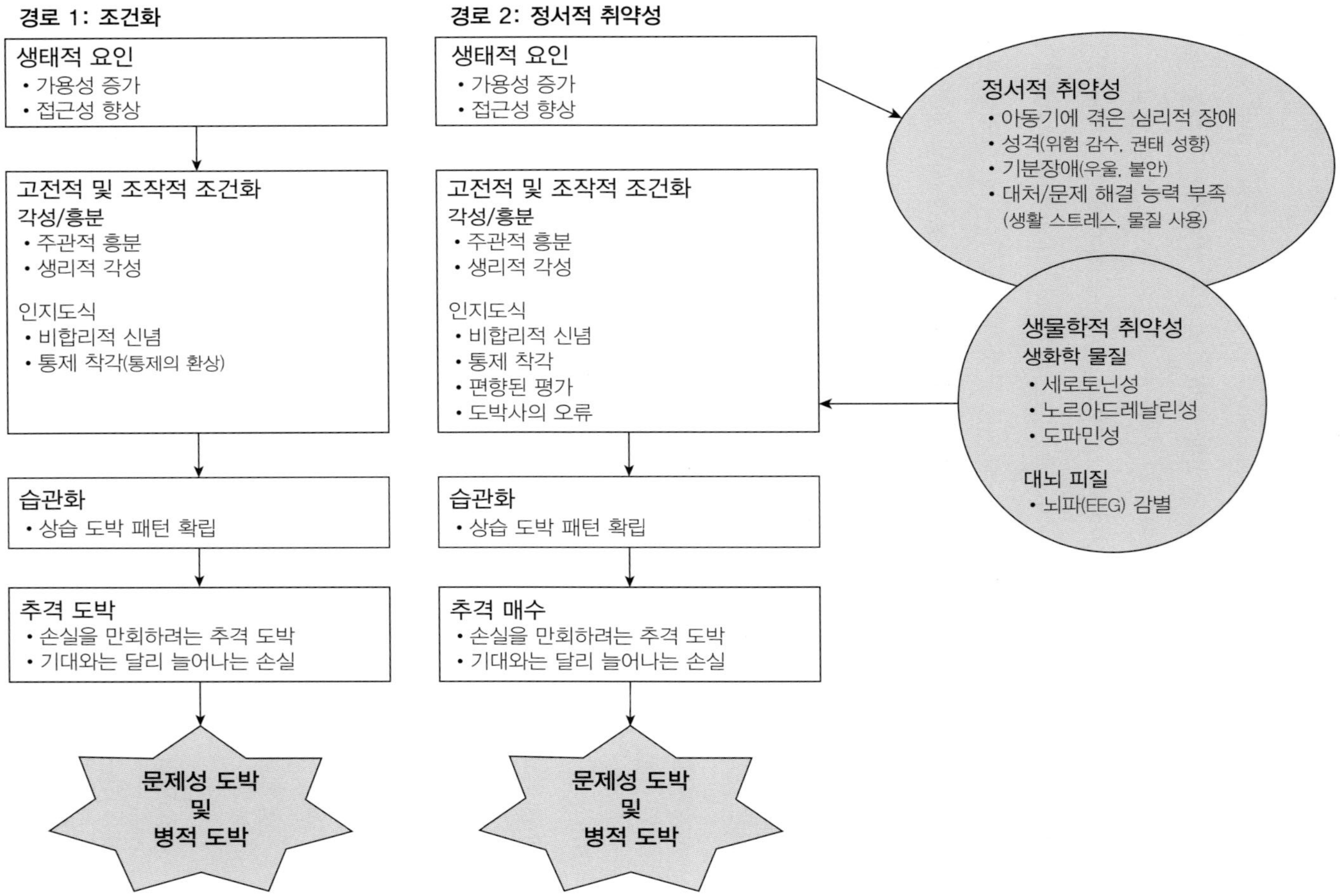
경로 1: 조건화
생태적 요인
• 가용성 증가
• 접근성 향상
고전적 및 조작적 조건화
각성/흥분
• 주관적 흥분
• 생리적 각성
인지도식
• 비합리적 신념
• 통제 착각(통제의 환상)
습관화
• 상습 도박 패턴 확립
추격 도박
• 손실을 만회하려는 추격 도박
• 기대와는 달리 늘어나는 손실
문제성 도박 및 병적 도박
경로 2: 정서적 취약성
생태적 요인
• 가용성 증가
• 접근성 향상
고전적 및 조작적 조건화
각성/흥분
• 주관적 흥분
• 생리적 각성
인지도식
• 비합리적 신념
• 통제 착각
• 편향된 평가
• 도박사의 오류
습관화
• 상습 도박 패턴 확립
추격 매수
• 손실을 만회하려는 추격 도박
• 기대와는 달리 늘어나는 손실
문제성 도박 및 병적 도박
정서적 취약성
• 아동기에 겪은 심리적 장애
• 성격(위험 감수, 권태 성향)
• 기분장애(우울, 불안)
• 대처/문제 해결 능력 부족 (생활 스트레스, 물질 사용)
생물학적 취약성
생화학 물질
• 세로토닌성
• 노르아드레날린성
• 도파민성
대뇌 피질
• 뇌파(EEG) 감별

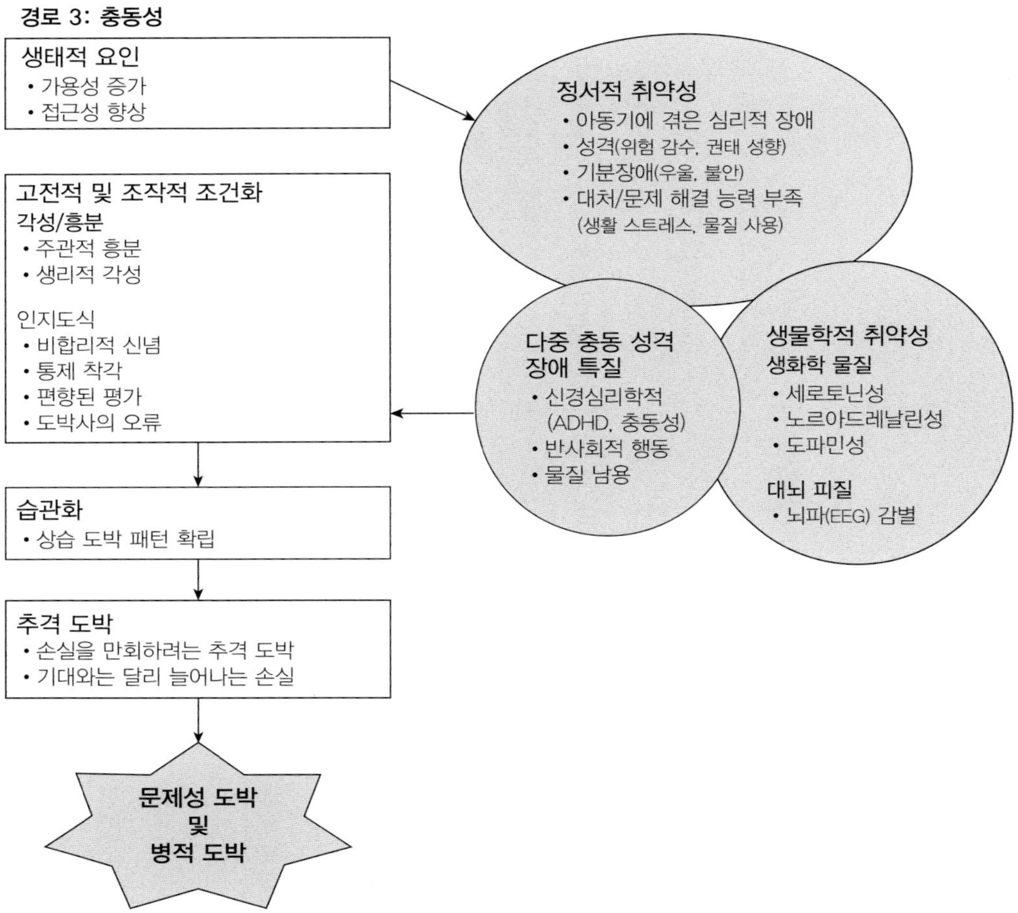

그림 6-2 병적 도박의 세 가지 경로(Blaszczynski and Nower 2002에서 발췌)

이 장에서 거론한 두 가지 이론과 이전 장에서 언급한 일부 이론은 중독 경험을 담아낼 수 있는 것으로 보이며, 중독에 이르는 양식, 느낌 및 경로의 다양성을 인식함으로써 중독에 대한 견문을 담아낸다. 이러한 다양성은 이론 개발에 큰 도전이 된다. 종합적인 이론은 단순히 영향과 요인을 나열하는 것이 아니라 집대성해야 한다.

중독이란 무엇이며, 어떻게 설명할 수 있는가

선택 그 이상이다

중독은 자제하려는 노력에도 불구하고 특정 행동에 관여하고 싶은 욕망 및 충동감 그리고 무의식적으로 일어나는 충동에 반응하여 취하는 행동으로 설명할 수 있음이 분명하다. 또한 이를 단순히 선택으로만 규정하는 것도 어떤 경우든 잘못된 일임이 분명하다.

선택은 개인이 의식적으로 대안을 고려할 때만 하게 된다. 대부분의 시간 중독된 개인은 대안을 고려하지 않으며, 의식적으로나 의도적으로 행동에 나선다고 하더라도 이는 그들이 관여하는 활동 기조의 일환에서 하는 것이지 거기서 한 발짝 물러나서 선택지를 저울질하는 법은 없다. 다른 때에는 그렇게 하기도 한다. 상황은 다양하다. 게다가 의식적인 행동의 방향과 성격과 정도도 분명히 다르다. 때로는 이따금씩 피워 무는 담배처럼 그 행위가 행위자의 주의를 거의 끌지 못하는 상황도 있다.

힘의 균형

욕망, 충동감 또는 무의식적으로 일어나는 충동이 비정상적으로 강하거나 자제력이 비정상적으로 약할 때 활동은 개인에게 중독성이 있는 활동이 된다. 대단히 다양한 종류의 요인이 중독의 발달과 유지에 영향을 줄 수 있는데, 여기에는 개인과 관련된 요인(생리적 감수성, 성격 특질, 신념, 가치), 활동과 관련된 요인(쾌락, 만족 또는 고통 경감을 제공하는 정도, 보상 학습incentive learning 메커니즘을 활용하는 정도, 활동의 보상 효과와 절제의 처벌 효과를 증폭시키는 신경적응 과정을 거치는 정도), 그리고 환경과 관련된 요인(기회, 상기시켜 주는 것reminder, 단서, 활동으로 욕구를 충족시킬 수 있는 상황, 사회적 규범)이 있다.

중독자나 중독자가 처한 상황에는 특별한 무언가가 있다

대부분 상황에서 대부분의 사람에게 대부분의 활동은 중독성이 없다. 사실 우리의 삶에 강력한 제약을 두어 도가 지나치는 것을 방지하는 오늘날 서구 사회에 사는 대부분의 사람에게 중독성 있는 활동은 거의 없다. 헤로인은 매우 강한 도취 효과를 제공하지만, 이를 사용하는 사람들이 사회에서 차지하는 비율은 극히 일부분이다. 실제로, 기분 풀이 삼아서나 재미 또는 오락으로 해 보려는 소수의 사람만이 중독이 된다. 담배는 약간의 즐거움만 주지만 사회에서 더 많은 사람이 사용하고 있으며, 헤로인과 거의 같은 비율의 사람들이 담배를 피우다가 중독이 된다. 이는 모두 행동을 조장하는 힘과 행동에 반대하는 힘 간의 균형의 문제이다.

일반적인 내용부터 구체적인 내용까지

중독에 대한 이해를 더 발전시키려면 당연히 특정 약물이나 활동이 왜 중독성이 있는지에 대해서 구체적인 내용을 다루어야 한다. 금단 증상의 원인, 각기 다른 약물이 보상 학습에 미치는 영향, 유전적 요인과 발달적 요인이 중독에 대한 감수성에 미치는 영향 등 이에 대해 더 구체적으로 파악해야 한다. 또 사회집단과 인구 전반에 걸쳐 확산하는 중독 행동에 대해 더 많이 알아야 한다. 또한 어떤 방식으로라도 이러한 모든 진전 사항을 꿰어 맞출 수 있는 더 좋은 개념 틀도 개발해야 한다.

무엇보다 필요한 것은 중독에 대한 중요한 관찰을 설명하고 고유한 통찰력을 제공하며 좀 더 구체적인 이론을 통합할 수 있는 진정한 의미의 종합이론이지만, 전체적인 모양을 확인하기 위해 정보를 끼워 넣거나 내용을 임시로 채워 넣는 단순한 플레이스홀더placeholder 그 이상이어야 한다. 종합이론은 그 자체로 새로운 아이디어를 창출하는 통일된 구성개념으로 가치를 더해야 한다.

참고문헌

Agar, M. and Reisinger, H.S. (2002) A heroin epidemic at the intersection of histories: the 1960s epidemic among African Americans in Baltimore. *Med Anthropol 21*(2): 115-156.

Bejerot, N. (1972) Registering addicts and dangerous drugs in Scandinavia. *Int Pharmacopsychiatry* 7(1-4): 126-130.

Blaszczynski, A. and Nower, L. (2002) A pathways model of problem and pathological gambling. *Addiction 97*(5): 487-499.

Des Jarlais, D.C. (1997) HIV/STDs and drug use. *AIDS STD Health Promot Exch* (2): 1-3.

Einstein, S. and Epstein, A. (1980) Cigarette smoking contagion. *Int J Addict 15*(1): 107-114.

Esch, T. and Stefano, G.B. (2004) The neurobiology of pleasure, reward processes, addiction and their health implications. *Neuro Endocrinol Lett 25*(4): 235-251.

Ferrence, R. (2001). Diffusion theory and drug use. *Addiction 96*(1): 165-173.

Friese, M., Hofmann, W. and Wiers, R.W. (2011) On taming horses and strengthening riders: recent developments in research on interventions to improve self-control in health behaviors. *Self Identity 10*(3): 336-351.

Haidt, J. (2007) *The Happiness Hypothesis: Putting Ancient Wisdom and Philosophy to the Test of Modern Science*, Arrow, New York.

Leventhal, H. and Cleary, P.D. (1980). The smoking problem: a review of the research and theory in behavioral risk modification. *Psychol Bull 88*(2): 370-405.

Marteau, T.M., Hollands, G.J. and Fletcher, P.C. (2012) Changing human behavior to prevent disease: the importance of targeting automatic processes. *Science 337*(6101): 1492-1495.

Marteau, T.M., Ogilvie, D., Roland, M., Suhrcke, M. and Kelly, M.P. (2011) Judging nudging: can nudging improve population health? *BMJ 342*(7791): 263-265.

Michie, S., Hyder, N., Walia, A. and West, R. (2011) Development of a taxonomy of behaviour change techniques used in individual behavioural support for smoking cessation. *Addict Behav 36*(4): 315-319.

Oldenburg, B.F., Sallis, J.F., Ffrench, M.L. and Owen, N. (1999) Health promotion research and the diffusion and institutionalization of interventions. *Health Educ*

Res 14(1): 121-130.

Orford, J. (2001) Addiction as excessive appetite. *Addiction 96*(1): 15-31.

Pfau, M., Van Bockern, S. and Kang, J.G. (1992) Use of inoculation to promote resistance to smoking initiation among adolescents. *Commun Monogr 59*: 213-230.

Richman, A. and Dunham, H.W. (1976) A sociological theory of the diffusion and social setting of opiate addiction. *Drug Alcohol Depend 1*(6): 383-389.

Rogers, A., Willekens, F. and Ledent, J. (1983) Migration and settlement: a multiregional comparative study. *Environ Plan A 15*(12): 1585-1612.

Ryle, G. (1949) *The concept of mind*. Hutchinson, London.

Sheeran, P., Gollwitzer, P.M. and Bargh, J.A. (2012) Nonconscious processes and health. *Health Psychol* epub.

Strack, F. and Deutsch, R. (2004) Reflective and impulsive determinants of social behavior. *Pers Soc Psychol Rev 8*(3): 220-247.

Thaler, R.H. and Sunstein, C.R. (2008) *Nudge: Improving Decisions about Health, Wealth, and Happiness*, Yale University Press, New Haven, CT.

제7장

포괄적인 이론 개발

DEVELOPMENT OF A COMPREHENSIVE THEORY

이 장에서는 독자들이 가장 단순한 상식적인 합리적 선택 모형에서 시작하여 자기통제와 충동 개념을 포함하여 습관까지 아우르는 모형으로 확장하는 포괄적인 중독 이론의 발전 과정을 독자에게 안내한다. 이를 통해 종합적인 중독 이론의 기초가 되는 동기유발 이론을 설명하는 마지막 두 장의 배경이 된다.

이전 장들에서는 전반적으로 중독을 이해하기 위해 채택된 다양한 접근방식을 체계적으로 살펴보았다. 이 장에서는 이러한 접근방식을 기능적으로 분류하여 제시한 다음, 합리적 선택부터 통합적 이론으로의 여정을 보충 논평과 함께 요약하고, 포괄적인 중독 이론에 추가되는 각 요소가 어느 정도까지 필요한지에 대한 이슈에 더 초점을 맞추어 설명한다.

현재 논의 중인 내용 다시 한번 상기

다음 비네트vignette는 중독자가 제공한 실제 이야기를 각색한 것이다. 인터넷에는 중독 경험의 복잡성과 다양성에 대해 감을 잡게 해 줄 수 있는 더 많은 이야기가 있다. 중독 이론을 개발하는 데 있어 지적, 학문적 고려 사항을 참작할 때 이러한 내용을 염두에 두는 것이 유용할 수 있다.

"저는 현재 18세이고 예전에 마약 중독자였어요. 13세 때 마약을 시작했는데 점점 더 심해졌지요. 처음에는 멋지다는 생각이 들었고 다시 할 때도 중독이 될 줄은 몰랐던 것 같아요. 처음에는 대마초를 피우기 시작해서 술도 마시고 담배도 피웠지요. 그러다가 코카인으로 넘어갔어요. 코카인을 하고 있었을 때는 한 번에 4~5일 정도는 제대로 먹고 자지도 못했던 것 같아요. 내 상태가 안 좋을 때는 우울해져서 더 많은 코카인을 원했어요. 몸에 탈이 난 다음에서야 그만둬야겠다고 결심했어요. 남자친구와 직장을 잃었고 학교도 그만뒀어요. 한 달 정도 쉬었다가 다시 시작했는데 지금은 더 잘 지내고 있어요. 지난 몇 주 동안 마약에 손대지 않았는데, 언제 다시 시작할지 모르겠군요. 매일 아침 일어나면서 오늘 하루를 버틸 수 있을지 모르겠네요. 하루를 버텨 낸다면 기분이 좋지만, 다음 날이면 모든 게 다시 시작돼요."

"저는 밤에 자다 깨는데, 술기운이 떨어지고 신경이 계속 곤두서 있어서 그러는 것 같습니다. 머리는 깨질 듯이 아프고, 입은 마르고, 속은 울렁거립니다. 그러면 약품이 있는 수납장으로 기어가서 증상을 완화할 수 있는 약을 찾으려고 노력하고, 찾게 되면 물을 마시러 부엌으로 갑니다. 어지럽고 토하고 싶고 머리는 터질 것만 같습니다. 맹세컨대 두 번 다시 이런 일을 겪게 하지 않을 겁니다. 죽고 싶은 마음이 듭니다. 아니 실제로 죽게 해 달라고 기도합니다. 하지만 제 마음속 어딘가에서는 저녁 무렵이 되면 다시 술에 취하게 될 거라는 걸 알고 있습니다."

중독 이론의 기능적 분류

이전 장에서는 합리적 선택 이론부터 좀 더 통합적인 이론까지 중독에 대한 주요 이론을 설명했다. 이러한 전개는 교훈적인 도구로는 유용했지만 최상의 분류체계로 이론들을 묶은 것은 아니어서, 중독 이론의 주요 특징들을 통합하는 방법을 설명하기 전에 좀 더 포괄적인 분류체계를 도입하는 것이 도움이 될 것이다. [그림 7-1]은 개발한 분류체계를 보여 주며(West 2013), 〈표 7-1〉은 이론적 접근방식을 간략하게 기술하고 예시를 제시한다.

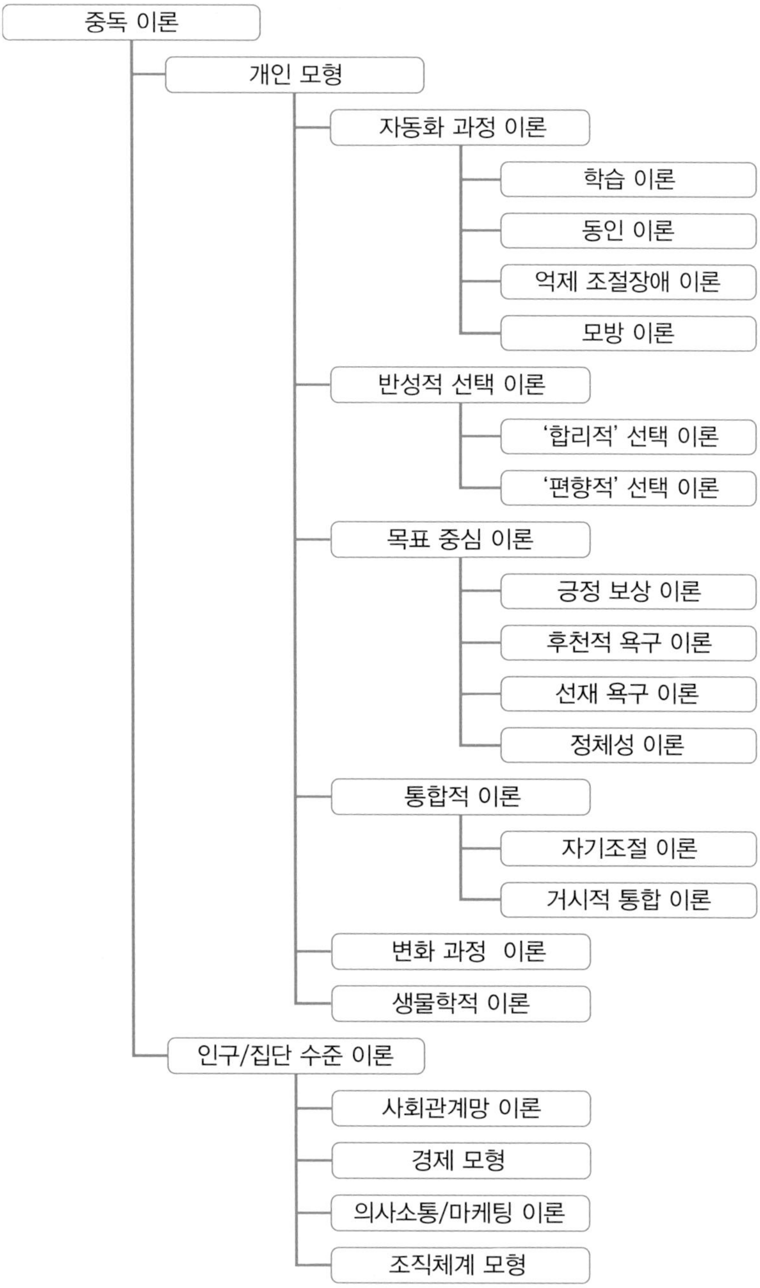

그림 7-1 중독 이론의 분류(West 2013)

표 7-1 중독 이론의 범주와 대표적 예

학습 이론	중독은 단서와 반응, 강력한 긍정적 또는 부정적 강화물(유쾌하거나 유해한 자극) 간의 연관성을 배우는 연합학습과 관련이 있다. • 예시: 조작적 학습, 고전적 조건형성, 보상 민감화 이론(Berridge et al. 2011), 행동 모멘텀과 관성 이론(Nevin and Grace 2000)
동인 이론	중독은 항상성 메커니즘에 의해 뒷받침되는 강력한 동인의 발달과 관련이 있다. • 예시: 중독 질병 모형(Jellinek 1960; Gelkopf et al. 2002), 흡연 충동 조절 시스템 역학 모형(Riley et al. 2011)
억제 기능장애 이론	중독은 충동 조절에 필요한 메커니즘의 손상과 관련이 있다. • 예시: 뇌 억제 신경회로 기능장애(Lubman et al. 2004; Dalley et al. 2011), 중독에서 전전두엽 피질 기능장애(Goldstein and Volkow 2011)
모방 이론	중독은 행동 패턴의 모방, 아이디어 및 정체성의 동화assimilation와 관련이 있거나 적어도 그것으로 시작된다. • 예시: 사회학습 이론(Bandura 1977), 자동 모방(Heyes 2011)
'합리적' 선택 이론	중독은 (이성과 분석을 통하여 선호하는 것을 결정하고 그에 의거하여 행동한다는 의미에서) 합리적 선택과 관련이 있으며, 비용보다 중독 행동으로 얻는 혜택(편익)에 특히 관심을 가진다. • 예시: 주관적 기대 효용 이론(Edwards 1961), 다속성 효용 이론(Keeney and Raiffa 1993), 전망 이론(Tversky and Kahneman 1992), 계획된 행동 이론(Ajzen 1991), 보호 동기 이론(Rogers and Prentice-Dunn 1997), 합리적 중독 이론(Becker and Murphy 1988), 긍정/부정 기대 이론들(Jones et al. 2001 리뷰 참조)
'편향적' 선택 이론	중독은 적어도 부분적으로는 중독 행동에 관여할지 말지 선택지를 비교하는 과정에서 감정적 편향 및 기타 편향의 영향을 받기 때문에 유발된다. • 예시: 불안정한 선호 이론(Skog 2000; 2003), 시점 할인 모형(Bickel et al. 2007), 인지 편향 모형(McCusker 2001; Field and Cox 2008), 감정 반응성 휴리스틱(Slovic et al. 2002; Slovic et al. 2007), 관문 이론(Kandel 1992; 2002), 갈등 이론(Janis and Mann 1977)

(계속)

긍정 보상 이론	**중독은 활동에서 얻는 쾌락과 만족감에서 발생한다. 쾌락과 만족감이 커질수록 중독의 위험도 커진다. 이 이론은 대단히 방대하며 많은 학습 이론 접근법을 뒷받침한다.** • 특유의 긍정 보상 뉘앙스에 초점을 맞춘 구체적인 예시: 긍정 보상 습관화 실패(di Chiara 1999; McAuliffe and Gordon 1974; de Wit and Phan 2010 리뷰 참조), 스테로이드 중독과 신체 이미지 이론(Kanayama 2009), 담배 흡연과 체중 조절 이론(Cawley et al. 2004)
후천적 욕구 이론	**중독은 중독 행동에 관여한 덕분에 생긴 생리적 또는 심리적 욕구와 관련이 있으며, 이는 중독 행동으로 충족된다.** • 예시: 약물 금단 이론(Eddy et al. 1965; Koob et al. 1992), 대립 과정 이론(Solomon 1980; Solomon and Corbit 1973 1974; Koob 2008; George et al. 2012)
선재 욕구 이론	**중독은 기존의 중요한 욕구를 충족시키는 행동을 하는 것과 관련이 있다.** • 예시: 셀프 메디케이션 이론(Khantzian 1997), 애착 이론(Flores 2004), 정서 조절 이론(Cooper et al. 1995)
정체성 이론	**중독은 자아 정체성(사람이 자신을 바라보는 방식) 측면에서 원인을 찾을 수 있으며, 적어도 부분적으로는 이에 의해 유지된다.** • 예시: 정체성 이론(Walters 1996; Kearney and O'Sullivan 2003), 원형-의향(행동 경향성) 모형(Gerrard et al. 2008), 자기 가치 확인(자기긍정) 이론(Harris and Epton 2009)
자기조절 이론	**중독은 중독 행동의 근간이 되는 즉각적인 충동과 욕망에 대응할 수 있는 개인의 전략, 기술, 자기통제 실패와 관련이 있다. 이러한 실패는 부분적으로 '자아 고갈ego depletion'이 원인일 수 있다.** • 예시: 인지 조절 이론(Miller and Cohen 2001), 집행기능(실행기능) 장애 이론(Fernandez-Serrano et al. 2010; Hester and Garavan 2004, Madoz-Gurpide et al. 2011), 자기조절 이론(Baumeister and Vohs 2007, Vohs and Baumeister 2011), 자기결정 이론(Deci et al. 1994; Ryan and Deci 2000; Deci and Ryan 2012), 실행 의도(Gollwitzer 1999; Sheeran et al. 2005)

(계속)

거시적 통합 이론	중독은 다양한 행동, 개체군, 맥락, 개인에 따라 과정을 달리한다. 사회 및 환경 요인이 기존의 다양한 소인(성향)disposition과 상호작용하여 행동 개시를 유도하며, 이는 개인 환경과 개인 성향의 변화로 이어져 행동에 관여하려는 동기의 강도를 높인다. • 예시: 병적 도박 경로 모형(Blaszczynski and Nower 2002; Nower and Blaszczynski 2004), 중독에 이르는 외현화 경로와 내재화 경로(예: Sher et al. 1991; Hussong et al. 2011), 과도한 욕구 추구 이론(Orford 2001)
변화 과정 이론	중독 행동의 최초 실행, 중독의 발달, 회복 시도와 이러한 시도의 성공과 실패는 각기 다른 과정으로, 개입 방식에 따라 다르게 정의할 수 있고 또 개입을 달리할 수 있다. • 예시: 인지 부조화 이론(Festinger 1957; Blume and Schmaling 1996), 정교화 가능성 이론(Cacioppo and Petty 1984; Petty et al. 1991; Petty and Briñol 2012), 초이론적 모형(Prochaska et al. 1992; Norcross et al. 2011), 수용 전념 이론(Hayes et al. 1999), 재발 방지 예방(RP) 모형(Hendershot et al. 1999; Larimer et al. 1999; Marlatt and George 1984)
생물학적 이론	중독은 주로 집행기능에 관여하는 신경 경로가 이상을 일으켜 특정 동기유발 과정이 증폭되는 '뇌 질환'으로, 이는 행동, 특히 특정 약물 섭취 행동과 그것이 뇌에서 일으키는 효과 간 상호작용으로 인해 발생한다. 이처럼 큰 범주의 이론을 고안하는 일이 이상하게 보일 수 있지만, 다른 많은 범주도 '생물학적' 요인을 포함하고 있다. 이 범주의 목적은 특정 신경 메커니즘을 제안하는 이론을 담아내기 위한 것이다. • 예시: 중독 신경회로(Brewer and Potenza 2008; Everitt and Robbins 2005; Schultz 2011), 신경회로의 개인차(Everitt et al. 2008; Hariri 2009, Muller et al. 2010), 기대-보상 이론(Baker et al. 2011)
사회관계망 이론	집단 또는 인구집단 내에서 개인이 중독에 빠지거나 중독에서 벗어나는 비율은 중독을 옹호하는 사람과 그렇지 않는 사람, 비중독자 간 사회적 연계social connections와 이러한 연계의 성격에 따라 달라진다. • 예시: 확산 이론(Ferrence 1996; 2001), 사회 전염 이론(Einstein and Epstein 1980; Rende et al. 2005; Smith and Christakis 2008), 행위자-네트워크 이론(Latour 2005; Young et al. 2010)

(계속)

경제 모형	인구집단의 중독 행동 유병률, 발생률, 및/또는 비율은 해당 행동 및/또는 경쟁/대체 행동과 관련된 현재와 미래의 재정적 및 기타 비용을 포함해서 경제 이론의 함수를 사용해 예측할 수 있다. • 예시: 가격 탄력성(French et al. 2006; Gallet and List 2003; John 2008; O'Riordan 1969; Liu et al. 1999; Van Ours 1995), 교차 탄력성 모형(Mytton et al. 2012)
의사소통/마케팅 이론	중독의 발달과 회복은 해당 행동을 조장하거나 퇴치하려는 사람들의 설득력 있는 커뮤니케이션(의사소통)과 마케팅 활동에 영향을 받는다. 이는 하나의 이론이라기보다는 이론적 방향에 가깝다. • 예시: 소셜 사회적 마케팅(Evans 2006; Hastings and McDermott 2006; Hastings 2007)
조직체계 모형	중독 행동은 사회적 차원에서 상호작용하는 구성요소(예: 정부, 담배 산업, 대중)로 이루어진 시스템 관점에서 이해할 수 있다. 시스템에 도입된 혁신의 효과는 다른 데서 이를 대신하는 보상적 변화가 일어나면 물거품이 되거나, 시스템을 통해 전파되거나 증폭될 수 있다. • 예시: 담배사용 관리 시스템(Borland et al. 2010; Young et al. 2012), 보건의료 전달체계(de Savigny and Adam 2009)

이상적인 세계에서는 이러한 분류가 깔끔한 계층구조를 형성할 것이다. 안타깝게도 이러한 계층구조에 모든 접근방식을 끼워 넣는 것은 불가능하다. 그 이유는 접근방식 간에는 상당한 중복이 있고 여러 가지 특징을 사용하여 구분해야 하기 때문이다. 따라서 일부 이론은 두 개 이상의 범주에 속할 수 있는데, 그러한 경우 범주의 선택은 이론의 지배적인 특징으로 보이는 것에 따라 결정되었다. 이분류체계에 대한 자세한 내용은 웨스트(West 2013)를 참조한다.

반성적 선택 관점에서 본 중독

[그림 7-1]과 〈표 7-1〉에 제시된 기능적 분류는 접근방식들의 폭이 엄청나게 넓다는 것을 보여 주고 있는데, 하나하나가 문제를 이해하는 형태와 문제를 해결하기 위한 접근방식을 내놓고 있다는 걸 쉽게 알 수 있다. 물론 이러한 접근방식 중

하나만 또는 몇 가지를 골라서 이것이 전부인 양 생각하는 것은 어리석은 짓이다. 따라서 중독에 취약할 수 있는 사람들의 정신건강을 증진할 수 있다면 기존의 욕구 접근방식도 예방 및/또는 치료에 활용할 수 있다고 제안한다. 후천적 욕구 이론은 갈망과 금단 증상을 줄여 주는 약물을 처방하는 개입에 초점을 맞추게 한다. 합리적 선택 이론들은 중독을 예방하거나 관리하기 위해 보상, 처벌, 설득 또는 교육을 해야 한다고 제안한다. 억제 기능장애 이론은 약물이나 훈련 등을 통해 억제 능력을 키울 수 있는 방법을 찾도록 이끈다.

어떤 이론도 이러한 접근방식을 통합하여 특정 개인, 집단이나 인구집단, 관계가 있는 행동, 사회적 및 환경적 맥락에 적합한 합리적인 중독 퇴치 전략을 만들어 낼 방법을 알려 주지 않는다. 이것이 이 책의 나머지 부문에서 마저 채울 야심 찬 목표이다.

가장 단순하고 상식적인 모형

중독에 대한 종합모형을 찾아가는 여정은 중독에 대한 가장 단순하고 상식적인 이론을 이해하는 것부터 시작하였는데, 여기서 중독은 비용과 편익(혜택)을 저울질하여 어떤 활동에 관여할 것을 선택하므로 발생한다는 것이다. 활동이 비정상적으로 빈번하거나, 강렬하거나, 비용이 매우 높을 때 반복해서 강력한 동기가 유발되어 활동이 주도되는 것처럼 보이지만, 이 견해에 따르면 진정한 강박은 없으며 행동은 합리적이다. 특정 활동이 어떤 사람에게 중독성이 있는 이유를 이해하려면, 해당 활동이 주는 혜택이 얼마나 강한지 또는 그 사람이 투입되는 비용에 얼마나 개의치 않는지를 살펴보기만 하면 된다. [그림 7-2]는 이런 유형의 모형에서 작동하는 주요 요소와 영향력을 보여 준다.

가장 극단적으로 말하면, 이 이론은 중독이 합리적인 선택을 수반할 뿐만 아니라, 중독자가 자기가 한 행동의 결과에 대해 잘 알고 있으며, 아주 일관되게 편익은 극대화하고 비용은 최소화하기 위해 아주 일관되게 노력한다고 주장한다. 어떻게 이런 일이 일어날 수 있는가 하면, 중독은 중독자에게 매우 쾌락적이거나, 불안에서 벗어나고 싶은 욕구와 같은 아주 강한 필요를 충족시켜 주거나, 또는 이 두 가지 모두에 해당하기 때문이다.

중독자의 선호도 기준

어떤 것은 즐거움을 주기도 하고, 유용한 기능을 제공하거나 불편함을 덜어 주는 등 여러 가지 이유에서 보상이 따를 수 있다는 점에 유의하자. 동시에 중독자는 종종 중독으로 인해 잃을 것이 거의 없는 사람들인 경우가 많다(적어도 그들이 눈에는 그렇다). 많은 경우, 그들은 자존감이 낮은 반면, 어떤 경우에는 자신을 포함해 모든 일에 전반적으로 관심이 부족한 모습을 보이기도 한다. 어느 쪽이든 그들은 자신들의 복지에 큰 가치를 두지 않는다. 다른 사람들의 안녕에 대해서도 크게 신경 쓰지 않는데, 예를 들어 중독 자금을 대기 위해서라면 기꺼이 도둑질도 불사하려고 한다.

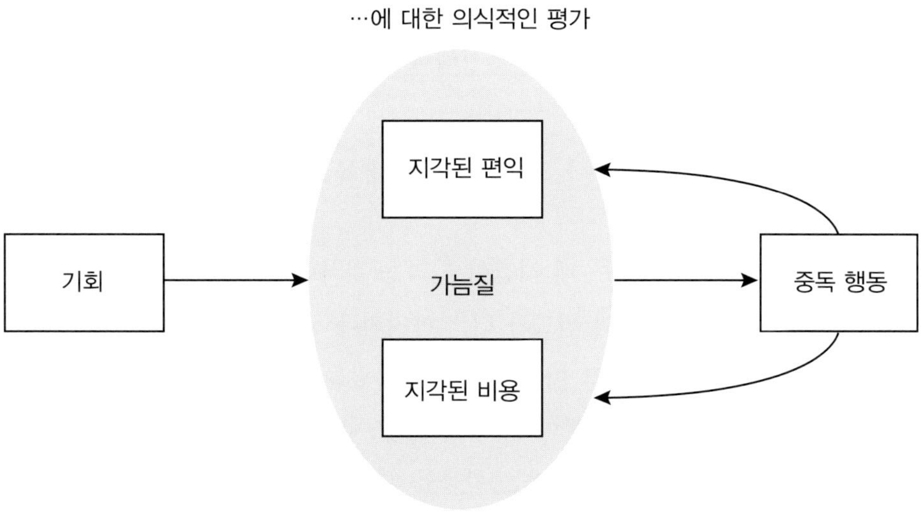

그림 7-2 합리적 선택으로서의 중독

기회가 주어진다면, 개인은 비용과 편익을 분석한 것을 기초로 해당 행동을 추구하거나 실행하기로 결정을 한다. 활동의 빈도나 강도가 높다는 것은 단순히 현재 상황에서 개인이 선호하는 것을 반영하는 것이다. 행동의 빈도나 강도의 증가는 행동에 따른 비용과 편익에 대한 피드백에서 비롯된다.

이 접근방식에 따르면, 어떤 활동이 폭넓게 중독성이 있는지 알고 싶다면 그 활동이 얼마나 큰 쾌락을 선사할 수 있는지, 또는 다른 중요한 욕구를 얼마나 충족시킬 수 있는지를 단순하게 살펴보면 된다. 어떤 사람이 어떤 활동에 중독될 수 있는지 알고 싶다면, 그 활동에 대한 생리적 또는 심리적 반응을 살펴보고 그 활동이 얼마나 보상을 주는지, 그리고 그 행동이 초래할 수 있는 해로움에 대해 얼마나 개의치 않는지도 살펴본다. 어떤 상황이 중독에 눈을 돌리게 하는지 알고 싶다면, 활동하기 쉽고 돈이 적게 드는 상황을 살펴보면 된다.

다양한 약물 전달 모드의 비용과 편익

약물 중독을 고려할 때는 약물을 사용하는 방식이 비용-편익 방정식에 크게 영향을 미친다는 점을 기억하라. 예를 들어, 헤로인 주사 방식은 잠재적으로 더 해로울 수 있지만 일부의 경우 종이에 싸서 흡연하거나 코로 직접 흡입하는 방식보다 더 큰 이점이 있다(Pates et al. 2005).

또한 중독의 사회적 차원도 기억하라. 예를 들어, 약물의 약리작용은 약물을 복용하는 사회적 상황에 따라 가치가 달라지는 것처럼, 중독 행동으로 인한 사회적 비용과 편익은 중독의 발달, 유지 및 종결에 중요한 역할을 한다.

합리적 선택 이론이 설명하고 포괄하는 내용

이 이론은 중독이 발달하는 데 시간이 걸리는 것처럼 보이는 이유를 설명할 수 있다. 관찰을 해 보면, 행동의 빈도가 더 잦아지거나 강도(또는 복용량)가 높아지거나, 또는 둘 다 증가하는데, 그 이유는 관련된 사람들 개개인의 비용-편익 방정식이 이러한 이행을 선호하기 때문이다. 이런 일은 여러 가지 이유로 발생할 수 있는데, 하나를 꼽자면 신출내기 중독자는 활동할 때마다 얻는 보상이 적기 때문에 복용량을 늘리기로 선택하는 것이다.

내성, 용량 증가 및 금단 증상

약물 중독의 경우 '약리학적 내성pharmacological tolerance'이 중독의 원인이 될 수 있다. 신체는 반복되는 약물 복용에 적응하여 정상적인 기능을 회복하려고 변화를 일으킨다. 그러나 내성은 또한 약물이 아닌 자극에도 생길 수 있다. 실제로 쾌락에 익숙해지는 것은 정상적인 현상인데, 한때 우리에게 기쁨을 주고 흥분시켰던 것들은 점차 시들해지고 같은 수준을 체험하기 위해 더 강렬한 자극이 필요한 것이다.

다양한 종류의 보상이 습관화에 따라 '용량'의 증가(단계적 확대)를 쉽게 받아들인다는 점에 주목할 수 있다. 위험과 흥분을 수반하는 자극이 이 범주에 속하며, 또 다른 예로는 의심할 여지가 없이 돈을 들 수 있다. 그러나 이러한 자극 중 일부는 습관화에 한계가 있는 것으로 보이는데, 흡연의 경우 니코틴 효과에 대해 몇 주 안에 내성이 생기면 더 이상 변화는 거의 없다. 따라서 용량 증량의 시기, 범위 및 기간은 가변적이다.

이와 같은 합리적 선택 접근방식은 중독으로 갈 활동과 그렇지 않은 활동 사이에 한 가지 차이가 있을 것으로 보는데, 어떤 이유로든 '습관화' 과정(흔히들 이렇게 부른다)을 통해 개인이 자극을 포기하기보다는 보상을 주는 더 강한 형태의 자극을 찾게 된다면 중독으로 갈 가능성이 높다. 활동이 더 빈번하게 되는 또 다른 이유로는 내성이 생기면 약물이나 활동이 없는 동안 몸이 정상적으로 기능하지 않기 때문이다.

물질 중독의 경우, 이렇게 몸이 비정상적으로 기능하는 것과 절제하는 동안 느끼는 불쾌한 증상에 대한 증거가 많이 있다. 일단 이런 일이 발생하기 시작하면 약물 사용자는 약물을 주기적으로 계속 복용해야 할 새로운 이유가 생기는데, 예를 들어 헤로인과 알코올의 경우 체내의 약물 농도가 떨어지면 몇 시간 내에 '금단 증상'이 나타나기 시작하므로 해당 사용자는 금단 증상을 막기 위해 하루에 여러 번 헤로인을 주사하거나 흡입하고 술을 마셔야 하는 것이다.

내성에 관한 상황은 이보다 실제로 이보다 더 복잡하다. 일부 약물, 특히 니코틴이나 코카인과 같은 각성제의 경우 쾌락 효과에 대한 소위 '급성 내성' 또는 '타키필락시스'가 있을 수 있어(예: Foltin and Fischman 1991; Perkins et al. 2003), 단기간에 반복적으로 복용하면 효과가 떨어진다. 이런 현상은 능동적인 생리 과정으로서 신체 체계가 균형을 회복시키려고 할 때 또는 수동적인 과정으로서 신체 체계가 이전과 같은 강도로 반응할 수 없는 때 발생할 수 있다. 급성 내성이 생기면 그 효과는 짧은 시간 동안만 지속되며 약물을 추가로 복용하더라도 그 효과는 더 떨어진다. 이는 '지나친 탐닉(폭식)bingeing'을 합리적 중독 이론으로 풀어낼 수 있는 한 가지 설명이 된다.

자제 시도에 대한 설명

이 이론은 또한 중독자들이 때때로 하던 활동을 중단하는 이유로 (오해의 소지가 있지만) '자발적 회복' 또는 '자가 치료'라고 불리는 현상을 설명할 수 있다. 여기서는 어떤 사람들에게는 활동을 중단함으로써 얻는 이익이 투입되는 비용보다 크다고 판단되는 시점이 온다고 가정한다.

알코올 중독자가 삶에 매우 불쾌함을 느끼고 술 없이 더 나은 삶을 살 수 있다는 기대가 너무나 커지면 술을 끊기로 결심하고 실제로 그렇게 한다. 이 중독자는 어떤 것에 대한 평가도 바꾸지 않았는데, 합리적 선택 이론의 극단적인 버전으로 보면 이 중독자는 술고래로 지내 온 것을 후회하지 않을 것이다. 이 중독자는 음주 때문에 입는 손상으로 인해 결국 술을 끊게 될 가능성을 항상 고려했겠지만, 그 위험을 감수할 각오가 되어 있었다.

이와 유사하게, 중독된 흡연자는 건강에 미치는 폐해나 담배 가격이 흡연하는 즐거움보다 훨씬 더 큰 수준에 이르면 흡연을 중단하기로 결심할 수 있다. 또는 흡연자는 타르 함량이 낮은 담배가 더 안전하다고 믿고 저타르 담배로 바꾸거나 피우는 담배 개비 수를 줄이려고 노력함으로써 위험을 줄이기로 결심할 수 있다. 이러한 관점에서는 중독자가 통제권을 가지고 있으며, 중독자가 흡연 중단을 선택하지 않는다면 그렇게 하는 비용이 이익을 능가하기 때문이다.

이런 합리적 선택 이론Rational Choice Theory의 극단적인 버전을 진지하게 제안하는 연구자가 있는지는 확실하지 않지만, 베커와 머피(Becker and Murphy 1988)의 합리적 중독 이론Theory of Rational Addiction(제3장)이 이에 근접한다. 이 이론은 비록 심리학적 측면에서 보면 그 근간이 되는 가정이 지나치게 단순화되어 있음에도 불구하고 많은 연구 결과를 낳았으며 영향력이 아주 컸던 경제 이론이다(제3장).

또한 '기대 이론Expectancy Theory'이라는 표제하에 들어가는 설명도 이 범주에 속하는 것으로 볼 수 있다. 이러한 이론은 중독자가 자기의 행동에서 무엇을 기대하는지 그리고 대가를 어떻게 바라보는지를 파악하고자 한다(제3장).

합리적 선택 이론의 시사점

합리적 중독 이론의 극단적인 버전이 갖는 정책적 함의는 분명하다. 중독 유병률을 줄이려면 넓은 의미에서 중독 진입 비용이 더 많이 들게 만들어야 한다. 다른 소비자 행동과 마찬가지로 취급하고, 구하기 어렵게 만들고, 더 비싸게 만들라. 또한 해당 행동을 불법화하거나 낙인을 찍어서 개인적 비용을 증가시킬 수도 있다. (헤로인 중독과 같이) 금단 증상의 빠른 발현이 활동의 빈도를 유지하는 데 한몫을 하는 약물 중독의 경우, 이러한 증상을 경감시키는 (메타돈과 같은) 약물을 사용할 수 있게 함으로써 그 빈도를 줄일 수 있다. 근본적으로 중독은 혜택에 비해 비용을 증가시킴으로써 대응할 수 있다.

단일 개입이든 여러 가지를 조합해서 개입하든 간에 정확한 효과를 예측하는 것이 항상 쉬운 일은 아니라는 점에 유의할 필요가 있다. 비용과 편익은 우리가 내리는 다른 선택의 맥락에서 봐야 하기 때문이다. 예를 들어, 약값을 인상해도 자기가 소중하게 여기는 다른 재화나 활동을 희생하지 않고도 비용을 쉽게 부담할 수 있는 개인에게는 효과가 작거나 아예 없을 수도 있다.

심리학 이론으로서의 합리적 선택 이론

합리적 선택 이론은 약물에 대한 습관화가 어떻게 일어나는지, 약물이 어떻게 보상 효과를 달성하는지에 관해 약리학 이론을 포함하는 프레임워크(틀)를 제공하는 심리학 이론이다. 또한 약물이나 기타 중독성 활동의 보상 효과를 설명하는 심리적, 사회적, 심리생물학적, 심지어 생체심리사회적 이론의 프레임워크를 제공한다. 이와 함께, 인구집단 수준에서 비용과 선택 간의 관계를 방정식으로 표현하여 중독성 '재화'의 소비를 설명하는 경제 이론의 근거를 제공한다.

비합리적 선택으로서의 중독

불안정한 선호

합리적 중독 이론의 극단적인 버전은 중독 행동을 설명하는 데 놀라울 정도로 크게 도움이 되지만, 몇 가지 '중요한 관찰'과 모순된다. (이 책에서 '중요한 관찰'이라는 용어는 실재 거주지에 있는 사람들을 관찰하거나 중독의 주요 이슈를 다루는 과학적 연구에서 입증된 증거를 설명하기 위해 사용되었다.) 선호하는 것(선호도)이 안정적이라는 점 그리고 중독자는 잘 알고 있다는 가정은 잘못된 게 틀림없다.

진심 어린 자제 노력이 실패하는 경우

공정하게 말하자면 이러한 가정은 결코 현실성이 없을 것 같다. 선호하는 것이 안정적이고 중독자가 미래에 어떤 일이 일어날지 예측하는 데 능숙하다면, 중독의 핵심 특징 중 하나인 사용을 억제하려고 진심으로 애를 써도 실패로 돌아간다는 점을 (자기에게 유리한 주장에만 크게 의지하지 않고서는) 설명할 수 없다.

알코올 중독자, 헤로인 중독자, 도박 중독자, 담배 중독자를 위한 클리닉은 자기들의 행동을 중단하려고 진심으로 시도하는 과정에 있지만 며칠, 몇 주 또는 몇 달 안에 중독 행동을 재개할 사람들로 북적거린다. 예를 들어, 금연을 진지하게 시도하는 사람들의 75%는 일주일도 가지 못한다(West 2009). 이러한 중독자들이 안정된 선호도를 가지고 있고 행동에 따른 결과를 예측할 수 있다면, 이는 해당 개개인이 해당 활동을 영원히 중단할 생각이 전혀 없는 경우에만 일어날 수 있는 일이다.

물론 어떤 경우에는 이런 일이 일어날 수 있다. 예를 들어, 법원의 명령으로 치료 서비스를 받으러 다니고 있던 헤로인 중독자는 헤로인을 오래 끊을 의사가 전혀 없을지도 모르며, 단지 당분간 절제하는 것이 더 나을 것이라는 상황에 이성적으로 대응하고 있는 것뿐이다. 마찬가지로, 헤로인 중독자는 어떤 이유로든 길거리에서 헤로인 공급원을 확보할 수 없는 상황에서는 치료소를 찾아 치료받을 수 있다. 또한 이런 일은 알코올 중독자가 무기한 금주할 생각은 없지만 당분간 '술을 완전히 끊기로' 결심하는 경우 일어날 수 있다.

반면에 중독자가 완전히 끊고 싶다는 온갖 신호를 보이지만 그런데도 여전히 해당 활동을 재개하는 사례도 분명히 많이 있다. 이는 선호하는 것을 바꾸었거나 절제하는 효과를 잘못 판단했거나 둘 다인 경우가 틀림없을 것이다, 이는 놀라운 일이 아니다. 인간의 행동을 건성으로 살펴보는 사람조차도 우리가 좋아하고 싫어하는 것, 좋게 또는 나쁘게 생각하는 것이 시간과 상황에 따라 달라지며, 우리가 하는 행동의 결과에 대해 잘 모르는 경우가 많다는 것을 알고 있다. 중독의 경우에도 이런 상황이 얼마든지 다를 거라고 가정하는 것은 비현실적이다.

자제 효과를 잘못 판단하고 선호하는 것을 바꾸는 경우

자제를 시도하기 전에 계획에 없던 재발을 설명하기 위해 중독자가 그 활동을 얼마나 그리워할지를 잘못 판단한다고 가정함으로써 합리적 중독 이론의 명맥을 이어 갈 수 있다. 금연을 시도하는 흡연자는 담배를 피우고 싶은 욕구의 강도나 담배가 없는 생활에서 느끼는 불쾌감을 셈에 넣지 않은 채 금연을 결심한다. 두 가지 모두 일반적으로 절제를 시작하는 초기에 대체로 가장 심했다가 줄어들기 때문에 이 시기에 재발이 가장 많이 일어날 수 있다.

그래서 니코틴 금단 증상은 대부분 첫 주에 최고조로 달하며, 흡연하고 싶은 충동은 첫 48시간에 최고조에 달한다(이 둘은 완전히 뗄 수 있는 성질이 아님). 즉, 흡연자가 이성적이라 해도 아는 것이 많지 않을 때 다시 흡연하기로 마음먹을 가능성이 가장 높은 시기이다(West and Shiffman 2004). 그러나 몇 주 또는 몇 달이 지난 후에도 담배가 없는 생활은 바라던 삶이 아니기 때문에 중독적인 활동을 다시 계속하기로 선택할 수 있다. 이는 합리적으로 예견할 수 있었던 특정한 삶의 환경을 넘어 행동을 재개하는 좋은 이유가 될 것이다.

고의적인 재발

놀랍게도, 고의적인 재발이라 할 만한 것이 연구된 적이 거의 없다. 이는 중독 행동을 자제하기로 결심했던 사람이 비용-편익 분석에서 비롯된 자의적인 선택으로 고의적으로 다시 중독 행동을 하는 경우가 얼마나 자주 발생하는지에 관한 것이다. 예를 들어, 'deliberate relapse(고의적인 재발)' 문구를 구글 학술Google Scholar 검색창에서 검색한 결과 단 6건 정도 나오는데, 그중 어느 것도 중독과 관련이 없었고, 'deliberate prolapse(고의적인 탈출)'을 의미하는 것으로 추정되는 검색 결과도 떴다! 'choosing to relapse(재발 선택)'이라는 문구로 검색하면 괄호 안에 'choosing to'가 들어 있는 컨퍼런스에서 토론한 1건이 검색되었다.

중독이 자의적인 선택과 관련이 있다고 제안하는 이론을 증명하기 위해 재발한 사람들을 대상으로 중독 행동을 재개하기 위해 고의적으로 선택했던 기억이 있는지를 물어보는 것은 당연한 검증처럼 보인다. '재발 사유'를 조사했던 많은 연구가 있지만, 가장 흔한 이유 가운데 하나가 갈망이라는 사실에서 알 수 있듯이 이것은 같은 것이 아니다. 이 경우 중독자는 결정을 내려서 했다기보다는 충동감에 반응했다고 보고할 수 있다.

이런 종류의 연구에서 아주 드문 예로, 밴젤리 등(Vangeli 2010)은 금연 그룹을 대상으로 금연을 시도한 지 1개월 이상 지난 후 재발했던 199명의 흡연자에게 설문 조사를 실시했다. 그녀가 이 연구에서 알아낸 것은 27%만이 고의로 흡연을 재개하기로 결정했으며, 대부분은 담배 몇 개비만 피우고 다시 비흡연자로 돌아갈 것으로 생각한 것으로 나타났다.

다시 본래 여정으로 돌아가서, 현실적인 합리적 결정이론에 따르면 중독은 여전히 합리적인 선택이다. 중독자는 그 당시 우세하다고 정확하게 인지된 비용과 편익을 염두에 두고 활동을 시작하거나, 빈도와 강도를 늘리거나, 활동을 중단하거나, 빈도와 강도를 줄이기로 선택한다. 재발이 일어나는 이유는, 사용을 억제하려는 시도가 일단 시작되면 이를 장려하는 비용-편익 균형이 바뀌기 때문에 발생한다. 이 접근방식과 가까운 이론이 스코그의 선택 이론(제3장)이다.

비합리성

이 이론은 중독을 설명하는 데 상당히 도움이 되지만, 적어도 우리가 사용하고 있는 합리성 개념에는 문제가 있다. 합리적인 의사 결정자는 자신의 신념에 편향되지 않는데, 이것과 정보가 없는 것과는 다르다. 주사위를 굴릴 때 어떤 숫자가 나올지 알 수는 없지만, 정상적인 주사위 굴리기에서는 1 또는 6이 나올 확률이 동등하다는 것을 안다. 만일 당신이 지난 100번의 주사위 굴림에서 1이 한 번도 나오지 않았기 때문에 1이 '나오는 것이 마땅하므로' 1이 나올 확률이 더 높다고 생각한다면 이는 비합리적이다. 마찬가지로, 도박 빚에서 벗어나기 위해서는 '꼭 나와야' 하기 때문에 1이 나올 확률이 더 높다고 생각한다면 그것도 역시 비합리적이다. 인간의 의사결정에 있어서 비합리성을 고찰한 문헌은 방대하며(Baron 2000), 우리 모두는 어느 정도 비합리성을 드러내는데, 어떤 사람은 다른 사람보다 더 많이, 어떤 용건에서는 다른 경우보다 더 많이 비합리성을 드러낸다는 것은 분명하다.

편향된 신념과 중독

많은 중독자가 자신이 하는 활동에 대해 신념이 편향되어 있다는 증거가 있다. 그들은 종종 비용을 과소평가하고 혜택을 과대평가하는 것은 놀랄 일은 아니다. 이것이 중독에 어느 정도 영향을 미치는지는 또 다른 문제이며, 중독 행동 패턴을 설명하기 위해 신념 편향을 반드시 가정하고 관찰한 결과는 없다. 그래서 우리가 말할 수 있는 것은 중독자가 편향된 신념을 갖고 있다고 해서 이것이 중독 문제에 기여할 수도 있지만 그렇지 않을 수도 있다는 점이다. 따라서 이 현상을 설명하기 위해 **중독 선택 이론**Choice Theory of addiction에서 '합리적인' 부분을 반드시 포기할 필요는 없지만, 인간의 판단이 자주 한쪽으로 치우친다는 것을 알고 있기 때문에 이론에서 그러한 편향을 배제할 이유도 없어 보인다.

신념과 느낌

앞선 논의에서는 신념과 느낌 사이를 명료하게 구분하지 않았다. 그러나 어떤 것이 '좋은 것'이라고 믿는 것과 그것을 즐겁게 기대하는 것은 아주 다르다. 또한 때로는 최선의 결과가 무엇인지 계산하여 무엇을 해야 할지 고민하고 또 어떤 때는 감정emotion에 따라 행동한다는 것도 분명하다. 때로는 이 두 가지가 서로 충돌해서 둘 중 어느 하나(통상 감정)가 앞선다. 따라서 느낌이 판단에 미치는 영향을 **비합리적 선택 이론**Irrational Choice Theory에 포함해야 한다. 이를 중독 이론에 가장 중요하게 적용한 이론 중 하나가 슬로빅 등(2002)의 연구에서 나왔다(제3장).

편향된 주의력과 기억

비합리성이 중독을 촉진하는 데 거들 수 있다는 입장이 또 하나 있는데, 이는 의식적인 신념과 가치관이 아니라 중독 관련 정보에 대한 기억과 주의력이다(인지 편향 이론, 제3장). 중독자는 비중독자보다 흡연, 알코올, 약물 복용 또는 그 밖에 다른 것이든 관련된 정보에 더 많은 주의를 기울인다는 문헌이 광범위하게 있다. 비합리적인 신념 개념과 마찬가지로 이것도 중독의 발달과 유지를 설명하는 데 도움이 될 수 있지만, 이 또한 중독의 결과일 수도 있고 중요한 인과적 역할을 하지 않을 수도 있다. 이 중 어느 것이 사실인지 확인하기는 쉽지 않을 것이다.

이제 이 이론은 불안정한 선호를 포함하는 (합리성의 정도가 상세 불명인) **선택 이론**Choice Theory이 되었다. 물론 이러한 이론은 여전히 약리학 이론, 사회이론 및 경제이론을 수용할 수 있는 포괄적인 틀을 제공한다.

중독, 강박 그리고 자기통제

중요한 활동이라고 모두 선택을 수반하는 것은 아니다

행동의 흐름

선택 이론의 한 가지 문제점은 중독 행동을 포함해 우리가 하는 대부분의 행동이 선택과 전혀 무관하다는 데 있다. 선택은 정의상 대안을 의식적으로 고려하는 과정을 수반한다. 그러나 행동의 흐름에서는 통상 대안을 고려하지 않고 자극에 반응하거나 이미 세운 계획을 실행한다. 알코올 중독자가 한잔할 때마다 비용과 이득을 따져 보며 마신다고 가정하는 것은 비현실적이다. 행동에는 흐름이 있어서 한 행동이 그다음으로 이어지며, 이 행동과 흐름을 숙고하는 데 걸리는 시간은 매우 유동적임을 인식할 필요가 있다.

선택 이론 구하기

선택 이론을 지지하는 사람들은 두 가지 방법으로 이 접근방식을 지켜 내려고 노력할 것이다. 한 가지 방법은 '선택'이라는 용어가 보다 추상적인 방법으로 쓰이고 있으며, 실제 정신적 사건을 지칭하기 위한 것이 아니라고 (많은 사람이 그랬던 것처럼) 제안하는 것이다. 이런 관점에서 선택 이론은 행동에 대한 통계적 모형을 담고 있는 것이지 어떤 특정 과정에 대해 적은 것은 아니다.

기대 이론은 전형적으로 이 범주에 속한다. 예를 들어, 모든 의도적인 행동에는 개인이 각 가능한 결과가 나올 가능성을 정량적으로 판단하고, 여기에 결과가 얼마나 좋고 나쁜지에 대한 정량적 판단을 곱한 다음, 그 결과를 합산하는 일이 포함된다고 제안하는 것은 터무니없는 주장이다. 그런 일은 일어나지 않는다.

이론이 실제 과정을 설명하기 위한 것이 아니라 결과를 모형화하기 위한 것이라고 주장할 수 있다. '마치 ……인 것처럼as if' 행동이 이런 식으로 조작된다. 이는 인구집단 수준의 데이터를 분석할 때 어느 정도 효과가 있지만, 기회가 되면 실재하는 메커니즘을 상정하는 것이 분명히 더 바람직하다. 또한 다음 장에서 살펴보겠지만, (회귀 분석을 사용하여) 이러한 아이디어를 검정하는 데 사용되는 접근방식도 더 나은 이론을 세우는 작업에 관해서는 매우 제한적이며 반증falsification하는 것도 여의치 않다.

대부분의 행동이 선택을 수반하지 않는다는 점을 반박하는 다른 방법은 선택이 이루어지고 있어도 이는 '의식적인' 선택은 아니라고 주장하는 것이다. 이 접근방식의 문제는 그렇게 되면 선택이란 개념이 상당 부분 그 의미를 상실하고 이론이 너무 빈약해져 가치가 없다는 것이다.

'자기통제' 필요성

중독에 대한 선택 이론의 더 큰 문제는 자기통제 개념이 들어설 자리가 없다는 것이다. 이 선택 이론에서는 중독자가 사물을 볼 때 비용-편익 분석에 따라 선택이 이루어지며, 중독자가 나중에 후회할지라도 그 당시에는 (자기가 보기에는) 최고의 선택을 한 것으로 억측한다. 중독자가 나중에 이를 후회한다면 선택을 바꾸면 된다.

애써 자제력을 발휘하는 동안에 경험하는 중독

게다가 중독자들은 의식적으로 자제력을 발휘하려고 노력하지만, 이것이 어렵게 느껴지고 대개는 실패한다는 것이 지금까지의 중독자들의 경험이다. 이는 이럴까 저럴까 망설이는 두 가지 마음이 드는 것과 활동에 나설지 말지로 갈등을 겪는다고 말하는 것과는 매우 다르다는 점에 유의하라. 그들은 하던 행동을 중단하기 위해서는 적극적으로 노력해야 하며 이를 위해서는 정신적 노력이 필요하다. 이 아이디어는 결코 소수만이 이해하는 난해한 것이나 형이상학적인 것이 아니다. [그림 7-3]은 이 모형을 이해하기 쉽게 보여 준다.

자기통제는 많은 행동 영역에 적용되고 있고 관련 증거가 많이 있는 현상이다(Baumeister et al. 1994). 자기통제에 대한 흥미로운 질문이 있는데, 원하지 않는 일을 하도록 억지로 하는 형태의 자기통제와 충동적으로 하고 싶은 일을 억누르는 자기통제가 서로 다른 과정에 의한 것인가 하는 점이다. 그렇다고 믿을 만한 근거가 있다. 억제 과정inhibition이 주도권을 쥐어야 하는 경우가 있고, 행동 활성화behavioural activation가 필요한 경우가 있다.

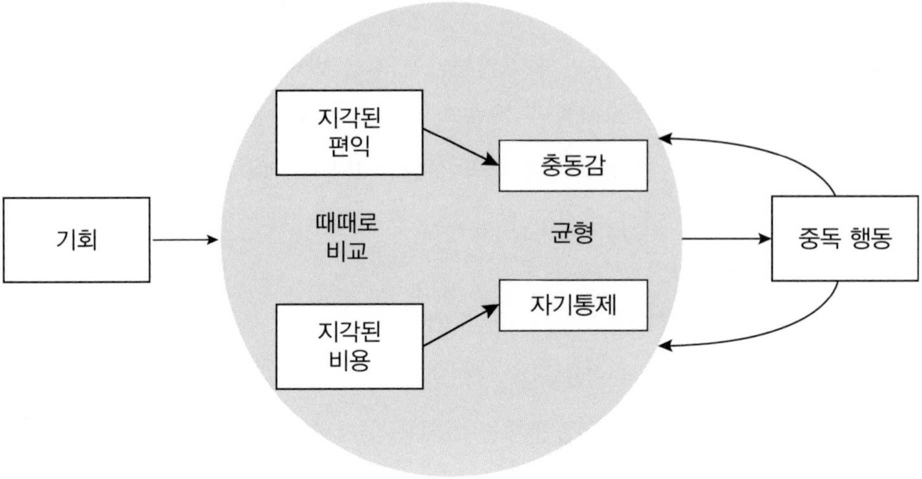

그림 7-3 자기통제가 추가된 중독 선택 이론

충동적 행동 경향성

'충동적 행동 경향성impulsiveness'이라는 성격 특질은 오랜 연구 역사를 가지고 있다. 그 수준은 부분적으로 유전에 의해 결정되며, 반사회적 행동, 약물 및 도박 중독과 관련이 있다. 충동성이라는 특질은 어떤 사람들은 특정 활동에 중독되는 반면 다른 사람들은 중독되지 않은 이유를 설명할 수 있는 또 다른 방법을 제공한다.

자기

자기통제의 현상학에는 없어서는 안 될 개념이 몇 가지가 더 있다. 우리 내부에는 '통제'를 행사하는(또는 하지 않는) 부분이 있다는 것을 상정해야 하며, 한편으로는 욕망과 다른 한편으로는 좋은 건지 나쁜 건지, 옳은지 그른지, 이로운지 해로운지에 대한 판단 사이의 차이를 더 상정해야 한다. 자기통제는 하고 싶은 일이나 충동을 느끼는 일보다 해야 할 일(또는 하지 말아야 할 일)의 우선순위를 의식적으로 정하는 것과 관련이 있다.

반응 억제

자제restraint라는 개념은 행동에 대한 생물학적 이론에 나오는 '반응 억제'라는 개념과 유사하다. 억제에 관여하는 뇌의 경로는 어느 정도 밝혀져 있으며, 실험적 절차를 통해 억제가 어느 정도 작동하는지 측정할 수 있다. 이 중 하나가 '낮은 비율 반응 차별강화(저빈도 행동 차별강화)differential reinforcement of low rate responding'로 알려진 것이다. 이 실험에서는 굶주린 쥐, 비둘기 또는 원숭이가 (전형적으로) 지렛대를 눌러 먹이를 받도록 훈련할 수 있어서, 10번 정도 반응할 때마다 소량의 먹이가 나오도록 한다면 동물은 지렛대를 빠른 속도로 누르게 된다. 이제 높은 비율로 반응하면 보상하지 않고 낮은 비율로 반응해야만 먹이를 얻을 수 있도록 상황을 바꾸면, 동물은 먹이를 얻기 위해 행동을 억제해야 한다. 적절한 조건을 만들어 주면 동물은 이러한 행동을 학습할 수 있으며, 다양한 조작을 하면서 동물의 행동 능력에 미치는 영향을 살펴볼 수 있다. 예를 들어, 특정 약물은 동물이 반응 속도를 낮추는 학습 능력을 방해할 수 있다(예: Pattij et al. 2004). 인간이 아닌 동물의 반응 억제는 인간의 자기통제와 똑같지는 않다. 우선, 자기통제는 남을 시선을 의식하며 행하는 의지 행위act of will를 수반하지만, 이를 모형으로 삼기에 충분히 공통점이 있을 수 있으니 과연 그럴지 살펴보자.

자기통제 개념은 많은 중독자가 자제를 시도했다가 실패했다고 보고하는 '중요한 관찰'을 설명하는 데 필요하며, 이러한 보고는 많은 경우(비록 전부는 아니지만) 진심으로 보인다. 자제에는 노력과 의식적인 의지 행위가 수반되는 것으로 알려져 있다. 자제에 실패할 경우 중독자의 마음에는 자기가 마음을 바꾸고 긍정적인 한 걸음으로 행동을 하기로 결심했었다는 느낌보다는(항상 그런 건 아님), 오히려 통제력을 발휘하지 못했다는 느낌과 함께 뒤따르는 후회와 자신을 실망시켰다는 느낌이 드는 경우가 많다.

이론에 자기통제 개념을 추가하면 중독이 자기통제 메커니즘의 실패와 연루될 가능성을 인정하는 것이다. 따라서 이 새로운 설명 개념을 우리 식으로 적용하면 중독자는 활동에 관여하고 싶은 욕구가 비정상적으로 강하거나, 욕구에 저항하는 능력이 비정상적으로 약하거나, 또는 둘 다에 해당하는 사람일 수 있다.

중독으로 가는 여러 경로

정상적인 행동에서 중독 행동으로 진행되는 과정은 이제 여러 방법으로 설명할 수 있다. 즉, 개개인이 처한 환경의 변화, 활동의 보상 효과에 대한 습관화 또는 민감성 발달, 절제하는 동안 불쾌한 증상의 발현, 그리고 지금은 중독자가 자제를 발휘하는 능력이 점진적으로 감소하는 것으로 설명할 수 있다. 이 모든 것에 관해서 우리는 이를 뒷받침하는 뇌 메커니즘을 이해하기 시작했고, 제4장에서는 자기통제와 관련된 이론을 살펴보았다(Lubman et al. 2004 참조).

중독, 도구적 학습 그리고 습관

중독은 즐거움이나 고통의 완화와 항상 연결되는 것은 아니다

이제 개괄적인 수준에서 중독을 완벽하게 설명하는 위치에 근접해 있지만, 이 이론은 여전히 몇 가지 중대한 관찰과 모순되는 것이 있다. 이 이론이 옳다면 그리고 다른 모든 조건이 동일하다면, 개인에게 더 많은 보상을 주는 활동일수록 더 중독성이 강해야 한다. 예를 들어, 흡연자가 흡연을 즐기는 정도와 금연하는 데 어려움을 겪는 것 사이에는 적어도 어느 정도 긍정적인 관계가 있어야 한다.

즐거움과 중독이 반드시 연결되는 것은 아니다

그렇지만 이는 일반적으로 관찰되는 것과는 다르다. 흡연의 경우를 예로 들면, 흡연자가 흡연을 즐기고 있다고 말하는 정도와 진지하게 금연을 시도했을 때 금연 상태를 유지할 수 있는 가능성 사이에 관계를 조사하였으나 이를 찾아내지 못했다(West 1995; Fidler and West 2011). 또한 흡연을 중단할 능력과 스트레스나 권태감 완화, 체중 조절 등을 포함해 흔히 알려진 흡연이 주는 보상 사이에도 아무런 관계가 없다(West 1995). 대신에 일관되게 관찰되는 것은 금연 성공은 흡연자가 매일 들이마시는 니코틴의 양과 관계가 있고, 흡입하는 니코틴의 양이 많을수록 금연은 더 어려워진다는 것이다(Norregaard et al. 1993; Rigotti et al. 1994; Gariti et al. 1999).

또한 니코틴 의존도가 높은 흡연자는 낮은 흡연자보다 일반적으로 쾌락조hedonic tone가 낮고, 니코틴 의존도가 낮은 흡연자는 비흡연자보다 쾌락조가 낮다. 가치담배를 피우면 기분이 안 좋을 때 이를 반전시키는 경향이 있지만 그 효과는 오래가지 못하는 것으로 밝혀졌다(Adan et al. 2004).

중독 정도는 복용량과 밀접한 관련이 있다

실험 결과를 보면 가장 중요한 것이 행동의 빈도보다는 니코틴 용량인 것 같다. 따라서 하루에 피우는 담배 개비 수가 금연 시도 실패를 예측하는 것으로 밝혀졌지만(Vangeli et al. 2011), (빼끔담배를 피우는 것과 담배 연기의 흡입 패턴들을 감안하기 때문에 획득한 실제 니코틴 양을 훨씬 더 잘 알려 주는) 타액 속 코티닌saliva cotinine 농도로 예측하는 것이 더 효과적이다.

이렇게 개인 수준에서 즐기는 것과 중독 수준 간 괴리는 니코틴 이외의 다른 약물에서도 관찰되었는데, 그렇다고 두 가지가 완전히 상관이 없다고 추정하는 것은 잘못된 것이다. 또한 정의상 모든 중독은 보상을 추구하는 행동을 수반하며, 보상은 쾌락, 만족감, 효용 또는 불편함의 완화를 지칭하는 데 사용된다는 점을 염두에 두어야 한다. 요점은 어떤 활동이 제공하는 보상 수준과 중독 수준 간 연관성이 복잡하고 보편적이지 않다는 점이며, 이는 중독이 또 다른 무언가와도 관계가 있다는 것을 의미한다.

금단 증상 개념으로 돌아가서

새로운 개념을 굳이 포함하지 않아도 받아들일 수 있는 설명이 남아 있다. 이미 논의했던 것을 거슬러 올라가 보면, 재발 가능성은 아마도 경험했던 가혹한 금단 증상과 결부되어 있지 않나 싶다. 금단 증상이 심할수록 활동을 재개하려는 동기도 더 커진다. 안타깝게도, 이 방법은 도움이 되질 않는데 그 이유는 지금까지 살펴본 바에 따르면 (재발하기 전에 측정한) 금단 증상의 심각도와 재발 가능성은 서로 매우 약한 상관관계만 있기 때문이다.

흡연의 경우, 일부 연구에서는 금단 증상 중 하나인 우울 기분의 심각한 정도가 재발을 예측하는 것으로 나타났지만(West et al. 1989; Swan et al. 1996), 그 결과는 일관성도 없고 매번 약한 것으로 나타났다(Norregaard et al. 1993). 재발한 흡연자에게 느끼는 증상에 대해 질문했을 때 금단 증상의 심각성과 재발 사이에 훨씬 더 일관된 관계가 발견되었다. 여기서 문제는 그들의 대답이 금연 실패에 대한 자기 정당화일 수 있다는 점이다. 다른 약물의 경우 안타깝게도 연관성은 잘 연구되진 않았지만, 흡연의 경우 관찰만으로도 원리를 확립하기에는 충분하다.

즐거움과 갈망이 반드시 연관되어 있는 것은 아니다

흡연자의 경우, 흡연의 즐거움은 담배를 끊으려고 할 때 재발과 관련이 없을 뿐만 아니라 금연 시도 중에 일어나는 흡연 충동의 강도와도 약하게만 연관되어 있다. 언뜻 보기에는 좀 이상해 보인다. 흡연하고 싶은 충동을 상식선에서 해석하면 흡연 충동은 즐거운 것을 원하기 때문에 생긴다고 생각할 수 있다. 하지만 실제로는 그렇지 않다. 흡연하고 싶은 충동은 다른 금단 증상의 심각성과 어느 정도는 연관성이 있지만, 이러한 증상에서 벗어나고 싶은 욕구를 나타내는 것이라고 단정할 수는 없다. 흡연 충동 강도에 대해 보고된 것들을 보면 모두가 예상하듯이 재발을 예측하는 것으로 밝혀졌지만, 다시 말하지만 그 관계는 미미하고 또 항상 감지되는 것은 아니다.

따라서 적어도 흡연의 경우, 금연 시도하는 과정에서 일어나는 흡연 충동과 재발을 설명할 때 지각된 보상이나 불편한 마음을 완화해 줄 것이라는 식으로 충분히 설명할 수 없는 상황이 발생한다. 어쩌면 기존의 손상된 자기통제 개념을 사용하여 이론을 확장하지 않고도 재발을 설명할 수 있을 것이다. 그렇더라도 흡연 충동의 강도를 설명하는 데는 별로 도움이 되지 않는다.

자동 반응, 습관 그리고 도구적 학습

습관

우리에게 도움이 될 수 있는 동기유발의 특징이 있다면 습관(버릇)이라는 개념을 들 수 있다. 습관은 널리 관찰되고 있어서 습관의 존재를 상정하는 것에는 논란의 여지가 없다. 습관은 반복을 통해 일상화되어 적어도 부분적으로는 또는 완전히 '자동으로(기계적으로)' 하는 행동 패턴이다. 습관은 의식적으로 의도하지 않아도 하게 된다.

무심코 하는 행동으로서의 습관

적어도 일부 중독 행동의 재발 사례는 중독자의 의식적인 의사결정 과정 없이도 지금까지 번번이 행동을 유발했던 상황이 자동화되어 다시 해당 행동을 하게 만드는 것이라고 말하는 것이 합당하다(Baxter and Hinson 2001 참조). 흡연자가 아무런 생각 없이 담배에 불을 붙인다는 것은 분명히 알려진 사실이며, 따라서 반복을 통해 형성되는 습관을 원인 요인으로 상정할 필요가 있다. 반면, 흡연하는 즐거움이나 금단 증상의 완화에 대한 기대가 동기가 아닌 재발을 완전히 설명할 만큼 일반적이진 않다. 의식적인 흡연 충동이 재발을 촉진한다는 보고가 충분히 있어서 이를 모두 무시하는 것은 현실과 동떨어진 일이기 때문이다.

학습된 행동으로서의 습관

앞서 사용된 의미의 습관으로 다 설명할 수 없다면 학습 이론가들이 사용하는 의미의 습관으로 가능할 것이다. 누구나 알다시피, 개나 말이나 그 밖의 동물에게 맛있는 음식을 주거나, 애정을 쏟거나, 또는 동물이 좋아하는 다른 자극으로 보상을 주면서 특정 행동을 하도록 가르칠 수 있다. 또한 동물이 처벌을 면하거나 피할 수 있는 행동을 하도록 훈련시킬 수 있다는 것도 알고 있으며, 또한 어느 정도까지는 동물에게 벌을 줌으로써 하던 행동을 멈추게 할 수도 있다.

인간도 마찬가지이다. 차이점은 인간의 경우 보상과 처벌의 효과가 사람들이 하는 선택에 미치는 영향 측면에서 생각하는 반면, 동물의 경우에는 행동 패턴을 형성하는 측면에서 그 효과를 생각한다는 점이다. 사람들은 대부분 보상은 추구하고 처벌은 최소화하기 위해 의식적으로 선택을 하는 반면, 동물들은 의식적인 의사결정 기능이 없기 때문에 좀 더 자동화된 과정을 통해 행동을 한다고 추정한다.

만약 인간 동물(인간의 탈을 쓴 짐승)human animals이 의식적인 선택을 하지 않는 메커니즘으로 말미암아 보상과 처벌 수단으로 행동을 형성하는 자동화 과정과 같은 것을 보유하고 있다면 어떻게 될까? 알고 보니 우리에게는 그런 것이 있다(Mook 1996 참조).

다른 사람이 하는 행동에 미묘한 방법으로 보상을 해 주면서 그들의 행동에 영향을 줄 수 있다는 것을 보여 주기는 비교적 쉬운 일이기 때문에 상대방은 의식적으로 그런 관련성을 알아차리지 못한다. 그럼에도 불구하고 그들은 그 활동에 더 자주 참여하게 된다. 계단식 강의실에서 한 무리의 학생들이 마음만 먹으면 서로 편을 갈라 클래스의 오른편 학생들은 집중하는 것처럼 보이도록 고개를 끄떡이기도 하고 미소를 짓는 반면, 다른 반대편 학생들은 너무 노골적이지 않으나 덜 집중하는 것처럼 보이도록 할 수 있다. 그 클래스의 강사는 금방 자기에게 보상을 주는 쪽에 주의를 기울이게 될 것이고, 수업이 제대로 진행되면 강사는 자신이 그렇게 하고 있다는 사실조차 인식하지 못할 것이다.

다소 사소한 예이긴 하지만, 인간의 행동을 주의 깊게 관찰해보면 행동의 많은 부분이 의식적으로 선택을 하거나 선호를 저울질하지 않고도 보상과 처벌에 따라 형성된다는 것을 알 수 있다. 이 과정은 다른 동물의 경우와 마찬가지로 자동적으로 이루어진다. 이 과정은 도구적(또한 '조작적') 학습이라고 하며, 매우 광범위하게 연구되어 왔다. 우리는 어떤 종류의 것이 보상적인지, 어떤 조건에서 보상적인지, 그리고 이에 관여하는 뇌의 경로에 대해서도 좀 알고 있다.

도구적 학습을 통한 행동 훈련

조작적 학습을 사용하여 행동을 훈련하는 기본 방법은 다음과 같다. 먼저 사람이나 동물이 (지렛대 누르기와 같이) 쉽게 수행할 수 있는 비교적 단순한 동작을 선택하고, 그런 다음 그 동작을 자발적으로 할 때까지 기다리거나 어떤 식으로든 유도한다. 일단 성과가 있으면 보상을 준다. 일반적으로 동작을 한 후 가능한 한 빨리 보상을 주는 것이 더 효과적이다.

동물은 굶주리면 어떤 종류의 먹이든 확실한 보상이 되며, 덜 굶주리면 맛있는 먹이가, 동물이 개나 사람이면 애정이, 목이 마를 땐 음료수 같은 그 어떤 것이든 분명한 보상이 될 수 있다. 일단 행동이 보상받게 되면, 그 이전의 조건이 반복될 때 다시 행동할 가능성은 더 커진다. 이러한 조건에서는 녹색 신호등과 같은 특정 자극(허락과 같은 구체적인 격려), 특별한 방과 같은 환경적 조건, 배고픔과 같은 내적 조건, 또는 실제로 이러한 조건들의 조합이 포함될 수 있다.

자극-반응-보상 연합

행동의 선행 조건(단서), 행동 자체(반응), 보상('정적 강화물'이라고도 함) 사이에 연결이 이루어진다. 그 과정은 자동적이며 의식적 선택이 개입되지 않는다는 점을 기억한다. 단서에 대해 반응할 때 보상을 주면 다음에 그 단서가 제시될 때 같은 반응을 보일 가능성이 커진다([그림 7-4]).

여기서 무엇이 반응을 구성하고 있는지에 대한 중요하고도 어려운 질문이 있다. 우리 몸은 한 번에 많은 근육이 움직이지만 모든 근육이 항상 우리가 반응이라고 알아볼 수 있는 형태로 조율되는 것이 아니다. 심지어 근육을 수축하는 것도 여러 가지 방법이 동원될 수 있다. 새끼손가락을 쥐는 동작이나 고개를 돌리는 동작도 반응에 포함되는지, 그렇지 않다면 그 이유는 무엇인가?

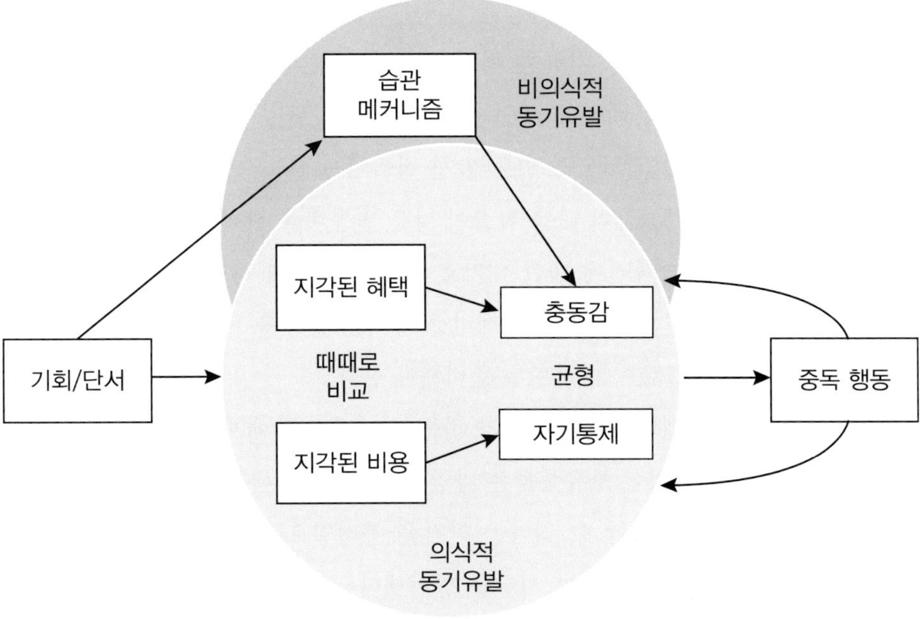

그림 7-4 자기통제를 포함한 중독 선택 이론에 도구적 학습이 추가된 선택 이론의 간이 도식

간헐적 강화

도구적 학습 과정의 인상적인 측면은 반응할 때마다 보상을 주는 것보다는 시간을 두고 일부만 보상을 줄 때 단서와 반응 사이의 연합이 더 강해진다는 점이다. 예를 들어, 평균적으로 10번의 반응이 있을 때마다 보상을 주되 보상을 받는 동물이나 사람이 어느 반응에 보상이 주어질지 정확히 알 수 없는 상황을 설정하면 높은 반응률과 강력한 지속성을 얻을 수 있다.

이것이 어떻게 진화했을지 쉽게 알 수 있다. 현실 세계는 예측하기가 상당히 어려우므로, 동물은 매번 원하는 결과를 얻지 못하더라도 생존에 도움이 되는 행동을 할 수 있어야 한다. 반응할 때마다 보상이 있는 상황을 인위적으로 설정하면, 동물은 (a) 필요한 것을 충족하기 위해 자주 반응할 필요가 없다가, (b) 보상이 나오지 않으면 (어느 정도 감각적으로) 즉시 알아차리고 이에 부응해서 반응 속도를 늦추거나 중단하기 시작한다. 가변적인 반응 횟수를 기초로 보상이 주어지는 상황을 '변동비율 강화계획variable ratio schedule of reinforcement'이라고 한다.

최적의 학습 조건 설정

이 모든 것을 염두에 두고 가능한 평범한 인간이 레버를 최대한 자주 당기도록 훈련시키려면, 그 사람이 배가 고프던 목이 마르던 상관없이 항상 효과가 있었던 보상(예: 돈)을 찾을 수 있도록 하거나, 밝게 번쩍이는 불빛으로 레버에 주의를 끌게 하거나, 높은 지불금payout이 나올 확률이 낮은 변동비율 강화계획을 사용해야 할 것이다. 레버를 당기는 특전에 대한 대가로 돈을 지불하게 하려면, 장기적으로 거래deal에서 손해를 보더라도 계속해서 레버를 당기는 행동을 할 수 있을 만큼 충분히 자주 또는 많이 지불금이 나오도록 준비해야 한다.

물론, 이것은 슬롯/게임머신 소유주가 하는 일이며 그들에게는 잘 맞아떨어지는 것 같다. 수년에 걸쳐 머신 소유주들은 다양한 방법으로, 예를 들어 '보류hold' 버튼을 누르면 어느 정도 통제할 수 있다는 착각을 불러일으키는 등 슬롯/게임머신을 사용할 동기를 강화할 수 있다는 사실을 알아냈다. 그 원리는 기본적으로 레버를 당기는 행동을 극대화하기 위해 지불금의 규모와 빈도를 신중하게 조절하는 변동비율 금전 강화물 계획이다.

습관의 강도

따라서 조작적 행동이 일종의 습관으로 여겨지는 이유는 그 기저에 깔린 메커니즘이 의식적인 선택을 필요로 하지 않고, 단서(신호)가 '습관의 강도'를 반영하는 속도로 반복되는 행위를 유도하기 때문이다. 행동 약리학자들은 이러한 종류의 반응을 변형하여 약물 의존 '모형'으로 사용한다(제5장). 그들은 많은 종의 동물들이 모르핀, 니코틴, 코카인, 암페타민 등 인간에게 중독성이 있는 약물에 대해 반복적으로 반응한다는 것을 보여 줄 수 있다.

도구적 학습 기저 메커니즘

이는 의존성 약물이 습관 메커니즘을 통해 행동에 영향을 미칠 수 있음을 보여 주는 사례이다. 이러한 과정을 뒷받침하는 신경생물학이 이해되기 시작하였는데, 이에 따르면 의존성 약물은 모두 측좌핵NAcc의 세포 외 공간에서 도파민 농도를 증가시키는 것으로 보인다. 약물의 작용방식은 다르지만, 이러한 작용을 막을 수 있다면 동물들이 이러한 약물의 섭취를 통해 보상을 찾는 것을 멈출 것이 분명하다.

동물에게 약물이 보상을 준다는 사실이 반드시 인간의 약물 복용에도 같은 학습 메커니즘이 적용된다는 것을 의미하지는 않는다. 그러나 알다시피, 인간과 동물의 뇌 구조가 비슷하며, 활동을 평가하여 영향을 끼치는 경우 유사한 패턴을 따르는 것으로 보이고, 또 인간의 행동은 종종 조작적 통제를 받는 것처럼 보인다는 사실도 알고 있다. 이 모든 것을 종합해 볼 때, 조작적 학습은 의식적인 선택 과정과 약물 복용 행동이 별개의 과정임을 설명하는 데 적합한 이론이다.

선택과 강박에 습관 더하기

우리는 다음과 같이 조작적 학습을 이론에 편입할 수 있다. 인간의 중독 행동은 적어도 부분적으로는 조작적 학습 메커니즘의 통제를 받는데, 이는 의식적인 선택이 수반되지 않는다는 점에서 자동적이라 할 수 있다. (매번 그런 것은 아니고) 중독성 약물을 복용하거나 중독성 활동에 관여할 때마다 측좌핵의 세포 외 공간에서 도파민 농도가 증가하게 되는데, 이로 인해 선행 자극이 있을 때에는 해당 활동을 반복해서 하게 될 가능성이 더 커진다.

이 메커니즘은 좋은 것과 나쁜 것, 옳은 것과 그른 것 등에 대한 신념의 영향을 받지 않으므로 개인이 의식적으로 내리는 선택과 충돌할 수 있다. 개인은 담배를 피우지 않거나 술을 마시지 않기로 의식적으로 '선택'했지만 그렇게 하고 싶은 강한 충동은 느낄 수 있다. 조작적 학습은 일반적으로 즐거움을 주는 보상 자극을 필요로 하지 않는다는 점에 유의하라. 측좌핵은 통상 서로 연결되어 기능하지만, 행동에서 발생하는 쾌락적 경험을 담당하는 부분과 해당 행동을 유도하는 다수의 단서를 담당하는 부분이 서로 다른 것처럼 보인다(Balfour 2004; Wonnacott et al. 2005).

의식적으로 좋아하는 것, 판단 그리고 중독의 분리에 대한 설명

이제 중독의 정도가 즐거움이나 기타 좋고 나쁜 것, 좋아하고 싫어하는 것 등 의식적으로 느끼는 감정과 분리dissociation될 수 있는 이유를 아주 쉽게 설명할 수 있다. 이러한 경험과 상관없이 자동으로 행동하게끔 만드는 메커니즘이 있기 때문이다. 이러한 메커니즘의 주관적인 징후는 주의를 끌 때(예를 들면, 자제를 시도해야겠다는 의식적인 소망과 충돌하기 때문에) 충동감이나 강박감을 느끼는 것이지만, 주의를 기울이지 않을 때(예를 들어, 갈등이 없는 경우)는 주관적인 징후는 없고 흡연자가 이미 담배를 한 대 피워 물었는데도 아무 생각 없이 담배에 불을 붙이는 것처럼 행동은 그냥 자동으로 이루어진다.

재발 위험의 시간 경과에 대한 설명

이 모형은 무언가를 중단하려고 시도할 때 초기에 재발률이 더 높은 편이지만 이후에는 언제든 재발할 위험이 있는 이유에 대해 추가로 설명할 수 있다. 실제로, 앞서 지적했듯이 금단 증상의 심각성과 재발 사이에 강한 상관관계가 발견되지 않았기 때문에 금단 증상의 존재를 이유로 대는 것보다 오히려 더 나은 설명을 제공한다. 이것은 '망각forgetting'이라 하는 것으로, 반응이 이루어지지 않으면 시간이 지남에 따라 단서와 반응 사이의 연관성이 약해지는데 망각은 점진적으로 진행되지만 결코 완전히 사라지지는 않는다.

재발 트리거에 대한 설명

이 모형은 또한 필요한 경우 특정 상황이 재발을 더 흔하게 유발하는 이유에 대해 부연 설명한다. 이러한 상황 중 일부는 해당 반응의 단서가 되어 버려서 이전에 행동으로 이어졌을 경로를 활성화한다. 불쾌한 경험을 겪었던 것과 같은 그런 상황은 해당 반응경로를 따라 신경화학적 통로에 직접 작용하여 중독 행동을 실행에 옮기려는 성향을 증가시키는 것으로 보인다.

중독 취약성의 개인차에 대한 설명

조작적 학습은 또한 중독에 대한 일반적인 취약성과 특히 특정 중독에 대한 취약성에서 개인차가 있다는 사실에 관해 부연설명을 제공한다. 뇌 경로가 작동하는 방식은 개인에 따라 많은 차이가 있다. 특정 종류의 도파민 수용체의 수에도 차이가 있으며, 이는 약물, 도박 등이 제공하는 강화에 쉽게 빠져드는 데 영향을 미친다. 이 중 일부는 다양한 약물 복용 및 여타 중독 활동에 영향을 미치는 반면, 일부는 한 가지 또는 소수의 약물에만 영향을 미칠 수 있다. 이러한 개인차 중 적어도 일부는 유전되며, 일부는 반사회적 행동을 하는 경향과 같이 사람들이 중독될 가능성이 어느 정도 높은 행동 특성의 토대가 될 수도 있다.

반사회적 성격과 중독의 연관성에 대한 설명

사실, 이것은 흥미로운 이야기이므로 약간은 기분 전환 겸해서 볼 가치가 있다. 반사회적 특성은 싸움을 걸거나, 도둑질하거나, 질서를 무너뜨리는 것과 같이 남에게 해를 끼치는 행동을 반복적으로 하는 것을 말한다. 이런 종류의 행동은 생애 초기에 나타나기 시작하는데, 여기서 인상적인 점은 해당 아동이 반복적으로 벌을 받는데도 이에서 그다지 배우는 것이 없는 것 같다는 것이다(흥미롭게도 보상을 통해서는 다른 아동에 비해 오히려 더 잘 배우는 것처럼 보인다). 아이들은 처벌에 대해 공격적으로 반응하기 때문에 벌을 혐오스럽게 여기지만 벌을 통해서는 잘 배우지 못하는 것처럼 보인다. 일부 실험 연구에 따르면, 이는 처벌을 통한 학습이 일반적으로 다소 어렵다는 것을 반영하는 것일 수도 있으며, 이러한 과정은 정상적으로 우리의 기질 안에 내재하고 있는 것으로 간주해야 한다고 제안한다(Dadds and Salmon 2003). 또한 처벌을 통한 학습 능력의 감소는 테스토스테론testosterone 농도 증가와 관련이 있다는 흥미로운 증거가 있는데, 이는 반사회적 행동이 여성보다 남성에게 더 흔한 이유에 대한 흥미로운 가설의 문을 열어 준다(van Honk et al. 2004).

이는 반사회적 성격과 약물 중독 사이의 연관성에 대해 부연 설명을 해 준다. 긍정적이고 즉각적인 보상이 처벌 결과로 상쇄되지 않는 것은 처벌을 고의적으로 무시하는 것이 아니라, 처벌을 통해 학습하는 메커니즘이 실패한 것이다. 이러한 연관성을 고려할 때, 알코올에 중독된 남성이 술을 마시지 않는 남성보다 자극과 가벼운 전기충격 간 조건화 학습에 더 열악했다고 핀 등(Finn et al. 1994)이 보고한 결과는 흥미롭다. (역자 주: 가벼운 전기 충격은 알코올 남용 위험에 대한 처벌을 지칭)

중독을 촉진하는 환경 요인에 대한 설명

실제로 조작적 학습이 중독의 배후에 작용하는 중요한 원동력이라는 생각을 받아들이면 중독에 대한 중요한 관찰 결과를 부연 설명할 폭이 멋지게 펼쳐진다. 이러한 관찰은 소득에 따른 니코틴 의존도 차이부터 다양한 중독 행동 패턴의 차이에 이르기까지 매우 다양하다.

예를 들어, 쥐와 같은 동물은 지렛대를 누르는 경우 코카인이 보상으로 나오면 매우 빠른 속도로 지렛대를 누른다는 사실을 이미 지적한 바 있다. 다만, 이 불행한 동물이 보통은 딱히 할 게 없는 작은 우리 안에 갇혀 있다는 사실은 언급되지 않았다. 동물을 다른 보상 공급원이 있는 한층 더 '흥미로운' 환경에 놓으면 코카인을 얻기 위해 누르는 지렛대의 속도가 감소하는 것으로 나타났는데, 이는 코카인 사용자들을 대상으로 한 실험에서도 대체 강화물이 있을 때는 코카인에 덜 반응하는 결과가 확인되었다(Hart et al. 2000 참조).

저소득층은 보상을 받을 수 있는 기회가 매우 한정되어 있기 때문에 신뢰할 수 있는 보상을 제공하는 약물을 더 많이 사용할 것으로 예상된다. 니코틴의 경우가 바로 그러한데, 금연하라고 사회적 압력을 가하는 영국, 미국 및 기타 국가에 사는 저소득층 사람들은 흡연을 시도해 보는 비율에서는 상대적으로 별반 차이가 없지만 계속 흡연자로 남아 있을 가능성이 더 높다.

이러한 관찰은 선택 이론으로도 쉽게 설명할 수 있다. 즉, 흡연이 이 사람들에게 즐거움의 원천을 제공한다는 것이다. 그러나 이는 담배 한 개비당 빨아들이는 니코틴의 양이 저소득 흡연자에게 더 많고, 피우는 담배의 개비 수도 더 많으며, 잠에서 깨자마자 담배를 피우는 등 모든 면에서 훨씬 더 높은 비율로 니코틴을 섭취하고 있다는 매우 흥미로운 관찰 결과를 설명하지 못한다(Jarvis and Wardle 1999). 이렇듯 높은 흡연율은 흡연으로 누리는 즐거움의 정도와는 관계가 없고, 그들도 흡연을 더 즐긴다고 보고하지 않았다.

중독 행동의 패턴화에 대한 설명

다른 예는 행동의 패턴화에 관한 것이다. 예를 들어, 코카인을 복용하면 뇌에서 코카인이 작용하는 방식은 NAcc의 도파민 농도에 직접적으로 영향을 미친다. 코카인은 신경세포가 정상적인 활동의 일환으로 방출한 도파민을 재흡수하는 능력을 감소시켜 도파민이 세포 사이의 공간에 더 오래 머무르게 하고 도파민의 농도를 높인다.

이는 코카인 복용 후 몇 분 이내에 일어나는 강력한 효과로, 측좌핵 외피에서 이련 일이 발생하면 마치 방금 멋진 일이 일어난 것처럼 강한 안녕감과 다행감을 준다. 그러나 일단 발생하면 빠르게 적응이 되어 그 직후에 더 많은 코카인을 복용해도 효과가 떨어진다. 측좌핵 핵에서 도파민이 증가하면 그 이전의 반응과 해당 반응 이전의 단서 사이의 연계를 강화하며, 더 나아가 이 효과는 감소하지 않고 오히려 증가하는 민감화sensitisation가 발생한다. 따라서 코카인을 복용하면 처음에는 다행감의 황홀함을 맛볼 것이고, 다시 코카인을 복용하고 싶은 충동이 증가하며, 이는 이후 복용 시에 쾌락 효과가 줄어들더라도 계속해서 복용하게 된다. 그 결과 사람들은 지쳐 나가떨어지거나 공급이 바닥날 때까지 탐닉하는 사용 패턴을 보인다. 그러나 대개는 하루 종일 매일 이렇게 할 필요는 느끼지 않는다.

이것을 흡연과 대조해서 살펴볼 수 있는데, 예를 들어 흡연 패턴은 통상 잠에서 깨어난 후 한 시간 이내에 시작해서 하루 종일 주기적으로 사용하는 패턴이 훨씬 더 많다. 니코틴이 신경약리학적으로 다른 작용을 하기 때문이라고 설명할 수 있다. 니코틴은 도파민 수치를 직접적으로 증가시키지 않지만, 측좌핵에서 도파민을 방출하는 세포들의 발화를 자극하여 도파민 수치를 증가시킨다. 이것은 복측 피개 영역의 니코틴성 아세틸콜린 수용체nicotinic acetylcholine receptors와 결합하여 이루어진다. 이렇게 하면, 니코틴은 해당 세포의 활동을 즉각적으로 증가시키는 효과가 있지만, 니코틴 수용체는 거의 즉시 '둔감화되어(탈감작)desensitise' 니코틴이 더 이상 효과를 발휘하지 못하게 하는 매우 특별한 속성을 가지고 있다.

따라서 흡연은 일반적으로 최소한 몇 시간 동안 담배를 피우지 않는 한 NAcc에서 도파민이 많이 방출되는 일은 없다. 어쨌든 도파민의 증가가 있어도 코카인에서 관찰되는 것만큼 크지 않다. 니코틴은 많은 흡연자가 기분 좋게 느끼는 느낌을 만들어 내지만, 코카인이나 대마초가 주는 느낌만큼 강하다고 주장하는 사람은 아무도 없다.

그러나 측좌핵 핵의 도파민 증가는 흡연 행위를 그 이전의 단서와 연결시켜 조작적 학습을 가동할 가능성이 있다. 그 효과가 코카인을 하는 것보다 약하고, 더 불규칙한 간격을 두고 발생한다는 것, 정확하게는 둔감해진 수용체가 회복되었을 때 발생한다는 사실은 코카인과 다르다는 뜻이다. 흡연 행동은 폭음하는 것처럼 하지 않을 것이고 습관으로 고착되기까지 오래 걸리지만, 매우 높은 변동비율 강화 계획에 따라 행동하기 때문에 놀랍도록 강력하게 정착될 것이다. 또한 흡연의 주관적인 효과가 약하기 때문에 코카인보다 일상 활동에 더 적합하다는 사실도 고려해야 할 것이다.

확실히 이제 이론에 중대한 관찰을 설명할 수 있는 요소를 충분히 갖추지 않았을까? (사실, 많은 현상에 대해 식상한 설명들이 넘쳐나고 있다.) 안타깝게도 그렇지 않다.

하지만 왜 이 모형의 요소들이 아직 다 갖추어지지 않았는지 이유를 알아보기 전에, 이 글을 읽는 일부 행동약리학자들이 궁금해할 만한 사항을 먼저 짚고 넘어가야 할 필요가 있다. 이 사람들은 과학자이며 이들 중 많은 사람이 선택, 태도 및 그 외 직접 관찰할 수 없고 어쨌든 해석을 달리할 수 있는 실체들을 인정하는 유심론자적 발상을 피하고자 한다. 행동과학은 객관적으로 관찰하고 기록할 수 있는 것에 국한되어야 하는데, 중독의 경우 행동과 생리적 사건이 이에 해당한다. 따라서 모든 것을 완전하고도 간결하게 설명하기 위해 조작적 학습으로 전환하고, 안정적이든 불안정하든 의식적으로 하는 합리적 선택이라는 이전의 생각은 버리면 어떨까 한다. 이러한 생각은 일상 언어로는 괜찮겠지만, 과학적 담론에서는 설 자리가 없다.

습관만으로는 충분치 않다

중독을 신경계의 활동으로 뒷받침되는 단서-반응 패턴으로 설명할 수 있을까? 안타깝게도, 적어도 현재로서는 그렇지 않다. 궁극적으로 이를 달성할 수 있을 만큼 신경회로를 충분히 이해하게 될 지도 모르겠지만, 그날은 아직 멀게만 보인다. (역자 주: 이 책이 출판된 이후 신경계 분야에 많은 진전이 이루어지고 있다는 점을 고려할 때 지금은 보다 진보한 설명을 제공하는 이론이 있을 것임. 예: 다미주 이론Polyvagal Theory, Porges, S.W 2022) 문제는 이러한 수준의 설명을 현실 세계의 매우 복잡하고 다양한 행동 패턴에 적용해야 한다는 것이다. 이를 설명하기 위해 '먹이 찾기(채집)foraging'라는 용어를 도입하는 것이 유용하다.

계획과 '먹이 찾기'

단서-반응 설명에서는 단서와 반응 사이에 학습된 연합이 있다고 상정한다. 즉, 개 훈련사가 '앉아'라고 말하면 개가 '앉고' 그러면 훈련사가 개의 머리를 쓰다듬거나 먹이를 보상으로 준다. 약물 중독자는 이러한 비교적 단순한 단서-반응 행동 중 일부를 보일 수 있지만 중독은 이를 훨씬 뛰어넘는다. 헤로인 중독자는 우선 다음 마약을 위한 자금을 마련하고, 마약을 공급받을 딜러를 찾는 데 있어 수완이 풍부하고 적응력이 뛰어나다. 최종 보상으로 이어지는 활동 사슬은 유연하게 상황의 요구에 맞게 조정할 수 있다. 원칙적으로 중독자는 목표에 더 가까워질 비전이 보인다면 이전에 한 번도 해 본 적이 없는 일을 할 수도 있다. 중독자는 필요로 하는 것이나 목표를 가지고 있어서 이를 달성하기 위해 자신이 사용할 수 있는 정신적, 육체적 자원이 어떤 것이든 동원하여 활동하게 되는데, 이를 먹이 찾기 행동이라 한다.

인간이 아닌 동물의 경우, 이러한 활동에는 이동을 하거나, 과거에 먹이를 잘 제공했던 장소에 가거나, 혹 사자라면 물웅덩이와 같은 유리한 위치에 자리를 잡고 먹이가 오기를 기다리는 것이 포함될 수 있다. 인간의 경우, 담배 한 갑을 사기 위해 새벽 3시에 문을 여는 가게를 찾는 것처럼 간단한 일부터 고급 레스토랑에 사기쳐서 샴페인 한 병을 빼내어 팔아 헤로인 1회분을 살 돈을 마련하는 것과 같은 복잡한 일까지 포함될 수 있다. 어떤 일을 시도했을 때는 무슨 일이 일어날지 머릿속으로 계산해야 하는 경우가 흔하다.

이러한 종류의 행동은 단서-반응 용어로 설명하거나 이해하는 것이 거의 불가능하다. 그러나 개인이 어떤 목표를 염두에 두고 그 목표에 도달하기 위해 수단을 사용하는 것이라 가정하면 이러한 행동은 매우 쉽게 이해할 수 있다. 그 사람에게는 일종의 계획이 서 있는 것이다.

따라서 유심론자적 발상이 우리에게 제공하는 것은 단서-반응 연합 모형만으로는 잘못 예측하거나 전혀 예측할 수 없는 행동을 간단하게 설명하고 예측할 수 있는 능력이다. 선호와 선택, 그리고 우리가 시작한 이론의 다른 모든 요소는 아무런 이유 없이 지배적인 상식모형으로 자리를 잡은 것은 아니다. 다시 말해, 이들은 복잡하지 않고 이해하기 쉬우며 많은 경우에 잘 먹힌다.

따라서 조작적 학습은 중독의 요소를 설명하는 데 필요한 일련의 개념을 제공하지만, 중독 행동을 설명하고 예측하는 모든 작업을 합리적으로 해내기에는 무리다. 이를 설명하는 과정에서 '먹이 찾기'라는 용어가 도입되었고 '계획'이라는 용어도 슬쩍 끼워 넣게 되었다.

사람들이 계획을 세운다는 사실에는 논란의 여지가 없다. 따라서 일반적인 동기유발 이론과 특히 중독 이론에서 계획이라는 개념이 거의 등장하지 않는다는 것은 참 이상한 일이다(몇몇 주목할 만한 예외에 대해서는 Miller et al. 1960와 Mook 1996 등의 문헌 참조). 한 발짝 물러서서 우리가 하는 행동을 살펴보면, 대부분의 행동은 어느 정도 계획에 의해 유도된다. 우리는 성취하고 싶은 목표를 미리 정하고 이를 어떻게 달성할지 방법을 계획해 낸다. 이러한 계획은 중단, 변경, 좌절, 정교화 과정을 거칠 수 있다. 때로는 계획이 완전히 구체적이고 상세하게 수립되기도 하고, 때로는 불충분하고 모호하게 수립되기도 한다. 이 중 어떤 것도 논란의 여지가 없으며, 이러한 기본적인 피할 수 없는 인생의 현실을 인정하지 않고는 서로 소통하는 것은 불가능하다.

루틴

우리는 전체적인 상황을 보는 동시에 한편으로는 삶의 많은 부분이 루틴routine에 의해 지배를 받는다는 사실도 인식해야 한다. 일상적으로 하는 다양한 일들이 우리의 하루를 채우고 있다. 우리의 삶은 샤워와 같은 개인적인 루틴, 아침 식사 준비나 자녀를 등교시키는 일과 같은 가정적 루틴, 일과 여가 활동 등으로 어느 정도 구분되어 있다. 루틴은 동일한 루틴과 관련된 많은 다양한 행동을 포함할 수 있고 대개 의식적으로 의지 행위를 수반하기 때문에 습관이 아니다. 루틴은 반복의 결과로 시간대 등 특정 조건에 따라 자동으로 촉발되는 계획이다.

이것은 모두 분명한 사실이지만 그렇다고 해서 동기유발과 중독을 이해하는 요인으로 반영하지 않아야 한다는 것은 아니다. 헤로인 중독자는 다른 사람들과 마찬가지로 루틴을 개발한다. 그들 중 다수는 자금을 조달하고, 물품을 구하고, 확보한 물품을 사용하는 것과 관련하여 자신의 생활 속에서 일종의 틀을 갖추고 있다. 흡연 행동은 여러 행동을 하면서 같이할 수 있다는 점에서 다르지만, 사회적 규칙이 바뀌고 흡연 규제가 강화됨에 따라 흡연자들은 흡연을 위해 따로 시간을 할애해야 하며, 그 시간이 루틴으로 되는 경향이 있다. 예를 들어, 사무실에 근무하는 많은 흡연자는 근무하다가 담배를 피우며 휴식하는 시간을 갖는 것이 루틴이 될 것이다.

중독, 선택, 강박 그리고 습관

중독에는 단순한 선택 이론이나 조작적 학습 이상의 것이 필요한 것 같다. 중독 이론은 다양한 요소를 상정해야 하는데, 그중 어느 것도 공상적인 것이 아니며 실제로 존재하는 것으로 알려져 있다. 이론 개발은 간결성의 법칙rule of parsimony을 따랐지만 결국 많은 요소를 가진 이론으로 끝났고, 실제로 너무 많아서 많은 중요한 관찰에 대해 이론의 용어를 사용하여 여러 가지 가능한 설명이 있을 정도이다.

이를 피할 방법은 없는 것 같다. 지금까지 이 책에서는 중독을 이해하기 위해 훨씬 더 넓은 범위의 개념을 언급했던 여러 다양한 이론을 고려해 왔다. 〈표 7-2〉에서 보여 주는 주요 개념 목록은 (중독 사전을 구성할 만큼) 포괄적인 것은 아니지만, 관련된 개념을 갖가지로 다양하게 전달한다. 그러나 제시된 개개의 구성개념이나 아이디어 중 어느 것도 이미 존재하는 개념에 대한 개념적 진전을 이룬 것은 없다. 유일하게 공헌한 것은 이론에 필요한 이질적인 요소들을 한데 모은 것뿐이다. 말하자면, 재료는 있지만 레시피recipe는 없는 상황이다.

이제 우리에게 필요한 것은 모든 것을 하나로 모으기 위한 일련의 지침 원칙이다.

표 7-2 중독 이론에서 사용되는 주요 개념(West 2013에서 발췌)

가격	무언가를 획득하거나 서비스 혜택을 받기 위해 지불해야 하는 금액
가치	객관적으로 명시된 어떤 것의 값어치
가치관	도덕적 또는 윤리적으로 옳고 그른 것에 대한 신념
갈망	무언가를 하고 싶은 강한 욕망 또는 강력한 충동감
강박(강박행동, 충동강박)	행동을 취하고 싶은 강하고, 때로는 거부할 수 없는 충동을 경험하는 것 (역자 주: 강박사고를 언급하지 않고 이 용어를 사용하는 것은 중독과 강박 장애를 구별할 의도에서인 것 같다.)
결정	반성적 분석에 따라 행동 방침을 결정하는 과정. 그리고 그 과정의 결과도 의미한다.
계획	미래에 어떤 행위를 하겠다는 자의식적인self-conscious 의도 (역자 주: 자의식적이란 자신을 들여다보는 일과 다른 사람이 바라보고 있다는 의식을 갖는 것 둘 다를 포함한다.)

(계속)

과도한 가치 폄하(쌍곡형 할인)	생각하는 미래의 초반에 비용과 편익을 더 크게 할인하는(효용 감소를 적용하는) 경향 (역자 주: 먼 미래에 얻을 효용 가치보다 현재와 가까운 시일 안에 얻을 가치를 선호한다는 시간 선호 개념임)
관찰 학습	다른 사람의 행동과 그 행동의 결과를 관찰하여 정보 또는 기술을 습득하는 학습 방법
규범(규준)	인구집단(개체군, 모집단), 하위 집단subpopulation 또는 집단group 내에서 널리 명문화되어 있거나 유지되는 행동 패턴 또는 믿음
(서술적) 규범	인구집단, 하위 집단 또는 집단에서 어떤 행동 패턴이나 신념이 널리 퍼져 있다고 믿는 것
(주관적) 규범	중요한 타자가 좋거나 나쁘다고 생각하는 견해에 자신이 부여하는 중요도에 따라 가중치를 부가하여 믿는 것
(처방적) 규범	인구집단, 하위 집단 또는 집단이 좋거나 나쁘다고 생각하는 것을 믿는 것
규칙	한 번만 발생해도 적용할 수 있는 방침
금단 증상	신체가 적응하게 된 약물을 줄이거나 중단했을 때 신체적 또는 정신적 기능에 일시적으로 이상 변화가 나타나는 것으로 보고할 가치가 있는 증상
기대치(기대감)	어떤 행동에서 기대하는 결과 및 해당 결과에 관한 효용의 기대치
기회	행동을 가능하게 하는 환경적 제 요인들
느낌(감정)	정서emotion, 욕망, 충동감을 경험하는 것 (역자 주: 느낌은 감정과 감각을 포괄하는 용어이며, 주관적으로 경험하는 감정으로 사용해도 무방할 것으로 보인다.)
도파민	측좌핵의 수용체와 결합하면 (측좌핵의 껍질에서) 쾌락을 경험하게 하거나 (측좌핵의 핵에서) 유인적 현저성을 증가시키는 것으로 여겨지는 신경 전달 물질
동기	마음속에 상상하는 어떤 상황에 도달하고자 하는 욕망(즉, 원함 또는 필요)을 느끼는 것
동기유발(동기부여, 동기)	이성 선택에 국한되지 않고 행동에 에너지를 불어넣으며 행동의 방향을 제시하는 뇌 내의 과정
동기 편향(동기적 판단 착오)	의식적으로 인식할 수 없는 요인으로 인해 특정 행동 방침을 선호하거나 특정 결과를 중시하는 경향

(계속)

모방	개인이 다른 사람의 특징 전부 또는 일부를 따라 하는 과정. 모방은 의도적으로 하는 게 아닐 수 있다.
모형화(모델링)	어떤 행동이 보이면 그 특징의 전부 또는 일부를 다른 사람이 본받아 따라 하는 과정
목표	욕망(정서적 목표)의 대상 또는 평가(인지적 목표)의 취지로 머릿속에 떠오르는 상황
민감화(감작)	자극에 지속 또는 반복적으로 노출된 결과 반응의 규모가 증가하는 현상(역자 주: 보상에 과민하게 반응한다는 의미를 지닌다.)
반성적 사고(성찰적 사고)	명제의 형식으로 정보를 자의식적으로 분석하면서 이 과정에서 나오는 생각들
반응	느낌, 생각 또는 행동의 형태로 나타나는 자극에 반응reaction을 보이는 것
보상	뒤따르는 행동의 확률을 높이는 사건으로 종종 쾌락, 만족감, 또는 안도감과 관련이 있다.
부적 강화	혐오 자극에 대한 회피 또는 도피에 대한 기대로 (반드시 의식적일 필요는 없음) 행동이 유도되거나 유지되는 과정
부조화	신념 간의 갈등으로 인해 겪는 불편한 느낌
부주의한 실수	개인적인 원칙을 깼지만, 해당 원칙이 여전히 작동 중인 것으로 간주되는 사례(역자 주: 금욕 또는 절제를 하다가 어떤 이유로든 위반하여 이를 깨뜨리는 행위를 의미한다.)
분석	계산, 추론 및 비교를 포함하는 사고 과정
불안	미래에 일어날 수도 있는 부정적인 사건에 대한 걱정과 관련된 혐오적이고 동기부여도 되는 특성 또는 상태. 중독 행동은 불안을 즉각적으로 감소시킬 수 있지만 만성적으로는 증가시킬 수 있다.
비용(대가)	어떤 행위로 인해 초래될 수 있는 부정적인 결과 또는 희생
사회적 영향	사고, 느낌 및 행동이 다른 사람의 영향을 받는 과정. 이는 즉시 강화물이나 지연 강화물, 모델링 등 다양한 메커니즘을 통해 이루어질 수 있다.
선택	대안이 될 행동 방침들을 마음속에 그리고 반성적 분석을 통해 그중 하나를 채택하는 과정
스트레스	불리한 환경 조건이나 사건으로 인해 발생하는 부정적인 느낌, 또는 이들이 일어날 것이라 예상하면서 받는 부정적인 느낌
습관	학습의 결과로, 반성적 사고가 없이도 자극이 반응을 좌우하는 과정

(계속)

습관화	자극에 반복적으로 또는 지속적으로 노출된 결과 반응도가 감소되는 현상
시스템(체계)	인과적으로 상호작용하는 요소의 집합체
시점 할인	유사한 객관적 가치를 지닌 결과가 얼마나 먼 미래에 발생할 것으로 예상되는지에 따라 낮은 효용을 부여하는 경향 (역자 주: 보상을 받을 시점이 멀어질수록 그 보상 가치가 떨어지는 현상을 의미한다.)
신념(믿음)	참이라고 여겨지는 명제의 형태로 기억되는, 사물, 사건 또는 상황에 대한 심적 표상
신체적 의존	약물과 관련하여 약물의 농도가 감소하거나 약물의 부재 시 생리적인 부작용을 초래하는 중추 신경계의 상태
안녕감(웰빙)	만족스럽고 행복한 느낌
안도감(완화)	정신적 또는 신체적 불편함이 해소된 후 나타나는 긍정적인 느낌
억제	반응을 억누르는 과정
연합학습	지각, 정서 또는 반응 계통에 해당하는 뇌 활동 패턴이 서로 연결되어 특정 패턴이 발생하면 또 다른 패턴이 발생할 가능성을 높이는 과정. 중독에서 연합학습은 욕망감이나 충동을 유발하는 약물 단서와 함께 중추적인 역할을 한다.
욕망(욕구)	마음속에 상상하는 어떤 상황에 대한 바람이나 필요를 느끼는 것 (역자 주: 이 용어는 종종 욕구로도 사용된다.)
우울(우울증)	종종 자신이 부적절하고 무가치하다는 믿음을 동반하는 우울감. 피로감tiredness, 운동 지체motor retardation와 같은 신체 증상을 수반할 수 있다.
원함(원츠)	마음속에 그리는 미래에 기대하는 즐거움이나 만족감 (역자 주: 복수형으로는 wants로, 원하는 바(보상 대상, 목표)를 지칭하는 경우는 wanting을 사용한다.)
위험 감수	결과적으로 해를 끼칠 가능성이 크거나 피해를 줄이지 못할 가능성이 큰 행동
유인적 현저성 (인센티브 현저성)	보상이 예측되는 자극에 '원한다는' 속성을 부여한 것 (역자 주: 유인적 현저성은 보상을 얼마나 좋아하는지보다 보상을 얼마나 원하는지를 자극 단서에 붙이는 것으로, 보상에 대한 동기부여, 욕망, 갈망 등의 속성도 담고 있다.)
의도	행동을 취하기 위한 자의식적인 결정

(계속)

의사결정 틀(프레임)	의사결정 문제와 각 선택지option에 따라 나올 수 있는 결과를 표현하는 방법
의식	깨어 있을 때 주관적으로 경험하는 내용. 느낌, 지각, 기억, 신념 및 추상적인 관념을 포함하며, 자의식(자아의식)과는 구별된다.
인지	엄밀히 말하면, 정신적 표상을 생성하고 수정하는 과정. 그러나 종종 신념에 국한되는 경우가 많다.
인지 조절	반성적 사고를 통해 반응에 영향을 주는 일
인지 편향	특정 유형의 대상이나 처한 환경에 있는 사물의 특징에 대한 정보를 우선적으로 처리하거나 정신적 표상을 형성하는 무의식적 경향
자기결정	자신의 행동과 경험을 통제할 수 있는 자신의 힘에 대한 믿음
자기조절	계획과 반성적 선택이 행동을 결정하는 과정
자기통제	다른 출처에서 발생하는 욕망이나 충동에 직면하여 의도된 행위를 수행하는 과정. 자기조절의 일부이다.
자기효능감	행동을 실행하거나 특정한 결과를 달성할 수 있는 자신의 능력에 대한 믿음
자동 과정	자의식적인 성찰과 분석을 수반하지 않는 뇌의 활동. 느낌 등 정신 상태는 이 과정을 통해 발생한다.
자아 고갈	자기통제력을 발휘하는 데 필요한 정신적 에너지가 소진되는 것
자아의식(자의식)	생각과 행동을 성찰하고 실행하는 데 필요한 자아the self에 대한 경험
자율성	정체성의 일부. 자신의 독립성 또는 자주성에 대한 믿음이다.
재발	행동을 통제하는 개인 규칙을 포기하는 행위
절제 위반 효과(AVE)	부주의한 실수가 재발로 이어지는 심리적 과정. 여기에는 동기 상실과 자기효능감 상실이 포함된다.
(대상적) 정서(감정)	좋아함, 싫어함, 즐거움 등 어떤 것에 대한 감정을 느끼는 것 (역자 주: emotion, feeling(s) 용어는 문맥에 따라 정서, 감정, 느낌 등과 호환 사용된다.)
(보편적) 정서(감정)	행복, 분노, 불안 등 일반화된 감정을 느끼는 것
정적 강화	긍정적인 자극 경험에 대한 기대감으로(반드시 의식적일 필요는 없음) 행동이 유도되거나 유지되는 과정

(계속)

정체성	현재 또는 되고자 열망하는 자기 모습에 대한 정신적 표상(생각과 이미지) 및 이와 관련된 느낌
좋아함	어떤 대상이나 사건과 관련하여 기대되는 쾌락이나 즐거움의 느낌
주관적 기대효용	옵션을 선택했을 때 해당 옵션이 발생할 확률을 고려하여 산출한 결과에 대해 예상되는 인식된 가치perceived value (역자 주: 개인이 주관적으로 판단한 효용과 가능성에 근거하여 가장 높은 기대치를 가진 옵션을 선택하고 그에 따라 행동에 나선다는 것을 의미한다.)
주의 편향	특정 유형의 대상이나 사물의 특징에 주의를 집중하는 무의식적 경향. 일종의 인지 편향이다.
지각된 통제감	사람들이 소정의 행동을 실행할 수 있다고 믿는 정도(자기효능감과 유사)
집행기능 장애 (실행기능 장애)	행동에 대한 반성적 통제 능력이 손상되어 일어나는 장애
충동	저지를 받더라도 충족할 목적을 성취하기 위한 행위를 끌어내는 조율된 행위 도식coordinated action schema (역자 주: 조율된 행위 도식이란 충동을 구성하는 부분 충동들이 조화를 이루며 충동의 목적을 달성하기 위해 행위로 나타난다는 관점을 반영하는 것으로 이해한다.)
충동감	행위에 참여하고 싶은 충동의 느낌 (역자 주: 충동과 혼합 사용되고 있는데, 충동은 의식하지 않고 일어나며, 충동감은 의식적인 욕구로 발생한다는 개념으로 대비할 수 있다. 예: 흡연 충동, 성적 충동이라 말할 때는 충동감을 사용한다.)
충동성	반성reflection 없이 또는 반성에도 불구하고 자극에 반응하는 경향
평가	어떤 것이 어떤 면에서 좋고 나쁜 정도에 대해 믿음을 갖는 것. 예를 들어, 해롭다 유익하다, 도덕적으로 옳다 그르다고 평가할 수 있다.
필요(욕구)	정신적 또는 신체적인 불편함의 완화를 기대하는 일종의 소망 (역자 주: 문맥에 따라 욕구, 니즈로도 사용된다.)
쾌락(즐거움)	중독자는 중독 행동을 통해 쾌락을 얻고, 이 때문에 향후에도 해당 중독 행동을 하도록 동기를 부여한다.
행동	자발적인 근육voluntary muscles이 관여하는 지속적인 활동의 흐름 (역자 주: 자발적인 근육은 의지의 통제를 받으며, 지속성 및 반복성 측면에서 행위와 구별할 수 있다.)

(계속)

행동 패턴	반복적으로 발생하는 행동
행위(또는 '행동')	개별적이고 조율된 행동 덩어리chunks of behavior
환경 스트레스	불안이나 우울증을 유발할 수 있는 사건이나 상태
효용 (또는 주관적 효용)	결과에 부여하는 개인적 가치 인식이나 평가 (역자 주: 주관적 만족도 또는 선호도를 수치로 표현한 것을 의미한다.)

* 이 정의는 여러 가지 명시적으로 공식화된 정의 중에서 하나를 선택한 것이 아니라 해당 분야의 연구자들이 사용하는 구성개념의 본질을 포착하려는 시도를 보여 주는 것이다.

참고문헌

Adan, A., Prat, G. and Sánchez-Turet, M. (2004) Effects of nicotine dependence on diurnal variations of subjective activation and mood. *Addiction 99*(12): 1599-1607.

Ajzen, I. (1991) The theory of planned behavior. *Organ Behav Hum Decis Process 50*(2): 179-211.

Baker, T.E., Stockwell, T., Barnes, G. and Holroyd, C.B. (2011) Individual differences in substance dependence: at the intersection of brain, behaviour and cognition. *Addic Biol 16*(3): 458-466.

Balfour, D.J. (2004) The neurobiology of tobacco dependence: a preclinical perspective on the role of the dopamine projections to the nucleus accumbens [corrected]. *Nicotine Tob Res 6*(6): 899-912.

Bandura, A. (1977) Self-efficacy: toward a unifying theory of behavioral change. *Psychol Rev 84*(2): 191-215.

Baron, J. (2000) *Thinking and Deciding*, Cambridge University Press, Cambridge.

Baumeister, R.F., Heatherton, T.F. and Tice, D.M. (1994) *Losing Control: How and Why People Fail at Self-regulation*. Academic Press, San Diego, CA.

Baumeister, R.F. and Vohs, K.D. (2007) Self-Regulation, ego depletion, and motivation. *Social Personal Psychol Compass 1*(1): 115-128.

Baxter, B.W. and Hinson, R.E. (2001) Is smoking automatic? Demands of smoking behavior on attentional resources. *J Abnorm Psychol 110*(1): 59-66.

Becker, G.S. and Murphy, K.M. (1988) A theory of rational addiction. *J Polit Econ 96*(4): 675-700.

Berridge, K.C. and Robinson, T.E. (2011) Drug addiction as incentive sensitization. *In Addiction and Responsibility*, (eds. J. Poland and G. Graham), pp. 21-54. MIT Press, Cambridge, Massachusetts.

Bickel, W.K., Miller, M.L., Yi, R., Kowal, B.P., Lindquist, D.M. and Pitcock, J.A. (2007) Behavioral and neuroeconomics of drug addiction: competing neural systems and temporal discounting processes. *Drug Alcohol Depend 90*(Suppl. 1), S85.

Blaszczynski, A. and Nower, L. (2002) A pathways model of problem and pathological gambling. *Addiction 97*(5): 487-99.

Blume, A.W. and Schmaling, K.B. (1996) Loss and readiness to change substance abuse. *Addict Behav 21*(4): 527-530.

Borland, R., Young, D., Coghill, K. and Zhang, J.Y. (2010) The tobacco use management system: analyzing tobacco control from a systems perspective. *Am J Public Health 100*(7): 1229-1236.

Brewer, J.A. and Potenza, M.N. (2008) The neurobiology and genetics of impulse control disorders: relationships to drug addictions. *Biochem Pharmacol 75*(1): 63-75.

Cacioppo, J.T. and Petty, R.E. (1984) The elaboration likelihood model of persuasion. In *Adv Consum Res Volume 11*, (ed. T. C. Kinnear), 673-675. Association for Consumer Research, Provo, Utah.

Cawley, J., Markowitz, S. and Tauras, J. (2004) Lighting up and slimming down: the effects of body weight and cigarette prices on adolescent smoking initiation (Research Support, Non-U.S. Gov't). *J Health Econ 23*(2): 293-311. doi:10.1016/j.jhealeco.2003.12.003

Cooper, M.L., Frone, M.R., Russell, M. and Mudar, P. (1995) Drinking to regulate positive and negative emotions: a motivational model of alcohol use. *J Pers Soc Psychol 69*(5): 990-1005.

Dadds, M.R. and Salmon, K. (2003) Punishment insensitivity and parenting: temperament and learning as interacting risks for antisocial behavior. *Clin Child Fam Psychol Rev 6*(2): 69-86.

Dalley, J.W., Everitt, B.J. and Robbins, T.W. (2011) Impulsivity, compulsivity, and top-down cognitive control. *Neuron 69*(4): 680-694.

de Savigny, D. and Adam, T. (2009) *Systems Thinking for Health Systems Strengthening*. World Health Organization, Geneva.

de Wit, H. and Phan, L. (2010) Positive reinforcement theories of drug use. In *Substance Abuse and Emotion*, (ed. J.D. Kassel), pp. 43--60. American Psychological Association, Washington, DC.

Deci, E.L., Eghrari, H., Patrick, B.C. and Leone, D.R. (1994) Facilitating internalization: the self-determination theory perspective. *J Pers 62*(1): 119-142.

Deci, E.L. and Ryan, R.M. (2012) An overview of self-determination theory. In *The Oxford Handbook of Human Motivation*, (ed. R.M. Ryan). pp. 85-107. Oxford University Press, Oxford.

Di Chiara, G. (1999) Drug addiction as dopamine-dependent associative learning disorder. *Eur J Pharmacol 375*(1-3): 13-30.

Eddy, N.B., Halbach, H., Isbell, H. and Seevers, M.H. (1965) Drug dependence: its significance and characteristics. *Bull World Health Organ 32*(5): 721–733.

Edwards, W. (1961) Behavioral decision theory. *Annu Rev Psychol 12*(1). 473–498.

Einstein, S. and Epstein, A. (1980) Cigarette smoking contagion. *Int J Addict 15*(1): 107–114.

Evans, W.D. (2006) How social marketing works in health care. *BMJ 332*(7551): 1207–1210.

Everitt, B.J., Belin, D., Economidou, D., Pelloux, Y., Dalley, J.W. and Robbins, T.W. (2008) Neural mechanisms underlying the vulnerability to develop compulsive drug-seeking habits and addiction. *Philos Trans R Soc Lond B Biol Sci 363*(1507): 3125–3135.

Everitt, B.J. and Robbins, T.W. (2005) Neural systems of reinforcement for drug addiction: from actions to habits to compulsion. *Nat Neurosci 8*(11): 1481–1489.

Fernández-Serrano, M.J., Pérez-García, M., Perales, J.C. and Verdejo-García, A. (2010) Prevalence of executive dysfunction in cocaine, heroin and alcohol users enrolled in therapeutic communities. *Eur J Pharmacol 626*(1): 104–112.

Ferrence, R. (1996) Using diffusion theory in health promotion: the case of tobacco. *Can J Public Health 87*(Suppl. 2): S24–S27.

Ferrence, R. (2001). Diffusion theory and drug use. *Addiction 96*(1): 165–173.

Festinger, L. (1957) *A Theory of Cognitive Dissonance*. Stanford University Press, Stanford, CA.

Fidler, J.A. and West, R. (2011) Enjoyment of smoking and urges to smoke as predictors of attempts and success of attempts to stop smoking: a longitudinal study. *Drug Alcohol Depend 115*(1–2): 30–34.

Field, M. and Cox, W.M. (2008) Attentional bias in addictive behaviors: a review of its development, causes, and consequences. *Drug Alcohol Depend 97*(1–2): 1–20.

Finn, P.R., Kessler, D.N. and Hussong, A.M. (1994) Risk for alcoholism and classical conditioning to signals for punishment: evidence for a weak behavioral inhibition system? *J Abnorm Psychol 103*(2): 293–301.

Flores, P.J. (2004) *Addiction as an Attachment Disorder*. Jason Aronson Incorporated, New York.

Foltin, R.W. and Fischman, M.W. (1991) Smoked and intravenous cocaine in humans: acute tolerance, cardiovascular and subjective effects. *J Pharmacol Exp Ther*

257(1): 247-261.

French, M.T., Browntaylor, D. and Bluthenthal, R.N. (2006) Price elasticity of demand for malt liquor beer: findings from a US pilot study. *Soc Sci Med 62*(9): 2101-2111.

Gallet, C.A. and List, J.A. (2003) Cigarette demand: a meta-analysis of elasticities. *Health Econ 12*(10): 821-835.

Gariti, P., Alterman, A.I., Barber, W., Bedi, N., Luck, G. and Cnaan, A. (1999) Cotinine replacement levels for a 21 mg/day transdermal nicotine patch in an outpatient treatment setting. *Drug Alcohol Depend 54*(2): 111-116.

Gelkopf, M., Levitt, S. and Bleich, A. (2002) An integration of three approaches to addiction and methadone maintenance treatment: the self-medication hypothesis, the disease model and social criticism. *Isr J Psychiatry Relat Sci 39*(2): 140-151.

George, O., Le Moal, M. and Koob, G.F. (2012) Allostasis and addiction: role of the dopamine and corticotropin-releasing factor systems. *Physiol Behav 106*(1): 58-64.

Gerrard, M., Gibbons, F.X., Houlihan, A.E., Stock, M.L. and Pomery, E.A. (2008) A dual-process approach to health risk decision making: the prototype willingness model. *Dev Rev 28*(1): 29-61.

Goldstein, R.Z. and Volkow, N.D. (2011) Dysfunction of the prefrontal cortex in addiction: neuroimaging findings and clinical implications. *Nat Rev Neurosci 12*(11): 652-669.

Gollwitzer, P.M. (1999) Implementation intentions: strong effects of simple plans. *Am Psychol 54*(7): 493-503.

Hariri, A.R. (2009) The neurobiology of individual differences in complex behavioral traits. *Annu Rev Neurosci 32*: 225-247.

Harris, P.R. and Epton, T. (2009) The impact of self-affirmation on health cognition, health behaviour and other health-related responses: a narrative review. *Social Person Psychol Compass 3*(6): 962-978.

Hart, C.L., Haney, M., Foltin, R.W. and Fischman, M.W. (2000) Alternative reinforcers differentially modify cocaine self-administration by humans. *Behav Pharmacol 11*(1): 87-91.

Hastings, G. (2007) *Social Marketing: Why Should the Devil Have all the Best Tunes?* Butterworth-Heinemann, Oxford.

Hastings, G. and McDermott, L. (2006) Putting social marketing into practice. *BMJ*

332(7551): 1210-1212.

Hayes, S.C., Strosahl, K.D. and Wilson, K.G. (1999) *Acceptance and Commitment Therapy: An Experiential Approach to Behavior Change*. Guilford Press, New York.

Hendershot, C.S., Witkiewitz, K., George, W.H. and Marlatt, G.A. (2011) Relapse prevention for addictive behaviors. *Subst Abuse Treat Prev Policy 6*(1): 17.

Hester, R. and Garavan, H. (2004) Executive dysfunction in cocaine addiction: evidence for discordant frontal, cingulate, and cerebellar activity. *J Neurosci 24*(49): 11017-11022.

Heyes, C. (2011) Automatic imitation. *Psychol Bull 137*(3): 463.

Hussong, A.M., Jones, D.J., Stein, G.L., Baucom, D.H. and Boeding, S. (2011) An internalizing pathway to alcohol use and disorder. *Psychol Addict Behav 25*(3): 390-404.

Janis, I.L. and Mann, L. (1977) *Decision Making: A Psychological Analysis of Conflict, Choice and Commitment*. The Free Press, New York.

Jarvis, M. and Wardle, J. (1999) Social patterning of individual health behaviours: the case of cigarette smoking. In *Social Determinants of Health*, (eds M. Marmot and R. Wilkinson). Oxford University Press, Oxford.

Jellinek, E.M. (1960) *The Disease Concept of Alcoholism*. Hillhouse Press, New Brunswick, NJ.

John, R.M. (2008) Price elasticity estimates for tobacco products in India. *Health Policy Plan 23*(3): 200-209.

Jones, B.T., Corbin, W. and Fromme, K. (2001) A review of expectancy theory and alcohol consumption. *Addiction 96*(1): 57-72.

Kanayama, G., Brower, K.J., Wood, R.I., Hudson, J.I. and Pope, H.G. Jr. (2009) Anabolic-androgenic steroid dependence: an emerging disorder. *Addiction 104*(12): 1966-1978.

Kandel, D.B. (2002) *Stages and Pathways of Drug Involvement: Examining the Gateway Hypothesis*. Cambridge University Press, New York.

Kandel, D.B., Yamaguchi, K. and Chen, K. (1992) Stages of progression in drug involvement from adolescence to adulthood: further evidence for the gateway theory. *J Stud Alcohol 53*(5):447-57.

Kearney, M.H. and O'Sullivan, J. (2003) Identity shifts as turning points in health behavior change. *West J Nurs Res 25*(2): 134-152.

Keeney, R.L. and Raiffa, H. (1993) *Decisions with Multiple Objectives: Preferences and Value Trade-offs*. Cambridge University Press, Cambridge.

Khantzian, E.J. (1997) The self-medication hypothesis of substance use disorders: a reconsideration and recent applications. *Harv Rev Psychiatry 4*(5): 231-244.

Koob, G.F. (2008) Hedonic homeostatic dysregulation as a driver of drug-seeking behavior. *Drug Discov Today Dis Models 5*(4): 207-215.

Koob, G.F., Maldonado, R. and Stinus, L. (1992) Neural substrates of opiate withdrawal. *Trends Neurosci 15*(5): 186-191.

Larimer, M.E., Palmer, R.S. and Marlatt, G.A. (1999) Relapse prevention. An overview of Marlatt's cognitive-behavioral model. *Alcohol Res Health 23*(2): 151-160.

Latour, B. (2005) Reassembling the Social—An Introduction to Actor-Network-Theory. Oxford University Press, Oxford.

Liu, J.L., Liu, J.T., Hammitt, J.K. and Chou, S.Y. (1999) The price elasticity of opium in Taiwan, 1914-1942. *J Health Econ 18*(6): 795-810.

Lubman, D.I., Yucel, M. and Pantelis, C. (2004) Addiction, a condition of compulsive behaviour? Neuroimaging and neuropsychological evidence of inhibitory dysregulation. *Addiction 99*(12): 1491-1502.

Madoz-Gúrpide, A., Blasco-Fontecilla, H., Baca-García, E. and Ochoa-Mangado, E. (2011) Executive dysfunction in chronic cocaine users: an exploratory study. *Drug Alcohol Depend 117*(1): 55-58.

Marlatt, G.A. and George, W.H. (1984) Relapse prevention: introduction and overview of the model. *Br J Addict 79*(3): 261-273.

McAuliffe, W.E. and Gordon, R.A. (1974) A test of Lindesmith's theory of addiction: the frequency of euphoria among long-term addicts. *AJS 79*(4): 795-840.

McCusker, C.G. (2001) Cognitive biases and addiction: an evolution in theory and method. *Addiction 96*(1): 47-56.

Miller, E.K. and Cohen, J.D. (2001) An integrative theory of prefrontal cortex function. *Annu Rev Neurosci 24*(1): 167-202.

Miller, G., Galanter, E. and Pribram, K. (1960) *Plans and the Structure of Behaviour*. Holt, Rinehart & Winston, New York.

Mook, D.G. (1996) *Motivation: The Organization of Action*. W.W. Norton, New York.

Muller, D.J., Likhodi, O. and Heinz, A. (2010) Neural markers of genetic vulnerability to drug addiction. *Curr Top Behav Neurosci 3*: 277-299.

Mytton, O., Gray, A., Rayner, M. and Rutter, H. (2007) Could targeted food taxes improve health?. *J Epidemiol Community Health 61*(8): 689-694.

Mytton, O.T., Clarke, D. and Rayner, M. (2012) Taxing unhealthy food and drinks to improve health. *BMJ 344*: e2931.

Nevin, J.A. and Grace, R.C. (2000) Behavioral momentum and the law of effect. *Behav Brain Sci 23*(1): 73-90.

Norcross, J.C., Krebs, P.M. and Prochaska, J.O. (2011) Stages of change. *Br J Clin Psychol 67*(2): 143-154.

Norregaard, J., Tonnesen, P. and Petersen, L. (1993) Predictors and reasons for relapse in smoking cessation with nicotine and placebo patches. *Prev Med 22*(2): 261-271.

Nower, L. and Blaszczynski, A. (2004) The pathways model as harm minimization for youth gamblers in educational settings. *Child Adolesc Social Work J 21*(1): 25-45.

O'Riordan, W. (1969) Price elasticity of demand for tobacco in Ireland. *Econ Soc Rev 1*: 109-115.

Orford, J. (2001) Addiction as excessive appetite. *Addiction 96*(1): 15-31.

Pates, R., McBride, A. and Arnold K, eds. (2005). *Injecting Illicit Drugs*. Blackwell Publishing, Oxford.

Pattij, T., Broersen, L.M., Peter, S. and Olivier, B. (2004) Impulsive-like behavior in differential-reinforcement-of-low-rate 36 s responding in mice depends on training history. *Neurosci Lett 354*(2): 169-171.

Perkins, K.A., Jetton, C., Stolinski, A., Fonte, C. and Conklin, C.A. (2003) The consistency of acute responses to nicotine in humans. *Nicotine Tob Res 5*(6): 877-884.

Petty, R.E., Baker, S.M. and Gleicher, F. (1991) Attitudes and drug abuse prevention: implications of the elaboration likelihood model of persuasion. In *Persuasive communication and drug abuse prevention* (eds. L. Donohew, H.E. Sypher and W.J. Bukoski). Lawrence Erlbaum Associates, Hillsdale, NJ.

Petty, R.E. and Briñol, P. (2012) The elaboration likelihood model. In *Handbook of Theories of Social Psychology*, (eds P.A.M. Van Lange, A. Kruglanski and E.T. Higgins). pp. 224-245. England: Sage, London.

Prochaska, J.O., DiClemente, C.C. and Norcross, J.C. (1992) In search of how people change. Applications to addictive behaviors. *Am Psychol 47*(9): 1102-1114.

Rende, R., Slomkowski, C., Lloyd-Richardson, E. and Niaura, R. (2005) Sibling effects on substance use in adolescence: social contagion and genetic relatedness. *J Fam Psychol 19*(4): 611-618.

Rigotti, N.A., McKool, K.M. and Shiffman, S. (1994) Predictors of smoking cessation after coronary artery bypass graft surgery. Results of a randomized trial with 5-year follow-up. *Ann Intern Med 120*(4): 287-293.

Riley, W.T., Rivera, D.E., Atienza, A.A., Nilsen, W., Allison, S.M. and Mermelstein, R. (2011) Health behavior models in the age of mobile interventions: are our theories up to the task? *Transl Behav Med 1*(1): 53-71.

Rogers, R.W. and Prentice-Dunn, S. (1997) Protection motivation theory. In *Handbook of Health Behavior Research: Personal and Social Determinants* (eds. D.S. Gochman), pp. 113-132. Plenum Press, New York.

Ryan, R.M. and Deci, E.L. (2000) Self-determination theory and the facilitation of intrinsic motivation, social development, and well-being. *Am Psychol 55*(1): 68-78.

Schultz, W. (2011) Potential vulnerabilities of neuronal reward, risk, and decision mechanisms to addictive drugs. *Neuron 69*(4): 603-617.

Sheeran, P., Milne, S., Webb, T.L. and Gollwitzer, P.M. (2005) Implementation Intentions and Health Behaviour. In *Predicting Health Behaviour*, (eds. M. Conner and P. Norman). pp. 276-323. Open University Press, New York.

Sher, K.J., Walitzer, K.S., Wood, P.K. and Brent, E.E. (1991) Characteristics of children of alcoholics: putative risk factors, substance use and abuse, and psychopathology. *J Abnorm Psychol 100*(4): 427-448.

Skog, O.J. (2000). Addicts' choice. *Addiction 95*(9): 1309-1314.

Skog, O.J. (2003). Addiction: definition and mechanisms. In *Choice, Behavioural Economics and Addiction*, (eds R.E. Vuchinich and N. Heather). pp. 157-175. Pergamon, Amsterdam.

Slovic, P., Finucane, M.L., Peters, E. and MacGregor D.G. (2002) The affect heuristic. In *Intuitive Judgment: Heuristics and Biases*, (eds T. Gilovich, D. Griffin and D. Kahneman). pp. 397-420. Cambridge University Press, New York.

Slovic, P., Finucane, M.L., Peters, E. and MacGregor, D.G. (2007) The affect heuristic. *Eur J Oper Res 177*(3): 1333-1352.

Smith, K.P. and Christakis, N.A. (2008) Social networks and health. *Annu Rev Sociol 34*(1): 405-429.

Solomon, R.L. (1980). The opponent-process theory of acquired motivation: the costs of pleasure and the benefits of pain. *Am Psychol 35*(8): 691-712.

Solomon, R.L. and Corbit, J.D. (1973) An opponent-process theory of motivation. II. Cigarette addiction. *J Abnorm Psychol 81*(2): 158-171.

Solomon, R.L. and Corbit, J.D. (1974) An opponent-process theory of motivation. I.

Temporal dynamics of affect. *Psychol Rev 81*(2): 119–145.

Swan, G.E., Ward, M.M. and Jack, L.M. (1996) Abstinence effects as predictors of 28-day relapse in smokers. *Addict Behav 21*(4): 481–490.

Tversky, A. and Kahneman, D. (1992) Advances in prospect theory: cumulative representation of uncertainty. *J Risk Uncertainty 5*(4): 297–323.

van Honk, J., Schutter, D.J., Hermans, E.J., Putman, P., Tuiten, A., and Koppeschaar, H. (2004) Testosterone shifts the balance between sensitivity for punishment and reward in healthy young women. *Psychoneuroendocrinology 29*(7): 937–943.

Van Ours, J.C. (1995) The price elasticity of hard drugs: the case of opium in the Dutch East Indies, 1923–1938. *J Polit Econ 103*(2): 261–279.

Vangeli, E., Stapleton, J., Smit, E.S., Borland, R. and West, R. (2011) Predictors of attempts to stop smoking and their success in adult general population samples: a systematic review. *Addiction 106*(12): 2110–2121.

Vangeli, E., Stapleton, J. and West, R. (2010). Smoking intentions and mood preceding lapse after completion of treatment to aid smoking cessation. *Patient Educ Couns 81*(2): 267–271.

Vohs, K.D. and Baumeister, R.F. (2011) *Handbook of Self-regulation: Research, Theory, and Applications*. The Guilford Press, New York.

Walters, G.D. (1996) Addiction and identity: exploring the possibility of a relationship. *Psychol Addict Behav 10*(1): 9–17.

West, R. (1995) Nicotine is addictive: the issue of free choice. In *The Effects of Nicotine on Biological Systems II*, (eds P. Clarke, M. Quik, P. Adlkofer and P. Thuraux). pp. 265–272. Birkhauser, Berlin.

West, R. (2009) The multiple facets of cigarette addiction and what they mean for encouraging and helping smokers to stop. *COPD 6*(4): 277–283.

West, R. (2013) Models of Addiction. European Monitoring Centre for Drugs and Drug Addiction, Lisbon, Portugal.

West, R. and Shiffman, S. (2004) *Smoking Cessation*. Health Press, Oxford.

West, R.J., Hajek, P. and Belcher M. (1989) Severity of withdrawal symptoms as a predictor of outcome of an attempt to quit smoking. *Psychol Med 19*(4): 981–985.

Wonnacott, S., Sidhpura, N. and Balfour D.J. (2005) Nicotine: from molecular mechanisms to behaviour. *Curr Opin Pharmacol 5*(1): 53–59.

Young, D., Borland, R. and Coghill, K. (2010) An actor-network theory analysis of policy innovation for smoke-free places: understanding change in complex systems. *Am J Public Health 100*(7): 1208-1217.

Young, D., Borland, R. and Coghill, K. (2012) Changing the tobacco use management system: blending systems thinking with actor-network theory. *Rev Policy Res 29*(2): 251-279.

제8장

동기유발 종합이론

A SYNTHETIC THEORY OF MOTIVATION

이 장에서는 중독 이론의 기초를 제공하기 위해 동기유발 종합이론(PRIME 이론) 두 번째 초고를 제시한다. 이 이론은 역량, 기회, 동기 모두 동적 시스템으로서 행동과 상호작용한다는 것을 인식하는 확장된 행동 모형인 COM-B 모형 안에서 이를 설명한다. 동기유발 이론은 의식적 선택 과정과 비의식적 동기유발 시스템에 대한 공통된 틀을 제공할 수 있어야 한다. 또한 외견상 다양한 중독 행동 패턴의 기저에 있는 공통 메커니즘을 설명할 수 있어야 한다. 마지막으로, 중독과 중독으로부터 회복이 일어나는 발달과정의 기초가 되는 원칙을 제시해야 한다.

맥락에 따른 행동 이해: COM-B 모형

이제 우리는 왜 어떤 사람들은 자신이 특별히 원하지 않는데도 불구하고 자신이나 다른 사람에게 해를 끼치는 방식으로 행동을 하려는 강력한 동기를 갖게 되는지 이해하기 위해 지금까지 발견한 내용을 종합할 수 있는 시점에 이르렀다. 먼저 사람들의 동기에 초점을 맞추기에 앞서, 이를 광범위한 행동 모형의 맥락에서 파악하는 것이 중요하다.

우리가 채택하는 모형은 수 세기에 걸쳐 여러 가지 형태로든 반복 적용되어 온 일반적인 양식을 갖추고 있다(Michie et al. 2011). 이 모형이 COM-B 모형이라고 불리는 이유는 어떤 행동Behaviour이 발생하기 위해서는 세 가지 조건, 즉, 행동을 실행할 수 있는 신체적, 심리적 역량Capability이 있어야 하고, 그 행동에 참여할 수 있는 물리적, 사회적 기회Opportunity가 있어야 하며, 적절한 순간에 다른 행동보다 그 행동에 나서고 싶은 동기Motivated가 더 강해야 한다는 것을 인식하기 때문이다([그림 8-1] 참조).

이 간단한 분석은 수 세기 동안 사회에 존재해 왔으며, 실제로 법체계에 내재되어 있는 행동을 개념화하는 방법이 되었다. 미국에서 누군가에게 유죄 판결을 내리려면 수단(또는 역량), 동기, 기회를 입증해야 한다. 이 세 가지 중 하나라도 부족하면 피고는 범죄를 저질렀다고 할 수 없다. 물론 어떤 행동이든 발생하려면 능력, 동기, 기회가 갖추어져야 한다는 점에서 범죄 행위라고 특별한 것은 아니다.

역량은 해당 행동에 나설 수 있는 신체적 또는 심리적 능력을 의미한다. 이러한 역량은 개인에게 내재되어 있으며, 여기에는 지식과 이해력뿐만 아니라 힘이나 체력과 같은 신체적, 정신적 기술 및 재능이 포함된다. 또한 행동에 나설 수완뿐만 아니라 행동하고 싶은 충동에 저항할 수 있는 능력도 포함된다.

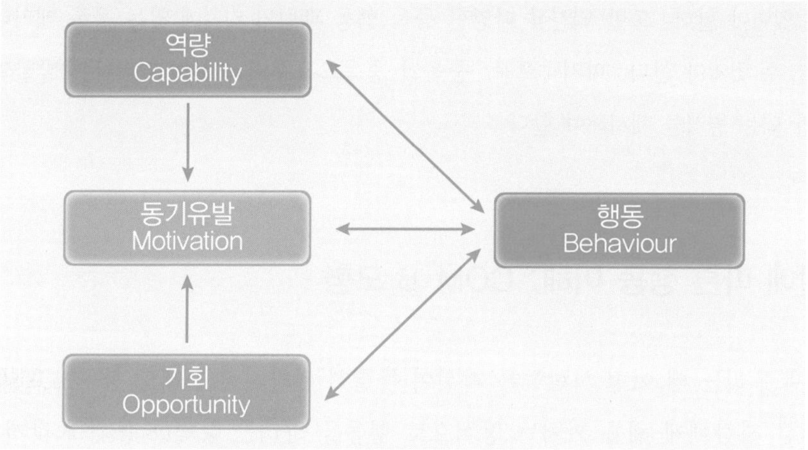

그림 8-1 맥락에 따라 행동을 분석하는 COM-B 시스템

기회는 행동이 발생하도록 허용하거나 행동을 조장하는 환경적 요인을 말한다. 여기에는 예를 들어, 특정 약물의 구입이 용이하거나 사람들이 약물 복용을 옵션처럼 고려하게끔 부추기는 단서에 노출되는 것과 같은 물리적 환경이 포함될 수 있다. 또한 시간 및 재정적 자원도 포함되고, 약물 사용에 대한 생각을 받아들여주는 사회적 관습을 포함한 사회적 환경도 관계된다.

동기유발은, 이 장의 나머지 부분에서 더 자세하게 다루겠지만, 의식적 사고와 분석이 있는 '반성적' 과정과 느낌과 충동이 관여하는 다른 종과 공유하는 '자동' 과정을 포함하여 행동에 활력을 불어넣고 행동을 지시하는 모든 뇌의 과정을 의미한다.

COM-B 시스템은 진행 중인 행동 패턴에 대해 고도로 분석해 내는 방법뿐만 아니라 해당 패턴을 바꾸기 위해 변경해야 할 사항이 무엇인지를 식별하는 방법을 제공한다. COM-B는 인구집단, 하위 인구집단, 사회 집단 또는 개인 수준에서 적용할 수 있으며, 따라서 원칙적으로는 중독자에 대한 개별 평가나 인구집단(모집단)에 대한 일반화를 시도할 때 근거를 구성할 수 있다. COM-B는 심리학적 모형도, 사회학적 모형도, 환경적 모형도 아니다. COM-B는 개인이나 인구집단을 상호작용하는 구성요소가 있는 시스템의 일부로 취급한다.

COM-B 모형이 표현하는 시스템 접근방식은 구성요소 간 잠재적 영향력과 각 구성요소 내 영향력의 패턴을 나타내는 화살표에 반영되어 있다([그림 8-1]). 따라서 행동에 나설 역량은 기회와 마찬가지로 행동에 나서고 싶은 동기를 유발하는 데 영향을 미칠 수 있다는 것이 분명하다. 그러면 행동에 나서는 것도 동기, 역량, 기회에 영향을 미칠 수 있다.

중독과 관련해서는 강력한 동기유발이 문제의 핵심을 차지하고 있지만, 개인이 처한 상황과 기회와 역량에 따라 중독의 원인이 다를 수 있다. 따라서 어떤 사람은 술을 마시고 싶은 압도적인 욕구를 느끼며 술을 마실 기회를 찾는 반면, 다른 사람은 기회가 있을 때만 그러한 욕구를 경험할 수 있다. 마찬가지로, 어떤 흡연자는 아침에 일어나자마자 담배를 피우고 싶은 욕구를 느끼는 데 비하여 다른 흡연자는 똑같은 강력한 욕구를 경험하지만 사교적인 상황에서만 흡연 욕구를 경험한다.

주안점: 동기유발 이론

이제 인간 동기의 신비 속으로 깊이 파고들어 광범위한 동기유발 이론을 개발해보자. 다음은 동기유발에 대한 PRIME 이론의 두 번째 초고를 설명한 것이다. 첫 번째 초고는 『중독 이론』 초판에 실려 있다. 논지의 전개 관점에서, 두 번째 초고가 목표로 하는 것은 자동적 과정과 반성적 과정을 구별하고 동기유발의 법칙을 주요 신조로 삼는 현대 이론과 프라임 이론 사이의 대응 관계를 조금이라도 더 나은 설명하는 데 있다. 실질적인 변화의 측면에서 가장 큰 변화는 적응 과정으로서 모방의 역할을 인정하고(이에 대해 못 보고 지나쳐 간 것을 밝혀 준 사이먼 크리스마스Simon Christmas에게 감사해야 한다.), 정체성의 개념을 발전시켰다는 점이다.

이 이론은 심리학적 입장의 분석을 사용하지만 (경제 이론 및 신경생리학 이론을 포함하여) 다른 입장의 이론을 꽂아 넣을 수 있는 '페그 보드pegboard'를 제공하려고 한다. 이 이론에서는 개괄적으로 명확하게 묘사하면서도 세부적인 약물 작용이라든가 사회장social force 등 알려진 내용을 담으려고 하진 않으며, 다만 기존 지식과 향후 연구 결과를 통합할 수 있는 일관된 틀을 제공하고자 한다.

동기유발을 심리학적으로 설명할 때 그냥 상식처럼 들리는 진술을 피할 수는 없다. 여기서 제시하는 상식적인 내용상의 진보는 그런 아이디어를 공식적인 연구와 비판적 관찰을 통해 밝혀진 상식적이지 않은 아이디어와 함께 일관된 틀로 통합하는 것이다.

인간의 동기유발 시스템

중독을 이해하려면 인간의 동기유발 시스템에 대한 이해가 필요하다. 동기유발 시스템은 우리의 행동에 활력을 불어넣고 방향을 제시하는 뇌 과정들로 이루어진 시스템으로, 순간순간 행동의 흐름을 형성한다. 동기유발에 관한 이론들은 많이 있다[이를 뛰어나게 개관한 것은 Mook(1996) 참조]. 놀랍게도 의식적인 의사결정부터 고전적 및 도구적 학습 과정에 이르기까지 모든 주요 조작 방식을 통합하려고 시도한 이론은 없었다. 따라서 중독 이론의 기초가 되는 종합적인 동기유발 이론을 개발하는 것이 필요하다.

동기유발 종합이론

이 이론은 '동기유발 시스템'의 핵심 요소(구조), 핵심 요소들이 입력되는 자극과 정보에 반응하고 서로가 상호작용하여 행동을 생성하는 방법(기능), 성장과 내부 상호작용 및 외부의 영향을 통해 시간이 지남에 따라 핵심 요소들의 속성이 어떻게 변화하는지(개체발생ontogenesis)를 구체적으로 명시한다. 이는 동기유발 시스템이 진화의 산물이며 인간과 다른 종과 많은 과정을 공유한다는 사실을 인정하고, 시스템에서 인간만의 고유한 부분과 동물의 일반적인 부분이 어떻게 상호작용하는지를 설명한다.

인간의 동기유발 시스템의 구조와 관련하여 이 이론은 중독에서 비정상적으로 기능할 수 있는 다섯 가지 주요 상호작용하는 하위체계를 식별한다. 이 시스템 전체는 계획, 반응, 충동, 동기, 평가를 대표하는 약어 PRIME으로 설명할 수 있다.

[그림 8-2]는 동기유발 시스템의 다섯 가지 하위체계를 보여 준다. 계획은 자의식적인 의도를 뜻하며, 반응은 행위의 시작, 중지 또는 수정을 포함하고, 충동과 억제는 행동에 앞서 마지막으로 겪는 흔한 경로이고, 동기는 원함 또는 필요를 느끼는 것이며, 그리고 평가는 무엇이 좋은지와 나쁜지에 대한 신념을 의미한다.

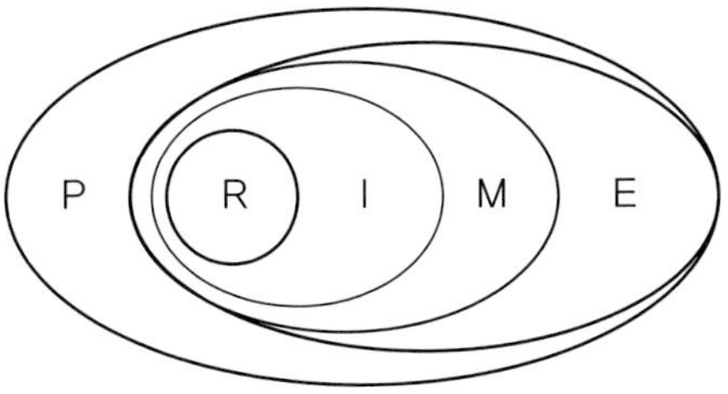

인간의 동기유발 시스템

P: plans (계획: 의도적으로 앞으로 할 행동과 약속에 대한 심적 표상)

R: responses (반응: 행위의 시작, 중지 또는 수정)

I: impulses/inhibitory forces (충동/억제력: 충동감으로 의식적으로 경험될 수 있음)

M: motives (동기: 욕망으로 의식적으로 경험할 수 있음)

E: evaluations (평가: 평가적 신념)

그림 8-2 인간의 동기유발 시스템을 형성하는 5가지 하위체계 도식

이러한 정신 활동을 생성하는 데 관여하는 하위체계 사이에 영향력을 행사할 기회는 도식에서 서로 잇닿는 것으로 표시된다. 예를 들어, 동기는 충동을 통해서만 반응에 영향을 미칠 수 있고, 평가는 동기와 충동을 통해서만 반응에 영향을 미칠 수 있다. 계획은 행동을 실행하는 구조를 제공하며, 주로 계획이 실행될 시점에 작동하는 평가를 통해서 행동에 영향을 미친다.

하위체계는 끊임없이 변화하는 자극과 정보의 매트릭스 및 시스템에 '몰두하게 만드는' 전반적인 각성 수준과 함께 시스템 내에 영향을 미쳐 정신적 사건이 생기기도 하고 소멸하기도 한다. 따라서 우리의 감각과 기억에서 오는 자극과 정보는 다섯 가지 하위체계 모두에 직접적인 영향을 미치며, 우리의 전반적인 각성 수준도 마찬가지로 전체 시스템과 모든 하위체계의 작동에 영향을 미친다.

동기유발 시스템은 [그림 8-3]에 더 자세하게 나와 있으며, 다음에 설명되어 있다. 다섯 가지 하위체계는 다양한 수준의 적응력을 부여하는 복잡성이 다른 '레벨

level'로 생각할 수도 있다. 반사적 반응에서 충동, 동기, 평가로 넘어갈수록 더 유연하게 반응하고, 더 폭넓게 요인들을 고려하며, 미래 결과를 예측할 수 있게 된다. 가장 상위 레벨에서는 계획을 통해 필요한 상황에 대비해 행동 시퀀스를 미리 준비할 수 있다.

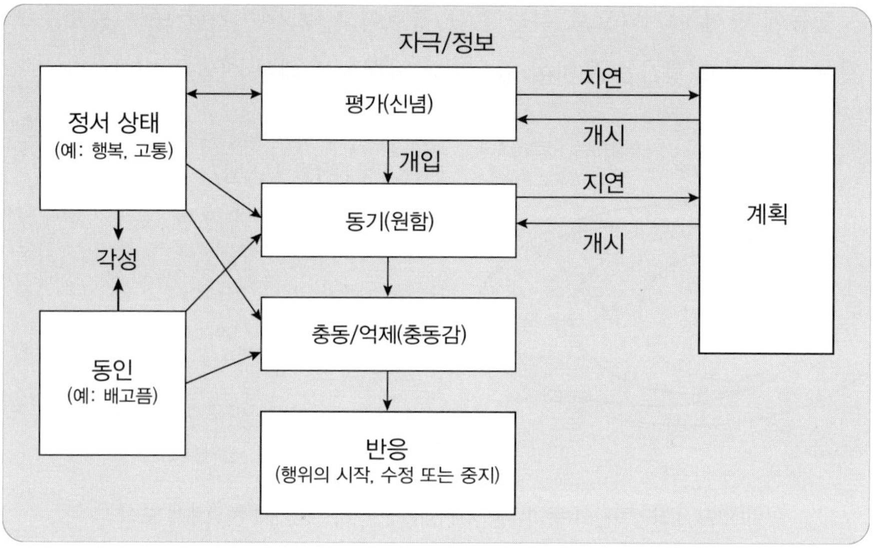

그림 8-3 PRIME 동기유발 이론의 하위체계와 주요 영향 경로

인간의 동기유발 시스템의 구조와 기능

반응 체계

우리가 '행동'이라 부르는 연속적인 활동 흐름을 개별적인 '행위actions'로 '청크chunk' 하면(이런 경우 '행동behaviors'이라고도 함), '반응'은 청크로 된 행위를 시작하거나 중지 또는 수정하는 것으로 생각할 수 있다. 따라서 햄버거를 먹거나 맥주 한잔을 마시는 것처럼 코카인 1회 분량을 코로 흡입하는 것을 시작과 끝이 있는 행위로 식별할 수 있다. 그렇다면 '반응 체계'는 이를 뒷받침하는 뇌의 구조와 메커니즘이다. 행동이 어떻게 조직되는지에 대한 연구는 분명히 매우 중요하지만 이 책의 영역 밖이

므로 다루지 않고, 무엇이 반응으로 이어지는지에 관심이 있다.

반응 체계의 어떤 부분은 체내·외로부터 직접 자극을 입력받을 수 있는데, 이렇게 해서 생성된 반응을 '반사reflexes'라고 한다. 따라서 반사는 선천적으로 또는 자극과 반응 간 연합학습을 통해 발생한다. 반사는 입력을 의미 있게 통합하여 반응을 일으키는 것과는 무관하다. 반사는 가장 단순한 수준의 동기유발이다.

여기에도 '행동 패턴'이라는 또 다른 용어를 소개할 필요가 있다. 많은 유형의 행동은 며칠, 몇 달 또는 몇 년 동안 반복된다. 우리가 알아볼 수 있는 모든 행동은 이렇게 반복되는 패턴 관점에서 특징지어질 수 있으며 이런 이유로 '행동 패턴'이라는 용어를 사용한다. 따라서 담배 한 개비를 피우거나 맥주 한 잔을 마시는 것은 행동이지만 '흡연'과 '맥주 마시기'는 행동 패턴이다. 물론 궁극적으로 관심 있는 것은 개별 행동이지만, 행동 변화 시도에서 초점을 두는 것은 개별 행동이 아니라 행동 패턴인 경우가 많기 때문에 이러한 구분이 중요하다. 따라서 누군가는 '술을 덜 마시기로', 즉 행동 패턴을 바꾸기로 결심할 수 있다. 그러나 개별 행동인 경우, 평소 술을 마시던 상황에 직면하면 결국 이전과 똑같이 술을 마시게 된다. 중독 행동은 분명 행동 패턴이지만, 이를 해결하기 위해서는 이러한 패턴을 뒷받침하는 동기가 특정 행동 사례와 관련한 동기로 어떻게 변환되는지 이해해야 한다.

따라서 반응은 학습된 반사나 학습되지 않은 반사로 인해 직접 발생할 수 있지만, 대부분의 동물은 경쟁적인 수요에 비추어 행동의 우선순위를 정하는 능력도 가지고 있다. 이는 적어도 경쟁하는 '충동'과 '억제' 과정 중 가장 강력한 것이 반응을 제어한다는 것을 의미한다. 그래서 '반응 체계'로 들어오는 주요 입력은 이러한 충동과 억제를 종합하는 시스템을 거쳐 출력된다.

충동-억제 체계

따라서 보다 유연하게 대응할 수 있는 다음 단계는 '충동'과 '억제'를 포함한다. 충동과 억제는 서로 경합하거나 결합하여 행위를 시작, 수정 또는 중단시키는 '합력resultant force'을 생성하는 동기유발력으로 생각할 수 있다(예: 농담에 반응하여 웃고 싶은 충동과 같은). 이들은 체내 및 외부 자극/정보, 동인, 정서 상태, 그리고 상위 레벨의 동기유발 시스템으로부터 입력을 받아 생성된다. 충동은 무슨 까닭인지 모르겠지만 즉각 행위로 옮겨지지 않을 때가 있는데 그런 경우에는 의식적으로 인식하게 된다. 그렇게 되면 충동은 '충동감'으로 경험되며, 충동이 의식적으로 인식되면 원칙적으로는 자기보고 평정척도를 사용하여 측정할 수 있다.

충동과 충동감

이 이론에서 충동감은 욕망(욕구)과 같은 것이 아니지만 실생활에서 사람들은 종종 이 두 가지를 혼동하여 사용하고 실제로 서로 연관되는 경우가 많다. 따라서 가려움증이 있으면 긁고 싶은 충동감이 일어나고, '가려운 사람'은 대개 가려움을 긁고 싶다고 말하지만 그 느낌은 바나나를 먹고 싶거나 TV를 보고 싶다는 느낌과는 다르다. 그 느낌은 긴박하고 즉각적인 특성이 있으며, 무언가에 이끌려 행위를 하게 되는 특징이 있다.

다른 말로 표현하자면, 행위 도식(행위에 대한 고도의 도식적인 표현으로, 제지받지 않고 내둔다면, 근육의 수축을 담당하는 특정 경로를 작동시킬 수 있음)이 활성화된다는 말이고, 이는 곧 행위의 집행과 관련된 뇌의 일부가 관여한다는 뜻이다.

억제

억제inhibition는 직접적으로 자극을 받거나 동기를 뿌리치는 과정에서 발생할 수 있다. 따라서 한쪽 끝단에서는 아무런 정신적 노력 없이도 '우리의 발걸음을 멈추게 하는' 자극이 있는 반면, 다른 끝단에서는 우리를 짜증나게 하는 사람을 때려눕히거나 술자리 제안을 받아들이는 등 무언가를 하고 싶은 충동을 자제하기 위해 강력한 의지 행위가 필요할 때도 있다. 이 이론에서는 의식적인 의지 행위와 자동적인 행동 중단은 마지막으로 겪는 공통 경로인 충동과 억제 시스템을 통해 이루어진다.

동인과 정서 상태

동기유발 시스템에서 '동인'(예: 배고픔)과 '정서 상태'(예: 행복, 고통, 좋아함, 싫어함)는 근본적으로 중요한 요소이다.

동인drives은 다양한 모습을 가장하여 나타나며 다소 복잡한 역학 관계를 따를 수 있다. 배고픔, 갈증, 호흡의 필요성 등은 분명한 항상성 동인이다. 또한 '성적 추동(성욕)', 자기의 생각과 느낌을 표현하려는 동인('표현욕'), 탐험하려는 동인 등도 이해하는 데 유용할 것이다. 이러한 것들을 동인으로 분류하는 이유는 '완료 행동consummatory behavior'이 개시되면 동인으로 인한 동기적 긴장tension이 감소되기 때문이다. (역자 주: 긴장에 대해서는 레빈Kurt Zadek Lewin이 제안한 동기적 개념인 긴장을 참조하면 도움이 될 것임)

동인은 두 가지 원천에 영향을 받는데, 하나는 생리적인 욕구 신호를 보내는 내부 자극이고 다른 하나는 욕구를 증폭시키거나 주의를 끌거나 억누르거나 주의를 다른 곳으로 돌리는 외부 자극이다. 생리적 욕구 수준이 높을 때는 외부 자극이 거의 또는 전혀 없어도 동인을 느낌으로 경험할 수 있지만, 낮은 수준에서는 외부 자극이 트리거로 작용하여 주의를 끌 수 있으며, 더 낮은 수준에서는 외부 자극이 동인 상태를 생성하는 지배적인 요인으로 작용한다.

동인은 내재된 직접적인 인과관계를 통해 동인을 감소시키는 행동을 하고 싶은 충동을 유발할 수 있다(예: 목이 마를 때 음료를 마시고 싶은 충동). 또한 감정을 불러일으켜서 그렇게 할 수도 있다(아래 참조). 마지막으로, 동인은 동인 감소를 성취할 수 있다고 믿어지는 행동 방침을 추론하는 정신작용을 자극함으로써 동기에 영향을 미칠 수 있다.

정서 상태emotional states는 '보편적 정서'(예: 행복, 슬픔)와 '대상적 정서'(예: 좋아함, 싫어함) 두 가지 유형으로 나뉜다. 이러한 정서 상태는 우리의 안녕감well-being, 우리가 소중히 여기는 대상들의 안녕감, 정체성, 그리고 옳고 그름에 대한 감각에 영향을 준다고 여기는 자극/정보에서 비롯된다. 또한 '쾌락적' 경험(쾌락, 불편함)에 영향을 받기도 한다.

우리는 안녕감을 증진시키며 즐거움을 준다고 여기는 것에 만족하고, 따라서 좋아하는 경향이 있으며, 그 반대되는 경우 괴로워하고 싫어하는 경향이 있다는 것은 잘 알려져 있다.

또한 정서 상태는 동인 수준에 변화가 생겨서도 생성될 수 있다. 동인 감소는 즐거움을 줄 수 있으므로 보편적 정서 상태와 대상적 정서 상태 둘 다를 생성할 수 있다. 보편적 정서 상태(예: 만족감, 괴로움)는 웃거나 울고 싶은 본능적인 충동처럼 충동에 직접 영향을 미칠 수 있고, 또한 연상 학습을 통해 보상과 처벌로 작용하여 충동을 유발하기도 한다(이후 논의 참조). 대상적 정서 상태는 보편적 정서 상태에 의해 생성되지만, 사물이나 인물, 사건, 행동, 경험 또는 실제로 표현할 수 있는 모든 것의 심적 표상에 직접적으로 연결된다는 점에서 차이가 있다. 대상적 정서 상태는 동기로 이어지며(이후 논의 참조), 가장 분명하게는 좋아하는 것은 원하는 것으로, 싫어하는 것은 원하지 않게 된다.

일부 독자에게는 동인, 정서 상태 및 동기를 구분하는 것이 불필요하게 보일 수 있다. "그는 배가 고팠지만 먹고 싶지 않았다."라는 문장이 그 구분이 필요하다는 사실을 잘 설명해 준다. 먹고 싶다는 것과 배가 고프다는 것은 종종 같은 것인 것처럼 이야기되지만 분명히 그렇지 않으며, 그렇지 않으면 이 진술은 의미가 없다.

정서 상태를 표현하는 언어

문법은 종종 우리가 사물에 대해 생각하고 느끼는 방식에 대해 통찰력을 제공할 수 있다. 예를 들어, 어떤 느낌이 보편적 정서 상태인지 아니면 대상적 정서 상태인지를 파악하는 데 문법을 사용할 수 있다. '…에 대해 흥분된다', '…이 지겹다', '…에 혐오감을 느낀다', '… 덕분에 행복하다', '…에 화가 난다', '…이 궁금하다' 등 이러한 정서가 우리의 언어에서 '간접 목적어'만 취할 수 있다는 사실은 이러한 정서 상태가 무언가에 의해 발생하지만, 반드시 그것에 대해 감정을 느껴서 그런 것이 아니라는 것을 알려 준다. 이것이 보편적 정서 상태이다.

대상적 정서 상태는 직접 목적어를 취할 수 있다. 우리는 'X를 좋아해', 'X를 미워해' 등으로 이야기할 수 있다. 이는 해당 대상과 그에 수반되는 모든 것에 대해 감정을 느끼고 있다는 생각을 전달한다.

기대의 역할

기대는 정서 상태에 중요한 역할을 한다. 매 순간 우리의 뇌는 앞으로 일어날 일에 대해 심적 표상을 생성한다. 여기에는 적어도 눈앞에 닥친 앞날에 대한 표상이 포함되지만, 우리는 좀 더 장기적으로 예측할 수 있는 능력도 가지고 있다. 이러한 심적 표상은 비언어적인 이미지와 언어로 표현할 수 있는 신념을 포함하여 어떤 형태든 취할 수 있다.

- 기대 형성: 기대는 연상 학습과 추론이라는 두 가지 과정을 통해 형성된다. 연상 학습 능력은 정보, 정서 상태 또는 실제로 무엇이 되든 이를 대변하는 활동 패턴이 해당 패턴을 구성하는 요소 간 연결을 변경하여 원래 패턴에서 일부 하위 패턴이 생기면 그 패턴으로 요소가 작동되는(떠올리는) 경향을 만드는 뇌의 매우 일반적인 특성이다(이에 대해 신경망 측면에서 설명한 것은 Fiori 2005 참조).
- 연합학습: 연합학습의 양상에 대해서는 나중에 더 자세히 논의하겠지만, 당분간은 한 세트의 자극 뒤에 다른 자극 세트가 뒤따를 때 연합학습은 나중에 첫 번째 세트의 요소(단서) 노출에 반응하여 두 번째 세트에서 도출된 심적 표상(기대)을 형성한다는 점에만 주목한다. '기대'의 안정성과 세부 사항은 단서 자극이 기대와 얼마나 뚜렷하게 연관되어 있는지 등 여러 가지 요인에 따라 달라진다.
- 추론: 추론은 정신적 과정으로, '만약 …라면if-then' 규칙을 적용하여 언어적으로 표현될 수 있는 신념을 도출하는 것이다. 논리적이거나 합리적일 필요는 없다. 추론은 일반적으로는 정확할 수도 있고 아닐 수도 있는 인과관계에 대한 추정을 기반으로 한다.

기대와 정서 상태

기대는 정서 상태를 직접적으로 유발할 수 있다. 분명한 예로, 부정적인 사건에 대한 기대는 불안이나 두려움을 유발할 수 있다. 마찬가지로 중요한 것은 기대는 실제로 경험하는 것에 대해 기준점을 제공하여 그 경험에 수반되는 정서 상태에 영향을 미친다는 것이다. 가장 분명한 예로, 예상했던 것보다 긍정적인 경험(안도감, 기쁨과 같은)은 여러 가지 긍정적인 정서 상태를 유발하고, 예상보다 부정적인 경험(실망, 분노와 같은)은 여러 가지 부정적인 정서 상태를 유발한다는 것이다.

각성

동인과 정서 상태는 전반적인 '각성arousal' 수준에 영향을 주고 또 받는다. 각성은 동기유발 시스템에 전달되는 일반화된 에너지 수준으로 생각할 수 있다. 각성은 시스템 내 다른 요소와 감각기관이 감지하는 자극과 같은 외부 입력까지 모든 요소의 민감성(감수성)에 영향을 미친다.

각성은 시스템의 요소들이 작동하는 방식에 크게 영향을 미친다. 예를 들어, 각성 수준이 매우 높으면 평가에 도달하는 데 사용되는 분석적 사고를 정서 상태가 방해하는 상황을 만든다. 또한 각성은 우리의 주의를 더욱 집중하게 만드는 경향이 있다.

충동-억제 체계에 대한 인풋

따라서 충동-억제 체계는 정서 상태, 동인 및 외부 자극으로부터 인풋input을 받아 충동과 억제를 유발하며, 한 번에 여러 인풋이 반응 체계로 들어가기 위해 경쟁을 한다. 간단한 예를 들면, 최고의 운동선수가 중요한 경기에서 승리했을 때 안도감으로 인해 울고 싶은 충동이 생기고, 환희로 인해 웃고 싶은 충동이 생기는데, 때로는 한쪽이 드러나고, 때로는 다른 쪽이 드러나며, 때로는 두 가지가 동시에 일어나기도 한다.

지금까지 이야기한 모든 행동은 목표지향적 행동이 아닌 S-R(자극-반응) 행동으로 생각할 수 있다. 목적 지향적 행동은 상위 체계가 충동-억제 체계에 입력을 제공하기 때문에 발생한다. 이것이 바로 '동기 체계'이다.

동기 체계

동기유발 시스템의 다음 단계에서는 행동에 나설 때 돌아올 결과를 고려할 수 있다. 이것이 바로 '동기' 단계이다. 동기가 주의를 끄는 요인으로 인해 의식적으로 인식될 때, 동기는 '원함' 또는 '필요'라는 느낌으로 경험된다(예: 크랙 흡입을 원하거나 크랙이 필요함, 헤로인을 주사하고 싶거나 헤로인 주사가 필요함, 맥주 한 잔을 마시고 싶거나 술이 필요함, 담배 한 대를 피우고 싶거나 담배가 필요함). 동기는 어떤 대상에 대한 심적 표상과 그것에 붙는 매력과 반발의 정도인 '유인가(유의성)'로 구성된다.

동기는 목적의식을 갖고 하는 행동의 핵심이라고 생각할 수 있다. 아이는 '원함' 및 '필요'라는 용어를 상상할 수 있는 소기의 경험에 대한 매력이나 거부감과 연관시키는 법을 빠르게 배운다. 느낌 자체는 이러한 라벨이 붙기 전의 것이다. 아이나 동물이 한편으론 즐거움이나 만족감을 경험하고 다른 한편으론 정신적 또는 신체적 불편을 경험하는 순간, 원하거나 필요로 하는 것을 배우기 시작한다. 아이는 이러한 느낌과 연결된 라벨을 배우자마자 사람들에게 이를 표현할 수 있고, 이를 통해 자신이 원하거나 필요로 하는 것을 얻기 위해 사회적 환경을 형성하는 데 도움을 받을 수 있다. 따라서 동기유발의 핵심은 무언가를 원하거나 필요로 하는 것으로 구성되며, 우리의 언어는 이를 반영한다.

동기는 동인, 정서 상태 및 평가를 통해 생성된다(이후 논의되는 내용 참조). 과거의 경험은 동기를 생성하는 데 중심적인 역할을 한다. 과거 경험은 정서 상태를 동반한 심적 표상을 만들어 내고, 이러한 표상이 떠오르게 되면 동기로 이어진다. 확실한 예로, 어떤 것이 즐거웠다는 것을 떠올리면 우리는 그것을 원하게 된다. 동기의 강도는 목표로 하는 대상의 심적 표상과 연결된 정서 상태의 강도에 따라 달라진다.

경쟁 동기(상충하는 동기)

같은 목표에 대해서도 한 번에 두 가지 이상의 동기가 공존할 수 있다. 동기의 강도는 당시 동기를 유발하는 동인이나 정서 상태의 강도에서 비롯된다. 무언가에 대한 만족감이 클수록 우리는 그 생각을 더 좋아하고 더 원하게 되며, 무언가로 인한 고통이 클수록 우리는 그 생각을 혐오하게 되고, 배가 고플수록 더 먹고 싶어지는 식이다.

두 가지 이상 동기가 공존하는 경우, 더 강력한 유인가를 가진 동기가 행동하고 싶은 충동을 일으키거나 행동을 억제하게 마련이다. 그런 다음 충동과 억제는 현재 진행되는 자극을 받자마자 생성된 다른 충동 및 억제와 경쟁하거나 어우러져 행동을 시작, 중지 또는 수정한다.

상충하는 동기는 특정 종류의 보편적 정서 상태, 즉 '갈등'이라는 느낌을 만들어 낸다. 이 느낌은 불쾌하여서 다른 부정적인 정서 상태와 마찬가지로 이를 모면하거나 피하려는 동기를 유발한다.

평가 체계

동기유발의 다음 단계는 '평가'와 관련이 있다. 인간은 세상을 '신념'이라는 측면에서 표현할 수 있는 능력이 있다. 신념은 언어로 표현할 수 있는 의식적인 심적 표상으로 명제로 표현할 수 있다. 신념은 무엇이 참인지 거짓인지, 또는 다양한 수준의 가능도(우도)likelihood에 따라 참이 될 수 있는지를 판별하는 명제이다.

신념에는 크든 작든 '확신'이라는 느낌이 붙어있다. '가능성'과 '확신'을 구별할 필요가 있는데, 전자는 '내 말이 경주에서 이길 가능성이 높다.'와 같이 신념 내용의 일부를 구성하는 반면, 후자는 '내 말이 경주에서 이길 것으로 확신한다.'와 같이 신념에 연결된 느낌이다. 이 둘을 구별할 필요성은 '나는 지진이 일어날 가능성이 매우 낮다고 확신한다.'와 같은 문장에서 분명히 알 수 있다.

평가의 유형

우리의 신념 중 상당수는 사물에 부여되어야 할 가치를 명시하거나 내포하고 있다. 평가에는 '포괄적'(일반적으로 좋다 또는 나쁘다), '심미적'(기분이 좋다 또는 불쾌하다), '기능적'(잘 수행한다 또는 잘하지 못한다), '윤리적'(옳다 또는 그르다), 그리고 '실용적(공리주의적)'(유용하다 또는 해롭다) 등 다양한 종류의 평가가 있다. 포괄적 평가는 일반적으로 이익과 피해와의 관계를 어느 정도 잘 정의한다. 심미적 평가는 취향 및 무엇이 만족스러운지에 대한 판단, 기능적 평가는 스킬과 기술적 성과, 윤리적 평가는 도덕적 판단, 실용적 평가는 다소 구체적인 목표와 관련된 판단을 포함한다.

이 이론에 따르면, 평가는 행동에 직접적으로 영향을 미치는 것이 아니라 동기를 통해서만 영향을 미친다. 따라서 어떤 것이 좋다고 믿는다고 해서 그것이 행동에 대한 동기(예: 욕망)로 바뀌지 않는 한 행동에 나서는 일은 없을 것이다. 다른 말로 하면, 믿음은 느낌을 통해 행동을 유도한다.

평가가 이루어지는 방법

평가에는 긍정적이거나 부정적인 차원, 즉 '가치'가 있어서 정도에 차이는 있지만 대상을 매력적이거나 변변찮게 만든다. 가치는 대상과 연관된 정서 상태, 다른 사람의 진술 수용, 관찰과 추론 등 다양한 출처에서 비롯된다.

예를 들어, 우리는 만족감을 주는 것과 좋아하는 것은 긍정적으로 평가하고, 고통을 주는 것, 싫어하는 것에는 부정적인 가치를 부여한다. 또한 우리가 다른 사람의 말을 불신할 동기가 없을 때는 다른 사람이 우리에게 전달한 평가를 받아들인다. 우리는 특정 평가 기준에 부합하는 것을 경험할 때 평가를 내리고, 마침내 일반화 및 연역 과정을 거쳐 평가에 도달한다.

예를 들어, 어떤 상황에서 가볍게 술을 한잔하는 것이 불안을 해소하는 데 도움이 됐다고 생각하면 다른 상황에서도 도움이 될 것으로 가정하고, 또 알코올성 음료가 유용하다고 생각하면 특정 주류도 그러할 것이라고 가정한다. 우리는 어떤 것이 한 가지 측면에서 좋다면 다른 측면에서도 좋을 것으로 생각하는 것이다. 또한 특정 사례를 범주로 쉽게 일반화(카테고리화)하기도 하는데, 이것은 알다시피 고정관념이 형성되는 방식 중 하나이다.

평가가 동기에 영향을 미치는 방식

평가는 (매력적이거나 혐오스러운 사물에 대한 표상을 만들어 냄으로써) 동기에 직접적으로 영향을 미치며, 간접적으로는 (사물에 대해 좋거나 나쁜 감정을 느끼는) 정서 상태를 생성하여 동기를 유발한다.

- 직접 루트: 이것은 '다짐/헌신'한다는 느낌으로 중재하는 것이다. 어떤 경우, 다짐/헌신은 우리의 '정체성'에 영향을 받기도 하는데, 예를 들어 술을 마시는 것이 도덕적으로 잘못이라는 시각을 품고 있다면, 도덕성이 '정체감'의 일부분을 차지하는 정도에 따라 술을 마시지 않거나 다른 사람의 음주를 막기 위한 행동에 나설 동기가 생길 수 있고 그렇지 않을 수도 있다. 다른 경우로, 다짐/헌신은 '과제'를 어떻게 받아들이는가에 따라 영향을 받는데, 예를 들어 환자에게 특정 약을 처방하는 것이 잘하는 일이라고 판단되면 의사는 대체로 자신의 역할에 따라 이를 처방하려고 할 것이다.
- 우회 루트: 이것은 정서 상태 생성과 관련이 있다. 일반적인 예로는 처벌이나 보상 동기를 들 수 있는데, 우리 자신이나 우리가 소중히 여기는 것들의 안녕을 위협하거나 옳은 일에 대한 우리의 감각을 침해하는 일은 우리를 분노하게 만들고, 분노는 이러한 상황을 만드는 주체를 처벌하고 싶은 욕구로 이어진다. 우리 자신이나 우리가 소중히 여기는 것들의 안녕을 증진시키거나 도덕적 가치가 있는 일을 하는 것은 우리의 만족감을 높여 주며, 이러한 상황의 원인 제공자에게 보상하려는 동기를 갖게 된다. 이러한 상태는 직접 지각될 수도 있고 또 평가로 제시될 수도 있다. 예를 들어, 우리가 부당한 대우를 받고 있다고 생각하면 화가

나고 가해자를 싫어하며 응징하고 싶은 동기가 생긴다.

상충하는 평가

동일한 대상에 대해 평가가 공존할 수 있다. 공존할 때 모두 긍정적이거나 모두 부정적일 경우 서로를 강화하지만, 일부는 긍정적이고 일부는 부정적일 경우 서로 충돌할 수밖에 없다. 갈등(종종 부조화dissonance라고도 함)이 있는 곳에서는, 우리는 신념을 억제하거나, 신념을 바꾸거나, 새로운 신념을 추가함으로써 이를 줄이려는 동기를 갖게 된다. 우리는 어느 쪽이든 더 쉬운 방법을 택하며, 다른 갈등을 일으키지 않고 신념을 바꿀 수 있다면 대체로 그 방법을 받아들이며, 그렇지 않다면 억압suppression을 선호한다.

많은 경우 상충되는 평가를 해결하는 것은 불가능하다. 평가가 행위에 대립하는 함의를 가질 때, 그리고 이러한 갈등이 억제, 추가 또는 변경하는 방식으로 해결되지 않을 때, 평가가 우리의 동기에 영향을 미칠 방법은 매우 다양하다.

분석적 추론과 선택

분석적 추론과 비용-편익 분석은 흔히 하는 활동의 한 부류에 불과하지만, 이 안에서도 특정한 행동 방침에 가치를 부여하는 경로는 매우 다양하다. 이것이 바로 선택 이론과 '의사결정 분석'의 영역이다. 상충하는 평가가 행동에 어떻게 기여하는 지에 대해 제안된 설명이 많은데(이를 탁월하게 리뷰한 내용은 Baron 2000 참조), 이러한 이론 중 두 가지가 기대-가치 이론expectancy-value theories과 다속성 효용 이론multi-attribute utility theories이며, 그 외에도 더 많은 이론이 있다.

- 기대-가치 이론: '주관적 기대효용 이론'과 같은 '기대-가치' 이론은 특정 행동 방침으로 성취할 수 있는 결과를 평가하여 수치(효용)로 표현하고, 주어진 행동 방침을 따를 경우 이러한 결과가 발생할 가능도를 판단하여 가중치를 부여하는 이론이다. 이 이론에 따르면, 우리는 각 행동 방침마다 가중 효용을 합산하여 가장 높은 가중 효용을 가진 행동 방침을 따르는 것처럼 행동한다. 예를 들어, 금연 시도와 관련된 평가들이 충돌할 때, 우리는 폐암, 심장 질환 등에 걸릴 매우 부정적이지만 불확실한 전망과 흡연을 통해 얻을 수 있는 긍정적이면서도 즐거움

이 보장된 측면을 저울질하는 것으로 추정된다.

- **다속성 효용 이론**: 다속성 효용 이론은 어느 정도 중요하다고 판단되는 여러 가지 특성에 따라 상충하는 행동 방침을 비교하는 이론이다. 예를 들어, 금연 보조제로 니코틴 패치와 니코틴 껌 중 하나를 선택할 때 흡연자는 사용 편의성, 사용 시 어색한 정도, 비용, 및 효과 등에 가중치를 부여한다고 제안한다. 그런 다음 이러한 각 차원에 대해 옵션 별로 가중치를 부여하고 총가중치가 가장 높은 옵션을 선택한다.
- **상충하는 평가를 처리하는 데 사용되는 방법의 다양성**: 상충하는 평가를 다루는 데 사용할 수 있는 분석 방법에 대한 이론은 널려 있지만, 실세계에서 사람들이 하는 행동을 피상적으로 관찰해 봐도 의사결정이 그러한 규칙을 전적으로 따르는 경우는 거의 없다. 의사결정은 훨씬 더 되는대로 가변적으로 이루어진다. 사람들은 의사결정 과정을 진행하면서 선호도를 따라 일종의 어떤 계산법을 사용하지만, 여기에는 얼마든지 다양한 규칙이 관여하며 기억력의 한계, 불완전한 논리적 추론, 감정적 힘의 영향을 받는다. 분석적 판단과 선택에서 감정의 역할은 재니스와 맨(Janis and Mann 1977)의 **갈등 이론**에서 다루고 있다.

아마도 주목해야 할 가장 중요한 점은 분석적 방법을 사용하여 행동 방침에 부여하는 가치를 계산할 수 있지만, 이는 관련된 하나 이상의 평가에 따라 생겨난 감정 상태와 충돌하기 때문에 동기로 변환되지 않을 수 있다는 것이다. 예를 들어, 흡연자가 금연을 시도할 때 발생하는 비용과 이득을 비교한 결과 이득이 비용보다 크다는 결론을 내릴 수 있지만, 흡연이 주는 즐거움을 포기한다는 생각은 다른 모든 것에 우선시되어 부정적인 감정 상태를 만들어 낸다.

계획 체계

동기유발 시스템에서 가장 높은 적응 단계는 계획과 관련이 있다. 계획은 일어날 행위에 대해 생각을 가다듬거나 여러 가지 숙고할 필요가 있을 때 세우게 된다. 행위가 곧바로 이루어지는 상황이지만 행위가 충분히 복잡하여 이를 구성하거나 계속 진행해 나가기 위해서 최소한의 자의식적인 반성적 사고가 필요할 때 '계획을 즉각immediate plans' 세우게 된다. 아마도 우리의 행위 대부분은 먼저 의식적으로 구성한 다음 이를 구성하는 컴포넌트 행위 수준에서 자동화된 것일 것이다. 행위를 이루기에 적절한 상황이 현재 아닌 경우('적절한 시기나 장소가 아니기 때문') '계획은 유예(지연)delayed plans'되지만, 다른 행위가 우선시되거나, 행위 개시 요건이 지정되지 않았거나, 적절한 행동 방침이 무엇인지 명확하지 않기 때문에 계획이 유예될 수도 있다.

계획은 행위나 일련의 행동 시퀀스에 대한 심적 표상이며, 모호하게 명시되어 있더라도 적어도 어느 정도는 계획에 대한 약속과 시작 조건에 대한 일종의 심적 표상이 함께 들어 있다. 유예 계획은 종종 발생할 사건이나 상황을 예상하여 수립되며, 때로는 현재 상황에 대응하여 마련되기도 한다. 계획에 대한 통찰력 있는 설명은 밀러 등(Miller 1960)에 나와 있다. 이 장의 나머지 부분에서는 주로 유예 계획에 초점을 맞추고, '계획'으로 줄여서 용어를 사용한다.

다이어리와 루틴

우리 중 많은 사람이 약속을 표시하는 다이어리diary를 가지고 있는데, 이는 분명히 특정한 시간에 무엇을 할 것인지에 대한 계획이다. 다이어리가 제공하는 구조 안에는 장단기적으로 다른 종류의 계획을 세울 수 있는 충분한 여지가 있다. 아침에 일어날 때 우리는 하루의 계획을 어느 정도 구체적으로 세우는데, 여기에는 종종 일이나 가정에서 의무적으로 해야 할 일이나 여가 활동이 포함된다.

이러한 계획은 우리의 삶에 '구조structure'를 제공한다. 이러한 계획은 평가와 동기에 따라 이행되며, 새로운 자극과 정보가 밝혀지거나 발생하는 사건에 대응하여 변경될 수 있다.

다이어리에 써 놓지 않더라도 계획하고 있는 것 중 많은 것을 멘탈 다이어리mental diary와 '할 일to-do' 목록 관점에서 생각하는 것이 유용하다. 멘탈 다이어리는 시작 조건이 있는 행동 목록이고, '할 일' 목록은 특별한 시작 조건은 없지만 우선순위가 정해져 있을 수 있다.

멘탈 다이어리는 행동에 영향을 미치기 위해 적절한 시점에 재생되어야 하는 기억에 저장된 심적 표상으로 생각할 수 있다. 여기에는 연합학습 메커니즘과 단서 등 다른 저장된 정보에서 발생하는 것과 동일한 회상recall 과정이 포함된다.

루틴은 예를 들면 시간이나 요일과 연결되어 정기적으로 발생하는 이벤트가 시작 조건이 되는 멘탈 다이어리의 특별한 항목이다. 루틴은 반복성 때문에 다른 우선순위와 경쟁하는 상황에서도 루틴을 유지하는 데 도움이 되는 습관적인 요소를 포함하고 있다(나중에 나오는 연합학습에 대한 논의 참조).

생활방식의 변화 계획

특히 관심을 끄는 것은 금연하거나, 음주량을 줄이거나, 식습관을 바꾸는 것과 같이 행동을 지속적으로 변화시키려는 계획으로, 이런 종류의 계획은 여러 가지 면에서 매우 특별하다.

첫째, 시작 조건은 보통 외부에서 정해지지 않는다. 우리는 언제든 금연을 시도할 수 있으며, 또 그냥 다른 날로 미룰 수 있다. 둘째, 계획은 당장 달성해야 할 구체적인 목표와 수행해야 할 과제가 별개로 된 개별적인 행위 순서가 아니다. 셋째, 구체적인 행위가 계획에 따르지 않더라도 여전히 유효할 수 있다. 따라서 담배를 피우는 사람은 여전히 '금연을 시도하는 중'일 수 있다. 넷째, 계획은 장기적인 행동 패턴과 관련이 있으므로 이에 대한 약속은 무기한 유지되어야 한다.

생활방식(라이프스타일)에 대한 계획은 계획과 실제 행동 간 괴리에 특히 취약한 특성을 가지고 있으며, 실제로도 이러한 현상이 관찰되고 있다. 정해진 기간 내에 변화를 이루겠다는 의사를 밝힌 사람 중 실제로 변화를 시작하는 경우는 극히 일부에 불과하며, 일단 시작하더라도 철회하거나 지키지 않는 경우가 더 많다.

계획과 행동

생활방식을 바꾸려는 계획에서 특히 분명하게 드러나는 것이지만, 행동에 영향을 주려면 그 계획을 상기하고 동기를 끌어내야 한다는 것은 모든 계획에 해당된다. 이러한 동기는 당시 존재할 수 있는 다른 동기와 결합하거나 경쟁하게 된다. 행동에 영향을 미치는 계획이 되려면 적절한 시기에 기억되어야 하며, 계획대로 약속을 지키려면 경쟁하는 모든 동기와 충동을 능가하는 더 큰 동기를 끌어내야 한다.

동기유발 시스템의 영향력 사슬은 원함과 욕망보다는 단순한 충동을, 평가보다는 원함과 욕망을, 저장된 계획보다는 현재 상황적 요인을 우선시하는, 비록 가장 중요한 것은 아니지만 근원적인 고유한 우선순위를 부여한다.

머리 모형

[그림 8-4]는 인간의 동기유발 시스템에 대한 구조를 보여 주는 또 다른 그림으로, 외부에서 들어오는 모든 입력이 이 시스템에 반영되기 위해서는 어느 정도 수준에서 감지되고 해석되어야 한다는 점을 명확히 보여 준다. 이 과정에서 동인이나 정서와 같은 내부 상태가 중요하다.

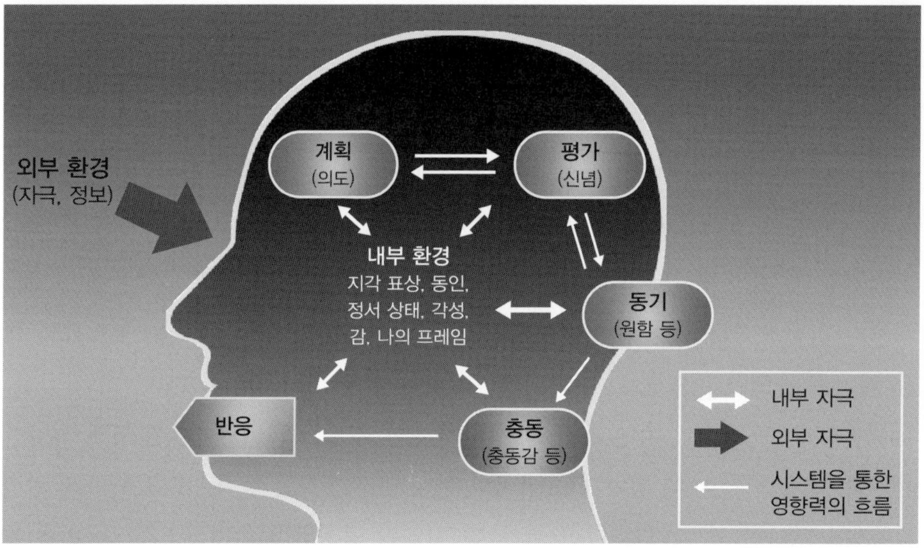

그림 8-4 인간 동기유발 시스템의 '머리' 모형

머리 모형head model은 도식적이지만 [그림 8-3]의 도해보다는 조금 더 나아가 동기와 관련된 해부학적 구조를 반영한다. 요컨대, 구조상 계획 체계는 전두엽 피질에 있고, 평가 체계 또한 피질에 확고하게 위치하며, 동기 체계는 피질과 중뇌에 걸쳐 있고, 충동-억제 체계는 중뇌에 자리하고 있다. 머리 모형은 모든 반응이 입에서 나오는 것으로 묘사함으로써 다소 안 좋아졌는데, 우리의 행동 중 많은 부분이 말하는 것과 관련된 것처럼 보인다!

이 모형에서 계획은 동인, 정서 상태 등과 같은 과정과의 상호작용을 통해 평가 및 동기를 거치지 않고도 반응에 영향을 미칠 수 있다. 예를 들어, 어떤 사람에게는 음주량을 줄이려는 계획을 세우면 불안이 발생하여 시스템의 다른 단계에 직접 영향을 미칠 수 있다.

모멘텀과 관성

행동의 특정 특징, 특히 행위를 시작하거나 시작을 막는 데 필요한 것과 행동을 멈추거나 멈추지 못하게 하는 데 필요한 것의 차이를 이해하기 위해 '모멘텀momentum'과 '관성inertia'이라는 두 가지 개념을 추가한다. 동기유발 시스템은 물리적인 힘과 같은 힘의 시스템으로 생각할 수 있다. 행동을 관찰해 보면 어떤 행위 시퀀스는 일단 시작되면 제때에 발생했더라면 시작을 하지 못하게 했을 사건에 직면해서야 결말을 짓는 경우가 흔히 있는 것 같다(실험 분석에 대해서는 Nevin 1992 참조). 한 번 개시된 행위는 외적 영향에 덜 민감하게 반응하는 것처럼 보인다.

또한 행동을 시작하려는 동기가 있어도 행동을 시작하기가 특히 어려워 보이는 경우도 분명히 있다. 특히 파킨슨병 환자가 대표적인 경우이다. 파킨슨병은 뇌의 운동신경계 장애로 널리 알려져 있지만, 그보다 훨씬 더 광범위하며 환자들은 육체적, 정신적으로 더 크게 피로를 경험한다(Lou et al. 2001). 또한 일부 다발성 경화증multiple sclerosis 환자는 높은 수준의 행동 관성behavioural inertia으로 고통을 겪는 것으로 알려져 있다(Grigsby et al. 1993).

적응: 경험이 동기유발 성향에 영향을 미치는 방식

정서 상태, 평가, 동기 사이의 인과적 연관성 외에도, 동기유발 시스템이 과거 경험에 영향을 받는 4가지 일반적인 방식이 있다. 다음은 이러한 과정에 대해 개관한다(자세한 내용은 Mook 1996 참조).

습관화/민감화

아마도 동기유발 시스템이 경험에 영향을 받는 가장 간단한 방식은 주어진 자극에 대한 습관화/민감화일 것이다. 단순히 자극을 반복하는 것만으로도 쾌락적 가치가 달라질 수 있는데, 어떤 경우에는 쾌락적 가치를 감소시키거나 심지어 반전시킬 수 있고, 어떤 경우에는 부풀릴 수도 있다. 이러한 현상에는 복잡한 역학 관계가 작용하여 습관화된 자극도 시간이 지나면 쾌락적 가치를 회복할 수 있다. 어떤 경우엔 반복해서 자극하면 더 즐거워지기도 하겠지만, 더 반복하면 불쾌해지기도 한다.

- **마비와 증폭**numbing and amplification: 단순한 습관화의 예는 무수히 많다. 예를 들어, 아름다운 장면은 시간이 지나면 감성을 자아내는 능력을 잃게 된다. 민감화의 예도 마찬가지로 많은데, 처음에는 약간 짜증스럽게 느끼는 소음도 반복되면 점점 더 짜증스럽게 느껴질 수 있다.
- **반전**reversal: '후천 기호식품acquired tastes'의 경우처럼 반전도 흔히 일어난다. 아보카도와 같은 과일의 맛은 처음엔 마음에 안 들 수 있지만 곧 엄청 호감을 느낄 수 있다. 마찬가지로, 대부분의 경우 어떤 기분 좋은 감각이나 감각의 세계를 충분히, 빠르게, 연속해서 자주 경험하면, 그 감각에 '지루함'을 느끼게 되고 혐오하게 될 수 있다.
- **적응과 권태(지루함)**boredom: 적응과 궁극적으로 권태는 반복되는 경험의 보편적인 결과이며, 우리가 행동하는 방식에 중요한 영향을 미친다. 처음에는 우리를 즐겁게 해 주던 것이 긍정적인 정서 반응을 불러일으키는 능력을 상실하고 나중에는 불쾌감을 주는 경우가 많다. 임금 인상과 같이 한때 긍정적으로 여겨지던 것이 곧 미래에 일어날 일을 판단하는 기대 수준이 되기도 한다.
- **균형과 향상**balance and enhancement: 이러한 변화를 뒷받침하는 메커니즘은 복잡하고 잘 알려져 있지 않다. 하지만 균형 유지와 개선 노력이라는 두 가지 적응 원칙이 널리 퍼져 있는 것으로 보인다. 균형과 관련하여, 우리가 적절하게 기능하기 위해서는 보상에 의해 동기를 부여받아야 하지만 다른 욕구와 동기를 배제하고 보상에 집착해서는 안 된다. 우리는 장단기적 욕구를 충족시키기 위해 행동을 전환할 수 있어야 한다. 균형과 다양성이 필요하다. 개선의 필요성과 관련하여, 현상 유지status quo에 만족하지 않고 개선하려는 동기를 갖는 것은 분명 적응 우위adaptive advantage에 있다.

외현기억(명시적 기억)

경험에 따라 동기유발 시스템이 변화하는 두 번째 방식은 외현기억explicit memory과 관련이 있다. 즉, 우리는 과거에 일어난 일, 수립한 계획, 느꼈던 감정 등을 기억해 낸다. 이러한 기억력은 동기유발 시스템 내에서 현재 요소를 구성하고 그에 따라 우리의 행동에 영향을 미치는 '심적 표상'을 생성한다. 심적 표상은 시각적 이미지, 소리, 느낌, 냄새, 언어적 표상 등을 포함한 경험의 다소 희석되고 희미한 버전이다.

경험할 수 있는 모든 것은 회상될 수 있으며, 여기에는 계획과 같은 정신적 구성물도 포함된다. 예를 들어, 담배를 끊으려 노력하는 흡연자가 담배를 권유받았을 때 그 순간 금연을 시도하게 된 계기를 기억해 낼 수도 있고 기억하지 못할 수도 있으며, 이는 반응에 영향을 미칠 수 있다.

기억은 저장된 기억흔적engram을 검색하는 것이 아니라는 것은 잘 알려져 있다. 그보다는 단서로부터 심적 표상을 재구성하는 것과 관련이 있으며, 단서가 더 구체적이고 상세할수록 회상에 성공할 가능성이 더 커진다. 그런 이유로 경찰은 잠재적인 목격자의 기억을 살려내기 위해 재구성을 실시한다.

연합학습

경험이 동기유발 시스템에 영향을 미치는 세 번째 방식은 '연합학습'이다. 연합학습은 뇌 기능의 보편화된 특징이며 다양한 양상을 띠는데, 다음에서는 아주 개략적인 사항만 설명한다.

연합학습 메커니즘에 대해 가장 잘 기록하고 있는 것은 '파블로프식 조건형성'('고전적 조건화'라고도 함)과 '도구적 학습'(또는 '조작적 조건화'라고도 함)이다.

파블로프식 학습

파블로프식 조건형성Pavlovian learning은 한 자극(조건 자극)이 다른 자극(무조건 자극) 앞에 선행하여 이 자극을 예상하고 두 번째 자극에 대한 심적 표상을 유발하며 동기유발 시스템의 요소를 형성할 수 있다. 이는 조건 자극이 예기 반응(예: 경고 신호를 받으면 두려움을 느끼는 것)을 유발하거나, 무조건 자극에 대해 발생할 수 있는 반응과 유사한 반응(예: 즐거운 경험과 연관된 멜로디를 들으면 즐거움을 느끼는 것)을 유발할 수 있다는 의미이다.

도구적 학습

도구적 학습은 과거에 어떤 행동을 했을 때 어떤 일이 일어났는지에 따라 행동에 미치는 단서의 효과에 영향을 준다. 이는 충동이나 억제력의 생성 또는 억제력의 감소로 이어질 수 있다.

- 충동 생성: 먼저 충동에 대해 살펴보면, 도구적 학습은 자극(단서)이 있을 때 해당 단서를 만나 한 특정 행동이 이전에 어떤 동기를 충족시켰던 경험이 있었다면(예: 동인 감소) 그 행동을 하고픈 충동을 유발하는 것이다. 동기를 충족시키는 자극을 '강화물'이라고 한다. 고전적인 예로, 굶주린 쥐가 특정 색상의 불빛이 있는 곳에서 반복적으로 먹이를 주면 지렛대를 누르는 방법을 학습하는 것을 들 수 있다. 이 과정의 역학 관계는 복잡하지만, 충동의 강도는 (어느 정도까지는) 과거에 해당 순서가 반복된 횟수와 충족된 동기의 강도와 분명히 양의 상관관계가 있다.
- 억제력 생성: 억제력으로 시선을 돌려 보면, 도구적 학습은 행동 억제의 계기가 되는 자극(단서)이 있을 때 해당 단서를 만나 한 특정 행동이 이전에 부정적인 정서 상태를 일으켰던 경우 억제를 하게 된다. 항상 그런 것은 아니지만, 종종 부정적인 정서 상태(예: 괴로움, 싫음)는 부정적인 쾌락 상태(예: 불편함)로 인해 생성되는 경우가 많다. 행동이 원하는 결과를 만들어 내지 못할 때도 억제를 하게 된다. (역자 주: 부정적 쾌락 상태는 쾌락적응hedonic adoption, hedonic treadmill의 일환으로 보임)
- 억제 감소: 도구적(조작적) 학습 메커니즘은 예상되는 처벌이 일어나지 않을 때 억제를 감소시킬 수 있다. 이 외에 억제력을 낮추는 다른 요인으로 일부 정신장애나 약물 등이 있고, 자아 인식의 감소도 억제력을 감소시키는 데 일조한다.

  이 이론은 정기적으로 발생하는 행동에 대한 처벌 확률이 너무 낮아 가해자가 웬만한 경우에도 '처벌을 무사히 빠져나간다면,' 처벌받지 않는 것이 보상이 될 것이고 이는 억제력 감소로 이어져, 처벌을 받더라도 처벌에 반응하지 않을 정도까지 습관이 형성될 수 있다고 예측한다.

- 의식적 인식conscious awareness: 도구적(조작적) 학습은 쾌락이나 불편함을 의식적으로 인식할 필요가 없으며 또한 단서, 활동, 보상 또는 처벌이 연결되어 있다는 사실을 의식적으로 인식할 필요도 없다는 점에 유의해야 한다. 다시 말해서, 평가나 명제적 지식이 필요하지 않다.

습관

'습관'이라는 용어는 연합학습으로 인해 상당 부분 무의식적인 힘의 지배를 받는 행동을 설명하는 데 사용되어 왔다. 습관은 어떤 실체가 아니라 연합학습 이력 덕분에 행동에 붙은 특성으로 생각하는 것이 더 정확할 것이다. 따라서 어떤 행동이든 그것이 어느 정도 '습관적'인지 평가할 수 있다.

루틴은 일반적으로 시간과 요일과 연결되는 중요한 습관적 측면을 가진 행동으로 생각할 수 있다. 루틴은 자의식적인 실행 의도 없이 진행되는 것이지만, 상황이 개인에게 의도를 형성하도록 상기시키고 습관적인 메커니즘이 일련의 행위 시퀀스대로 실행되도록 뒷받침된다는 점에서 '자동적'은 아니다.

모방학습

경험이 동기유발 시스템에 영향을 미치는 네 번째 방식은 '모방학습imitation learning'이다. 손다이크Thorndike는 모방을 '어떤 행동이 행해지는 것을 보고 배우는 것'이라고 정의했다(Thorndike 1898). 심리학자들은 설명보다 관찰을 통해 배우는 것이 훨씬 쉽다는 사실을 오래전부터 알고 있었다. 그러나 사람들이 힘 안 들이고 모방하는 것에는 '대응 문제correspondence problem'를 야기한다(Heyes 2001). 우리가 계속해서 근육을 활성화하면 그 성과를 목격하게 되는데, 어떻게 시각 정보를 운동 출력과 쉽게 일치시킬 수 있을까? 이 분야 전문가들은 모방에 특화된 독특한 학습 체계를 제안하는 반면, 다방면의 지식을 갖춘 사람들generalists은 연합학습과 행동 통제action control의 일반적인 메커니즘으로도 충분하다고 제안한다(Brass and Heyes 2005). 거울 뉴런mirror neuron의 발견은 독특한 신경 구조로부터 인풋을 받는다는 제너럴리스트들의 솔루션에 손을 들어 준다(Catmur et al. 2009).

모방 능력은 새로운 기술과 행동을 효율적으로 학습하는 데 굉장히 유용한 적응 능력이다. 그러나 많은 연합학습과 마찬가지로 모방학습은 자동으로 행동에 영향을 끼칠 수 있으며, 특정 상황에서는 중독을 조장할 수 있다. 예를 들어, 흡연자는 잘 모르는 사람의 흡연도 자동으로 모방한다. 한 심리 실험에서 자연스럽게 쉬는 시간을 갖는 동안 실험 공모자가 피우는 담배의 양이 실험 대상자가 피우는 담배 개비 수 차이의 35%를 설명해 내었다(Harakeh et al. 2007). 뿐만 아니라, 수동적인 모방은 적극적으로 담배를 권유받았는지 여부보다 청소년 흡연을 더 잘 예측할 수 있는 지표로 나타났다(Harakeh and Vollebergh 2012).

'표상 체계', 의식 그리고 이중과정 모형

아주 개괄적인 수준에서 인간의 동기유발 시스템의 구조와 기능, 그리고 시간이 지남에 따라 그리고 경험을 통해 적응하는 주요 방식을 분석하여 전체적인 윤곽을 제공했으므로, 이제 이와 관련된 몇 가지 구체적인 이슈들을 살펴볼 수 있다. 그중 하나가 바로 의식의 역할이다.

지금까지 자극, 정보 및 심적 표상에 대해 언급을 해 왔는데 이제 이에 대해 좀 더 상세하게 살펴볼 필요가 있다. 휴리스틱heuristic을 활용하면 우리는 동기유발 시스템과 마찬가지로 '표상 체계'를 서로 그리고 외부 환경과 상호작용하는 요소들의 집합으로 생각할 수 있다.

인간의 뇌는 개체(사물, 자료, 시나리오, 사건 및 이들의 특징)를 아이콘으로iconically 또는 명제적으로 표현할 수 있다. 아이콘 표상은 감각으로 느낀 개체의 특징을 인코딩한다. 따라서 머릿속에 떠오르는 시각적 이미지는 기억해 낸 것이든, 상상한 것이든, 즉각적인 감각에서 파생된 것이든 간에 모두 아이콘이 된다. 즐거움이나 고통과 같은 느낌을 기억하거나 상상하는 것 역시 아이콘 표상에 해당한다. 명제적 표상은 언어를 통해 표현할 수 있는 상징계symbolic 표상이다.

자극과 동기유발 사이의 연결고리인 심적 표상

가장 먼저 말해야 할 것은 동기유발 시스템과 마찬가지로 행동에 영향을 주는 것은 주어진 시간에 활성화되는 심적 표상이라는 것이다. 몸의 안팎에서 발생하는 자극은 표상을 생성하며, 이러한 표상은 단순한 감각 경험부터 복잡한 명제에 이르기까지 다양한 수준의 유동적인 정보 매트릭스로 구성되어 동기유발 시스템에 '뒤덮인다.' 과거에 경험한 덕택에 표상 체계에 잠재해 있는 정보와 신경 구성요소들 사이의 연결을 변경하는 정보가 당시 활성화된 심적 표상을 만들어 냄으로써 동기유발 시스템에만 영향을 미치는 것이다.

심적 표상에는 즉각적으로 떠오르는 자극보다 훨씬 더 많은 정보가 포함되어 있다. 심적 표상은 '해석'을 수반하는데 이 해석이 심적 표상이 동기유발 시스템에 미치는 영향에 핵심적인 역할을 한다. 한 가지 분명한 예로, 고통의 느낌은 해석에 따라 고통스러울 수도, 견딜 수 있을 수도, 기쁘게 받아들일 수도 있는데, 즉 이는 고통이 무엇을 의미하느냐와 관련이 있다.

'변화'의 중요성

인간이나 동물들이나 동기유발 시스템은 안정된 상태가 아닌 변화에 반응한다. 외부의 안정된 상태가 행동에 영향을 미치려면 내부 상태에 변화를 일으켜야 한다(예: 신체적 불편함, 지루함, 배고픔 등). 이러한 변화는 시스템의 일부 요소에서 감지될 수 있어야 하는데, 이는 일반적으로 미적거리는 전환은 같은 변화라도 좀 더 신속히 이루어지는 것보다 효과가 덜하다는 것을 의미한다. 표상 체계의 역할 중 하나는 들어오는 인풋으로부터 변화의 표상을 만들어 내는 일이다.

동기유발 상태는 표상될 수 있다

정의에 따르면, 경험할 수 있는 모든 것은 표상할 수 있고, 또한 재생할(회상할) 수도 있다. 여기에는 원하는 느낌과 충동감뿐만 아니라 우리가 사물에 대해 믿음을 형성했다는 사실도 포함된다.

동기유발 상태를 나타내는 이러한 능력을 통해 우리는 새로 생긴 원함과 평가를 공식화할 때 이를 고려할 수 있으며, 또한 우리가 원하는 느낌을 전달하고 평가한 것을 표현할 수 있다. 그러나 원함이나 기타 동기유발 요소를 경험하는 것과 동기유발 요소 자체가 동일하지 않다는 점을 인식하는 것이 꼭 필요하다. 동기유발 요소에 대한 경험은, 예를 들어 추론 등을 통해 다른 동기유발 요소를 만드는 데 사용되지 않는 한 행동에 영향을 미치지 않는다. 따라서 우리는 원하는 것이 있다는 것을 알아차리고 이를 성취하기 위해 계획을 세울 수 있지만, 행동하도록 동기를 부여하는 것은 계획이다.

의식

의식적 처리와 비의식적 처리는 차이를 두어 왔다. 우리의 행동에 작용하는 정보와 힘의 극히 일부분만이 어느 시점에서든 의식적으로 떠올려진다. 의식적 마음conscious mind은 매우 제한된 용량을 가지고 있다. (역자 주: 의식적 마음은 행동을 결정하는데 작용하는 것은 사건이 아니라 사건에 대한 평가, 의식적 반응이 일어나는 영역이라는 견해를 반영하는 것으로 보임)

지금까지 설명한 요소는 (시스템 내에서 작동하는 것과 동일한 동기유발력을 통해 일어나는) 의지 행위를 통해 또는 요소 자체의 특성 때문에 의식적으로 인지하게 된다. 여기서 벌어지는 일은 비의식적인 정보 처리가 종종 현저성이라고 부르는 특별한 속성을 갖는 표상을 형성하며 의식적 내용으로 인지하도록 주의를 집중하게 만든다는 것이다.

의식적 인식은 특정 정신 기능, 특히 추론을 통한 신념의 전개와 언어를 통한 의사소통 발달에 필요하다. 추론은 내적 독백inner monologue을 통해 수행되며, 일종의 속기 언어인 축어적 표현을 사용하여 세계의 상태를 생성하고 표현하며 이로부터 일어날 수 있는 새로운 상태를 추정해 낸다.

PRIME 이론과 이중과정 모형

PRIME 이론은 '자동적' 과정과 '반성적' 과정을 구분하는 가치를 인정한다. 그러나 (1) 다단계로 된 영향력의 위계가 존재하며, 반성적 과정은 행동을 일으키는 직접적인 경로를 갖기보다는 자동으로 진행될 수 있는 과정에 작용해야 한다는 것을 사실로 받아들이며, (2) 정서적 목표(원함 및 필요)에 관여하는 자동적 과정과 자극-충동 연합에 관여하는 자동적 과정 간 근본적인 차이를 인식한다는 점에서 고전적인 이중과정 모형dual process models(예: Strack and Deutsch 2004)과는 다르다. [그림 8-5]는 프라임 이론에서 말하는 동기유발 구성개념 중 어떤 것이 '반성적'이고 어떤 것이 '자동적' 인지를 보여 준다.

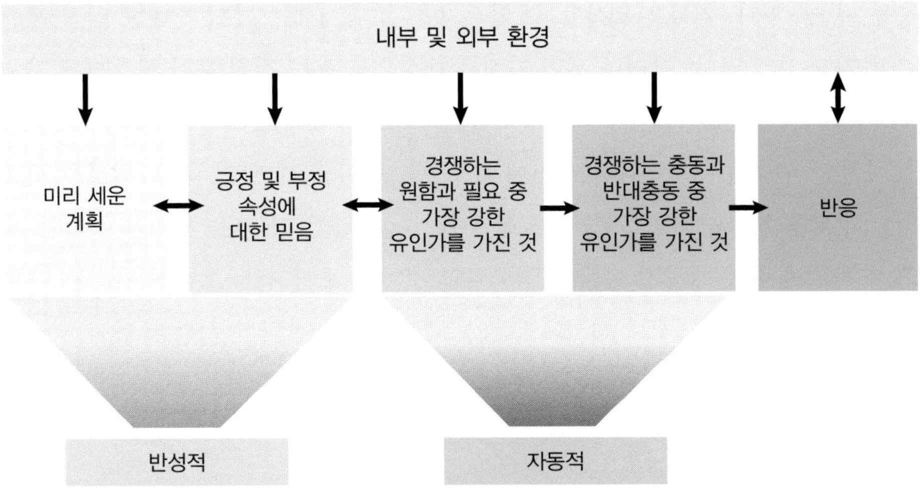

그림 8-5 반성적 또는 자동적 라벨로 표시된 별개의 구성개념을 가진 PRIME 이론

자기(자아) 및 자기통제

자기와 정체성

우리는 우리 자신에 대한 심적 표상을 형성할 수 있으며 이것이 우리의 '정체성' 또는 '자기'를 구성한다. 다른 심적 표상과 마찬가지로 이들은 주의를 기울일 때 존재를 드러내고, 시간에 따라 달라지며, 얼마나 일관되게 유지되고 있는지 또 자기 정의가 잘 되어 있는지도 다르고, 평가와 정서 상태 및 동기에 영향을 미친다. 우

리는 자신에 대해 생각할 때 우리가 좋은 사람인지 나쁜 사람인지, 도덕적인 사람인지 부도덕한 사람인지, 유용한 사람인지 쓸모없는 사람인지에 대한 믿음을 갖고 있다. 또한 자신을 좋아하는지 아닌지, 현재의 모습에 만족하는지 아닌지, 그리고 되고 싶은 모습과 그렇지 않은 모습에 대한 감각도 가지고 있다.

자아의식(자각)

대부분의 경우 우리는 자의식적, 즉 자신의 상태를 의식하고 살아가지 않는다. 충동, 동기, 평가, 계획은 의식할 수 있겠지만 그 당시에는 자신에 대한 심적 표상은 가지고 있지 않다. 그러나 우리 자신을 대상으로 하는 심적 표상에 주의를 기울여야 할 때가 있는데 그 경우 자기통제를 할 수 있을 것이다.

'자기'는 우리의 머릿속에서 우리에게 무엇을 해야 할지 알려 주고, 때로는 제한적인 성과를 거두는 지속 가능한 호문쿨루스homunculus가 아니다. 우리가 생각할 때 그 자체로 항상 존재하기 때문에 영구적인 것처럼 보이지만, 오히려 자기는 다른 정신적 사건과 마찬가지로 생성되어 잠시 마음속에 머물다가 다른 표상이 떠오르면 대체되는 대상으로서 우리 자신에 대한 심적 표상의 집합이라 할 수 있다.

자기통제

자기통제는 우리 자신과 관련된 심적 표상과 동기유발 시스템에서 자신에게 부여하는 평가와 동기에 미치는 영향이다. 예를 들어, 내가 비흡연자가 되기로 결심해서 비흡연자가 되기를 원한다면, 담배를 권유받았을 경우 그 심적 표상이 촉발되는 한 권유를 받아들일지 말지를 결정하는 데 영향을 미친다. 이러한 결정은 담배를 피우고 싶은 충동, 담배에 대한 욕구, 담배를 피울 때 발생하는 비용과 이익에 대해 내리는 평가에만 의존하는 것은 아니다.

자기통제는 우리가 원하지 않는 일을 하도록 유도하거나 해가 될 수 있는 짓을 저지르고 싶은 충동을 억제하는 데 중요한 역할을 하는 경우가 많다. 자기통제는 단지 원함이나 충동보다 평가를 우위에 둔다거나 단기적 필요보다 장기적인 목표에 우위를 두고 하는 것이 아니라는 점에 유의하는 것이 중요하다. 자기통제는 우리가 원하는 방식이나 모습에 대한 표상에서 파생되는 모든 평가, 계획 또는 동기를 포함한다. 자기통제가 어떻게 작동하는지 탁월하게 설명한 내용은 바우마이스터 등(Baumeister 1994)에 나와 있다.

이러한 표상과 이와 관련된 정서 상태 및 평가는 이미 설명했던 과정을 통해 어린 시절부터 발달한다. 이 이론에 따르면, 자기를 괴롭힌 사람에게 무의식적으로 맹렬히 비난하는 것을 참는 것은 자기통제의 예로 여기지 않는다. 그 참는 일이 자기에 대한 심적 표상과 관련되고 충동보다 더 우선하는 도덕적 속성이나 기타 자아의 속성을 따를 각오를 보이는 경우에만 자기통제의 사례가 될 수 있다.

정체성과 자기 가치

근본적으로 중요한 것은 우리의 전반적인 자기 평가self-evaluation, 즉 자기 가치self-worth에 대한 의식이다(McIntosh and McKegany 2001; Crocker and Nuer 2004; Crocker and Park 2004; DuBois and Flay 2004; Pyszczynski and Cox 2004; Pyszczynski et al. 2004; Sheldon 2004 참조). 이는 우울증과 같은 보편적 정서 상태와 자신의 모습을 좋아하거나 싫어하는 것과 같은 대상적 정서 상태에 스며들어 강력하게 영향을 미치며, 또한 이러한 정서 상태에 강하게 영향을 받는다. 동기유발 시스템 내의 모든 인과적 연결은 우리가 생각할 수 있는 다른 모든 대상이 그러하듯이 정체성에 영향을 미치기도 하고 영향을 받기도 한다.

우울한 사람들은 스스로를 무가치한 존재로 생각하는 경향이 있다. 동기유발에 관한 한 이러한 믿음은 원함과 평가에 큰 영향을 미칠 수 있다. 자신이 무가치하다고 생각하면 자신의 안녕을 덜 소중히 여기고, 자신에게 해를 끼치는 활동에 대해 자제력을 발휘하려는 경향이 줄어든다. 자신이 무가치하다고 생각하면 약물 복용을 포함해 그러한 감정을 무감각하게 만들거나 그 감정에서 벗어나게 주의를 딴데로 돌리거나 심지어 자기 가치 의식이 높은 사람보다 자존감self-esteem에 더 많은 보상으로 북돋우는 다양한 활동을 찾을 것이다.

헤로인을 주사하고 중독의 증거를 보이는 사람들 가운데 어린 시절 학대를 당하고 자존감이 매우 낮은 사람이 얼마나 많은지 놀라울 뿐이다. 물론 다른 여하한 단일 관찰 결과에서 보는 것처럼 다른 설명도 있겠지만, 낮은 자존감은 확실히 이러한 관계를 설명하는 데 적합한 후보이다. 이러한 경우 병리는 강박적인 사용 패턴의 발달에 있는 것이 아니라 해로운 약물을 주사하는 것이 합리적 선택이라는 자기감sense of self에 있을 수 있다.

자기와 범주형 라벨

자기통제의 관점에서 볼 때 우리의 정체성에서 특히 중요할 수 있는 측면이 있는데, 바로 '범주형 라벨(레이블, 꼬리표)categorical labels'이다. 이것은 경계가 명확하고 확실한 자기 신념이다.

채식주의

예를 들어, 어떤 사람이 자신을 채식주의자vegetarian라고 분류할 수 있는데, 반면에 그는 일부 육류의 맛을 좋아해서 때때로 그 맛을 경험하고 싶어 한다. 만약 그가 '채식주의자'가 아니라면 가끔씩 그 욕망에 굴복할 것이고 또 그 맛이 상상했던 것만큼 즐겁게 해 줬다고 가정하면 거기서 멈출 특별한 이유가 없어 곧 고기를 꽤 많이 먹게 될 것이다.

그가 채식주의자라는 사실이 아주 적은 양의 고기조차도 절대 먹지 못하게 방해한다. 만약 그가 소고기나 참치 샌드위치 하나를 먹게 된다면 그는 채식주의자가 아닐 것이다. 평소에는 고기를 안 먹지만 가끔은 먹는 사람일 것이다. 그는 그렇게 되고 싶지 않다. 채식주의자가 되는 것은 그가 스스로에게 부여하는 가치에 중요하다. 비록 가죽 구두를 신고 동물의 사육과 도살을 착취하는 사회로부터 이익을 얻는 것에 자의로 선을 긋고 있음을 인식하고 있긴 하지만 말이다.

요점은 이것이 그의 마지노선이고, 그는 그것을 지키기 위해 최선을 다한다는 것이다. 그의 정체성은 특정 행위와 관련하여 원함과 평가가 왔다 갔다 하며 영향을 미치는 이상으로 자신의 행동에 영향을 미친다. 정체성은 그가 할 수 있는 일에 절대적인 한계를 설정한다. 범주형 자기 라벨링self-labelling은 '행동 뒤틀림(행동 크리프)behaviour creep'이라고 불리는 현상을 방지하는 수단으로, 단발적인 활동이 개인이 피하고 싶은 규칙적인 패턴으로 굳어지는 경향을 방지한다.

'전 흡연자' 라벨

이제 중독이라는 주제에 좀 더 가까운 예를 생각해 보겠다. 대부분의 사람은 자신을 흡연자나 비흡연자로 생각하는 것이 분명하다. 담배를 피우는 모든 사람이 자신을 흡연자라고 생각하는 것은 아니며, 더 이상 담배를 피우지 않는 사람들 가운데 일부는 여전히 자신을 흡연자라 생각한다. 그러나 자신을 흡연자 또는 비흡연자로 생각하는 것이 행동에 영향을 미친다고 믿을만한 이유가 있다.

예를 들어, 한 연구에 따르면 금연을 시도하고 일주일을 버틴 흡연자의 약 절반이 자신을 '전 흡연자ex-smoker'로 생각하는 것으로 나타났다(West, 당시 출간 준비). 이는 일주일을 버틴 사람의 4분의 3이 1년을 넘기지 못한다는 점을 감안하면 낙관적으로 보일 수 있다. 하지만 자신을 전 흡연자로 딱지를 붙였던 응답자의 거의 절반이 6개월 이상 금연을 지속했던 반면, 그러한 정신적 전환을 하지 않은 사람은 단 한 명도 금연에 성공하지 못했다.

인간 행동에 대한 수많은 관찰이 그러하듯, 왜 그래야 하는지 그 이유를 떠올리기는 쉽다. 예를 들어, 정신적 전환을 하지 않았던 사람들은 아마도 경험에서 비롯된 것일 수 있는데, 말하자면 그들은 이전에 여러 번 시도했다가 실패한 경험이 있는 사람들일 수 있다. 실제로 또 다른 증거에 따르면, 그들이 비흡연자라고 선언한 사람들보다 실패할 것이라고 믿을 만한 이유가 더 이상 없었다.

혹은 담배를 피우지 않았다고 말했지만 실제로는 가끔 담배를 피웠을 수도 있는데 확실하게는 알 수는 없다. 그러나 이 연구에서는 그들이 진실을 말하지 않았던 이유나 금연을 시도한 지 일주일이 지나도록 흡연 사실을 밝히지 않았다가 나중에 시인하는 이유를 특별히 찾을 수 없었다. 즉, 비흡연자가 되는 것에 대한 도덕적이나 금전적 유인이 없었다. '전 흡연자' 라벨이 담배를 피우지 않도록 추가로 동기를 부여하는 힘이 되어 주었기 때문이라는 설명이 가능한데, 이는 현재 스스로를 흡연자라고 규정했다는 사실에 기인한다. 이로 인해 그들은 추가로 상당한 의지를 갖고 매진했던 것이다.

정체성과 '페르소나'

정체성은 자진해서 정한 금기taboo 이상으로 또 우리에게 일어날 수 있는 좋은 일이나 나쁜 일에 대한 원함과 평가를 넘어 행동에 영향을 미칠 수 있다. 정체성은 다른 사람들이 우리를 바라보는 방식에 영향을 미칠 것으로 생각하는 특정한 방식으로 행동하게 만든다.

우리는 특정한 방식으로 옷을 입고, 걷고, 헤어스타일을 채택하는 등의 행동을 한다. 우리는 세상과 자신에게 투영하는 '페르소나persona'를 개발한다. 우리가 왜, 어떻게 그러한 페르소나를 개발하는지, 그리고 그것이 인생의 과정에서 어떻게 변화하는지는 그 자체로 하나의 연구 분야이지만, 그것이 우리에게 깊게 영향을 미친다는 것은 의심할 여지가 없다. 반항아나 무법자 페르소나, 심지어는 '존경할 만하고, 지루하고, 위선적인 중류 사회의, 중년의 미국 중산층'의 눈에 비친 두려움과 증오심으로 가득 찬 페르소나는 많은 젊은이와 일부 노인에게 호감이 간다는 것은 잘 알려져 있다. 자신에 대한 이러한 표상에는 종종 자신과 다른 사람들의 안녕에 대한 무모한 방종이 들어 있으며, 결국에는 약물을 주사하는 것과 같은 특정 행동에 수반되는 위험을 달갑지 않게 여겨야 하는데도 그렇지 않고 바람직한 것으로 만들 수 있다.

미래 가능성으로서의 자기

다른 대상과 마찬가지로, 우리도 미래의 가능성, 즉 우리가 될 수 있는 모습에 대한 심적 표상을 형성할 수 있다. 다른 상상하는 대상과 마찬가지로 이러한 표상은 우리에게 매력적이거나 혐오스러울 수 있으며, 동기의 타깃이 될 수 있다.

따라서 우리의 정체성을 구성하는 많은 요소는 나는 이런 사람이 되고 싶다, 나는 이런 사람이 되어야 한다와 같은 욕망과 연결되어 있다. 다른 모든 표상과 마찬가지로, 정체성은 어느 정도 특이성과 완전성을 띨 수 있으며 어떤 것이든 욕망과 평가도 딸려 있다. 하지만 정체성은 우리 자신을 표현하는 것이기 때문에 특별하며, 어떻게 보면 우리는 우리 자신의 세계의 중심에 있다. 따라서 정체성에는 통상 다른 표상이나 상상의 산물보다 자기에 전념하려는 고도의 헌신과 욕망이 깃들어 있다.

정신적 노력과 동기유발 자원

자기통제를 발휘하려면 '노력effort'이 필요하다(Gaultney et al. 1999 참조). 이 개념은 '피로/피곤함'을 초래한다는 점에서 육체적 노력의 개념과 유사하며, 지속적인 소모로 인해 고갈되기 때문에 '동기를 유발할 자원'이 필요하다.

이러한 노력과 지각 작용의 생리학적 근거에 대해 추측해 볼 수 있겠지만, 생각과 관련된 신경 경로에서 세포의 에너지 사용량과 비축량을 모니터링할 수 있는 내부 감각계가 관련되어 있을 수 있다. 의식적인 (반드시 자의식적일 필요는 없음) 사고에 필요한 신경 경로의 세포가 자원이 고갈되면 취약하다는 것은 인간과 기타 많은 동물이 잠을 자야 하는 이유를 뒷받침할 수 있다.

정신적 노력 외에도 여러 가지 요인으로 인해 동기유발 자원이 고갈될 수 있다. 이 중 가장 중요한 것은 아마도 우울 기분depressed mood일 것이다.

정신적 및 육체적 피로는 생각이나 행위를 지연시키고 회복을 가능하게 하는 동인 상태로 생각할 수 있다.

우리에게 동기를 유발하는 것

상기한 모든 논의에서는 무엇이 우리로 하지 않을 수 없게 만들고, 무엇이 우리를 움직이고, 우리가 원하는 것이 무엇인지, 우리가 좋고 나쁘다고 생각하는 것이 무엇인지 등 우리에게 동기를 유발하는 세부 사항에 대해서는 거의 관심이 없었다. 이 주제는 수 세기 동안 철학자와 최근에 와서는 심리학자, 사회학자, 경제학자의 저술에서 상당한 논쟁의 대상이 되어 왔다. 다음은 이러한 아이디어가 이번 이론에 어떻게 부합하는지 아주 간략하게 개괄한 것이다.

수레 은유

현재 이론에서는 무엇이 행동을 밀어붙이는지push, 무엇이 행동을 끌어내는지, 무엇이 행동을 지연시키는지 관점에서 이를 살펴볼 것을 제안한다. 일단 움직이기 시작하면 행동이나 행동의 기반이 되는 시스템은 특정한 운동량(모멘텀)을 갖게 된다. 아마도 도움이 되는 은유로는 수레를 떠올릴 수 있는데, 수레는 말이 끌고, 아주 힘센 농장 노동자가 밀고, 진흙과 수레 자체 무게로 인해 지체되지만 일단 움직이면 멈추기 어려운 관성을 지니고 있다.

밀어붙이기

당면한 환경에 대한 반사적인 반응, 자동 충동 그리고 감정적 반응이 행동을 밀어붙인다. 자존감이나 소중히 여기는 것에 대한 좌절과 위협은 분노의 감정을 유발하여 공격적인 충동으로 몰아간다. 결과는 안중에도 없다.

끌어내기

동기와 평가가 행동을 이끌어 낸다. 의식적이든 아니든, 미래에 일어날 일에 대한 심적 표상은 경험상 또는 추론을 통해 그 일을 초래하거나 예방할 수 있다고 생각되는 행위를 하고 싶은 충동을 불러일으킨다. 여기서 두 가지 지배적인 경험은 만족과 고통으로, 이를 유발하는 원인은 사람마다 다르다.

만족

만족(만족감)은 촉각, 시각 등 몸으로 느끼는 기분 좋은 감각에서 비롯된다. 또한 우리가 관심을 가지는 것을 창작하고 보존하고 증진하는 데서도 만족을 얻는다. 우리가 관심을 가지는 대상은 사람마다 다르지만, 일반적으로 우리 자신, 가까운 사람들, 종종 다른 동물, 때론 소유물이나 예술 작품과 같은 무생물을 포함한다. 만족은 또한 자존심(자기 존중)self-respect이 지켜질 때나 타인에 의해 존중됨을 느끼는 데서 비롯되며, 다른 사람보다 어떤 면에서 우월함을 느끼는 데서 비롯되는 경우가 많다. 또 영향력을 행사하는 데서 비롯되기도 한다. 어떤 사람들에게는 지배력을 확보함으로 만족감을 드러낼 수 있고, 또한 신이나 더 높은 권위에 순종하는 데서 비롯될 수도 있다. 정신적 또는 육체적 고통이 완화될 때 비롯되기도 한다. 또한 개인적인 도덕적 정의감을 충족시키는 사건에서 경험하기도 한다. 만족은 우리 스스로 설정했거나 우리에게 부과되었던 목표를 달성하는 데서 비롯된다. 만족은 우리가 동일시하는 사람들에게 일어나는 좋은 일을 볼 때 비롯되며, 특히 중요한 것은 우리가 애정을 느끼는 사람들로부터 애정을 받는 데서 만족한다는 사실이다.

고통

고통은 우리가 소중히 여기거나 동일시하는 사람이나 사물에 불편한 느낌을 받거나 해를 끼칠 때 겪는다. 고통은 수치심, 당혹감, 낮은 자존감 및 외로움에서 비롯된다. 또 목표를 달성하지 못하는 데서도 비롯된다. 우리가 보기에 부당하게 대우를 받았을 때, 그리고 옳은 것을 분별할 수 있는 개인적인 감각(사적인 잣대)을 위반하는 사건에서 파생될 수도 있다.

예측과 설명

이러한 모든 만족과 고통의 출처를 고려해야 하기 때문에 동기에 작용하는 힘을 계산하는 것은 매우 복잡할 수 있으며, 자신 있게 예측하는 데 필요한 정보가 없는 경우가 매우 많다. 여기에 행동을 밀어붙이는 습관과 충동까지 더하면 행동을 예측하는 것이 어렵다는 것은 더욱 명확해진다.

마찬가지로 행동에 영향을 미칠 수 있는 이러한 모든 요인이 잠재적으로 존재하기 때문에 일반적으로 일단 행동이 발생하면 이를 설명하는 일은 쉽다. 따라서 우리는 종종 행동에 대한 정확한 예측을 만들어 낼 수 없는 상황에 처하지만, 행동이 발생하면 다양한 설명을 제시할 수 있다.

동기유발 시스템의 복잡성과 동기유발 요인의 개인차는 예측을 할 때 종종 지름길을 택해야 한다는 것을 의미한다. 아마도 가장 중요한 지름길은 심리학의 영원한 진리 중 하나인 '과거가 미래를 예측한다'로 요약할 수 있을 것이다. 특정한 상황에 맞닥뜨리게 되었을 때 이전에 특정 방식으로 행동한 적이 있는 사람은 같은 상황에서도 같은 행동을 다시 할 공산이 크다. 이는 당사자 스스로 확고한 믿음을 가지고 솔직하게 자신이 변했다고 선언하는 경우에도 마찬가지이다.

불안정한 마음

지금까지 동기유발 시스템에 대한 설명은 그 역학 관계에 대한 매우 개략적인 아이디어만 포함했다. 시스템 내에서 순간순간 미치는 영향을 고려하는 것이 중요하다는 점과 습관화/민감화, 외현 기억, 연합학습, 모방학습 측면에서 시스템의 가소성plasticity에 대해 간략하게 윤곽을 잡는 정도에 초점을 맞췄다.

그러나 우리가 생각하고, 느끼고, 행동하는 방식에 심오한 영향을 미치는 생리적 시스템을 비롯하여 실제로 인간의 마음 기능에 만연한 특징을 언급하지 않고서는 동기유발 시스템에 대한 고찰은 불완전할 것이다. 이것이 바로 '불안정한 마음'이라는 개념이다.

전자식 비행 제어 시스템

그 명제는 인간의 마음은 본질적으로 불안정하도록 진화했다는 것이다. 불안정한 인간의 마음은 지속적으로 균형 상태를 잡아주는 인풋을 통해 조종되고 움직인다. 이는 현대의 '전자식 비행 제어(플라이 바이 와이어)fly-by-wire' 전투기 설계와 유사하다. 이러한 비행체는 본질적으로 불안정하도록 설계되어 있어서 조종면을 지속적으로 조정하여 제어한다. 이는 컴퓨터가 조종 신호를 해석하여 모터에 제공해 모터를 전자식으로 작동하므로 이러한 조종면을 제어할 수 있는 방식이다.

이 접근 방식의 장점은 비행기의 방향 조종이 아주 쉽다는 데 있다. 비행기의 불안정성은 조종면이 조금만 움직여도 비행기가 새로운 방향으로 날아간다는 것을 의미한다. 단점은 지속적인 균형을 잡아주는 인풋이 없으면 비행기는 통제 불능 상태가 된다는 것이다.

인간의 마음은 이러한 노선을 따라 진화하여 적응력이 뛰어나고, 창의적이며, 환경적 인풋과 우발적 상황에 아주 민감하게 반응하는 것으로 보인다. 하지만 통제 불능 상태가 되는 것을 방지하려면 부단히 균형을 잡아 주는 인풋이 필요하다.

무작위성과 '항동성'

불안정한 마음 개념은 정신 기능의 불안정성이 궁극적으로 모든 생물학적 시스템에서 관찰되는 내재적인 '의사 무작위성pseudo-randomness'에서 비롯된다고 제안한다(Yates 2002). 이 경우 무작위성이란 나뭇잎이 나무에서 떨어질 때 도달하는 위치나 주사위를 굴렸을 때 나올 숫자처럼 시스템의 순간적인 상태가 수많은 작은 영향에 흔들리기 쉬워 예측이 거의 불가능하다는 것을 의미한다.

따라서 신경세포는 조용히 앉아 인풋을 기다리지 않는다. 신경세포는 일반적으로 정해진 낮은 속도로 다소 예측 불가능하게 발화하며, 그 발화 속도와 패턴은 연결된 신경에 영향을 받는다. 신경 다발 수준까지 종합해 보면, 이 과정에 내재된 무작위성은 우리의 중추신경계를 경로가 켜지고 꺼지는 전기회로로 해석할 수 없으며, 오히려 끊임없이 변화하는 '항동성(역동적 균형)homeodynamics' 시스템으로, 우연히 여러 영향이 합쳐져 시스템이 비정상적인 상태로 놓일 때 새로운 상태를 창출하며 놀라운 결과를 선사할 수 있는 시스템으로 해석할 수 있다는 것을 의미한다. 신경다발에서 더 나아가면, 내재된 무작위성은 어느 정도 제거되겠지만 인풋에 시스템이 민감하게 반응하는 것과 때때로 예측할 수 없는 상황은 여전하다.

'균형 인풋'의 중요성

일반적으로 시스템에는 시스템이 영구적으로 혼돈 상태에 빠지지 않도록 충분한 견제와 균형이 존재하지만, 하나의 극단적인 사건이 시스템을 아주 다른 상태로 밀어 넣을 수 있는 상황이 있고, 하나의 사소한 사건이 시스템을 다른 경로로 보낼 수 있지만 그 시점에 견제와 균형으로 시스템을 새로운 상태로 유지하게 되는 상황도 있으며, 또 연이은 작은 사건들로 인해 시스템이 점진적으로 새로운 상태로 더욱 확고하게 자리 잡게 되는 상황 등이 존재한다.

[그림 8-6]은 이러한 가능성을 도식적으로 보여 준다. 이 개념의 중대한 특징은 자극에 대한 반응성뿐만 아니라 균형을 잡아 주는 인풋의 부재로 인해 변화가 발생할 수 있다고 가정한다는 점이다([그림 8-6]의 (e) 참조).

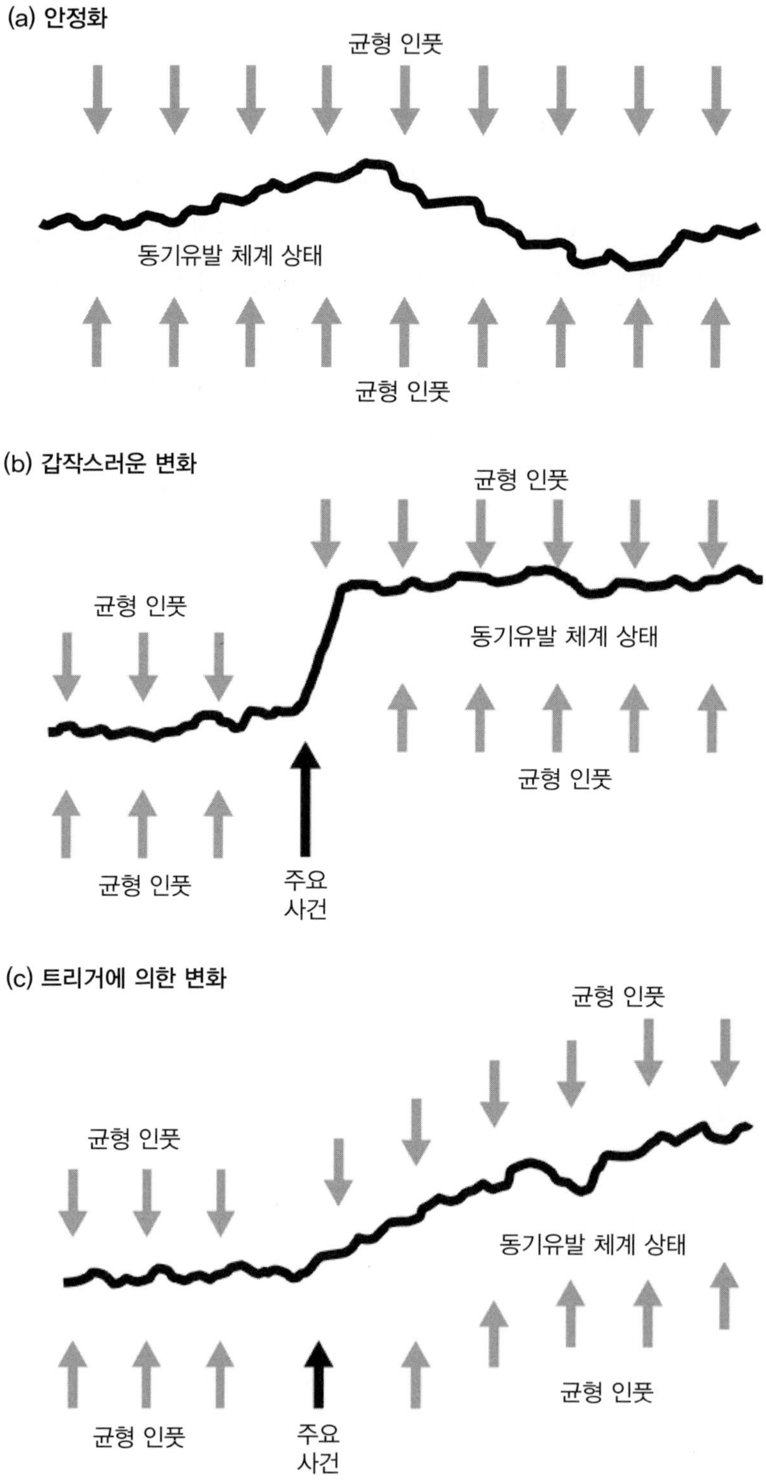
(a) 안정화
균형 인풋
동기유발 체계 상태
균형 인풋
(b) 갑작스러운 변화
균형 인풋
균형 인풋
동기유발 체계 상태
균형 인풋
균형 인풋
주요
사건
(c) 트리거에 의한 변화
균형 인풋
균형 인풋
동기유발 체계 상태
균형 인풋
균형 인풋
주요
사건

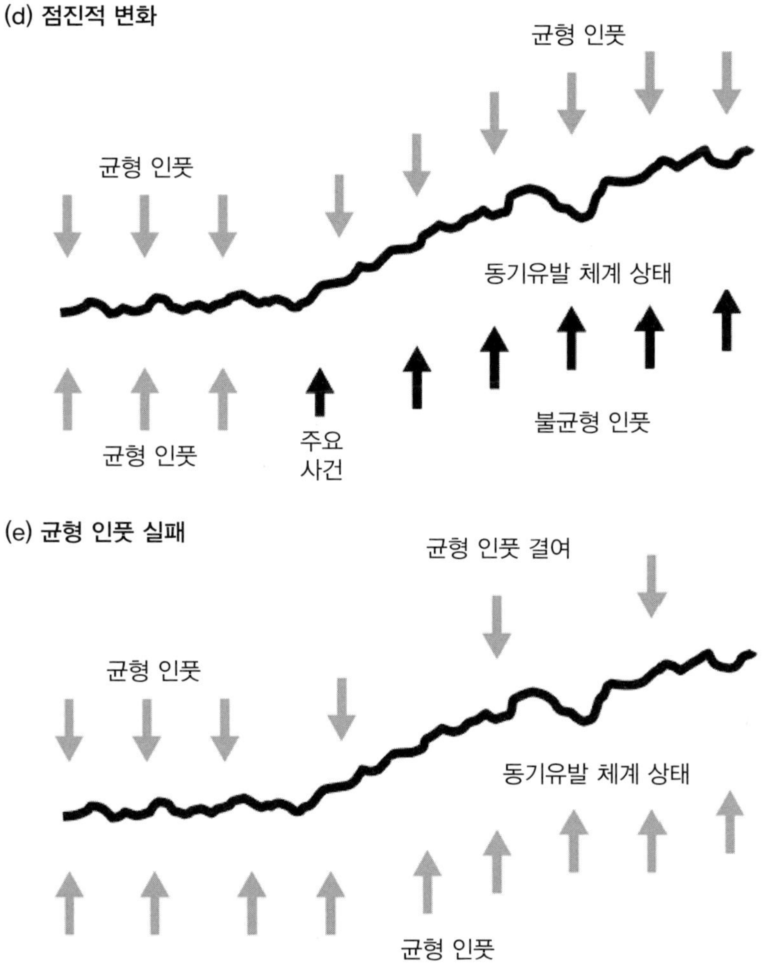

그림 8-6 불안정한 마음의 다양한 궤적의 예

불안정성 패턴의 예

이런 징후는 생각을 말하거나 글로 적어 봄으로써 구조화하지 않고 일관성 있는 사고를 달성하는 데 어려움을 겪는 것에서부터 신경증적 사고 패턴의 발달에 이르기까지 너무 만연해 있다. 어떤 사람들은 마음이 헛헛할 때 사소한 일에도 불안해하는 경향을 보이며, 커플이 너무 닮으면 국외자가 보기에 특이한 습관과 견해를 갖게 될 수 있는 것도 그렇고, 감각 박탈sensory deprivation의 영향으로 겪는 현상이나, 고립된 집단이 현실과는 전혀 동떨어져 있게 될 수 있는 '집단사고groupthink' 현상, 우리가 하는 일과 실제가 아닌 사건 사이에 연관성이 있다고 믿는 '미신적 행동' 등 다양한 현상이 나타날 수 있다.

어떤 면에서 불안정한 마음이라는 개념은 매우 비특이적이어서 검사할 수도 없고 예측에 유용하지도 않다. 그러나 원칙적으로 이 개념은 예측을 생성하고 검증할 수 있는 보다 구체적인 정신 기능 모형에 적용할 수 있다. 또한 원치 않는 행동 패턴을 바꾸거나 그러한 행동 패턴이 발생하는 것을 방지할 의도로 개입을 설계하는 데 지표가 될 수도 있다.

원하지 않는 행동 패턴이 어떻게 발달했는지를 이해하는 데 널리 적용할 수 있는 원칙은 해당 행동을 특정 방향으로 이끄는 영향이 있는지, 아니면 다른 영향의 균형 잡힌 인풋은 전혀 없는지 살펴보는 것이 마찬가지로 중요하다. 후자의 경우 쉽게 간과할 수 있는 부분이다.

후성유전학적 지형과 혼돈 이론

동기유발 시스템의 가소성 특성을 통해 행동 패턴의 발달을 이해하는 모형은 와딩턴의 "후성유전학적 지형"(Waddington 1977) 개념을 통해 제공한다. 이 개념은 원래 다양한 환경의 맥락에서 배아embryos가 발달하는 방식을 이해하는 데 도움을 주기 위해 제안되었지만, 이후 의사결정 분석에서부터 경제학에 이르는 주제에 폭넓게 적용되었다.

크레오드(발달 경로)

이 개념은 [그림 8-7]에 도시되어 있다. 이것은 특정 시점의 유기체의 상태를 공의 위치와 공이 이동하는 지형에 의해 결정되는 잠재적 미래 상태로 나타낸다. 이 지형에는 깊이와 모양이 다양하고 중요한 시기에 갈라질 수 있는(와딩턴이 '크레오드chreod'라고 부르는) 일련의 골짜기가 포함된다. 공이 어느 경로를 따라가는지는 해당 지형에서 공을 좌우로 움직이는 환경의 힘에 따라 달라진다.

후성유전학적 지형의 개념은 환경적 요인이 동기유발 시스템을 통하여 행동에 어떻게 영향을 미치는지, 그리고 경험에 반응하여 동기유발 시스템 자체가 어떻게 변화되는지에 대해 생각하는 방법을 제공한다. 우리는 주어진 일련의 행동에 대하

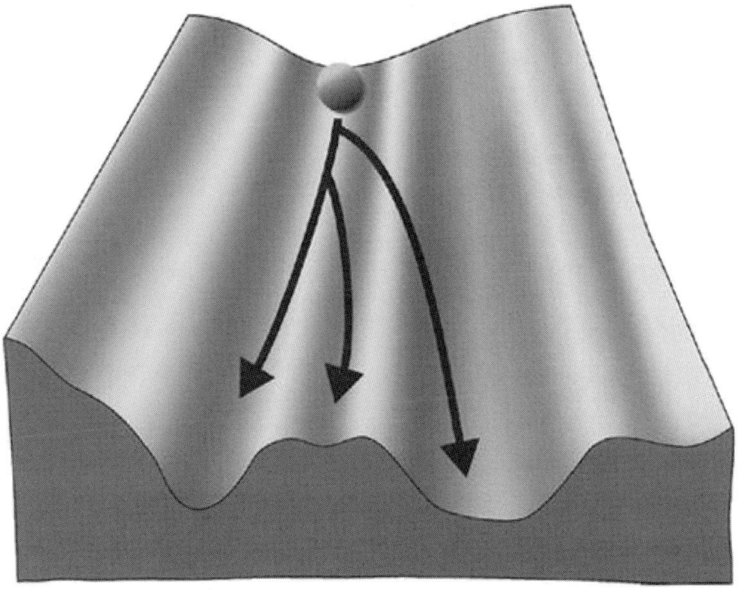

그림 8-7 개체 발생에서 유전자와 환경이 어떻게 상호 작용하는지를 나타내기 위해 와딩턴(1977)이 제안한 후성유전학적 지형의 예

여 특정 시점의 동기유발 시스템의 상태를 후성유전학적 지형의 관점에서 생각할 수 있다.

지형의 유형

지형이 매우 평평한 경우 작은 환경의 힘으로도 행동을 현저하게 다른 방향으로 바꿀 수 있다. 반대로 지형이 깊은 V자 모양의 골짜기로 형성된 경우 강력한 동기유발력이 행동을 원래 경로에서 어느 정도 벗어나게 할 수 있지만, 그 힘이 사라지는 즉시 원래 경로로 되돌아간다. 바닥이 얕은 골짜기가 있는 지형은 작은 환경의 힘으로도 특정 범위 내에서 행동을 쉽게 움직일 수 있지만, 그 '규범적' 범위를 벗어나려면 매우 강력한 힘이 필요할 수 있다. 지형은 분기점이 있을 수 있으므로 중요한 시기에는 아주 작은 환경의 힘이 아주 다른 방향으로 행동하게 만들 수 있다.

이 모형을 염두에 두면, 자극과 정보가 다양한 방식으로 동기유발 시스템의 지형에 작용하여 행동의 에너지와 방향을 형성한다고 생각할 수 있다. 그렇게 함으로써, 우리는 미래의 자극이 어떤 영향을 미칠지 결정하는 지형의 경로를 따라가게 된다. 단 한 번의 경험이 매우 강력하거나, 아주 작더라도 평평하지만 분기점이 있는 지형에서 경험하는 경우, 이후 마주하게 되는 지형이 극적으로 바뀔 수 있다.

바닥이 평평한 골짜기와 평가 척도

우리의 행동은 바닥이 평탄한 골짜기(크레오드)를 따라 굴러 내려가는 공으로 비유할 수 있는 경우가 많다. 이 골짜기는 아주 작은 환경적 영향에도 공이 한쪽에서 다른 쪽으로 방향을 바꿀 수 있는 곳이다. 태도, 느낌 또는 주관적인 상태를 측정하기 위해 평가 척도rating scales를 사용하는 모든 사람과 관련이 있는 한 예가 있다.

겉으로만 정밀한 듯한 응답 척도는 실험 조작에 매우 민감한 것처럼 보일 수 있지만 인위적으로 실험 상황을 개입하기 위한 수단을 제공하는 것 그 이상은 아니다. 이 예를 생각해 보라. 가령 맥주 한잔을 얼마나 마시고 싶은지 20점 척도로 물어본다고 가정해 보자. 이를테면 당신은 상당히 강한 욕구가 있으면서 척도의 중간 정도를 선택하려는 경향이 있다는 것을 안다. 하지만 어느 지점을 선택해야 할까? 지침이 거의 없기 때문에 잠시 망설이다가 임의로 12점을 선택한다. 그렇지만 당신은 9점에서 15점 사이의 아무 점수나 선택해도 만족스러웠을 것이다. 우리는 9점에서 15점을 당신의 '불확실성의 범위'라고 부를 수 있다.

물론 명확한 경계가 있는 건 아니지만 대략적인 범위는 지정할 수 있다. 자, 누군가 술을 마시고 있는 장면이 담긴 영화를 당신에게 보여 줬는데, 이 예에서는 이 영화가 맥주를 마시고 싶은 욕구에 실제 영향을 미치지 않았다고 가정해 보자. 그러나 이 영화가 맥주에 대한 욕구를 증가시킬 것으로 예상되어 다시 욕구를 평가하라는 요청을 받았을 때 **불확실성 범위 내에서** 다른 점수를 선택하게 되면 아마도 14점이나 15점을 선택할 수 있다.

실험자는 자신이 맥주에 대한 당신의 욕구에 영향을 주었다고 생각할 수도 있지만, 그가 한 일은 불확실성 범위 내 다른 지점 사이에서 임의적으로 선택을 하는 데 영향을 미친 것뿐이다. 이에 대해서는 웨스트(West 1983)에서 더 자세하게 다루고 있다. 자기 보고식 질문지를 활용하여 동기유발에 관해 실험한 연구에서 관찰된 결과 중 얼마나 많은 부분이 이러한 효과를 반영하는지 생각해 보면 약간 걱정스럽다.

혼돈 이론

이 모형은 매우 강력하다. 개별 행동의 시작부터 만성적인 행동 패턴에 이르기까지 다양한 수준의 분석에 적용할 수 있다. 그러나 이는 메타포(은유)에 지나지 않는다는 점은 명심해야 한다. 이론적으로는 물리학 등과 같은 다른 과학 분야에서 그랬던 것처럼 언젠가는 행동 과정에 수학적 모형을 적용하는 것이 가능할 수도 있지만, 현재로서는 개념적인 설명으로 만족해야 한다. 이런 종류의 모형에 수학 방정식을 적용한 것을 '비선형 시스템 동역학non-linear systems dynamics'이라고 하며, 그중에서 잘 알려진 분야가 혼돈(카오스) 이론이다(이를 탁월하게 소개한 내용은 www.imho.com/grae/chaos/chaos.html 참조).

혼돈 이론은 세상에 일어나는 특정 종류의 사건을 모델링하기 위한 수학적 접근 방식이다. 이 이론은 기상 조건을 모델링하도록 설계된 컴퓨터 프로그램에서 초기 상태의 아주 작은 차이가 프로그램이 한동안 실행된 후 프로그램 출력에서 엄청난 차이를 가져온다는 것을 우연히 발견한 데서 발전되었다. 이를 통해 아시아에서 퍼덕인 나비의 날갯짓이 미국의 폭풍을 일으킬 수 있다는 유명한 개념이 탄생했다.

(날씨와 같은) '혼돈계chaotic systems'는 특유의 패턴을 보인다. 분명 예측할 수 없는 상태 전환으로 점철되는데도 겉으로 보기에는 중단기적으로 안정적인 시기가 있고, 겉으로 보기에는 작은 사건에서 비롯된 극심한 불안정한 시기가 있다. 두 시스템이 따르는 경로는 출발점에서의 아주 작은 차이로 인해 현저하게 달라질 수 있다. 어떤 상황에는 시스템이 현실적인 여건에서 벗어날 가능성이 없이 특정 상태에 고착될 수 있고, 반면에 다른 경우에는 갑자기 상태가 전환되는 상황에만 이런 패턴을 보일 수 있다.

인간의 행동은 날씨 패턴과 거의 같은 방식으로 혼란스러워 보인다(Robertson and Combs 1995 참조). 우리는 과거에 일어났던 사소한 일을 제외하고는 뚜렷한 차이가 없는 특정한 길로 집요하게 향하는 자신을 발견할 수 있다. 그러나 그 길로 따라가다 보면 때때로 우리는 한 상태에서 다른 상태로 극적인 전환을 맞이하기도 한다(예: '회심finding religion'). 우리는 또한 갑자기 튀어나오듯이 감정이 갑자기 폭발하는 경향도 있다. 때때로 우리는 선호도, 의견 또는 우리 자신을 이해하고 처신하는 방법에 있어 예측할 수 없는 방식으로 한 상태에서 다른 상태로 변동을 거듭한다.

따라서 일반적인 수준에서 혼돈 이론은 동기유발 시스템 작동에 대한 메타포로서 매우 유용하게 보이며, 후성유전학적 지형은 그 과정을 이해하기 쉽도록 그림으로 표현한 유용한 수단처럼 보인다.

우리가 경험하는 동기유발력

우리가 직접적으로 경험하거나 행동 관찰을 통해 경험하는 힘이 어떤 종류의 힘인지 생각해 볼 가치가 있다. 다시 말해서 우리가 말하는 힘은 무엇일까? 상식적인 분석 수준에서 분석해 보면, 원함, 충동감, 평가 등 '마음을 챙기고 주의를 기울이는' 세 가지가 있는 것으로 보이며, 이와 더불어 반사 반응과 습관 등 '아무 생각 없이 하는' 두 가지가 곁들여진다.

마음을 챙기고 주의를 기울이는 힘은 우리의 선택을 이끄는 의식적인 느낌과 신념이다. 이러한 힘은 적절한 상황 속에서 주의를 기울일 때만 존재하고, 작동하지 않을 때는 존재하지 않는다. 존재하는 것은 창출될 가능성이 있는 것이다. 이는 이미 현재 설명하는 대부분의 동기유발 이론에서 벗어나는 것이다. 현 이론에서는 일반적으로 이러한 힘이 지속적으로 존재하는 것처럼 취급한다. 따라서 "음주량을 얼마나 조절하고 싶습니까?"라는 질문을 할 때, 응답자의 머릿속에 그 사람이 검토하고 보고할 수 있는 동기유발 분량이 있다고 전제한다. 실제로 일어나는 일은 (생각해 보면 당연한 일이지만) 그 사람이 질문을 받기 전까지는 그 문제에 대해 전혀 생각하지 않는다는 것이다. 그러기에 질문을 받으면 답을 내놓기 위해 자신이 할 수 있는 모든 단서를 동원해야 한다. 한 가지 단서는 지난번에 질문을 받았을 때 했던 대답을 기억하는 것일 수 있고, 또 다른 단서로는 폭음을 한 후와 같이 그 문제에 대해 마지막으로 곰곰이 생각해 봤을 때 느꼈던 감정을 기억하는 것일 수도 있고, 또 다른 단서는 음주를 조절하는 데 드는 비용과 이점을 신속하게 분석하고, 음주를 조절할 때와 그렇지 않을 때의 미래에 자신을 투영하여 각 전망이 불러일으키는 느낌을 점검하는 것일 수 있다. 이런 종류의 질문에 대한 응답에서 관찰되는 안정성stability은 일관성 있게 보이고자 하는 욕구를 포함하여 여러 과정에서 기인할 수 있다.

요약: PRIME 이론의 핵심 명제

1. 우리는 매 순간 그 순간 가장 원하는 것('원함' 또는 '필요')을 추구하며 행동한다.
2. 원함과 필요에는 상상되는 미래와 이에 기대하는 쾌락/만족감(원함) 또는 정신적, 신체적 불편함의 완화(필요)와 관련된 느낌이 포함된다. 이러한 감정들은 우리의 의식적 경험의 일부를 구성하지만 그렇다고 우리가 반드시 의식하고 있는 것은 아니다.
3. 신념(우리가 참이라고 하는 명제)은 다른 출처(예: 동인, 정서)에서 발생하는 욕망이나, 학습된 또는 배우지 않고도 터득한 연상으로부터 자동적으로 발생하는 충동과 억제를 압도할 만큼 강한 욕구를 생성할 때만 행동에 영향을 미치며, 이때 심상이 핵심적인 역할을 한다.
4. 계획(미래에 행위를 꾀하려는 자의식적인 의도)은 우리의 행위에 대단히 중요한 구조를 제공하지만, 행동을 지시하기 위해서는 다른 출처에서 발생하는 욕망과 충동을 극복할 수 있을 만큼 충분히 강력하게 적절한 순간에 계획이 회상되고 욕구를 생성해야 한다.
5. 동기유발 시스템은 신체 내부 및 외부 인풋에 특정 방식으로 반응하는 구성요소의 성향으로 특징지을 수 있다. 성향에 변화로 이어지는 과정에는 연합학습(연상학습), 습관화, 민감화, 직접 모방, 분석 및 추론 등이 있다. 겉보기에 작은 트리거로 인해 갑자기 큰 변화가 일어나는 등 다양한 변화 패턴이 발생할 수 있다.
6. 정체성(우리 자신에 대한 심적 표상과 이에 대한 느낌)은 욕망의 중요한 원천이며, 우리가 붙이는 라벨(예: 전 중독자)과 행동을 지배하는 규칙(예: 더 이상 약물 사용 금지)을 통해 우리의 행동에 어느 정도의 안정성을 제공한다.
7. 정체성 변화는 (새로운 라벨과 행동을 지배하는 새로운 규칙의 측면에서) 의도적인 행동 변화의 출발점이며, 변화하려는 욕구가 변화하지 않으려는 욕구보다 순간적으로 더 클 때 발생하는 '행위'로 간주할 수 있다.
8. 의도적인 행동 변화는 새로운 정체성에서 비롯된 욕구가 이전의 행동 패턴으로 돌아가고자 하는 다른 출처에서 비롯된 욕구보다 매 순간 더 강하거나, 습관적 또는 본능적인 충동을 압도할 수 있을 때 지속된다.
9. 정체성의 변화가 좋고 나쁜 것에 대한 자의식적인 믿음에서 비롯된 경우, 행동

변화를 유지하려면 '자기통제', 즉 다른 출처에서 비롯된 욕망을 극복할 수 있을 만큼 충분히 강력한 규칙을 준수하려는 노력이 필요한 욕구의 생성이 필요하다.

10. 경계가 명확하고 강한 정서적 애착을 수반하는 정체성의 구성요소와 강하게 연결된 개인 규칙은 필요할 때 더 강력한 욕망을 생성하고, 상반되는 욕구를 더 잘 억제하여 행동에 좀 더 강하게 오래 지속될 수 있는 영향을 미친다.

이러한 10가지 핵심 원칙은 개입을 설계할 때 다음의 5가지 동기유발 법칙으로 재구성할 수 있다.

동기유발 제1법칙

우리는 매 순간 그 순간에 가장 강력한 동기(원함 또는 필요)를 추구하기 위해 행동한다. 원함은 기대되는 쾌락이나 만족감을 의미하고, 필요는 기대되는 정신적 또는 육체적 불편함을 미연에 방지 또는 완화를 기대하는 것이다.

동기유발 제2법칙

평가(좋고 나쁜 것에 대한 믿음)와 계획(어떤 일을 하거나 하지 않으려는 자의식적인 의도)은 다른 출처에서 오는 상충하는 동기보다 더 강력한 동기를 적절한 순간에 끌어낼 때만 우리의 행동을 통제할 수 있다.

동기유발 제3법칙

(대립하는 동기에도 불구하고 계획에 따라 행동하는) 자기통제는 정신적 에너지를 필요로 하며 비축된 에너지를 고갈시킨다.

동기유발 제4법칙

우리의 정체성(우리 자신에 대한 생각, 이미지, 느낌)은 강력한 동기의 원천이 될 수 있으며, 라벨(우리가 속한다고 생각하는 범주), 속성(우리 자신에 속한다고 생각하는 특성), 개인 규칙(우리가 해야 할 일과 하지 말아야 할 일에 대한 명령)을 포함할 수 있다.

동기유발 제5법칙

동기는 습관적(학습된) 및 본능적(배우지 않고 터득한) 연상에 의해 생성되는 충동과 억제를 생성하여 행위에 영향을 주며, 행동은 순간적으로 가장 강한 충동과 억제의 지배를 받는다.

참고문헌

Baron, J. (2000) *Thinking and Deciding*. Cambridge University Press, Cambridge.

Baumeister, R.F., Heatherton, T.F., and Dice, T.M. (1994). *Losing Control: How and Why People Fail at Self-regulation*. Academic Press, San Diego.

Brass, M. and Heyes, C. (2005) Imitation: is cognitive neuroscience solving the correspondence problem?. *Trends Cogn Sci 9*(10): 489-495.

Catmur, C., Walsh, V. and Heyes, C. (2009) Associative sequence learning: the role of experience in the development of imitation and the mirror system. *Philos Trans R Soc Lond B Biol Sci 364*(1528): 2369-2380.

Crocker, J. and Nuer, N. (2004). Do people need self-esteem? Comment on Pyszczynski et al. (2004). *Psychol Bull 130*(3): 469-472; discussion 483-488.

Crocker, J. and Park, L.E. (2004). The costly pursuit of self-esteem. *Psychol Bull 130*(3): 392-414.

DuBois, D.L. and Flay, B.R. (2004). The healthy pursuit of self-esteem: comment on and alternative to the Crocker and Park (2004) formulation. *Psychol Bull 130*(3): 415-420; discussion 430-434.

Fiori, S. (2005). Nonlinear complex-valued extensions of hebbian learning: an essay. *Neural Comput 17*(4): 779-838.

Gaultney, J.F., Kipp, K., Weinstein, D J. and McNeill, J. (1999). Inhibition and mental effort in attention deficit hyperactivity disorder. *J Dev Phys Disabil 11*(2): 105-114.

Grigsby, J., Kravcisin, N., Ayarbe, S.D. and Busenbark, D. (1993). Prediction of deficits in behavioral self-regulation among persons with multiple sclerosis. *Arch Phys Med Rehabil 74*(12): 1350-1353.

Harakeh, Z., Engels, R.C., Van Baaren, R.B. and Scholte, R.H. (2007) Imitation of cigarette smoking: an experimental study on smoking in a naturalistic setting. *Drug Alcohol Depend 86*(2-3): 199-206.

Harakeh, Z. and Vollebergh, W.A. (2012) Young adult smoking in peer groups: an experimental observational study. *Nicotine Tob Res 15*(3):656-661.

Heyes, C. (2001) Causes and consequences of imitation. *Trends Cogn Sci 5*(6): 253-261.

Janis, I.L. and Mann, L. (1977) *Decision Making: A Psychological Analysis of Conflict, Choice and Commitment*. The Free Press, New York.

Lou, J.S., Kearns, G., Oken, B., Sexton, G. and Nutt, J. (2001) Exacerbated physical fatigue and mental fatigue in Parkinson's disease. *Mov Disord 16*(2): 190-196.

McIntosh, J. and McKegany, N. (2001) Identity and recovery from dependent drug use: the addict's perspective. *Drugs (Abingdon Engl) 8*(1): 47-59.

Michie, S., van Stralen, M.M. and West, R. (2011) The behaviour change wheel: a new method for characterising and designing behaviour change interventions. *Implement Sci 6*: 42.

Miller, G., Galanter, E. and Pribram, K.A. (1960). *Plans and the Structure of Behaviour*. Holt, Rinehart & Winston, New York.

Mook, D.G. (1996) *Motivation: the Organization of Action*. W.W. Norton, New York.

Nevin, J.A. (1992) An integrative model for the study of behavioral momentum. *J Exp Anal Behav 57*(3): 301-316.

Pyszczynski, T. and Cox, C. (2004) Can we really do without self-esteem? Comment on Crocker and Park (2004). *Psychol Bull 130*(3): 425-429; discussion, 430-434.

Pyszczynski, T., Greenberg, J., Solomon, S., Arndt, J. and Schimel J. (2004). Why do people need self-esteem? A theoretical and empirical review. *Psychol Bull 130*(3): 435-468.

Robertson, R. and Combs, A. (1995) *Chaos Theory in Psychology and the Life Sciences*. Lawrence Erlbaum Associates, Mahwah, NJ.

Sheldon, K.M. (2004) The benefits of a "sidelong" approach to self-esteem need satisfaction: comment on Crocker and Park (2004). *Psychol Bull 130*(3): 421-424; discussion, 430-434.

Strack, F. and Deutsch, R. (2004) Reflective and impulsive determinants of social behavior. *Pers Soc Psychol Rev 8*(3). 220-247.

Thorndike, E.L. (1898) Animal Intelligence: An Experimental Study of the Associative Processes in Animals. *Psychological Monographs: General and Applied 2*(4). i-109.

Waddington, C. (1977) *Tools for Thought: How to Understand and Apply the Latest Scientific Techniques of Problem Solving*. Basic Books, New York.

West, R. (1983) Self-report measures in psychology experiments: ratings versus natural language measures. Ph.D. thesis, Psychology Department, London University.

West, R. (in preparation) Self-labelling as a non-smoker as a predictor of success in maintaining abstinence.

Yates, F.E. (2002). From homeostasis to homeodynamics: energy, action, stability and senescence. URL: http://www.biodynamichealthaging.org/Abstracts/YatesNIAsynopsis.pdf [06 February 2005]

제9장

중독론

A THEORY OF ADDICTION

마지막 장에서는 중독의 개념으로 돌아가서 PRIME 동기유발 이론이 중독의 다양한 징후를 이해하는 데 어떻게 도움이 될 수 있는지 살펴보고, 그리고 좀 더 효과적인 개입 전략을 개발하는 데 이 이론을 어떻게 활용할 수 있는지 검토한다.

지금까지 동기유발 시스템과 그 시스템이 존재하는 맥락에 대해 개괄적으로 설명했으니 이를 염두에 두고 이제는 중독에서 어떤 종류의 비정상적인 현상이 나타나는지 살펴볼 수 있다. 가장 먼저 해야 할 일은 중독의 정의를 다시 살펴보는 것이다.

중독이란

중독은 사회적 구성물이지 독특하게 정의할 수 있는 대상이 아니다. 제안된 이론에 따르면, 중독은 보상이 따르는 행동에 참여하려는 동기가 반복되는 실질적인 만성질환으로 볼 수 있으며, 해당 행동에 몰두한 결과 후천적으로 몸에 밴 것이며, 의도치 않은 해를 끼칠 수 있는 상당한 잠재력을 가졌다고 볼 수 있다. 중독은 종종 갈망과 금단 증상을 수반하는 '알코올 의존 증후군'(Edwards and Gross 1976)과 같이 잘 정의된 증후군의 일부를 형성하는데, 신체적 의존은 활동에 몰두하도록 동기를 유발하는 중요한 원천으로서 중독에 기여하는 요인이 될 수 있으나 중독의 필수 또는 필요조건은 아니다.

중독은 여러 가지 근원적인 이상에서 비롯될 수 있으므로 단일 장애라기보다는 하나의 증상으로 여기는 것이 더 알맞다. 중독은 강도와 심각도가 다양하며, 비정상적으로 폭음, 폭식하는 것부터 지속적인 만성적 활동에 이르기까지 다양한 행동 패턴으로 나타난다.

사회적 구성물로서의 중독은 경계가 모호하다. 중독이 존재한다는 명확한 합의가 있는 사례도 있고 그렇지 않은 경우도 있다. 또한 이것이 중독의 사례인지 또는 '중독과 유사한' 성질을 가진 것인지를 둘러싸고 생긴 의견 불일치를 당연하게 받아들이는 경우도 있다. 이런 점에서 생물학 및 사회과학의 여느 분류법과 다르지 않다. 주의해야 할 점은 중독이라는 명칭이 중요한 것이 아니고, 관찰되는 일련의 현상과 이를 해결하는 최선의 해결 방법이 중요하다.

중독의 기저에 깔려 있는 병리

중독의 근본적인 병리에는 다음과 같이 상호작용하는 3가지 주요한 이상 징후 유형이 있다.

1. 중독 행동과 무관한 개인의 '동기유발 시스템'의 이상 징후. 예를 들면, 보상에 더 민감하게 반응하는 성향, 처벌에 대한 낮은 학습 능력, 불안, 우울 또는 충동성이 이에 해당한다.
2. 중독 행동 자체에서 비롯된 동기유발 시스템의 이상 징후. 예를 들면, 강력하게 고착화된 습관이나 후천적 동인이 이에 해당한다.
3. 개인의 사회적 또는 물리적 환경의 이상 징후. 예를 들면, 활동에 참여하라는 강한 사회적 압력이나 여타 압력의 존재를 들 수 있다.

이러한 병리는 자신에 대해 생각하는 방식, 자신에게 태도를 취하는 방식, 중독물을 얻기 위해 행동하는 방식 등 다방면에서 드러난다. 이러한 병리는 삶을 계획하는 방식은 물론 당면한 환경에 대응하는 방식에도 영향을 미칠 수 있다.

따라서 중독은 우리가 내리는 선택에 영향을 주지만 단지 그러한 선택의 측면에서만 이해할 수 없으며, 또 우리의 필요와 욕망에 영향을 주지만 이들과 관련된 것으로만 생각할 수 없다. 중독은 중독 대상에 대해 정서적으로 애착을 갖는 데서 비롯되지만 그것만으로 되는 것은 아니며, 또 정체성과도 관련이 있지만 이것만으로 이해가 될 수 있는 것은 아니다. 중독은 의식적인 충동뿐만 아니라 무의식중에 발생하는 충동과도 관계될 수 있는데 그렇다고 충동조절장애로만 생각할 수는 없다.

마지막으로, 중독은 습관적 요소를 포함하는 경우가 많지만, 단순한 습관 그 이상의 것이다. 요컨대, 다양한 양상으로 발현하는 중독을 이해하려면 총체적으로 동기유발 시스템을 이해하는 것이 필요하다.

일례: PRIME 이론과 담배

초판 이후 PRIME 이론은 담배 중독과 금연 과정을 이해하는 데 사용되었다(West 2009). 구체적인 적용 사례를 살펴봄으로써 이론의 전반적인 설명적 가치가 조명되기를 바란다. 담배 중독은 대부분의 중독과 마찬가지로 그 기저에 몇 가지 메커니즘이 있다는 것을 이해해야 한다.

충동과 억제

담배를 한 모금씩 빨아들일 때마다 니코틴이 전달되면 자극-충동 연합을 생성하는 것으로 보이는 측좌핵의 핵에서 도파민이 방출된다(Balfour 2004; Benowitz 2010). 따라서 이러한 방출을 일으키는 행동과 자주 연계되는 단서는 긍정적인 느낌을 경험할 필요 없이 관련 행동을 반복하고 싶은 충동을 유발한다. 이 충동이 일어나는 데는 소기의 쾌락, 만족감 또는 안도감이 필요 없다. 그래서 흡연자는 흡연 단서를 만나기만 하면 흡연 충동을 느낄 수 있으며, 이는 뚜렷한 이유 없이 또는 흡연하는 즐거움을 기대하지 않아도 되는 것 같다.

뿐만 아니라, 니코틴 금단 증상이 나타나는 동안 흡연자는 흡연 억제의 근간이 되는 중뇌피질변연계mesocorticolimbic 회로와 같은 하층부 뇌 메커니즘에서 기능 손상을 보인다(Dawkins et al. 2007). 즉, 금연을 시도하는 흡연자는 흡연 단서를 만날 때 흡연 충동을 경험할 뿐만 아니라 흡연 행동을 억제하는 능력도 감소한다.

동기

니코틴은 또한 측좌핵의 껍질에서 도파민 방출을 유도하여 쾌감을 유발하므로(Balfour 2004) 흡연 행동을 긍정적으로 강화한다. 흡연하는 즐거움은 담배의 향, 감촉, 포장 등 담배와 연관된 모든 자극 때문에 더욱 강화된다. 이러한 자극 대부분은 원래 영향을 미치는 것들이 아니지만, 시간이 지남에 따라 '무조건적인' 니코틴 보상과 많은 짝을 이루면서 사람들이 담배를 좋아하도록 조건화된다(Balfour 2009). 마지막으로, 니코틴은 조건 자극이든 무조건 자극이든 간에 강화물과 관련된 긍정 정서positive affect를 증폭시켜(Caggiula et al. 2009) 흡연으로 인한 즐거움이 어떤 것이든 과하게 증대시킨다.

담배를 통해 니코틴을 반복해서 섭취하면 뇌의 여러 부위에서 만성적인 기능 변화가 일어나 흡연자는 일종의 '**니코틴 공복**nicotine hunger'을 해소하기 위해 담배를 피우고 싶은 욕구를 느끼게 된다. 그에 따라 니코틴은 측좌핵에서 도파민의 방출을 급격하게 증가시키지만, 장기간에 걸쳐 흡연하게 되면 중추신경계의 니코틴 농도가 고갈될 때 방출되는 도파민 수치가 비정상적으로 낮아지는 것으로 나타났다(Foulds 2006). 이것이 후천적인 흡연 동인을 만들어 낸다.

만성적인 신경 적응 또한 흡연자가 금연할 때 불쾌한 금단 증상을 경험하는 데 일조한다(성마름, 우울 기분, 불안, 안절부절, 집중력 저하 및 식욕 증가 등, Hughes 2007). 결과적으로, 금연과 관련된 행동은 부적으로 강화되는 반면, 이러한 혐오 증상의 제거로 인한 안도감은 금연 후 흡연과 관련된 행동을 정적으로 강화한다.

평가

흡연자들은 흡연의 장점에 대해 쉽게 믿어 주는데, 특히 스트레스 조절에 도움이 되고, 즐겁고, 체중 조절에 도움이 되며, 집중력 향상에 도움이 된다고 믿는다(McEwen et al. 2008). 이러한 믿음(신념)은 흡연이 금욕으로 인한 금단 증상을 완화하는 데 효과적이라는 반복된 경험에서 비롯될 것일 수 있다. 결과적으로, 흡연자들은 과일반화over-generalise하는 경향이 있으며, 심지어 니코틴 금단이 아닌데도 흡연이 이러한 증상을 완화하는 데 효과적이라고 (잘못) 믿게 되는(예: 스트레스를 받을 때) 경우가 많다.

이러한 신념은 상황에 따라 흡연자가 흡연하고 싶어지거나 흡연하게끔 이끌 것이다. 따라서 비참한 기분이 들어 '기분 전환'을 원하거나, 스트레스를 받아 기분이 나아지고 싶은 흡연자는 그럴 때마다 담배를 원하거나 필요성을 경험하게 된다(Yong and Borland 2008). 이러한 신념은 흡연자가 앞으로 스트레스를 받거나 비참한 시간을 겪을 것이라 예상하는 경우 금연을 시도하지 못하게 할 것이다. 게다가 이러한 신념은 금연 후에도 수개월, 때로는 수년 동안 지속될 수 있다. 동시에, 동일 인물이 비축해 놓은 정신적 에너지가 낮다면 스스로 정한 금연 규칙만으로는 흡연 행동을 예방하기에 충분치 않을 수 있다. 종종 개인은 영구적으로 담배를 다시 피울 의향은 없지만, 그 당시의 특정한 욕구를 해결할 수 있을 만큼만 흡연을 재개하려는 경우는 많다. 그러나 일단 담배를 피우게 되면, 자극-충동 연합과 '니코틴 공복'을 포함하여 다른 동기의 원천에 다시 불이 붙고, 결국에는 흡연을 완전히 재개하게 되는 경우가 많다.

계획과 자기통제

담배를 끊으려면 자제력을 발휘할 수 있어야 한다. 앞서 나열된 흡연 동기의 허다한 원인은 투약 및 다양한 행동 변화 기법을 통해 완화할 수 있다(West et al. 2010; Michie et al. 2011). 그러나 앞서 나열된 원인으로 지금도 발생하는 흡연 충동이나 욕구, 필요성을 금연 다짐이나 필요성으로 상쇄해야 하는 경우가 많다. 금연 계획 세우기, 흡연은 허용하지 않겠다고 스스로 정한 규칙, 그리고 정체성의 변화 등은 모두 담배를 피우지 않으려는 소망의 중요한 원천이며, 금연 행동에 유리하도록 동기부여가 지속되게 만들어 준다.

금연

담배 중독을 극복하려면 (1) 진지하게 금연을 시도한 다음 (2) 여러 경로에서 오는 흡연 동기에도 불구하고 금연을 유지해야 한다. 따라서 이 과정은 담배를 피우지 않겠다는 개인적인 규칙을 세운 다음, 흡연 충동이나 욕구, 필요성에 맞서 자의식적으로 그 규칙을 이행하는 것으로 시작할 가능성이 높다. 흡연자는 흡연을 계속하고 싶다는 생각보다 규칙을 만들어 지키고 싶다는 생각이 더 강하게 드는 바로 그때 그 규칙을 만들게 된다.

이런 경우의 대략 절반은 금연을 결심하자마자 금연 시도를 실행에 옮긴다(West and Sohal 2006). 다른 경우에서는 보통 며칠 동안만 실행을 연기하는 사례도 있는데, 이는 앞으로 다가올 일에 대비해 정신적으로 또는 실질적으로 준비할 시간을 갖기 위해 그렇게 한다.

이러한 금연 의도는 곧 잘 변하고 다양한 자극과 요인에 따라 좌우되는데(Ussher et al. submitted), 이는 이전에는 금연할 생각이 없었던 흡연자가 금연을 시도하도록 자극을 받을 수 있다는 것을 뜻한다. 이들은 금연 지원 제안도 받아들이고 그렇게 해서 많은 사람이 금연에 성공하게 될 것이다.

PRIME 이론은 금연 규칙의 성격이 금연 시도를 한 결과에 크게 영향을 미칠 수 있다고 예측한다. 만약 "담배를 피우지 않으려고 노력한다."라는 규칙을 정했다면, 모든 관련 상황에서 흡연을 예방할 만큼 강력하게 동기를 부여하지 못할 것으로 예상할 수 있다. 반면, 흡연을 전혀 허용하지 않는 것이 규칙이라면, 경계가 더 명확해지고 흡연 억제는 더 강력하고 일관성 있게 이루어질 것이다. 그러나 규칙이 흡연을 충분히 억제할 만큼 강력한 소망이나 필요성을 불러일으키려면 '자기만의 정체성deep identity'이라고 할 수 있는, 즉 개인이 정서적으로 애착을 갖고 자기의 심적 상태를 귀속할 수 있는 라벨self-ascribed labels 및 귀인 요소들과 연결될 수 있어야 한다.

그래서 금연 과정은 실시하고 있는 규칙의 측면에서 간단한 4-상태 모형으로 요약할 수 있다([그림 9-1]).

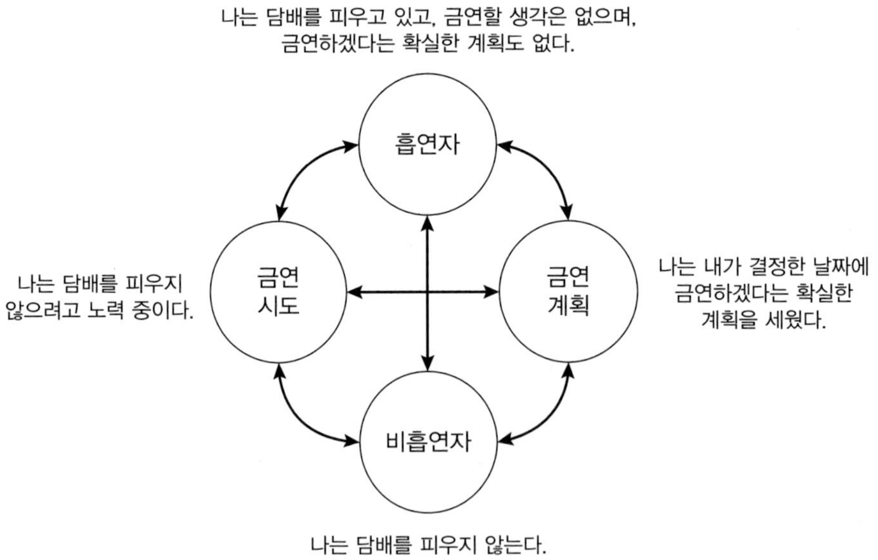

그림 9-1 SNAP 금연 모형

상태의 전이는 금연에 대한 갈등과 트리거가 복합적으로 작용한 결과로 일어난다. 갈등은 현재 상황에 대한 불만이나 변화를 이룰 수 있다는 희망이 섞여 발생하는 변화에 대한 욕구(원함 또는 필요) 감정이다. 트리거는 순간적으로 긴장을 고조시키거나(긴박감 증가 포함), 장벽을 낮추거나, 단순히 변화라는 생각을 사람의 마음속에 심어 주거나, 변화가 일어날 수 있는 경로를 보여 주는 사건들을 말한다.

1. 흡연(규칙 없음.)
2. 비흡연(나는 담배를 피우지 않는다.)
3. 금연 시도(나는 담배를 피우지 않으려고 노력 중이다.)
4. 금연 계획(나는 가까운 시일 내에 금연하겠다는 확실한 계획을 세웠다.)

변화 단계 모형과는 대조적으로, 상태의 전이는 원함과 필요의 균형 사이에서 갑자기 발생할 수 있다. 특정 요인은 전이가 확실하게 일어날 가능성을 높이는데, 예를 들어 (흡연의 즐거움 때문에) 흡연을 원하는 심정은 금연 시도를 방해하는 반면, (니코틴 공복 해소 기대 등) 흡연 필요성과 흡연 단서에 의한 흡연 충동('충동감'으로 경험됨)은 금연 시도를 시작한 후 재발의 원인이 된다(Fidler and West 2011). 흡연 유경험자가 계속해서 금연 상태를 유지하게 되면, 흡연 단서에 의한 흡연 충동, 니코틴 공복감 및 금단 증상이 줄어들어 금연 기간이 매주 지날수록 재발 위험은 실질적으로 감소한다(West and Stapleton 2008).

중독에 대한 '중요한 관찰'로 돌아가기

이제 중독 분야의 몇 가지 '중요한 관찰'로 돌아가서 각각의 사례마다 지금까지 개발된 동기유발 이론과 어떤 관련이 있는지 살펴본다. 이 장에서 제기하는 질문은 첫 장에서 제기된 질문과 약간 다른데, 이는 중독에 대해 경험한 지식을 발전된 개념체계에서 좀 더 면밀하게 표현하기 위해서다. 이러한 주요 관찰을 위해 선택한 인용들에는 문제가 좀 있는데, 사용된 인용들은 설명에 도움을 주도록 실례로 든 것뿐이다.

어떤 활동이 중독적인가

활동이나 욕망의 대상에 따라 중독되는 성향이 다르지만, 헤로인 주사와 같이 가장 중독성이 강한 활동도 이를 손댄 사람들 가운데는 소수만이 중독된다(예:

Atha 2004). 활동의 보상 속성은 중독의 초기 단계에 중요한 것으로 보이지만 중독을 일으키기에는 충분하지 않다(Robinson and Berridge 2003 참조).

PRIME 이론에 따르면, 중독성이 있는 활동을 3가지 경우로 들고 있는데, 이미 균형이 결여된 동기유발 시스템을 활용하거나, 환경 불평등 속에서 활동하거나, 및/또는 동기유발 시스템에 영향을 미쳐 바람직하지 않은 행동 패턴이 발생하지 않도록 막아 주는 정상적인 견제와 균형 기능을 저해하는 경우 정도에 따라 중독성이 있다. 우리의 동기유발 시스템은 자연 발생적으로 일어나는 보상들과 균형을 기울이도록 진화했지만, 반면에 중독성 약물은 이 시스템의 일부만을 직접 활용하기 때문에 중독의 핵심이 주로 약물이라는 건 우연이 아닐 수 있다.

누가 중독에 취약할까

활동에 중독되는 성향에는 개인차가 있으며, 또한 이에는 적어도 중간 정도의 유전력이 있다(대략 50%)(예: Han et al. 1999). 행동 특성 측면에서 볼 때 반사회적 행동, 충동성, 그리고 우울 성향에서 상당 부분 차이가 나타난다(Ball and Schottenfeld 1997; Blaszczynski et al. 1997; Burt et al. 2000). 또한 잠재적인 중독 약물에 대해 보이는 생리 및 대사 반응 측면에서도 차이가 있다(예: Batra et al. 2003).

동기유발 종합이론에 따르면, 동기유발 시스템이 이미 균형이 깨져 있거나 특정 활동으로 인해 불균형 상태로 완전히 변하는 한 개인은 해당 중독성 활동에 취약할 수밖에 없다. 따라서 개인들은 계속해서 또는 점점 더 많은 보상을 주는 활동에 중독되기 쉽다. 이는 의식적 느낌에 따라 또는 습관적으로 그럴 수 있다. 또한 낮은 자기통제력 성향이나 활동이 자기통제력을 떨어뜨리는 결과를 낳는 경우도 감수성은 증가한다. 또 개인이 자기통제력을 발휘할 이유가 거의 없다고 생각하거나, 활동에 대한 처벌 효과에 덜 민감한 경우에도 중독에 빠지기 쉬울 것이다. 이러한 감수성 요인 중 일부는 다방면으로 보상 활동에 중독되는 성향을 증가시키는 반면, 이들 이외의 취약성은 구체적인 보상 활동에 중독되게 하는 경향이 있다.

어떤 환경이 중독을 촉진하는가

다양한 환경 조건이 중독 행동의 발달과 유지에 어느 정도 이바지한다. 중대한 변수에는 활동에 참여할 기회의 정도, 활동 비용, 활동과 관련된 기타 제재 및 보상, 환경적 스트레스원stressor, 다른 방법으로 개인적 목표를 달성할 기회, 그리고 활동에 대한 사회적 및 미시문화적microcultural 규범 등이 포함된다(Vuchinich and Heather 2003).

기존 중독자의 경우, 이러한 변수는 의식적으로 절제하겠다고 결정을 내리는 데 영향을 주지 않더라도 진정성 어린 절제 시도를 저해할 수 있다. 예를 들어, 영국에서는 경제적 박탈감이 금연을 시도하는 비율보다 금연 시도의 성공과 더 밀접한 관련이 있다(Lader and Goddard 2004).

PRIME 이론에 따르면, 환경 여건이 균형을 잡을 수 있는 정보를 제공하지 못하는 경우 중독을 촉진한다고 보는데, 이는 개인이 소속된 사회집단 내에서 어떤 활동이 정상적인 것으로 여겨질 때 발생한다. 가까운 사회집단은 더 넓은 사회보다 더 크게 영향을 미치는 경향이 있다.

만족감을 얻을 다른 공급원을 접할 기회가 부족하면 중독성 약물과 같은 확실한 보상 출처를 포함하여 보상을 줄 수 있는 것은 무엇이든 그리로 동기유발 시스템이 기울어지게 될 것이다.

괴로움을 유발하는 환경 여건은 탈출구를 제공하는 중독 행동이나 자기통제력을 발휘할 수 있는 정신적 자원을 무뎌지게 하는 중독 행동을 조장한다.

자기 가치감을 떨어뜨리는 환경은 자기보호self-protection 욕구에 결정적인 균형 감각을 떨어뜨려 중독을 조장하며, 또한 (주삿바늘 공유와 같이) 더 해로운 중독 행동에 나서는 방법을 조장할 것이 분명하다.

중독은 언제, 어떻게 발달하는가

중독 잠재력이 있는 행동을 시도해 보는 일은 일반적으로 10대 또는 성인 초기에 시작되지만, 그보다 일찍 또는 늦게 시작될 수도 있다(Chambers et al. 2003 참조). 중독성 행동에 입문하는 일과 중독이 아닌 행동에서 중독 행동으로 전환하는 일은 관계의 단절이나 본의 아니게 해고당하는 것과 같은 불운한 인생의 사건들을 경험하는 개인에게서 더 잘 일어난다(예: Gorelick 1992).

중독으로 이어지는 궤적은 흡연이나 음주와 같이 동일한 행동 유형 내에서도 다양하다. 처음엔 실험적으로 시도하다가 중독으로 바뀔 때는 매우 빠르게도 또는 천천히 진행될 수도 있고, 심지어는 초기에 좀 하다가 활동을 중단하는 기간을 거쳐 중독으로 진전될 수 있다(Robinson et al. 2004; Vitaro et al. 2004). 이러한 궤적은 이전부터 존재하던 정신 병리와 같이 중독을 촉진할 것으로 예상되는 요인과 관련이 있는 것으로 밝혀졌다(예: Shaffer and Eber 2002).

이 중독론에 따르면, 중독의 발달은 '카오스적' 패턴을 따르는 것으로 보이며, 어떤 경우에는 당시에는 중요할 수도 혹은 사소해 보일 수도 있는 사건이 개인을 특정 중독의 길로 보낼 수 있다. 혹은 다른 트리거를 통해 중독에 대한 감수성을 촉발시켜 중독 행동 패턴을 발현시킨다. 이 특정 궤적은 수많은 요인과 우연한 사건에 따라 좌우될 것이다.

중독과 함께 나타나는 다른 증상으로 어떤 것이 있는가

보상을 주긴 하지만 해로운 활동에 몰두하고 싶은 강력한 동기가 반복되는 경험에도 개인마다, 활동마다 다른 증상이 수반되기 마련이다. 중독성 약물에 기인하는 특유의 금단 증후군들이 있지만 이들의 유병률, 심각도 및 지속 기간은 다양하며, 자제력 상실과의 관계도 갈린다(Hughes et al. 1994). 또한 중독은 종종 기분장애, 상동 행동(상동증)stereotypy 증가, 정서적 및 동기적 갈등을 동반한다. 알코올 의존의 경우 증후군 특징은 잘 드러나 있다(Edwards and Gross 1976). 코카인 의존 증후군과 아편 의존 증후군도 나란히 제안되었는데(Sutherland et al. 1988; Washton 1989), 저자들이 똑같은 방법론을 사용하지 않았음에도 이들은 아주 유사하였고 알코올 의존 증후군의 영향을 받았다. 또한 니코틴 의존 증후군도 에드워즈와 그로스(Edwards and Gross 1976)의 모형을 기반으로 설문 조사한 내용에 요인분석 접근법을 사용하여 제안하였다(Shiffman et al. 2004).

PRIME 이론에 따르면, 중독에 수반되는 의존 증후군은 중독의 기저에 흐르는 메커니즘, 즉 문제가 있는 인풋unbalanced input의 근원이 무엇인지 알아볼 수 있는 단서를 제공한다. 이러한 것에는 중독 행동으로 인해 일시적으로 완화되는 기분장애, 크게 바라는 것이 없는데도 일어나는 강렬한 충동감, 또는 쾌락에 대한 기대감 등이 있을 수 있다. 예를 들어, 상동 행동이 늘어난다는 것은 강력한 연상 학습 메커니즘이 작동하고 있음을 보여 주는 것이다.

그렇지만 이러한 증후군은 이론에 기반한 것이라기보다는 사실에 근거하여 설명한 것이며 또한 그 자체로 중독자 개개인이 겪는 경험 패턴을 단순화시킨 사회적 구성물이기도 하다. 그러므로 이 책에서 제안하는 것과 같이 근본적인 병리에 대해 원칙을 지키며 상세한 조사를 총괄하는 시스템이 필요하다는 것을 배제하지 않고 있다.

중독자는 중독 경험을 어떻게 묘사하는가

중독 경험에 대한 보고는 개인마다, 중독 행동의 유형 및 상황에 따라 매우 다양하다. 중독된 개인은 자기가 하는 활동에 문제가 있다는 사실을 부인하며 자제하려는 노력을 기울이지 않는 경우도 있고, 또 자기를 통제하려는 노력은 하지만 제한적이거나 별 성과가 없었다고 보고한 사례도 있다(Quintero and Nichter 1996 참조).

중독에 대한 일부 설명에 따르면, 누군가에게는 행동에 문제가 있어 통제하려고 노력한 경우가 아니라면 중독이 될 수 없다고 한다. 누군가는 갈망을 경험해야 중독이라 할 것이다. 선택 기반 이론에서 보면 선호도가 바뀌는 경험이 있어야 하고, 습관 기반 이론에서 보면 중독자가 갈등을 경험하지 않아도, 자기통제력을 발휘하지 않더라도 중독 행동은 성립될 수 있다. PRIME 이론은 경험의 다양성을 모든 측면에서 포착하려고 시도하고 있다.

각기 다른 중독 행동은 서로 어떤 관련이 있는가

보편적인 일은 아니지만 한 가지 중독 행동 패턴의 시작은 나중에 더 큰 비용과 더 극단적인 보상 효과를 수반하는 또 다른 중독 행동 패턴의 발달에 관여한다는 것이 일반적이다. 이를 '관문 현상$_{\text{gateway phenomenon}}$'이라고 한다(예: Kandel et al. 1992;

Fergusson and Horwood 2000). 또한 예를 들어 흡연에서 헤로인 주사로 전환하는 것과 같이 덜 침습적이고 덜 해로운 약물 투여 방법이 더 강력한 효과를 내는 더 침습적이고 더 해로운 형태보다 먼저 나타나는 것도 흔하지만 보편적이지는 않다(Davies et al. 1985). 한 가지 중독 활동을 하는 성인은 다른 중독 활동도 할 가능성이 훨씬 더 높지만(예: Miller and Gold 1990), 이것도 보편적인 것은 아니다.

본 중독론에 따르면, 중독 행동들은 그 효과, 중독에 대한 개인적 감수성, 환경적 여건 측면에서 공통된 병인을 공유할 정도로 공존하며, 또한 동기유발 시스템의 균형이나 중독자의 환경에 영향을 미치므로 서로 강화하는 효과로 이어질 것이 분명하다.

중독자는 언제 중독을 극복하려고 하는가

중독 행동을 극복하려는 시도는 행동마다, 사람마다 매우 다양하다. 예를 들어, 흡연의 경우 흡연을 시작한 지 몇 년 이내에 금연을 시도한다는 증거가 있는데(McNeill et al. 1986), 다른 행동의 경우 활동을 통제하거나 중단하려는 시도가 이루어지기까지 수년이 걸릴 수도 있다.

이러한 시도는 종종 해로운 효과를 경험했거나 해당 활동으로 인해 미래에 접할 해로운 영향에 대한 두려움 때문에 촉발된다(Hanninen and Koski-Jannes 1999 참조). 그렇지만 행동에 매력을 잃거나, 필요성이 떨어지거나, 행동과 양립할 수 없게 만드는 새로운 상황이 생기는 등 변화를 유발할 수 있는 다른 많은 요인이 있다. 사회적 압력과 자아 개념의 변화도 자제 시도를 촉발할 수 있다. 중독을 극복하려는 시도가 바로 효과를 거두는 경우는 드물다(예: Lader and Goddard 2004).

PRIME 이론은 변화의 '카오스적' 특성을 강조한다. 생리적이든 심리적이든 간에 활동이 주는 보상 효과에 덜 민감해진 동기유발 시스템은 중독 발달 경로(크레오드)의 '심도'를 환원시킬 수 있다. 예를 들어, 새로운 인간관계의 등장으로 환경이 정상화될 수 있고, 정체성에 중대한 변화가 일어나 중독 행동과 상극이 되거나 심지어 중독 행동을 극복하는 데 크게 보람을 느낄 수도 있다. 아주 작은 계기라도 잘 받아들이는 개인은 변화 시도의 물꼬를 트기 시작할 수 있다.

중독에서 비중독 상태로 전환되는 과정은 어떤 형태로 이루어지는가

전환 형태는 매우 다양하다(Dennis et al. 2005 참조). 경우에 따라서는 특정 기간 내에 바꾸어 보려고 결심을 한 후 전환에 대비한 조치를 취하고 명확한 전환 시점(예: 흡연자의 경우 '금연일')에 이르러 전환하는 비교적 질서정연한 순서를 따르기도 한다.

때로는 결정 시점을 그다지 명확하게 두지 않고 다소 계획성이 없이 활동을 축소하거나 통제하려는 시도를 해 보고 그러다가 금욕까지도 시도해 보는 과정을 거치기도 한다. 또한 변화 결심을 확고히 유발하는 사건이 있어서 계획을 세우는 과정 없이 즉시 실행에 옮기는 경우도 있다(Larabie 2005).

일단 활동을 통제하거나 중단하려는 시도가 어느 정도 확실하게 궤도에 오르면 그 진행 상황도 크게 달라질 수 있다. 소수의 경우, 활동이 중단된 후 적어도 수개월 또는 수년 동안은 다시 하지 않으며, 때로는 실수가 있긴 하지만 결국 활동에 종지부를 찍는다. 대부분 경우, 시간이 걸리는 정도는 다양해도 시간이 지난 후 중독 행동을 재개하는 실수가 뒤따른다(Marlatt 1996 참조). 재발 가능성은 자제를 시도하는 초기에 가장 크며 시간이 지남에 따라 줄어들긴 하지만(예: Hughes et al. 2004), 재발 가능성이 완전히 사라지는 일은 없을 것이다.

일단 중독이 발생하면 행동을 완전히 끊지 않고 통제하려는 시도가 간혹 성공하는 경우도 있지만 이는 매우 드문 일이고, 대부분 경우 안정적인 유일한 형태의 통제는 금욕이다(예: Hajek et al. 1995; Vaillant 2003).

중독 행동을 바꾸려는 시도와 마찬가지로 변화의 과정도 '카오스적' 패턴을 따르는 것처럼 보인다. 중독된 상태와 중독되지 않은 상태의 관점에서 생각해 보면, 성향과 트리거가 상호작용하여 어떤 경우에는 중독 전으로 돌아가지도 않고 중독이 더 심해지지도 않는 급격한 과도기적 상황이 있는 반면에, 어떤 경우에는 그 순간 작용하는 정밀한 힘의 균형에 따라 카오스적인 일련의 전환이 일어나 원래의 중독 상태로 되돌아가거나 새로운 발달 경로로 점점 더 진행한다. 대부분 경우 이 경로는 비교적 얕고 중독 발달 경로 바로 옆으로 나 있어서, 사소한 트리거조차도 개인을 언제든지 능선 넘어 중독 발달 경로로 넘길 수 있다.

중독 행동에서 회복 시도 시 성공을 예측하는 요인은 무엇인가

중독성 있는 활동을 지속해서 자제할 수 있는 것과 중독에서 회복되는 것과는 다르다. 개인은 계속해서 활동에 참여하고 싶은 동기를 느낄 수 있어서 장기간 또는 무기한으로 자제하려고 노력을 기울여야 한다. 어떤 사람들은 적어도 부분적으로나마 정말로 회복할 수도 있는데, 이는 활동에 참여하고 싶은 비정상적인 동기가 더 이상 유발되지 않거나 크게 약해졌기 때문이다.

중독 행동을 계속 절제하거나 통제할 가능성이 줄어드는 것이 전해지는 해당 활동의 즐거움 때문만은 아니고, 일반적으로는 활동의 강도와 빈도, 개인적 고통의 수준, 그리고 개인의 심리적 문제와 관련이 있다(예: Miller et al. 1999; Pettinati et al. 1999; West et al. 2001).

재발은 유혹이 심한 상황(해당 활동이 제공하는 긍정적인 보상을 생각나게 하는 것들과 더불어 기회가 주어지는 경우), 필요성을 인지할 때(해당 활동이 스트레스 해소와 같은 어떤 목적에 부합한다고 여겨지는 상황), 또는 권태 시기에 더 자주 발생한다. 하지만 재발은 뚜렷한 외부 유발요인이 없어도 발생할 수 있다(예: Shiffman et al. 1996).

PRIME 이론에서 중독 발달 경로의 깊이는 그 행동을 뒷받침하는 동기유발 요소가 얼마나 많은지를 나타낸다. 상충하는 요소가 많이 남아 있거나 중독 패턴을 유지하는 요인의 강도가 덜하거나 그 수가 적을수록 자기통제력을 행사하면 성공할 가능성이 높다.

중독 행동이 어느 정도 고착되었는지는 다음과 같은 신호로 알 수 있다. 즉, 특정 상황에서 중독 행동이 얼마나 자주 발생하는지, 중독 행동이 발생하는 상황의 범위가 얼마나 넓은지, 그리고 중독 행동이 발생할 수 있는 상황을 조성하기 위해 얼마나 노력했는지를 통해 알 수 있다. 이것은 자제 시도의 성공 가능성을 예측하는 가장 강력하고 신뢰할 수 있는 지표 중 하나가 될 것이다.

재발의 유발요인은 회복 중인 중독자를 얕은 회복 발달 경로에서 살짝 건드려 다시 중독 발달 경로로 돌아가게 하는 요인 관점에서 해석할 수 있다. 이 중독론이 주는 중요한 시사점은 충동감이나 욕망을 유발하는 요인이 단순한 연합학습의 결과가 아니라 더 높은 기대와 해석에 반응한다는 것이다. 예를 들어, 흡연과 연관된 자극은 흡연자가 원하면 담배를 피울 수 있다는 것을 알고 있는 상황에서 주로 효과적일 것이다.

이 중독론은 또한 중독자들이 중독 활동이 '없으면 섭섭할 것'이라 말하는 이유를 이해할 수 있는 근거를 제공한다. 이는 통합적 동기유발 시스템 관점에서 보아야 하는데, 쾌락을 제공했던 무언가에 대한 애정 어린 기억이 연상 작용에 의해 떠올려지고, 이것이 연합학습과 활동에 참여할 기회를 통해 동기유발 시스템의 요소를 연쇄적으로 재촉발할 수 있게 하므로 중독 활동을 그리워하는 것이다.

어떤 중독 치료법이 효과적인가

일부 약리학적 개입은 중독자가 행동을 통제하고 유지할 가능성을 높여 준다 (Lingford-Hughes et al. 2012 참조).

- 메타돈과 부프레노르핀은 약물이 제공되는 동안에는 헤로인 사용자가 헤로인 사용을 줄이거나 자제하는 데 도움이 된다. 그러나 투여를 중단한 후에도 장기간 절제를 증진한다는 확실한 증거는 없다.
- 아캄프로세이트와 날트렉손은 알코올 중독자가 최소 1개월 동안 금주를 유지할 수 있도록 도와준다.
- 경피 패치transdermal patch, 씹는 껌, 비강 스프레이 또는 기타 기구 형태의 니코틴은 흡연자 중 일부가 금연을 유지하는 데 도움을 준다. 니코틴 패치와 더 빠르게 작용하는 형태의 니코틴을 함께 사용하면 금연 성공률을 높일 수 있다. 치료 종료 후 재발 비율은 치료를 받은 흡연자가 치료를 받지 않은 흡연자보다 약간 더 높은 것으로 보이지만, 수년이 지난 후에도 치료 효과가 남아 있는 것으로 관찰된다. 부프로피온은 니코틴 대체 요법과 대체로 유사한 효과가 있으며, 니코틴성 아세틸콜린 수용체의 특정 아형에 높은 친화력으로 결합하는 부분 작용제partial agonist인 바레니클린varenicline과 시티신cytisine은 금연을 보조하는 데 효과적이다.

심리적 개입은 중독자가 중독 물질 사용을 자제하거나 조절하도록 도울 수 있는데 일부 사례에서 효과가 관찰되고 있다. 그 효과는 치료 기간보다 오래 견딜 수 있게 해 주는 것 같지 않지만, 재발률은 치료 종료 후와 비슷한 경우가 많기 때문에 수개월 또는 수년이 지난 후에도 치료 효과가 남아있는 경우가 많다.

투약(약제)

PRIME 이론의 말투로 표현하자면, 투약medication은 중독의 결과로 생긴 후천적 동인을 감소시킨다. 어떤 경우에는 중독 행동에 자꾸 욕구가 생겨나지 않는 것만으로도 동기유발 시스템이 정상화될 수 있다. 다른 경우, 동기유발 시스템이 충분히 치유되지 않은 채 투약을 그만두게 되면 미해결된 동인은 중독을 뒷받침해 온 동기유발 시스템의 다른 모든 요소와 공조하여 중독으로 되돌아가게 할 것이다.

심리적 개입

심리적 개입psychological interventions은 다른 방법으로 중독 행동이 발생하는 것을 막기 위해 만들어진 것이다. 이러한 개입은 일반적으로 자제력을 강화하거나(예: 집단 압력을 통해) 중독자의 정체성을 바꾸어 중독자의 평가 체계에 좀 더 영구적이고 구석구석 배어드는 변화가 일어나도록 시도한다. 또한 활동에 관여하려는 동기와 충동을 유발하는 상황에 대처하거나 피할 수 있는 기술을 제공하려고 한다. 투약과 마찬가지로 오랜 기간 충분히 절제하게 되면 동기유발 시스템이 충분히 정상화되어 개인이 중독 발달 경로 밖에서도 어느 정도 안정되게 지낼 수 있을 것으로 기대된다.

이 중독론 관점에서 볼 때, 의학적, 심리적 개입은 대부분 중독자에게 동기유발 시스템을 중독 발달 경로의 비탈 위로 이동시키는 것 이상은 하지 못하는 것이 사실이며, 치료가 중단되면 시스템은 다시 빠르게 바닥으로 내려가게 된다.

발달 경로의 깊이가 얕거나 개인이 이미 정상에 가까워서 비교적 그다지 크지 않은 영향에도 비탈 너머로 넘길 수 있는 경우 치료는 더 효과가 있다. 중독성 약물이 약리적 효과를 잃기 시작하면 시간이 지남에 따라 연루된 신경 경로가 손상되어 발달 경로는 더 얕아질 수 있으며, 또는 균형을 잡아 주는 힘이 여전히 작용하고 있거나 중독 행동의 동기유발 속성이 아주 강하지 않기 때문에도 발달 경로가 얕아질 수도 있다.

중독 유병률을 줄이는 데 효과적인 인구집단 대책에는 어떤 것이 있는가

중독 유병률은 중독에 관여할 기회를 줄이거나 재정적, 사회적 또는 기타 측면에서 비용을 증가시키는 인구집단 대책으로 줄일 수 있으나(예: Edwards et al. 1994; Grossman et al. 2002; Jamrozik 2004), 그러나 효과의 크기는 매우 다양하며, 시간적 역학 관계도 복잡하다.

PRIME 이론에서는 인구집단 조치가 실험적 시도를 줄이고, 중독 행동 패턴의 발달을 줄이며, 절제 시도를 장려하고, 절제 시 성공 가능성을 높이며, 재발률을 낮추는 등 중독 과정의 모든 단계에서 중독의 유병률을 감소시킬 수 있다고 제안한다. 이는 인구집단 조치가 중독자의 동기유발 시스템과 환경에 균형을 맞춰 주기 위해 광범위한 측면에서 작용하기 때문이다. 중독자의 커리어상 여러 시점에 미치는 영향의 크기는 개입과 중독 행동에 따라 달라질 수 있다.

정확한 예측을 하려면 중독 행동에 대한 자세한 이해가 필요한데, 예를 들어 담뱃값이 인상되면 일반적으로 흡연 수요가 감소하며, 가끔 하는 흡연에서 상시 흡연으로의 전환은 감소한다. 흡연자는 담배를 덜 피우지만 이를 보상하기 위해 담배 한 개비당 흡입하는 양을 늘릴 수 있기 때문에 금연에 미치는 영향은 훨씬 더 미미할 것이다.

중독의 기저에 깔려 있는 이상 징후

앞에서 살펴본 바와 같이, 중독의 징후는 개인과 중독 행동에 따라 매우 다양하다는 것이 분명하다. 중독에 수반되는 복합적인 정서, 동기 및 인지적 경험은 중독으로 가는 다양한 경로와 이를 뒷받침하는 동기유발 시스템에 여러 가지 이상 징후가 있다는 점을 상정하지 않으면 안 될 것이다.

통일된 원리로서 중독의 발달은 본질적으로 불안정한 동기유발 시스템에 환경의 힘이 작용한다고 가정한다. 이 시스템에 불균형을 초래하는 힘, 균형을 복원할 수 있는 힘의 부재 또는 점진적으로 감소하는 감수성(민감성)sensitivity은 후성유전학적 지형에서 해당 시스템을 훨씬 더 확고한 경로로 내보낸다. 이제 몇 가지 주요 원칙을 요약할 수 있을 것 같다.

어떤 것이 중독성이 있는 이유는 무엇일까

중독 활동이란 동기유발 시스템을 변화시켜 민감한 사람에게는 시간이 지남에 따라 보상을 크게 구하거나, 습관성이 되게 하거나, 자제력을 감소시킬 수 있는 잠재력을 가진 활동을 말한다. 자극과 충동, 자극과 동기, 평가와 계획 간 연관성을 포함하여 동기유발 시스템의 일부 또는 모든 요소가 관련될 수 있다.

(약물을 하는 것과 같은) 중독 활동(예: 약물)이 주로 시스템의 한 요소(예: 충동)에 작용하더라도, 시스템 내에 연결된 관계들로 인해 그 행동을 뒷받침하는 다른 요소(예: 평가)에 변화를 야기할 것이다.

예를 들어, 담배가 중독성이 있는 것은 대부분이 사회적으로 용인되고 편리하며 특별한 동질감을 지지하는 형태로 니코틴을 뇌에 빠르게 전달하기 때문이며, 또한 미묘한 보상 자극으로 연상될 수 있는 (목구멍에서 맡는 냄새와 느낌과 같은) 독특하고도 꽤 기분이 좋은 자극을 동반하고, 흡연의 부정적인 결과는 뒤늦게 나타나므로 이를 만년에 이르기까지 두려워하며 살지 않으니까 중독되기 쉬운 것이다.

개인이 중독에 빠지기 쉬운 이유는 무엇인가

중독에 대한 개인적 취약성에는 여러 가지 잠재적 요인이 관여한다. 여기에는 새로운 경험을 탐구하며 잠재적으로 해로운 중독 행동에 노출하려는 심리적 동인, 낮은 자제 성향이나 능력, 처벌보다는 보상과 연합 관계를 형성하려는 성향, 중독 행동에 관여하는 것을 긍정적으로 평가하는 정체성, 중독되어 있는 것을 긍정적으로 보는 정체성, 중독 행동을 보상적으로 여기는 정서적 상태 성향, 그리고 중독 활동 효과에 대한 생리적 감수성 등이 포함된다.

예를 들어, 이전부터 존재하는 심리적 문제는 알코올 중독과 헤로인 중독 모두에서 아주 흔하게 나타나며, 중독되지 않은 사용자와 달리 중독자의 상당수가 물질 사용으로 소중한 욕구를 충족하고 있다는 사실은 의심할 여지가 없을 정도이다. 또한 알코올의 보상 효과와 혐오 효과 사이의 균형에도 편차가 있으며, 이는 적어도 부분적으로 신체가 알코올의 주요 독성 효과인 아세트알데히드acetaldehyde를 처리하는 효율성에 의해 결정된다.

어떤 환경이 병적인가

증거에 따르면, 문제가 되는 중독 행동과 관련된 사회적 규범, 기회, 권태, 스트레스원, 그리고 보다 구체적인 필요성이 중독의 발달과 유지에 중요하다는 점이 강력하게 지적되고 있다.

예를 들어, 이전부터 존재하는 심리적 문제는 알코올 중독과 헤로인 중독 모두에서 아주 흔하게 나타나며, 중독되지 않은 사용자와 달리 중독자의 상당수가 물질 사용으로 긴요한 욕구를 충족하고 있다는 사실은 의심할 여지가 없을 정도이다. 또한 알코올의 보상 효과와 혐오 효과 사이의 균형에도 편차가 있으며, 이는 적어도 부분적으로는 신체가 알코올의 주요 독성 효과인 아세트알데히드acetaldehyde를 처리하는 효율성에 의해 결정된다.

알코올 의존의 예

정서적으로 취약하고 술을 마시니까 고통에서 벗어나던 것을 경험한 사람은 음주가 아무렇지도 않은 사회적 환경에서 특히 개인적인 위기 상황에서 과음할 가능성이 더 높다.

대부분 경우 사회적 및 물리적 환경physical environment에는 개인이 행동할 때 문제가 되지 않도록 균형을 잡아 주는 힘이 충분히 존재한다. 하지만 처벌을 통해 학습하려는 성향이 상대적으로 약하고 행동에 대한 일반적인 사회적, 윤리적 통제가 너무 약해면 문제 행동이 확대되는 것을 방지하기 어려울 수 있다. 그러면 도구적 학습 및 파블로프식 학습과 더불어 절제 기간 중 일어나는 반동 불안rebound anxiety, 약리학적 내성, 금단 증상의 발현이 행동의 빈도와 강도, 상동 행동을 증가시켜 행동을 더욱 고착시킬 수 있다.

충동, 정서 상태, 동인, 동기 및 평가는 모두 영향을 받으므로 행동을 지속하기 위해 서로가 상호작용한다. 중독의 원인을 동기유발 시스템에 있는 어느 한 요소의 탓으로 전가하는 것은 잘못된 것이며, 시스템 내의 영향력 네트워크 때문에 단 하나의 요소로만 개입하는 것은 성공할 개연성이 낮다.

따라서 중독자의 평가를 구체화하는 데 초점을 맞춘 상담은 자기통제를 해 보려는 시도를 강화시켜 줄 수 있지만, 연상 학습을 통해 확립된 단서, 동기 및 충동 간 유착 관계에는 영향을 못 줄 것이다.

아캄프로세이트와 같은 약물은 '후천적 음주 동인'을 약화시킬 수 있지만, 그 효과는 불완전하며 동기유발 시스템의 다른 부분에도 직접적인 영향은 미치지 않는다. 음주를 하지 않는 상태에서 음주와 관련된 단서를 제시하는 단서-노출 기법은 기존에 확립된 고전적으로 조건화된 연결고리를 약화시킬 수 있지만 시스템의 다른 부분에는 영향을 주지 않는다.

니코틴 의존의 예

청소년은 호기심에서, 사회적 압력에 응하여, 개별적인 동질감을 느끼고 싶은 욕구로, 흡연이 즐겁거나 식욕 조절이나 스트레스를 줄이는 데 도움이 될 것이라는 믿음에서 흡연을 시작할 수 있다. 청소년은 흡연이 건강에 해롭다는 사실을 알고 있을 가능성이 높지만, 당시에는 흡연이 건강에 해롭다고 생각하지 않을 수 있다.

첫 반응은 담배 연기를 흡입할 때 느끼는 불쾌한 감각과 니코틴의 전신적 영향이 뒤섞인 것이 될 것이며, 어떤 경우는 니코틴의 미묘한 보상 효과도 나타날 수 있는데 이는 알아챌 수도 그렇지 않을 수도 있다. 니코틴의 혐오 효과와 보상 효과 사이의 균형은 청소년의 평가와 동기에 영향을 미치는 외적 요인이 함께 작용하여 곧바로 흡연 활동을 반복하게 할 수 있다.

니코틴은 한 번만 흡입해도 뇌에 작용하여 지속적인 변화를 일으켜 재차 흡입하는 경우 약물의 보상 효과를 증가시킬 수 있으며, 또한 흡연 활동, 담배를 피울 때의 감각적 측면, 니코틴의 보상 효과 사이에 연상 관계를 만들기 시작할 수 있다.

따라서 충동과 동기에 대한 니코틴의 약리작용은 흡연에 도움이 되는 평가와 결합하여 흡연을 조장 또는 허용하는 상황에서 흡연 행동을 계속해서 불러일으킬 수 있다. 흡연의 악화로 목전에 심각한 사회적, 재정적 또는 건강상의 문제를 초래하는 경우, 흡연을 조장하는 힘이라도 중독 행동 패턴을 일으킬 만큼 강력하지는 못할 것이다.

그러나 금연에 가장 큰 영향을 미치는 것은 재정적 비용과 향후 건강에 미칠 수 있는 영향에 대한 평가로, 이러한 요소들은 흡연자의 마음속에 흡연에 대해 갈등을 빚게 하기에 충분할 수는 있지만 행동을 억제할 만큼 강력한 동기를 유발하지는 못한다.

이 두 가지 예는 무엇을 분명히 하려는 것인가

이들은 중독 행동 패턴이 어떻게 발전할 수 있는지 보여 주는 두 가지 예에 불과하며, 중독의 발생 과정에 관여하는 다양한 소인 요인, 연속적인 영향 및 유발요인을 설명하기 위한 것이다. 더 나아가 일단 중독이 생기면 동기유발 시스템 전체가 중독의 지속에 관여한다는 것을 보여 준다. 마지막으로, 두 사례는 (알코올 의존 사례에서처럼) 특정 행동을 조장하는 힘이 강하기 때문에, 그리고 (흡연 사례에서처럼) 자제를 유도하는 힘의 균형이 약하기 때문에 중독이 발생할 수 있다는 것을 보여 준다.

개입의 효과

증상 또는 병리 치료

우리가 생각하는 개입이 단순히 중독의 증상을 치료하는 것인가, 아니면 근원적인 병리를 치료하는 것인가. 증상을 치료하는 것이라면, 후성유전학적 지형에서 공을 계곡의 비탈로 밀어 올리는 것으로 생각할 수 있다. 이 경우 지형은 변하지 않았기 때문에 밀어붙이는 힘이 풀리자마자 공은 다시 계곡의 바닥으로 굴러 내려갈 것이다. 근원적인 병리를 치료하는 것이라면, 공을 다른 경로로 보내는 것이 된다.

일례로, 알코올 의존증 치료는 금주를 유지하도록 동기를 강화하는 것에 그치는 경우가 많다. 예를 들어, 집단의 압력이 동기를 강화하는 경우 그러한 압력이 더 이상 존재하지 않게 되면 중독성 소비 패턴은 다시 나타난다. 술을 마시고 싶은 충동에 작용하는 약물 치료는 동기유발 시스템을 바꿀 수 있는 경우에만 지속적인 효과를 기대할 수 있다.

금연을 위한 니코틴 패치 요법은 극히 소수(약 5% 정도)의 사례에서 지속적인 '치유cure' 또는 적어도 관해remission에 영향을 미칠 수 있는 개입의 잠재력을 보여 주는 좋은 예이다.

합리성을 전제로 한 개입이 효과가 있는 이유는 무엇인가

동기유발 시스템의 많은 부분이 중독 행동에 관여하기 때문에 시스템의 어느 부분을 대상으로 개입하여도 어느 정도는 효과를 볼 수 있는데, 특정 상황에서는 세금 인상, 처벌, 교육 캠페인, 의사의 간단한 조언과 같이 '합리적 중독자rational addicts'를 겨냥한 개입이 포함될 수 있다.

일반적으로 이러한 개입은 습관이나 충동 조절보다도 평가에 강력한 근거를 두는 중독자에게 더 효과적일 것으로 예상되지만 어떤 사람이라도 영향을 받을 수 있다. 예를 들어, '진절머리 난다'는 사람과 같이 정체성에 '카오스적' 변화를 수반하는 경우 효과가 지연되기보다는 즉각적으로 나타날 것이고 지속될 가능성이 더 높을 것으로 예상된다.

중독 개입 권장 사항과 예측

이 책에서 고려한 어떤 이론도 다른 사람들이 할 수가 없었던 예측과 권고를 명쾌하게 할 수 있다고 주장하기는 어려울 것이다. 하지만 여기에서 제안하는 이론은 개입을 설계하는 데 있어 몇 가지 지침이 되는 원칙을 제시한다.

1. 개입은 중독 행동에 관여할 기회를 마주치는 순간에 충동을 줄이거나 억제하도록 만들어야 한다. 개입을 설계하는 사람은 대중매체 캠페인을 통해 시각적 이미지를 만들거나 중독 활동에는 비용이 너무 많이 든다는 느낌을 불러일으키는 등 개

입 초기에 중점을 두는 것부터 해당 행동에 마주칠 기회가 계속해서 발생할 때 활동에 참여하고 싶은 충동까지 인과 경로를 추적할 수 있어야 한다.

2. 예방적 개입은 동기유발 시스템이 균형을 잃고 있다는 작은 징후에 대해 경계심을 강화하고, 동기 균형을 복원시키는 요소를 추가, 제거, 강화 또는 약화시켜야 한다. 동기유발 시스템은 사소해 보이는 트리거에 반응하여 갑자기 전환될 수 있다는 점, 그리고 동기유발의 균형을 이룰 수 있는 요소가 없는 것도 매우 강력한 요소만큼이나 중요하다는 점을 인식하는 것이 중요하다. 균형을 복원하려면 행동을 억제하는 요소(처벌)를 추가하는 것뿐만 아니라, 주의를 다른 곳으로 돌리거나 보완하거나 대체할 수 있는 요소를 추가하는 것도 포함할 수 있다.

3. 중독을 퇴치하기 위한 개입은 과도한 동기유발력의 강도나 범위를 어느 정도까지 감소시킬 작정인지, 아니면 과도한 동기유발력에 대항하는 힘의 강도를 어느 정도까지 늘릴 것인지, 또는 두 가지 다에 대해 명확한 기준을 가지고 있어야 한다. 대부분의 경우에, 실현 가능한 유일한 선택지는 시간이 지나면 동기유발 시스템이 정상화될 것이라는 희망 속에서 (사회적 압력과 같은) 균형을 잡아 주는 힘을 가하여 활동을 막는 일이다. 다른 경우에는, 동기유발력의 강도를 줄일 수 있다(예: 투약을 통해).

4. 모든 개입은 수혜자의 동기유발 시스템의 현재 상태를 염두에 두고, 수혜자를 어느 정도까지 새로운 크레오드로 유도할 것인지, 그리고 이를 위해 어떤 방법을 사용할 것인지에 대해 명확한 기준을 가지고 있어야 한다. 새로운 경로가 발견되지 않는 한, 행동을 억제하기 위해서는 균형 인풋을 넣어 줘야 할 것이다. 이것은 치료 프로그램뿐만 아니라 학교의 예방적 개입에서도 마찬가지이다. 이를 위해 잠재적인 목표로 작용할 수 있는 가장 중요한 동기유발 요소 중 하나는 정체감이며 '전향 conversion' 경험을 활용하는 것이다.

5. 개인을 새로운 크레오드로 옮기려면 시스템 전역에 전파되는 동기유발 시스템의 변화가 필요하다. 중독 행동의 평가에서 상당히 심오한 변화가 있어도 그것이 습관적인 사고패턴, 느낌, 충동뿐만 아니라 정체감을 포함하여 다른 핵심 신념으로 전파되지 않는다면 변화는 지속되지 않을 것이다. 유사하게, (단서-노출 치료를 통해) 단서와 중독 행동 사이의 연상 관계를 약화시켜도 (중독과 관련된 모든 사회적 활동을 포함하여) 부수적인 행동과 관련이 있는 욕망, 핵심 평가 및 습관의

변화를 동반하지 않는 한 효과가 지속되지 않을 것이다.

다음에서는 교육적 개입, 치료, 및 개입 구축 과정 등 세 가지 관심 영역에 대해 자세히 살펴본다.

교육적 개입

교육적 개입은 중독자가 하는 행동의 폐해와 행동을 바꾸는 데 따르는 대가, 그리고 변화 가능성에 대해 중독자의 이해를 넓히려는 시도를 포함하며, 여기에는 대중매체 캠페인과 의료 전문가의 조언이 포함된다.

기본 원칙

교육적 개입은 다음과 같은 범위에서 효과를 거둘 수 있다. (1) 활동을 피하거나 억제하고자 하는 욕망의 느낌이 마음속에 들어서게 한다. (2) 그러한 욕망이 사라지기 전에 변화 계획을 시작하고 싶은 충동으로 바꾸어 준다. (3) 정체성 변화를 바탕으로 계획에 대해 지속해서 전념하게 한다. (4) 동기유발 시스템의 균형을 유지하거나 복원하는 지원 활동을 유발한다.

변화의 '단계'에 맞춰 조정하지 말라

PRIME 이론은 개입이 초이론적 모형(Prochaska and Velicer 1997)에서 제안한 것과는 반대로 이루어져야 한다고 주장한다. 건강 증진 분야에서 인기를 끌고 있는 이 모형에 따르면, 개입은 먼저 사람들이 변화를 생각하고 있는 단계에 있는지, 변화를 계획하고 있는 단계인지, 아니면 변화하고 있는 단계에 있는지 파악하고 그 단계에 맞게 내용을 조정해야 한다고 말한다.

본 중독론에서는 이러한 단계가 존재하지 않는다는 관점을 취한다. 변화에 대한 동기는 무척 변하기 쉽고 당면한 환경에 빠르게 반응하므로 개입은 수혜자 자신이 어떤 '단계'에 있는지 생각하도록 자극하는 것이 아니라 오히려 개인이 변화를 이루도록 허용이 가능한 범위 내에서 최대한 압력을 가하는 것이어야 한다.

허용이 가능한 범위는 윤리적 고려 사항, 실질적인 자원 및 사회적 제약에 따라 달라진다. 예를 들어, 지나친 음주를 주제로 문제를 제기하는 홈닥터는 환자와의 관계를 해치지 않는 방식으로 본인의 임상 및 의사소통 기술을 발휘해야 하지만, 그러한 제약 내에서 환자에게 변화 욕구를 불러일으키고 환자가 약속한 변화 계획을 시작하는 데 명확하게 초점을 맞추어야 한다.

가능한 경우 맞춤식 개입은 우려하는 중독 행동 패턴의 양상, 개인의 상황과 관련된 유발요인 및 단서, 원함, 필요 등의 측면, 그리고 중독자와 중독 행동과의 관계에 초점을 맞추어야 한다. 이러한 맥락을 따라 일부 맞춤식으로 개입하면 유익한 효과가 있는 것으로 밝혀졌다(Strecher et al. 2005).

'장단점' 분석에 시간을 낭비하지 말라

현재 많은 건강 증진 모형에서는 개입을 통해 수혜자가 자신의 행동과 변화를 만들어 내는 것에 대한 '장단점'을 생각해 보도록 장려해야 한다고 제안한다. 이 중독론은 이러한 개입이 행동 변화를 달성하는 데 있어 아무리 잘해도 아주 미약한 효과에 그칠 것이라는 견해를 갖고 있다.

단순히 중독자가 변화를 이루어 내는 '장단점'에 대해 생각하게 하는 데만 집중하는 것은 일반적으로 변화를 달성하는 데 필요한 감정(느낌)을 생기게 하지는 않는다. 개입은 현실적으로 어떤 감정이 생길까를 감안해야 하는데, 예를 들어 청소년 흡연자에게 폐암에 대한 공포를 꾸밈이 없이 지속해서 안겨 주는 일은 거의 불가능하다. 즉각적인 사회적, 재정적 비용을 증가시키고 그들의 정체성을 확인할 수 있는 대체 수단을 제공하는 것이 좀 더 효과적일 가능성이 높다.

준비되었다고 느끼는 사람들에게 즉각 행동에 나서도록 장려하라

인구집단 수준의 개입은 개입을 받을 당시 준비가 된 사람들이 미루지 말고 변화하도록 장려함으로써 동기유발의 불안정한 성질을 활용해야 한다. 이러한 사람들에게는 미래의 어느 시점에 변화를 시도할 날짜를 정하도록 권유해서는 안 되고, 바로 변화를 추구하도록 밀어붙이고 후속 지원 조치를 취해야 한다.

짧은 기간 동안 자주 개입을 반복하라

단판 개입은 다른 압력으로 인해 얕은 크레오드에 있거나 크레오드의 위쪽에 있는 개인에게만 변화를 일으킬 수 있다. 개입을 반복해서 하더라도 간격이 너무 멀면 수혜자는 그사이에 크레오드의 바닥으로 돌아갈 시간을 갖게 된다. 그래서 개입하는 시간은 누적효과를 낼 수 있을 정도로 충분히 간격을 좁혀야 하며, 감정과 충동이 궁극적인 대상이므로 이들을 유발하는 신념이 여전히 유지되더라도 시간이 지나면 사그라진다는 것을 염두에 두고 개입해야 한다.

교육적 개입은 일반적으로 변화 시도의 방아쇠를 당겨 줄 뿐이다

교육적 개입으로 동기유발 시스템의 하위 단계에서 작동하는 중독 행동의 양상(이것은 습관과 욕구에 사로잡힌 상태 및 정서와 관련되어 있다)을 해결할 수 있다고 상상하는 것은 비현실적이다. 교육적 개입은 평가의 변화를 목표로 한다.

이미 설명한 원칙을 사용하여 현명하게 접근하면 교육적 개입은 중독자가 통제할 수 있는 행동, 즉 바꾸어 보려는 시도를 낳을 수 있다. 그 후에 일어나는 일은 중독과 관련된 요인에 따라 달라진다. 그렇기 때문에 교육적 개입의 일환으로 수혜자에게 증거 기반 치료 프로그램을 이수하도록 안내하는 것이 포함되어야 한다.

치료 개입

기본 원칙

치료에 나설 때 이행 지침guiding principles은 다음과 같다. (1) 너무 강한 동기유발력은 약화시키고, 약한 동기유발력은 강화하며, 새로운 동기유발력을 투입하여 동기유발력의 균형을 바꾸어 준다. (2) 이를 동기유발 시스템의 일부 요소에만 아니라 시스템 전체에 적용한다. (3) 시스템의 현재 상태를 고려하여 개입 요소들을 다이내믹하게 적용해 본다. 이러한 방법으로 지속적인 효과를 얻는다면 가장 이상적이겠지만, '치유'를 달성하는 것보다는 상태를 관리하는 것이 문제가 되는 경우가 많다. 이제 이러한 원칙 중 일부 적용하는 방법을 간략하게 정리한다.

1. 가능한 한 광범위한 영역에 걸쳐 행동을 평가한다. 대상들의 범위와 이들 사이의 관련성을 포함하여 중독 행동의 규모와 패턴을 파악한다. 예를 들어, 행동 패턴이 폭음·폭식 또는 일상적인 사용 중 어느 쪽에 가까운지, 특정 상황과 얼마만

큼 연관되어 있는지, '중독자'가 헤로인에 빠져 있어도 이를 구할 수 없을 때나 이차적 욕구를 충족하기 위해 다른 약물을 사용하는 정도는 어떻게 되는지 등을 파악한다.

2. 동기유발 시스템에 있는 다양한 이상 징후를 조사한다. 역기능적 신념, 느낌, 충동, 정체감, 자기통제 성향, 습관을 포함하여 문제를 일으키는 동기유발 시스템의 이상을 확인한다. 예를 들어, 중독자가 행동이 낳는 해로운 영향과 관련된 난관에 어떻게 대응하는지, 그 행동을 얼마나 즐기는지, 그 행동이 정서적 또는 사회적 욕구를 얼마나 충족해 주는지, 해당 활동이 얼마나 정체감 일부가 되고 있는지, 해당 활동에 참여하고 싶은 충동감이나 욕망이 특정 상황 및 상태와 얼마나 관련이 있는지, 그리고 중독자가 정점이나 분기점에 얼마나 근접해 있는지 등을 파악한다.
3. 시스템의 관련 요소를 바꿀 가능성을 결정한다. 비정상적으로 확인된 동기유발 시스템 요소에 대해 변경 가능성은 있는지, 변경이 되면 어떤 효과가 있을 수 있는지, 그리고 얼마나 오래 걸릴지 그 전망을 결정한다.

이를 통해 심리 치료의 내용과 적절한 약물 치료 유형을 결정할 수 있다. 또한 변화를 달성하기 위해 얼마나 많은 자원을 투입해야 하는지도 판단할 것인데, 어떤 경우에는 가용 자원으로 달성할 수 있는 최상 수준이 안정화인 데 반하여, 어떤 경우에는 지속적인 변화를 현실성 있게 달성하는 것일지도 모른다.

예를 들어, 앞서 언급한 바와 같이 부프로피온 또는 니코틴 대체 요법을 단기간 사용하면 니코틴 의존 흡연자의 약 5~10%가 1년 이상 금연을 유지하는 데 도움이 된다. 그렇다고 이런 치료가 중독의 한 원인이 된 연합학습이나 정서적 취약성, 중독 행동이 무언가 해 줄 것이라는 믿음에서 비롯된 욕망에는 영향을 주지 않는다.

마찬가지로, '동기부여 면담(동기 강화 상담)'을 통해 중독자의 평가를 재구성하려고 시도할 수 있지만, 강력한 감정의 힘, 후천적 동인 및 습관을 다루지 않는다면 지속적인 변화는 물 건너가고 달성 효과는 미미한 수준에 그칠 것이다.

4. 우리가 사용할 수 있는 개입에는 본래부터 한계가 있다는 것을 인정한다. 자원, 윤리적인 것, 그리고 치료를 받는 사람들이 기꺼이 지키겠다는 약속에는 심한 제약이 따른다. 동시에 우리는 종종 동기유발 시스템의 모든 단계에 깊숙이 자리 잡

은 행동 패턴과 이상 징후를 상대하고 있다.

중독에 대한 탁월한 치료 가이드가 몇 가지 있지만, 이것들은 주로 효과가 입증된 것이라기보다도 도움이 될 것을 기준으로 하고 있다(예: Waller and Rumball 2004). 그렇지만 특정 치료 접근법을 구분하여 다른 타당할 수도 있는 접근법보다 더 효과적인 것으로 입증할 수 있다는 생각은 대체로 비현실적이다.

최소한의 효과만 기대할 수 있는 치료 접근법의 한 가지 구체적인 예는 '자기강화self-reinforcement'이다. 치료 매뉴얼에서는 중독자가 절제 유지에 성과를 거두었을 때 칭찬과 격려로 보상을 주도록 권장하는 것이 일반적이다. 의식적으로 사용하는 신념과 연합학습을 연결하는 동기유발 시스템을 좀 더 완전하게 이해하면 그게 효과적이지 않을 것 같다는 생각이 들게 하는데, 보상이 자기 주도적self-initiated 이라는 사실을 알면 보상이 전달할 수 있는 쾌락적 톤(쾌락조)이 사라지고 따라서 원함과 충동에 영향을 미치는 힘도 사라지기 때문이다.

중독자의 유형에 따라 치료 접근법을 다르게 맞추는 아이디어도 그럴듯해 보이지만, PRIME 이론이 옳다면 그것이 성과를 거둘 가능성은 희박하다. 이 중독론에 따르면, 유형론은 앞으로 나아갈 길은 아니며, 자원이 허용한다면 치료 계획은 개인에 맞추어 조정되어야 한다.

'재발 예방'에 대한 많은 저술이 있지만 현재까지 그런 개입 접근법들이 효과를 내고 있다는 명확한 증거는 없다(예: Hajek et al. 2005). 이 중독론에 따르면, 한 가지 기법에만 초점을 맞춘 재발 접근법은 확실한 혜택을 기대하기 어려울 것으로 예상된다. 개입은 가능한 한 많은 요소를 망라해야 하는데, 여기에는 (1) 정체성의 근본적인 변화로 활기를 띠게 하는 기법, (2) 가능한 경우 중독자가 거주하는 사회적, 물리적 환경을 리모델링하는 기법, (3) 중독 동인을 약화시키거나 중독자의 충동 조절 능력을 향상시키는 약제를 장기간 처방하는 기법이 포함된다.

5. 치료의 시간적 패턴화에 특별한 관심을 기울인다. 이와 관련하여, 약물 및 심리 치료의 시간적 패턴화는 근본적인 병리의 특성에 맞게 조정되어야 한다. 일부 드문 경우, 회복 과정을 궤도에 '진입시키는' 데는 단일 치료 에피소드로 충분히 도움이 될 수 있다. 극단적인 경우, 행동을 억제하고 동기유발 시스템의 불균형을 최소화하기 위해 만성 치료법이 필요하겠는데 여기엔 '치유'는 없고 장기적

인 관리만 있을 뿐이다. 중간의 경우는 중독자의 '관해' 달성을 도울 수 있는 사례로, 그럼에도 원래의 불균형 상태를 초래한 상황은 해소되지 않고 남아있어 중독은 점차 재발로 나타나 다시 치료에 들어가야 한다.

6. 인구집단 수준의 개입을 치료법으로 사용한다. 이 이론은 또한 일부 사람들에게는 중독성이 있는 행동을 인구집단 수준에서 통제하는 개입과 중독자가 자신의 행동을 통제하도록 돕는 치료 간 구분을 재고할 필요가 있다는 점을 시사한다. 예를 들어, 가격 인상, 흡연 행위의 탈규범화denormalisation, 밀폐된 공공장소에서 흡연 금지 등은 금연을 시도하는 흡연자에게 금연 의지를 북돋아 금연에 도움이 될 것으로 기대할 수 있다.

   마찬가지로, 불법 약물 공급을 차단하면 약물을 구하는 데 상당한 비용이 들고 또 이용 가능성도 줄어들어 약물 사용을 줄이려는 사람들에게 도움이 될 것이다.

개입 구축

PRIME 이론은 개입을 구축하는 전략에도 영향을 미친다. 한 가지 시사점은 중독과 행동을 결정하는 데 중요한 다양한 동기 구인을 다루기 위해 개입에 충분히 미묘한 차이를 둔다면 도움이 될 수 있다는 것이다. 그러나 규모가 크고 복잡한 개입을 구성할 때 모든 결정을 전적으로 이론이나 증거에 근거하여 내리는 일은 매우 어렵고, 또한 각각의 구성요소가 효과에 일조했는지 평가하는 일은 더욱 어렵다. 대안적인 접근방식은 단기적인 결과를 사용하여 가능한 여러 차례 실용적인 실험을 하고 이를 근거로 '최선의 방책best bet'을 우선 결정하는 다단계 최적화 전략으로 구체화하는 것이다(Collins et al. 2011). 이를 위해 부분 요인설계fractionated factorial design 및 SMARTSequential Multiple Assignment Randomized Trials 설계(Collins et al. 2009; Lei et al. 2012)와 같은 효율적인 실험 설계가 목적에 적합한 것으로 제안되었는데, 이는 과학적 결론을 도출하기 위한 기준을 충족하지 못할 수도 있지만(더 많은 위양성false positive을 용인하는 경우 발생), 결과적 개입의 전반적인 유효성을 결정하기 위해 무작위 대조군 확증 임상시험confirmatory randomized controlled trial을 수행하기 전에 여러 부분으로 이루어진 개입을 개선하고 정비하는 데는 충분하다.

이론 검증

이 책의 서두에서 이론 개발에 대한 새로운 접근방식이 필요하다는 점을 지적한 바 있다. 이론은 본질적으로 아이디어에 주목하게 만드는 것이 목적이지만 언급한 바와 같이 명백히 거짓인 이론을 개발하면서 상관관계 식의 증거를 통해 어떤 의미에서는 검증이 가능한 것처럼 가장하는 현재의 접근방식은 점진적 과학에 도움이 되지 않는다.

우리는 이론이 가설한 명시적 가정에 대해 명확한 반례를 발견할 수 있다면 이론으로 성립하도록 허용해서는 안 된다고 주장했다. 행동과학과 사회과학에서 양산되는 이론의 과잉은 과학적 방법의 방향에 고개를 끄떡이기는 하지만 실제로는 기본적인 원리원칙을 위반하는 접근방식에서 발생한다고 주장했다. 같은 현상을 다룬다고 주장하는 이론이 너무 많고, 그중 상당수가 다른 이론과 상당 부분 중복되는 개념을 사용하며, 그리고 상식적인 분석에서도 내놓는 다양한 개념을 포괄하는 이론이 필요하지 않다고 하는 것은 받아들일 수 없다.

따라서 문제는 PRIME 이론이 같은 함정에 빠지는가 하는 것인데 우리는 그렇지 않다고 주장한다. PRIME 이론은 많은 공식화 과정을 거쳤으며 또한 여러 차례 근본적으로 변화를 겪었는데, 이는 우리나 동료 연구자들이 제안되던 이론마다 반례를 생각해 낼 수 있었기 때문이다. 이론에 대한 진짜 반례가 더 남아 있다면 이론의 해당 부분은 틀린 것이므로 수정해야 한다. 동기유발 시스템의 요소들이 근본적으로 다르게 상호작용하는 방식이 등장할 수도 있다. 그 이론은 더 간결하며, 이 이론에서 설명하지 못하는 것을 설명하며 좀 더 잘 예측하는 동시에 이 이론이 설명하는 모든 사항을 계속 설명해 나갈 수 있다. 이런 일이 발생한다면, 이 이론에 불가 판정을 내리고 새 이론에 자리를 내어주어야 한다.

따라서 이 중독론은 동기유발에 대한 최초의 진정한 종합이론일 뿐만 아니라, 행동과학과 사회 과학에 적절한 이론 개발 방법에서 파생되고 그 적용을 받는 최초의 이론이라고 할 수 있다. 이 방법론은 설명하는 내용에 대해 단 하나의 반례가 있으면 틀린 이론이라고 전적으로 확신하며 말할 수 없더라도 이론을 거짓으로 판명한다. 그렇다면, PRIME 약어는 우연히도 아주 적절한 셈이다.

최고의 성과

이 중독 이론 초판이 출간된 이후 수많은 연구가 PRIME 이론에서 영감을 받았다. 금연 동기에 대한 단일항목 척도를 개발할 때 서로 다른 레벨인 원함과 계획을 구분하기 위해 PRIME 이론의 정보를 활용했다. 이 척도는 영국인을 대상으로 대규모로 실시한 연구에서 기준 평가baseline assessment를 한 후 6개월 뒤의 금연 시도를 확실하고 정확하게 예측했다(Kotz et al. 2013). 영국에서 행해진 비슷한 연구에서, 흡연 충동 강도에 대한 단순한 평정이 소비 패턴에 기반한 잘 정립된 척도보다 금연 성공률을 더 잘 예측하는 것으로 나타났다(Fidler et al. 2011). 이러한 결과는 우리가 가장 원하고 필요로 하는 것을 추구하는 행동이 중독 행동의 핵심적인 특징이며 소비 패턴은 오히려 간접적인 증상이라는 PRIME 이론의 개념을 뒷받침한다.

즐김과 의존성이 금연 과정에 중요하고 뚜렷하게 기여하고 있는 것으로 확인되었다는 사실은 이 책에서 제안하는 동기유발의 다면적인 본질을 뒷받침한다. 담배를 피우고 싶어 하는 것(원함)은 즐거움이 기대되기 때문에 금연 시도조차 단념시키는 반면, 절제에서 비롯되는 일상적인 갈망은 금연 시도가 시작된 이후 성공 여부를 결정짓는 지배적인 요인이라는 증거가 있다(Fidler and West 2011).

금연 시도를 예측하는 데 있어 원함, 의무감, 및 의도에 대한 상대적 가치를 탐구한 또 다른 연구에서는 좀 더 생각해 볼 필요가 있다는 결과를 내놓았다(Smit et al. 2011). 금연 시도를 예측할 때 원함이 의무감보다 우월하다는 것은 PRIME 이론에서 가정한 것처럼 상위 구성개념의 원위적 영향distal influence을 뒷받침한다. 본 중독론의 입장은 의무감이 가하는 상대적으로 미미한 영향력이 행동에 어떻게 영향을 미치는지에 대해서는 불가지론적인데, 이 연구에서는 부정적인 느낌이 연상된다고 시사했다. 마지막으로, 이 연구는 의도가 바람과 무관하게 시도에 영향을 미친다는 사실도 알아냈다. 대조적으로, PRIME 이론은 의도의 효과가 바라는 마음을 먼저 생성하므로 매개되는 것이라고 말한다. 그러나 의도가 금연하고 싶은 생각을 일으켜 행동에 영향을 미치지만, 이 과정은 의도를 드러내는 순간에 발생하므로 간단한 2단계 종단적 설계2-stage longitudinal design로는 감지되지 않을 수 있다.

마지막으로, 행동 변화를 유지하고 싶은 생각을 일으키는 상위 수준의 출처로서 정체성의 역할을 고려할 때, 한 연구에 따르면 금연한 기간이 길어질수록 흡연자가 자가 보고한 흡연 매력과 흡연자 정체성이 널리 퍼지지 않고 급격히 감소하고 있는 것으로 나타났다(Vangeli et al. 2010). 이는 비흡연자 정체성이 제공하는 원천인 결연한 의지가 지속되지 않으면 흡연자는 흡연을 재개할 가능성이 더 높으며, 결과적으로 금연에 성공한 기간이 길수록 흡연자 정체성이라는 것은 점점 더 드물어진다는 것을 시사한다. 그러나 절대적인 수치는 여전히 놀라울 정도로 높았으며, 비흡연자 정체성은 "당신은 당신 자신을 어떻게 생각하십니까?"라고 질문하고 응답을 이분법적으로 판단하여 단순 평가하기에는 충분히 일관성이 떨어질 수 있다(Vangeli and West 2012).

좀 더 두고 봐야 하지만 출판 이래 해마다 인용 횟수가 증가하는 것을 보더라도(2006년 11건, 2007년 28건, 2008년 34건, 2009년 40건, 2010년 46건, 2011년 55건) PRIME 이론에 관한 저작물은 계속 증가하고 있으며, 계속해서 재구성 및 재공식화와 발전을 요구할 것이고, 궁극적으로는 더 나은 이론을 나오면 버려지게 될 것이다. 당분간은 중독의 다양한 특징을 이해하고 현재 이용할 수 있는 것보다 좋은 결과를 낼 수 있는 개입 전략을 개발하는 데 사용할 수 있는 일관된 내러티브를 제공한다.

중독론의 결론

이 책에서는 중독에 대한 이론을 종합한 두 번째 개정판을 제시했다. 중독 종합 이론은 중독에 5가지 관점에서 영향력을 행사하는 동기유발 시스템의 일부 또는 모든 측면이 관여할 수 있으며, 동기를 유발하는 힘은 결국 충동과 억제력을 거쳐 활성화되는 것이 틀림없다고 인식한다. 또한 '불안정한 마음'이라는 개념을 도입하고, 우리의 사고, 느낌, 행위가 원치 않는 방향으로 향하는 것을 막기 위해 지속적인 균형 인풋이 필요하며, 이는 깊이 고착된 행동 패턴에 갑작스러운 전환이 일어나는 현상을 설명하는 데 도움이 된다고 제시하였다.

이 책에서는 중독의 이질성, 이 개념의 모호한 경계에서 발견되는 현상들, 그리고 정체성, 기본 동인, 정서 및 습관에서 유발되는 동기가 좋고 나쁜 것에 대한 이성적인 분석을 무효화시키고 압도하여 일으키는 행동과 중독이 어떻게 관련되는지 이해하는 틀을 제공했다.

이 책에서는 중독과 의존 증후군을 명확히 구분해야 한다고 주장했다. 중독은 그 중심에 보상 행동에 참여하려는 동기가 반복적이고 강력하게 유발되는 증후군으로, 해당 행동을 한 결과 후천적으로 획득되는 것이며, 의도치 않은 해를 끼칠 수 있는 상당한 잠재력이 있다. 알코올 의존 증후군 등의 의존 증후군은 중독의 대상마다 상당히 다르다(예: 알코올 의존 증후군은 니코틴 의존 증후군과 실질적으로 다르다).

이 책에서는 많은 경우 중독된 생활방식은 자신이 처한 상황 및/또는 정서적 취약성을 고려할 때 해당 활동이 특히 매력적이라고 생각하는 개인이 선택한 것과 관련이 있다는 것을 인정했다. 그러나 다른 경우를 살펴보면 중독은 약물이 동기유발 시스템에 미치는 영향에 대한 감수성 때문에 발생하여 강력한 후천적 동인을 형성하는 경우도 있다.

이 책에서 간략하게 논술한 동기유발 이론은 행동의 모든 측면에 적용할 수 있도록 발전시킬 수 있는 일반 이론이 될 것이다. 예를 들어, 난폭 운전, 소비자 선택 등 다양한 활동을 이해하는 데 유용한 틀을 제공할 수 있을 것으로 기대한다.

참고문헌

Atha, M. (2004). Taxing the UK drugs market. Wigan, Independent Drug Monitoring Unit.

Balfour, D.J. (2004) The neurobiology of tobacco dependence: a preclinical perspective on the role of the dopamine projections to the nucleus accumbens [corrected]. *Nicotine Tob Res 6*(6): 899-912.

Balfour, D.J. (2009) The neuronal pathways mediating the behavioral and addictive properties of nicotine. In *Nicotine Psychopharmacology* (eds. J. Henningfield, E. London and S. Pogun). pp. 209-333. Springer, Berlin.

Balfour, D.J. (2004). The neurobiology of tobacco dependence: a preclinical perspective on the role of the dopamine projections to the nucleus accumbens. *Nicotine Tob Res 6*(6): 899-912.

Ball, S.A. and Schottenfeld, R.S. (1997). A five-factor model of personality and addiction, psychiatric, and AIDS risk severity in pregnant and postpartum cocaine misusers. *Subst Use Misuse 32*(1): 25-41.

Batra, V., Patkar, A.A., Berrettini, W.H., Weinstein, S.P. and Leone, F.T. (2003). The genetic determinants of smoking. *Chest 123*(5): 1730-1739.

Benowitz, N.L. (2010) Nicotine addiction. *N Engl J Med 362*(24): 2295-303.

Blaszczynski, A., Steel, Z. and McConaghy, N. (1997). Impulsivity in pathological gambling: the antisocial impulsivist. *Perspect Addict Nurs 92*(1): 75-87.

Burt, R.D., Dinh, K.T., Peterson, A.V., Jr and Sarason, I.G. (2000). Predicting adolescent smoking: a prospective study of personality variables. *Prev Med 30*(2): 115-125.

Caggiula, A.R., Donny, E.C., Palmatier, M.I., Liu, X., Chaudhri, N. and Sved, A.F. (2009) The role of nicotine in smoking: a dual-reinforcement model. *Nebr Symp Motiv 55*: 91-109.

Chambers, R.A., Taylor, J.R. and Potenza, M.N. (2003). Developmental neurocircuitry of motivation in adolescence: a critical period of addiction vulnerability. *Am J Psychiatry 160*(6): 1041-1052.

Collins, L.M., Baker, T.B., Mermelstein, R.J., et al. (2011) The multiphase optimization strategy for engineering effective tobacco use interventions. *Ann*

Behav Med 41(2): 208–226.

Collins, L.M., Dziak, J.J. and Li, R. (2009) Design of experiments with multiple independent variables: a resource management perspective on complete and reduced factorial designs. *Psychol Methods 14*(3): 202–224.

Davies, B., Thorley, A. and O'Connor, D. (1985). Progression of addiction careers in young adult solvent misusers. *Br Med J (Clin Res Ed) 290*(6462): 109–110.

Dawkins, L., Powell, J., West, R., Powell, J. and Pickering, A. (2007) A double-blind placebo-controlled experimental study of nicotine: II-Effects on response inhibition and executive functioning. *Psychopharmacology 190*(4): 457–467.

Dennis, M.L., Scott, C.K., Funk, R. and Foss, M.A. (2005). The duration and correlates of addiction and treatment careers. *J Subst Abuse Treat 28*(2 Suppl): S51–S62.

Edwards, G., Anderson, P., Babor, T., et al. (1994). *Alcohol Policy and the Public Good*. Oxford University Press, Oxford.

Edwards, G. and Gross, M.M. (1976). Alcohol dependence: provisional description of a clinical syndrome. *Br Med J 1*(6017): 1058–1061.

Fergusson, D.M. and Horwood, L.J. (2000). Does cannabis use encourage other forms of illicit drug use? *Addiction 95*(4): 505–520.

Fidler, J.A., Shahab, L. and West, R. (2011) Strength of urges to smoke as a measure of severity of cigarette dependence: comparison with the Fagerström Test for Nicotine Dependence and its components. *Addiction 106*(3): 631–638.

Fidler, J.A. and West, R. (2011) Enjoyment of smoking and urges to smoke as predictors of attempts and success of attempts to stop smoking: a longitudinal study. *Drug Alcohol Depend 115*(1–2): 30–34.

Foulds, J. (2006) The neurobiological basis for partial agonist treatment of nicotine dependence: varenicline. *Int J Clin Pract 60*(5): 571–576.

Gorelick, D.A. (1992). Progression of dependence in male cocaine addicts. *Am J Drug Alcohol Abuse 18*(1): 13–19.

Grossman, M., Chaloupka, F.J. and Shim, K. (2002). Illegal drug use and public policy. One can support the war on drugs' goal of reducing consumption without supporting the war itself. *Health Aff (Millwood) 21*(2): 134–145.

Hajek, P., Stead, L., West, R. and Jarvis, M. (2005). Relapse prevention interventions for smoking cessation. *Cochrane Database Syst Rev* (1): CD003999.

Hajek, P., West, R. and Wilson, J. (1995). Regular smokers, lifetime very light smokers, and reduced smokers: comparison of psychosocial and smoking characteristics in women. *Health Psychol 14*(3): 195–201.

Han, C., McGue, M.K. and Iacono, W.G. (1999). Lifetime tobacco, alcohol and other substance use in adolescent Minnesota twins: univariate and multivariate behavioral genetic analyses. *Addiction 94*(7): 981–93.

Hanninen, V. and Koski-Jannes, A. (1999) Narratives of recovery from addictive behaviours. *Addiction 94*(12): 1837–48.

Hughes, J.R. (2007) Effects of abstinence from tobacco: valid symptoms and time course. *Nicotine Tob Res 9*(3): 315–327.

Hughes, J.R., Higgins, S.T. and Bickel, W.K. (1994) Nicotine withdrawal versus other drug withdrawal syndromes: similarities and dissimilarities. *Addiction 89*(11): 1461–70.

Hughes, J.R., Keely, J. and Naud, S. (2004) Shape of the relapse curve and long-term abstinence among untreated smokers. *Addiction 99*(1): 29–38.

Jamrozik, K. (2004) Population strategies to prevent smoking: *BMJ 328*(7442): 759–762.

Kandel, D.B., Yamaguchi, K. and Chen, K. (1992) Stages of progression in drug involvement from adolescence to adulthood: further evidence for the gateway theory. *J Stud Alcohol 53*(5): 447–457.

Kotz, D., Brown, J. and West, R. (2013) Predictive validity of the Motivation To Stop Scale (MTSS): A single-item measure of motivation to stop smoking. *Drug Alcohol Depend 128*(1–2): 15–19.

Lader, D. and Goddard, E. (2004). *Smoking Related Attitudes and Behaviour, 2003*. Office of National Statistics, London.

Larabie, L. (2005) To what extent do smokers plan quit attempts? *Tob Control 14*(6): 425–428.

Lei, H., Nahum-Shani, I., Lynch, K., Oslin, D. and Murphy, S.A. (2012) A "SMART" design for building individualized treatment sequences. *Annu Rev Clin Psychol. 8*: 21–48.

Lingford-Hughes, A., Welch, S., Peters, L., Nutt, D., et al. (2012) BAP updated guidelines: evidence-based guidelines for the pharmacological management of substance abuse, harmful use, addiction and comorbidity: recommendations from BAP. *J Psychopharmacol 26*(7): 899–952.

Marlatt, G.A. (1996) Taxonomy of high-risk situations for alcohol relapse: evolution and development of a cognitive-behavioral model. *Addiction 91*(Suppl): S37–S49.

McEwen, A., West, R. and McRobbie, H. (2008) Motives for smoking and their correlates in clients attending Stop Smoking treatment services. *Nicotine Tob Res 10*(5), 843-850.

McNeill, A.D., West, R.J., Jarvis, M., Jackson, P. and Bryant, A. (1986) Cigarette withdrawal symptoms in adolescent smokers. *Psychopharmacology (Berl) 90*(4): 533-536.

Michie, S., Hyder, N., Walia, A. and West, R. (2011) Development of a taxonomy of behaviour change techniques used in individual behavioural support for smoking cessation. *Addict Behav 36*(4): 315-319.

Miller, N.S. and Gold, M.S. (1990) The contemporary alcoholic. *N J Med 87*(1): 35-39.

Miller, N.S., Ninonuevo, F., Hoffmann, N.G. and Astrachan, B.M. (1999) Prediction of treatment outcomes: lifetime depression versus the continuum of care. *Am J Addict 8*(3): 243-253.

Pettinati, H.M., Pierce, J.D., Jr, Belden, P.P. and Meyers, K. (1999) The relationship of Axis II personality disorders to other known predictors of addiction treatment outcome. *Am J Addict 8*(2): 136-147.

Prochaska, J.O. and Velicer, W.F. (1997) The transtheoretical model of health behavior change. *Am J Health Promot 12*(1): 38-48.

Quintero, G. and Nichter, M. (1996) The semantics of addiction: moving beyond expert models to lay understandings. *J Psychoactive Drugs 28*(3): 219-228.

Robinson, M.L., Berlin, I. and Moolchan, E.T. (2004) Tobacco smoking trajectory and associated ethnic differences among adolescent smokers seeking cessation treatment. *J Adolesc Health 35*(3): 217-224.

Robinson, T.E. and Berridge, K.C. (2003) Addiction. *Ann Rev Psychol 54*(1): 25-53.

Shaffer, H.J. and Eber, G.B. (2002) Temporal progression of cocaine dependence symptoms in the US National Comorbidity Survey. *Addiction 97*(5): 543-554.

Shiffman, S., Paty, J.A., Gnys, M., Kassel, J.A. and Hickcox, M. (1996). First lapses to smoking: within-subjects analysis of real-time reports. *J Consult Clin Psychol 64*(2): 366-379.

Shiffman, S., Waters, A. and Hickcox, M. (2004). The nicotine dependence syndrome scale: a multidimensional measure of nicotine dependence. *Nicotine Tob Res 6*(2): 327-348.

Smit, E.S., Fidler, J.A. and West, R. (2011) The role of desire, duty and intention in predicting attempts to quit smoking. *Addiction 106*(4): 844-851.

Strecher, V.J., Shiffman, S. and West, R. (2005) Randomized controlled trial of a web-based computer-tailored smoking cessation program as a supplement to nicotine patch therapy. *Addiction 100*(5): 682-688.

Sutherland, G., Edwards, G., Taylor, C., Phillips, G.T., Gossop, M.R. and Brady, R. (1988) The opiate dependence syndrome: replication study using the SODQ in a New York clinic. *Br J Addict 83*(7): 755-760.

Ussher, M., Brown, J., Rajamanoharan, A. and West, R. (Submitted) How do factors prompting attempts to quit smoking relate to method of quitting and quit success?.

Vaillant, G.E. (2003). A 60-year follow-up of alcoholic men. *Addiction 98*(8): 1043-1051.

Vangeli, E., Stapleton, J. and West, R. (2010) Residual attraction to smoking and smoker identity following smoking cessation. *Nicotine Tob Res 12*(8): 865-869.

Vangeli, E. and West, R. (2012) Transition towards a 'non-smoker' identity following smoking cessation: An interpretative phenomenological analysis. *Br J Health Psychol 17*(1): 171-184.

Vitaro, F., Wanner, B., Ladouceur, R., Brendgen, M. and Tremblay, R.E. (2004) Trajectories of gambling during adolescence. *J Gambl Stud 20*(1): 47-69.

Vuchinich, R.V. and Heather, N. (2003) *Choice, Behavioral Economics and Addiction*. Pergamon, Cambridge.

Waller, T. and Rumball, D. (2004) *Treating Drinkers and Drug Users in the Community*. Blackwells, Oxford.

Washton, A.M. (1989) *Cocaine Addiction: Treatment, Recovery and Relapse Prevention*. Norton, New York.

West, R. (2009) The multiple facets of cigarette addiction and what they mean for encouraging and helping smokers to stop. *COPD. 6*(4): 277-283.

West, R., McEwen, A., Bolling, K. and Owen, L. (2001). Smoking cessation and smoking patterns in the general population: a 1-year follow-up. *Addiction 96*(6): 891-902.

West, R. and Sohal, T. (2006) "Catastrophic" pathways to smoking cessation: findings from national survey. *BMJ 332*(7539): 458-460.

West, R. and Stapleton, J. (2008) Clinical and public health significance of treatments to aid smoking cessation. *European Respiratory Review 17*(110): 199-204.

West, R., Walia, A., Hyder, N., Shahab, L. and Michie, S. (2010) Behavior change techniques used by the English Stop Smoking Services and their associations with short-term quit outcomes. *Nicotine Tob Res 12*(7): 742-747.

Yong, H.H. and Borland, R. (2008) Functional beliefs about smoking and quitting activity among adult smokers in four countries: findings from the International Tobacco Control Four-Country Survey. *Health Psychol 27*(3 Suppl): S21-S223.

찾아보기

참고: *이탤릭체*로 표시된 페이지 번호는 그림을, **굵은** 글씨로 표시된 페이지 번호는 표를 나타낸다.
(역자 주: [ ] 용어는 해당 용어의 혼용 가능성을 나타낸다.)

ㄴ

ㄷ

ㅇ

ㅊ

저자 소개

Robert West
유니버시티 칼리지 런던(UCL)
- 행동과학과 건강학 명예 교수
- 인구건강과학학부 역학 및 보건 연구소
연구 업적: www.rjwest.co.uk
e-mail: robert.west@ucl.ac.uk

Jamie Brown
유니버시티 칼리지 런던(UCL)
- 행동과학 교수
- 인구건강과학학부 역학 및 보건 연구소
연구 업적: www.ucl.ac.uk/pals/people/jamie-brown
e-mail: jamie.brown@ucl.ac.uk

역자 소개

김성희(Kim, Sung Hee)

〈미래로 나아가는 리더십〉
컴퓨터공학 전공
전문 코치(KPC)
전) 한국전자통신연구원(ETRI) 42년차 연구개발자
뉴욕시립대학교(CUNY) Visiting Scholar

〈변화를 꿈꾸는 리더십〉
상담및임상심리 전공
중독심리전문가
전문 상담사(상담및임상심리학)
국제 NLP 트레이너

〈하나님의 은혜를 바라는 자〉
Holy Light 성광교회
고대안암병원교회

e-mail: shk6744@gmail.com

우리는 어떻게 중독되는가
-중독에 대한 과학적 관찰-
THEORY OF ADDICTION (2nd ed.)

2024년 5월 20일 1판 1쇄 인쇄
2024년 5월 31일 1판 1쇄 발행

지은이 • Robert West · Jamie Brown
옮긴이 • 김성희
펴낸이 • 김진환
펴낸곳 • (주) 학지사

04031 서울특별시 마포구 양화로 15길 20 마인드월드빌딩
대표전화 • 02)330-5114　　팩스 • 02)324-2345
등록번호 • 제313-2006-000265호

홈페이지 • http://www.hakjisa.co.kr
인스타그램 • https://www.instagram.com/hakjisabook

ISBN 978-89-997-3125-9 93180

정가 27,000원

역자와의 협약으로 인지는 생략합니다.
파본은 구입처에서 교환해 드립니다.